CONCEPCION, EMBARAZO Y PARTO

CONCEPCION, EMBARAZO Y PARTO

Dra. Miriam Stoppard

Javier Vergara Editor s.a.

Buenos Aires / Madrid / México
Santiago de Chile / Bogotá / Caracas / Montevideo

Para mis amigas

A DORLING KINDERSLEY BOOK

Creado y producido por
CARROLL & BROWN LIMITED
5 Lonsdale Road
Londres NW6 6RA

Traducción	Adelaida Ruiz
Revisión especializada	Dr. Guillermo Doll
Coordinadora de realización	Graciela Equiza
Composición	Taller del Sur

ESTA ES UNA COEDICION DE
JAVIER VERGARA EDITOR CON
DORLING KINDERSLEY LTD.

Tacuarí 202 - Buenos Aires - Argentina
Edición especial para América

ISBN 950-15-1371-8

Primera edición 1994

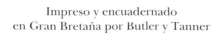

Impreso y encuadernado
en Gran Bretaña por Butler y Tanner

PREFACIO

En este libro he procurado introducir varias cosas nuevas respecto del embarazo y el parto. La más importante fue el hecho de escribirlo desde el punto de vista del bebé. Para la mayor parte de las mujeres embarazadas, incluyéndome a mí cuando lo estuve, dar a luz un bebé es, en gran medida, un proceso misterioso. Pese a que existen muchos libros sobre el tema, que asistimos a clases de pre-parto que nos informan y educan y concurrimos al consultorio del médico para efectuar los controles, el embarazo sigue siendo para la mayor parte de nosotras un viaje hacia lo desconocido. El único factor común es que tenemos a un bebé creciendo dentro de nosotras y que su desarrollo apunta con certeza al parto a través de ciertas etapas bien establecidas.

Es adecuado centrarse desde el primer momento en el bebé en desarrollo. Muchas de las cosas que los médicos aconsejan hacer a las mujeres recién adquieren sentido cuando las consideramos desde el punto de vista del bebé en gestación. Por ejemplo, todos los libros que tratan acerca del embarazo exhortan a las mujeres a consumir una dieta rica en alimentos que contengan hierro. Bien, eso parece lógico y podemos incluir aquí y allá algunas verduras. Pero reconsiderémoslo. Su bebé en gestación está llevando el hierro a su sangre (a partir del hierro que contiene la sangre de su madre) y lo hace tan rápido que teóricamente el bebé siempre tiene un déficit de hierro. ¿Comerá ahora las verduras? Seguro que sí. Repentinamente han pasado a tener sentido. Todo lo que usted hace, siente y piensa afecta a su bebé en desarrollo de algún modo. Por eso, a lo largo de todo el libro he tratado de mantenerla al tanto de las cosas importantes que usted puede hacer por su bebé y de cómo será la respuesta de él. Si usted establece un vínculo con su bebé en gestación, el embarazo adquirirá un nuevo sentido.

Este libro es muy extenso, y su extensión proporciona espacio para tratar muchos temas que los libros más breves suelen omitir. Se trata de temas que interesan y preocupan a los futuros padres que tienen dificultades para hallar en otra parte información y guía. En este libro usted hallará amplias exposiciones acerca de trastornos genéticos y asesoramiento genético, fertilización in vitro, cirugía fetal y distintas opciones de parto. Esta información no sólo será completa desde el punto de vista de los hechos, sino que también abordará sus preguntas, sus ansiedades y sus dilemas, inclusive los éticos y morales. Con seguridad, tener un bebé le dará un sentimiento de satisfacción. Un objetivo importante de este libro es ayudarla a llevar su embarazo con sensatez, calma y confianza, de modo tal que logre disfrutar, tener el parto que desee y recordar su experiencia como algo feliz y enriquecedor.

INDICE

INTRODUCCION

PREPARANDOSE PARA EL EMBARAZO

A medida que sabemos cada vez más acerca del óvulo y del espermatozoide y de las cosas que los hacen fecundos, parece sensato prepararse para el embarazo adoptando un estilo de vida más saludable. Es una buena idea dejar el tabaco y el alcohol al menos tres meses antes de la concepción. Un cuerpo sano y en buena forma es el mejor lugar donde puede implantarse un feto para llegar a buen término. Sin embargo, no todo es tan simple: los genes y los cromosomas pueden ser imperfectos y la fertilización resultar difícil. Sin embargo, muchos de estos problemas han sido identificados y algunos de ellos pueden ser tratados con éxito.

EL DESARROLLO DE SU BEBE

Hay pocas cosas tan apasionantes como el desarrollo que mes a mes experimenta su bebé. Ningún otro organismo en el mundo crece de una manera tan compleja como el bebé humano, y el hecho de comprender la evolución del feto la ayudará a establecer una relación con su bebé en desarrollo. Por cuestiones prácticas, las etapas del desarrollo pueden dividirse en tres fases: el primer, el segundo y el tercer trimestre. Se dividen así porque en esos períodos se producen ciertos cambios fisiológicos, tanto en la madre como en el niño.

En el primer trimestre se forman los órganos del niño, en el segundo, esos órganos adquieren complejidad y en el tercero, crecen en tamaño. En cuanto a usted, el primer trimestre es aquel durante el cual su cuerpo se prepara para el embarazo: los pechos crecen, sus órganos se adaptan y sus músculos y ligamentos comienzan a distenderse preparándose para el parto. Los altos niveles de hormonas propias del embarazo suelen producir malestares tales como deseos de orinar más frecuentemente y sensibilidad en los pechos. Durante el segundo trimestre, el cuerpo entra en una fase de consolidación. El tercer trimestre es una etapa de preparación para el parto y de reaseguro de que su bebé está creciendo en forma saludable.

EL PARTO QUE USTED ELIGE

Usted es quien debe elegir qué tipo de parto y de alumbramiento desea. Como debe tomar muchas decisiones, conviene que conozca qué opciones tiene. En teoría, puede decidir exactamente la clase de parto que desea, pero tal elección requiere de muchas lecturas, búsquedas interiores y conversaciones con su pareja.

Usted también deberá conversar acerca de estas cosas con los profesionales que la atienden, de modo de poder afrontar cualquier dificultad que pueda surgir. Los partos en la propia casa cada vez son más populares y esta es una posibilidad que debe considerar con seriedad. Como alternativa, puede elegir

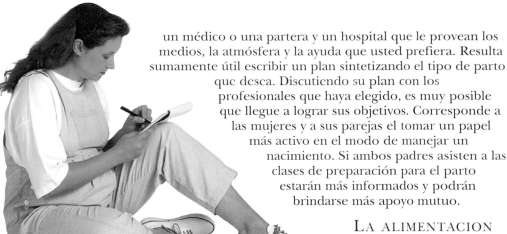

un médico o una partera y un hospital que le provean los medios, la atmósfera y la ayuda que usted prefiera. Resulta sumamente útil escribir un plan sintetizando el tipo de parto que desea. Discutiendo su plan con los profesionales que haya elegido, es muy posible que llegue a lograr sus objetivos. Corresponde a las mujeres y a sus parejas el tomar un papel más activo en el modo de manejar un nacimiento. Si ambos padres asisten a las clases de preparación para el parto estarán más informados y podrán brindarse más apoyo mutuo.

LA ALIMENTACION DURANTE EL EMBARAZO

Si bien no existe una dieta especial para las embarazadas, cada madre desea asegurarse el medio más apto para el desarrollo de su hijo. Para ello es necesario que la mujer esté lo mejor nutrida que sea posible. Comer saludablemente durante el embarazo es cuestión, fundamentalmente, de ingerir una gran variedad de aquellos alimentos que son ricos en los nutrientes esenciales. Hay que poner el acento en las verduras y las frutas frescas, los cereales integrales y alimentos crudos. Asegúrese de ingerir la cantidad de proteínas necesarias comiendo pescado, aves y productos lácteos descremados y, de vez en cuando, huevos y carnes rojas. El pescado es además una fuente importante de vitaminas B12 y A, que también se encuentra en las verduras verdes y amarillas. Tenga siempre presente que su bebé consume tanto hierro que necesita una provisión diaria de este elemento. Por eso usted debe comer muchos alimentos ricos en hierro, tales como riñón, damascos, carnes rojas y pescado.

EL EJERCICIO EN EL EMBARAZO

Durante el embarazo y el parto su cuerpo estará sometido a exigencias especiales. Por eso es importante que usted haga ejercicios para fortalecerlo, cuidando de que no lo dañen ni lo sobreexijan. Hacer ejercicio en forma regular la mantendrá en buena forma, tanto física como mentalmente, ya que el ejercicio hace que el cuerpo produzca sustancias químicas tranquilizantes que la ayudan a relajarse y disminuyen la tensión y la ansiedad. La circulación rápida de la sangre durante el ejercicio, hace que su cuerpo y su bebé se oxigenen bien. Es probable que el trabajo de parto sea más fácil y más tranquilo si sus músculos están tonificados y muchos ejercicios de los que se enseñan en el curso de pre-parto, combinados con técnicas de relajación y respiración, la ayudarán a ponerse en mejor contacto con lo que está sucediendo durante el parto y el alumbramiento. Aprenda a ahorrar energía, duerma lo más que pueda y descanse siempre que le sea posible.

CUIDADOS PRENATALES

Los buenos cuidados prenatales suelen ser recompensados con la buena salud de las madres y los bebés. En cada visita al consultorio del médico o la partera se realizan los exámenes de rutina. Estos exámenes están diseñados para detectar cualquier problema que pueda aparecer, para evitarlos siempre que sea posible y para arbitrar que cualquier tratamiento necesario se practique rápidamente. Frecuentemente se realizan pruebas especiales, tales como ecografías o amniocentesis, cuando las madres y los bebés así lo requieren. Los aspectos sociales y personales del cuidado prenatal son tan importantes como los aspectos médicos. La confianza que usted adquirirá conversando con otras madres, médicos, enfermeras y parteras la ayudará a sentir confianza durante el parto. El consultorio de su médico o partera le da la oportunidad de hacer preguntas, de analizar las distintas circunstancias en que usted puede tener a su bebé y de planificar por anticipado la clase de parto que usted desea.

EL CUIDADO DEL BEBE EN GESTACION

Estando atenta y siendo observadora, puede estar en contacto con su bebé durante todo el embarazo. El primer momento en que el bebé se pone en comunicación es cuando usted comienza a sentir los movimientos fetales. Puede responderle hablando a su bebé en gestación. Los bebés tienen un oído muy sensible y ya cuando nacen pueden reconocer las voces de su madre y su padre por el solo hecho de haberlas escuchado mientras crecían en el útero. Hablarle o cantarle a su bebé no es algo tonto. Tampoco lo es el masajearlo a través de la pared abdominal. No todos los bebés se desarrollan de una manera normal, pero las técnicas están actualmente tan avanzadas que es posible practicar tratamientos aun mientras el feto está en el útero. Hay hasta técnicas de cirugía intraute-rinas que pueden hacer que su bebé nazca normal y saludable. No todos los bebés gozan de perfectas condiciones para su desarrollo, pero aun, por ejemplo las madres diabéticas o aquellas que tienen incompatibilidad de RH pueden hoy día, con buen monitoreo y tratamiento, atravesar un buen embarazo y llegar a un parto con éxito.

PROBLEMAS FRECUENTES

Pocas mujeres atraviesan todo el embarazo sin tener ningún pequeño problema. En general se trata sólo de leves incomodidades. Existen algunos inconvenientes que son propios del embarazo. Estar preparada para ellos es tener la mitad de la batalla ganada, especialmente cuando se conocen los tratamientos adecuados. La mayor parte de estos trastornos son fáciles de abordar y desaparecen en un lapso determinado, sin dejar ninguna consecuencia.

EMERGENCIAS MEDICAS

El riesgo de tener alguna emergencia médica tiende a concentrarse en el primer y el tercer trimestre del embarazo. Casi todas las emergencias van acompañadas de síntomas típicos y, si usted experimenta alguno de ellos, debe llamar a su médico en forma inmediata. Estos síntomas son los dolores abdominales severos, sangrado vaginal, fiebre mayor de 37.8°C, náuseas o vómitos intensos, dolor de cabeza persistente, visión borrosa, hinchazón de tobillos, dedos o rostro, ausencia de movimientos fetales durante más de 24 horas y ruptura de membranas. Durante el primer trimestre, la mayor parte de las emergencias están relacionadas con la pérdida del feto debida a hemorragias, o con abortos, o bien a que el embrión se encuentra mal implantado, como sucede en los embarazos ectópicos. Más adelante, una emergencia se puede deber a que la presión arterial alta lleve a una preeclampsia, a abortos tardíos, a la incompatibilidad de RH o a anormalidades de la placenta, tales como la placenta previa. Pese a estas advertencias, la mayoría de los bebés llegan a nacer sanos.

UN EMBARAZO SENSUAL

Para la mayor parte de las mujeres, algunas partes del cuerpo tales como los pechos, los pezones y el área genital se tornan, en este período, más sensibles que nunca. Los órganos sexuales durante el embarazo tienen una mayor capacidad de excitación. Este aumento en la sensualidad se debe al aumento de las hormonas propias del embarazo y hace que la mujer pueda disfrutar a pleno de todos los aspectos del sexo, incluyendo el masaje erótico, las caricias y otras formas de intimidad, así como la relación sexual en sí misma. Es posible que su pareja encuentre su cuerpo de embarazada sumamente atractivo y erótico. Las relaciones sexuales pueden ser mejores que nunca, con sensaciones más profundas, una excitación más rápida y orgasmos más intensos. Algunas mujeres pueden, en esta situación, experimentar su primer orgasmo, y otras pueden alcanzar orgasmos múltiples. A medida que su abdomen crezca, quizá sienta que algunas posiciones le resultan incómodas. Durante el embarazo pueden aparecer problemas sexuales o se pueden acrecentar los existentes, aunque la mayoría de ellos se resuelven fácilmente si existe una buena comunicación. El hecho de darse cuenta de que la sensualidad es mucho más que la penetración sexual la ayudará a resolver los problemas que puedan aparecer y a alcanzar una mayor intimidad.

PREPARANDOSE PARA EL BEBE

A partir de las 36 semanas, comienza la espera de la llegada del bebé. Para ese momento, usted seguramente habrá dejado de trabajar y habrá disminuido sus actividades domésticas y sociales. Hay muchas cosas que hacer, como preparar la habitación del bebé, elegir los elementos para su cuidado, comprar la ropa, elegir el nombre, decidir cuánto tiempo estará sin trabajar y qué tipo de cuidado recibirán el bebé y sus otros hijos cuando retome las tareas. Si ha elegido que el parto se efectúe en su casa, deberá preparar una habitación para ese momento y deberá tener el equipamiento cuidadosamente seleccionado y ordenado. También hay que dedicar algún tiempo a las cosas que necesitará para internarse en un hospital. Deberá hacer un listado de esas cosas, e ir al hospital para familiarizarse con el proceso de admisión, lo que le quitará ansiedad y la hará sentirse más segura.

EL PARTO

El parto es la culminación del embarazo y se puede dividir en etapas bien definidas. El pre-parto es la etapa anterior al parto. En ese momento usted experimentará un leve dolor de espalda, se romperán las membranas y puede suscitarse una crisis de nervios. La primera parte del parto es aquella en la cual se produce la dilatación del cérvix hasta una medida tal que el bebé pueda salir de la cavidad uterina y pasar al canal de parto. Esta etapa habitualmente es rápida, especialmente si usted se mantiene en movimiento y levantada, de modo tal que la fuerza de gravedad ayude al cérvix a dilatarse. La ayuda y el apoyo de su pareja es invalorable para que usted logre un trabajo de parto rápido y tranquilo. Pocos partos son indoloros, pero hay muchos métodos y formas de aliviar el dolor entre los cuales usted puede elegir.

SU BEBE HA NACIDO

La segunda etapa del parto raras veces dura más de dos horas. El promedio es de una hora y, si usted ya ha tenido hijos, puede durar tan sólo 15 ó 20 minutos. Durante esta segunda etapa, usted se sentirá acuciada por una instintiva urgencia de evacuar. Este deseo de expulsar al bebé se debe a la presión de la cabeza del bebé sobre la pelvis y el recto. La expulsión de la placenta, en la tercera etapa, se produce por la contracción del útero, que se torna una esfera dura. Luego del alumbramiento revisarán rápidamente al bebé y luego lo acercarán nuevamente a usted y a su pareja, para que puedan conocerse.

CONOCIENDO A SU BEBE RECIEN NACIDO

La relación con el bebé comienza a establecerse al segundo del nacimiento y es bueno que usted y su pareja estén con él en privado, con el mínimo de interrupciones posible. Los padres que se relacionan estrechamente con sus hijos son padres más positivos y comprensivos. La importancia del vínculo con el padre es enorme, y su pareja debe tener la oportunidad de sostener a su hijo en cuanto haya nacido. Los primeros días pueden ser más difíciles de lo que usted cree. Hasta la alimentación puede tomarle más tiempo de lo que esperaba, al igual que los otros cuidados cotidianos. A veces establecer una rutina no resulta sencillo, pero la regla es que usted debe guiarse por las necesidades del bebé. Los padres de bebés que necesitan cuidados especiales, que deben permanecer en unidades de cuidado intensivo en un hospital no deben preocuparse por el vínculo con sus bebés. Bajo la guía de los profesionales, como padres que son, llegarán a comprometerse en el cuidado diario de su bebé y no padecerán ninguna carencia.

ADECUARSE A LA PATERNIDAD

Conocer a su bebé recién nacido es una experiencia apasionante, aunque no debe sorprenderse si se siente un poco decaída en ocasiones. Hay muchos ajustes que hacer, y en general no son sencillos. De alguna manera, usted tendrá que hacer que su bebé se adapte a la rutina familiar establecida, deberá mantener su relación amorosa con su pareja, atender a las necesidades del bebé y a sus constantes demandas de atención.

Muchas mujeres tienen, en esta etapa, picos de tristeza que van más allá de la melancolía típica de la primera semana. La depresión posparto es mucho más seria y requiere de inmediata atención por parte del médico. Las responsabilidades de la paternidad pueden ser algo duras, pero ver a su bebé crecer y desarrollarse le dará más que suficientes elementos para balancear los sentimientos negativos que ocasionalmente puedan aparecer. Dedicar un tiempo a usted misma puede ayudarla a recargar la batería, y dedicar un tiempo a su pareja mantendrá viva la relación amorosa.

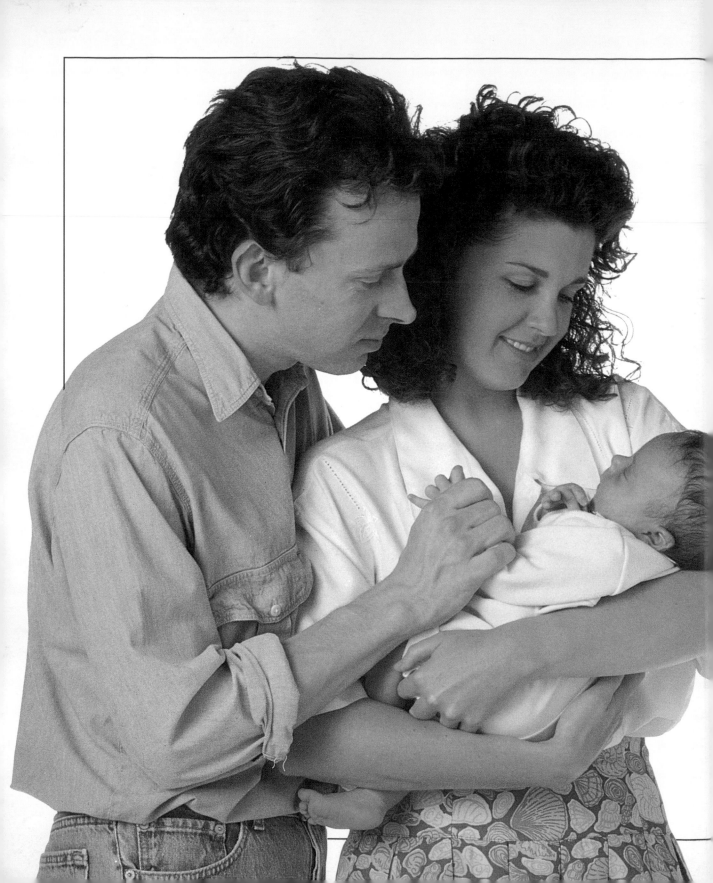

1

PREPARANDOSE
para el embarazo

*A medida que sabemos más acerca del óvulo y del espermatozoide
y de lo que los hace fecundos, el sentido común nos va indicando
que el modo de prepararnos para el embarazo consiste en llevar
una vida sana. No todo es, por supuesto, tan simple, pero
muchos de los problemas que rodean a la concepción han sido ya
identificados y algunos pueden ser tratados.*

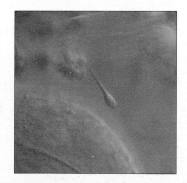
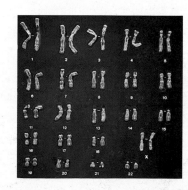

LISTOS PARA LA PATERNIDAD

Un buen embarazo, un buen parto y el nacimiento de un bebé sano son responsabilidades de ambos padres en igual medida. La salud de un bebé depende, en gran medida, de la salud de sus padres en el momento de la concepción y su bienestar puede peligrar no sólo debido a condiciones médicas de larga data o a defectos genéticos, sino también debido al estilo de vida de los padres antes de la concepción. Muchas parejas no planean un embarazo con el mismo cuidado con que planean otras cuestiones importantes de la vida. Sin embargo, esta es una de las cosas más importantes que pueden hacer. El momento de fundar una familia es un tiempo en que se deben evaluar muchas cosas, ya que ser padres cambiará sus vidas en forma fundamental.

CONSIDERACIONES ACERCA DEL ESTILO DE VIDA

Muchas cosas que damos por sentadas, como quiénes somos y qué hacemos, afectarán al bebé o serán afectadas por él.

El Tiempo: Muchas personas llevan vidas extremadamente ocupadas y hay padres que suponen que el nuevo bebé se adaptará de algún modo. No lo hará. Los bebés y los niños necesitan tiempo, y los padres y las madres siempre tendrán menos tiempo del que antes tenían para sí mismos, para el otro y para el resto de la gente.

Los Costos: La experiencia indica que usted gastará, como promedio, entre el 15 y el 25 por ciento de sus ingresos, independientemente de cuánto gane y del tamaño de su familia, en gastos relacionados con el niño, tales como la ropa y el equipamiento. Pero también hay costos ocultos, tales como la calefacción, el transporte y lo que usted deja por sus hijos: comer afuera, vacaciones, y, tal vez, algunas ambiciones.

Las relaciones: Cuando usted tiene un bebé no sólo se modifica la relación con su pareja. También cambiará la relación con sus propios padres y se dará cuenta de que se aparta de sus amigos sin hijos y busca trabar amistad con otros que son padres y están atravesando las mismas experiencias que usted.

El Tabaco: El tabaco es uno de los mayores factores de riesgo para la salud de un bebé en gestación y es la principal causa evitable de enfermedades. Los riesgos asociados con el tabaquismo incluyen abortos, y niños nacidos muertos, daños a la placenta, bebés de bajo peso, fallas en el desarrollo y una mayor posibilidad de anormalidades fetales. El fumar también lleva a una disminución en la cantidad de espermatozoides; un hombre que continúa fumando cuando su pareja está embarazada puede llegar a dañar al bebé, al convertir a la madre en una fumadora pasiva. El tabaco provoca, además, efectos a largo pla-

Padres Preparados
Padres felices y saludables producen niños felices y sanos, por eso, asegúrese de estar física y emocionalmente preparada para tener un bebé.

zo. Efectuando pruebas a niños de cinco, siete y once años, hijos de grandes fumadores, se encontraron problemas en el crecimiento y en el aprendizaje.

El Alcohol: Es una droga que puede dañar al espermatozoide y al óvulo antes de la concepción, y también al embrión en desarrollo. Los principales riesgos para el niño en gestación son el retardo mental y el daño cerebral y del sistema nervioso en general. Esta problemática ha sido documentada como síndrome fetal del alcohol. El exceso de bebida alcohólica también puede producir la muerte perinatal.

Distintas investigaciones indican que el daño que el alcohol puede provocar es variable: algunas grandes bebedoras parecen no tener consecuencias, mientras que otras mujeres que beben poco sí las sufren. La única certeza es que, evitando el alcohol no se padecerán sus consecuencias. Las mujeres parecen tener una tolerancia menor que los hombres y poseen una mayor proporción de grasa/ agua en el cuerpo, de modo tal que el alcohol puede encontrarse muy concentrado en la sangre que nutre al bebé en desarrollo.

Las Drogas: Los medicamentos de venta libre sólo deben ser ingeridos en caso necesario, y las drogas sociales deben ser interrumpidas mucho antes de la concepción. La marihuana interfiere la producción normal de espermatozoides y los efectos toman de tres a nueve meses en desaparecer. Drogas pesadas tales como la cocaína, la heroína y la morfina pueden dañar los cromosomas de los espermatozoides y los óvulos, provocando anormalidades.

Cuando se comparten las jeringas hay un alto riesgo de contraer el Síndrome de inmuno deficiencia adquirida (SIDA), que afecta al bebé antes y después del nacimiento. Hasta ahora ningún bebé HIV (Human Inmunodeficiency virus) positivo ha sobrevivido a los primeros años de vida.

La Dieta y el Ejercicio: Ambos son vitales para su salud y para la salud de su bebé. Usted debe llevar una dieta equilibrada, con bajo contenido de grasas, particularmente en cuanto a las grasas animales y debe ingerir buena cantidad de frutas y verduras crudas (ver pag. 112). Los buenos hábitos en la alimentación deben complementarse con ejercicio moderado (ver pag. 126). Durante el embarazo todos los ligamentos y cartílagos se distienden, de modo que la pelvis se pueda dilatar más facilmente. Tal dilatación puede requerir el esfuerzo de sus músculos y ligamentos, así es que será mejor que esté en buena forma física.

La Edad: Muchas mujeres están dilatando actualmente su maternidad hasta los treinta, e incluso hasta los cuarenta años. Esto no es más riesgoso que ser madre a los 20, siempre y cuando se goce de buena salud y se esté en buena forma física. Cualquiera sea su edad, usted puede tener un embarazo y un parto normales, aunque algunos problemas, tales como la infertilidad y los defectos cromosómicos, por ejemplo el Síndrome de Down (ver pag. 20), se hacen más fecuentes con el aumento de la edad de ambos padres. Siempre se ofrecen a las mujeres mayores exámenes para detectar las posibles anormalidades cromosómicas.

Los Riesgos: Conozca bien su entorno, tanto dentro como fuera de casa, y evite todo lo que sea potencialmente riesgoso. Lo que comemos, el lugar donde trabajamos, los lugares adonde viajamos y hasta la gente que frecuentamos pueden ser riesgosos para una mujer embarazada.

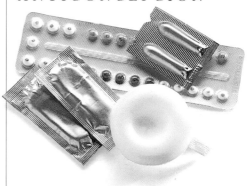

PONER FIN A LA ANTICONCEPCION

Los métodos de barrera, tales como el diafragma y el preservativo pueden ser desechados de manera inmediata. En cambio, si usted está tomando píldoras o utilizando un DIU, necesitará un poco más de planificación.

La Píldora: Es aconsejable dejar las píldoras al menos un mes antes de tratar de concebir, de modo de tener al menos un período menstrual normal antes de quedar embarazada. Sin embargo, existen algunas evidencias que sugieren que las mujeres son más fértiles inmediatamente después de dejar las píldoras, de modo que este puede ser el momento ideal para intentarlo, en caso de que antes usted haya sufrido de baja fertilidad o haya tenido un aborto espontáneo.

Si usted piensa que está embarazada mientras está tomando la píldora, consulte a su médico inmediatamente. Algunas píldoras contienen una dosis alta de progesterona sintética (progestogeno) que puede interferir con el desarrollo en las primeras semanas.

El Dispositivo Intrauterino: El DIU actúa irritando el revestimiento interno del útero, de modo tal que el huevo fertilizado no puede implantarse. Un escaso número de mujeres quedan embarazadas usando un DIU. Habitualmente, en esos casos, se deja el DIU colocado, ya que el riesgo de aborto es mayor si se intenta quitarlo. Habitualmente el dispositivo sale con la placenta ,después de que nace el bebé.

ANALISIS DE ORINA

Si encuentran azúcar en su orina, eso puede significar que usted padece de diabetes, o simplemente que algo de azúcar se ha filtrado por sus riñones, cuyo umbral para la glucosa se encuentra descendido por el embarazo. Será necesario practicar exámenes más exhaustivos para determinar la situación.

Análisis de orina
Una banda de papel impregnada en un producto químico se sumerge en una muestra de su orina. El color que toma indica si hay azúcar en ella, al compararla con una tarjeta que muestra los niveles de glucosa.

PROBLEMAS DE SALUD

Si usted es una mujer con una enfermedad crónica de larga data, tal como la diabetes mellitus, una enfermedad cardíaca, o epilepsia, no debe descartar la posibilidad de ser madre. Sin embargo, sí debe conversar con su médico antes de quedar embarazada. Esto ayudará a ambos, el médico y usted, a llevar adelante el embarazo con éxito.

Asma: es el problema respiratorio más frecuente en las mujeres embarazadas y habitualmente se controla con la inhalación de drogas broncodilatadoras y esteroides. Parecería que el feto está expuesto a escasos riesgos por esta medicación, a pesar de que las infecciones por levadura (ver pag. 194), enfermedades que a menudo empeoran con el embarazo, pueden aparecer como un efecto colateral en la madre, y de que a veces el parto puede producirse en forma prematura. Si usted es asmática debe cuidar su estilo de vida durante todo el embarazo, evitando el estrés y las tensiones, como así también el polvo, el polen y la polución, ya que estas cosas pueden producirle crisis de disnea que pueden aumentar las chances de aborto.

Epilepsia: Con manifestaciones que van desde momentáneas pérdidas de la conciencia a convulsiones tipo gran mal, la epilepsia afecta a una de cada 200 personas. Las investigaciones han demostrado que el embarazo tiene un efecto variable sobre la frecuencia y la intensidad de las convulsiones: el 50 por ciento de las madres no se ven afectadas, el 40 por ciento mejora ligeramente, y el 10 por ciento empeora.

Durante el embarazo se continúa con la medicación, pero usted deberá visitar con frecuencia al neurólogo para ajustar la dosis. Durante el parto, es posible que las drogas no se absorban, por lo cual se deberá efectuar un cuidadoso control para evitar que se produzcan crisis. La fenintoina evita que se absorba el ácido fólico, lo que puede traer como consecuencia malformaciones en el feto, aunque la mayor parte de las madres pueden cambiar de medicación, suplantándola por el valproato de sodio, que no tiene los mismos riesgos. Si se prescribe fenintoina, siempre se da a las madres un suplemento de ácido fólico para evitar daños en el feto. Si usted padece de epilepsia, converse con su médico antes de intentar concebir.

Diabetes mellitus: cuando el pancreas no produce suficiente insulina como para controlar el nivel de glucosa (azúcar) en la sangre, se produce la diabetes. Las hormonas del embarazo tienen un efecto anti-insulínico, lo cual agrava un cuadro de diabetes establecido. Este efecto también puede llevar a una diabetes del embarazo en aquellas mujeres que tienen una propensión (ver pag. 205). A todas las futuras madres se les practican como rutina análisis de orina para detectar la glucosa y las cetonas (indicadores habituales de la diabetes); y toda mujer con antecedentes familiares de diabetes debe practicarse un análisis de orina antes de concebir y controlar su orina durante todo el embarazo.

Es importante que las embarazadas diabéticas insulino-dependientes lleven a cabo un muy buen control del nivel de azúcar en sangre, ya que la diabetes puede llevar a recién nacidos de alto peso y a importantes anomalías en el feto, tales como problemas cardíacos, respiratorios y complicaciones maternas que van desde la MICOSIS CRONICA hasta la pre-eclampsia (ver pag. 204). Pese a todo, con un buen control, cualquier madre diabética tiene muy buenas posibilidades de dar a luz un bebé saludable, con escasas complicaciones.

Enfermedad Cardíaca: Las mujeres que ya tienen un diagnóstico de enfermedad cardíaca deben recibir los consejos convenientes, según sea el caso. Sin embargo, como regla general, se aconseja evitar el exceso de actividad. Hay que tratar de descansar al menos dos horas cada tarde y pasar en la cama diez horas por noche.

La mayor parte de las mujeres con enfermedades cardíacas tienen buenos partos normales. Durante el parto, el esfuerzo adicional del corazón es intermitente y, en total, es menor al que el corazón realiza durante el tercer trimestre del embarazo. En general, no existen razones para inducir el parto en forma prematura ni para practicar cesáreas por esta causa.

Enfermedad Renal: Estas enfermedades no necesariamente impiden la maternidad, pero es necesario establecer un muy estricto control sobre una mujer embarazada con enfermedad renal. Mientras los riñones puedan eliminar los residuos adecuadamente, el embarazo puede continuar, pero si existe un crecimiento deficiente del feto, se recomendará una inducción prematura del parto (La diálisis renal es riesgosa y, a veces, resulta difícil que los riñones de la madre puedan hacerse cargo de los residuos adicionales que produce el feto.)

Enfermedades de transmisión sexual: el herpes tiene alto riesgo de contagio al bebé si usted se infecta en la última cuarta parte del embarazo y tiene aun síntomas para el momento del parto. La infección producida por el virus herpes simplex II puede llevar a un retraso en el crecimiento del feto. Aproximadamente la mitad de los niños que nacen en esta situación adquieren alguna forma de infección herpética, que puede comprometer los ojos, la boca y la piel.

Sin embargo, si usted no tiene síntomas y el virus no se encuentra alojado en el cérvix o en la vagina, el riesgo de contagio de su bebé es menor al uno por mil.

Si usted tiene una historia de herpes genital, puede tener un parto vaginal normal, a menos que se produzca una recidiva o una infección urinaria durante el embarazo. Si tiene úlceras herpéticas o si un cultivo cervical, en el momento previo al parto, indica infección activa, probablemente será necesario practicar una cesárea, para reducir el riesgo de que su bebé se contagie al descender por el canal de parto.

Si el herpes o una recidiva se producen después de la semana 34 del embarazo, su médico investigará la presencia del virus y posiblemente indicará una cesárea.

SIDA: Las mujeres infectadas que quedan embarazadas tienen un muy alto riesgo de trasmitir el virus a su bebé (ya sea en forma intrauterina o a través del amamantamiento). Los bebés infectados serán HIV positivos y contraerán la enfermedad. La infección con HIV no tiene efectos adversos sobre el embarazo, ni el embarazo lo tiene sobre el progreso de la enfermedad. Sin embargo, como el virus infecta el líquido amniótico y la sangre, el parto tendrá que estar acompañado de todas las precauciones contra la infección.

Dados todos los problemas existentes por la infección con HIV, en los Estados Unidos se da a las madres en esta situación la oportunidad de elegir practicarse un aborto en lugar de dar a luz a un bebé que tiene grandes posibilidades de sufrir la infección y morir tempranamente.

RUBEOLA

Antes de concebir, haga que su médico controle si usted tiene anticuerpos contra el virus de la rubeola.

No suponga que usted es inmune a la enfermedad sólo porque ha sido vacunada en el pasado –los anticuerpos pierden su eficacia después de cierto período– así es que usted debe controlarse. Si no está inmunizada, debe vacunarse. Luego de la vacunación debe esperar al menos tres meses para tratar de concebir, ya que la vacuna es en base a virus vivos.

Si usted entra en contacto con alguien que tenga rubeola o se sospeche que la pueda tener, comuníqueselo inmediatamente a su médico. Le tomará una muestra de sangre para medir la presencia de anticuerpos.

Según los resultados, esta prueba puede repetirse en 10 días. Si la prueba sugiere que usted puede tener rubeola, en los Estados Unidos se da a la pareja la opción de un aborto. Algunos médicos recomiendan la administración de anticuerpos, en forma de gamma globulina, para ayudar a evitar el daño fetal.

TENGA CUIDADO

La rubeola, particularmente si se la contrae durante los primeros 3 meses de embarazo, puede causar malformaciones en el bebé. Estas pueden ser sordera, ceguera y enfermedades cardíacas.

EL SINDROME DE DOWN

Este trastorno cromosómico (ver columna de la derecha) se produce cuando el óvulo fertilizado tiene 47 cromosomas, en lugar de los habituales 46.

En la mayoría de los casos, el óvulo es defectuoso, ya que tiene un cromosoma de más. En otros, es el espermatozoide el que tiene este problema. Este tipo de Síndrome de Down también es conocido con el nombre de trisomía. Menos fecuentemente, uno de los padres tiene una anormalidad cromosómica que hace que su hijo herede material cromosómico extra. Esta característica recibe el nombre de translocación. El Síndrome de Down se puede diagnositcar a través de la amniocentesis o de un análisis de vellosidad coriónica (ver pag. 164). En general, cuando una madre está gestando un bebé con Síndrome de Down, los niveles de alfafetoproteínas en su sangre son más bajos (ver pag. 159)

El riesgo de tener un bebé con Síndrome de Down aumenta en las mujeres de más de 35 años (ver pag. 165) pero también se acrecienta cuando el padre es mayor.

El Niño con Síndrome de Down
Un bebé de cada 1000 nace con esta enfermedad. El Síndrome de Down es, o bien resultado de la trisomía, lo cual es azaroso, o de translocación, fruto de la herencia. Por eso es de crucial importancia determinar la causa de cualquier antecedente familiar.

CUESTIONES GENETICAS

Dentro del núcleo de cada célula están los genes y los cromosomas que contienen el ADN, que determina el crecimiento y el funcionamiento del cuerpo (ver también pag. 22). Cuando los genes y los cromosomas son anormales, se producen trastornos genéticos. Hay tres razones por las cuales se pueden producir enfermedades genéticas: puede existir un gen defectuoso, haber una falla en la cantidad o en la forma de los cromosomas, o puede haber varios genes con problemas. También pueden existir complicaciones de tipo ambiental. Un solo gen defectuoso y que da lugar a una enfermedad genética puede ser dominante o recesivo, una mutación, o estar ligado al cromosoma X (ver abajo). Los cromosomas defectuosos que dan lugar a enfermedades genéticas, habitualmente son mutaciones nuevas, aunque a veces también pueden ser heredados (ver columna a la izquierda)

Cuando más de un gen o factores ambientales están comprometidos en su producción, no hay aun un método adecuado para determinar lo que ha sucedido.

Si alguno de los padres tiene una historia de enfermedad genética en su familia (ver pag. 24), será necesario que busquen asesoramiento. Cada año aumenta la cantidad de pruebas para enfermedades genéticas, aunque en general éstas no pueden predecir la severidad que tendrá el problema. En los Estados Unidos, la decisión final acerca de la concepción, la interrupción o la continuación del embarazo, es siempre de los padres. Tenga en mente, no obstante, que si bien un niño discapacitado suele necesitar de cuidados especiales, muchos de ellos pueden brindar mucho afecto y llevar vidas felices y plenas.

ENFERMEDADES GENETICAS DOMINANTES

Hay pocas enfermedades fatales que se trasmitan genéticamente, ya que, en general, sus víctimas mueren antes de poder trasmitirlas. Sin embargo, algunos problemas, tales como la hipercolesterolemia familiar, representan un considerable riesgo para la salud, aunque éste pueda ser manejado.

Hipercolesterolemia familiar: es la enfermedad genética dominante más frecuente. Los niveles de colesterol en sangre son tan altos que existe riesgo de ataques cardíacos y de otras enfermedades relacionadas con el estrechamiento de las arterias. Esta enfermedad afecta a una de cada 500 personas, y se puede detectar en el bebé recién nacido tomando una muestra de sangre.

ENFERMEDADES GENETICAS RECESIVAS

Un gen recesivo defectuoso habitualmente está enmascarado por uno dominante normal. Sin embargo, si ambos padres tienen un gen recesivo defectuoso, todos sus hijos tienen una posibilidad entre cuatro de heredar ambos genes recesivos (y tener, por lo tanto, algún defecto) o ninguno, y una posibilidad entre dos de ser un portador. A ello se debe que siempre haya el doble de personas portadoras que de personas enfermas.

Fibrosis quística: es la enfermedad genética recesiva más frecuente. Una de cada 20 personas de raza caucásica tiene el gen de la fibrosis quística, y uno de cada 2000 bebés caucásicos nace con esta enfermedad. En otros grupos raciales la incidencia es de uno en 90.000. Esta enfermedad afecta principalmente los pulmones y el aparato digestivo. La mucosidad que recubre el interior de los pulmones se hace más espesa y pegajosa, se acumula y tiende a producir infecciones. Esta mucosidad, además, suele bloquear los conductos de varios órganos, particularmente del páncreas, impidiendo el flujo normal de las enzimas digestivas. Si no se trata rápidamente, esta enfermedad puede producir desnutrición. Es posible realizar un análisis rápido y adecuado de los portadores a través de la sangre, o de células de la boca. Más del 60 por ciento de los enfermos sobrevive hasta la edad adulta, aunque pocos de ellos gozan de buena salud.

Anemia de células en hoz: Es la enfermedad genética más común entre las personas de raza negra (una en 400). Se llama así porque los glóbulos rojos tienen forma de hoz a causa de un defecto en la hemoglobina. Los glóbulos rojos dañados pueden obstruir arterias y provocar infartos. Esta enfermedad se detecta a través de un análisis de sangre. Los que la padecen son propensos a la meningitis y a otras infecciones graves, pero, con cuidados, pueden llevar una vida productiva, pese a algunos problemas de salud.

Thalasemia: esta enfermedad es más frecuente entre los asiáticos, negros, y pueblos del mediterráneo. Produce anemia y problemas crónicos de salud, y a veces se hacen necesarias las transfusiones de sangre. Un análisis de sangre muestra la enfermedad. Otras pruebas de sangre mostrarán si el nivel de hemoglobina se encuentra descendido. No todos los casos son severos y la mayoría de estos enfermos puede vivir muchos años.

Enfermedad de Tay-Sachs: Es frecuente entre los judíos askenazis, pero aparece también en otros grupos. Es una enfermedad fatal que produce deterioro cerebral por un defecto enzimático. Pocas de sus víctimas viven más allá de los tres años y no se conoce ningún tratamiento efectivo. La enfermedad de Tay-Sachs se detecta a través de un análisis de sangre destinado a buscar las deficiencias enzimáticas.

ENFERMEDADES LIGADAS AL SEXO

Son enfermedades causadas por defectos en el cromosoma X. Si existe un segundo cromosoma X sano, el problema permanece enmascarado y no se detecta. Por esto las mujeres transmiten la enfermedad sin padecerla. Si, en cambio, está presente un cromosoma Y, lo que sucede en los varones, la enfermedad aparecerá, ya que un cromosoma Y no puede enmascarar a un cromosoma X. Por lo tanto, los afectados serán siempre varones.

Hemofilia: Se produce cuando el crucial Factor VIII está ausente y se manifiesta como un profuso sangrado frente a cualquier herida, interna o externa. Actualmente existe un tratamiento apropiado a partir de Factor VIII, tomado de sangre normal, por el cual los hemofílicos pueden llevar vidas relativamente normales. Es posible hacer un diagnóstico a partir de una muestra de sangre fetal a las 18 ó 20 semanas de gestación.

Distrofia Muscular de Duchenne: es el tipo de distrofia más común y afecta solo a varones (uno cada 5000). Entre los cuatro y los diez años, un niño con distrofia muscular de Duchenne perderá su capacidad de caminar y quedará relegado a una silla de ruedas durante el resto de su vida, que será relativamente corta. Esta enfermedad se puede detectar antes del nacimiento.

TRASTORNOS CROMOSOMICOS

Se producen generalmente por alguna falla en el proceso de división de los cromosomas en la formación del óvulo o el espermatozoide, o bien durante las primeras divisiones del huevo fertilizado. Menos frecuentemente, uno de los padres tiene una anormalidad cromosómica.

La severidad y el tipo de anormalidad depende de si están afectados uno o ambos cromosomas sexuales o alguno de los otros 44 cromosomas (autosomas). Esto es menos frecuente que la anormalidad de los cromosomas ligados al sexo, pero tiende en cambio a producir un efecto más diseminado y más serio. Un autosoma de más significa que alguno de los 22 pares de autosomas está triplicado, lo que se conoce con el nombre de trisomía (ver pag. 180) La trisomía más frecuente es el Síndrome de Down (ver columna de la izquierda).

Se produce trisomía cuando falta una parte de un cromosoma, o cuando hay una porción de más que se une a alguno de los cromosomas. La trisomía puede causar defectos físicos y mentales.

A veces, sin embargo, el problema puede producirse por translocación. Es decir que, en estos casos, hay una complementación normal de material cromosómico, pero este material no se ubica correctamente (parte de un cromosoma se une a otro) El progenitor portador es normal, pero su hijo o hija puede sufrir de alguna anormalidad si hereda ese material cromosómico de más.

Las anormalidades en los cromosomas ligados al sexo pueden dar lugar a problemas en el desarrollo sexual, tales como infertilidad y ocasionalmente, retardo mental . Los varones pueden sufrir de Síndrome de Klinefelter y las mujeres de Síndrome de Turner.

Las anormalidades se pueden diagnosticar a través de un análisis cromosómico. Es una de las técnicas que suele sugerirse cuando se efectúa una consulta genética (ver pag. 24)

LOS GENES QUE HEREDAMOS

La mitad de los genes de un bebé provienen de su madre, a través del óvulo y la otra mitad, de su padre, a través del espermatozoide.

Cada óvulo y cada espermatozoide contienen una "mezcla" diferente de los genes de los padres, de modo que cada niño hereda una selección diferente y única, que varía respecto de la de sus hermanos.

La mayor parte de los genes se mezclan, pero hay algunos que dominan sobre sus compañeros. En estos casos, el gen dominante, por ejemplo el del color de ojos marrón, prevalecerá sobre el recesivo, por ejemplo, el del color azul para los ojos.

La mezcla genética
Su bebé será una combinación única de los genes de ambos padres.

¿QUE ES UN GEN?

Un gen es una diminuta unidad de ADN (ácido desoxirribonucleico), que está contenida en un cromosoma, el cual también consiste en ADN. En el núcleo de cada célula de nuestro cuerpo hay alrededor de 50.000 genes que se encuentran en los 23 pares de cromosomas.

LA "HELIOGRAFIA" DEL CUERPO

Los genes dirigen e influyen sobre el desarrollo y el funcionamiento de todos los órganos y sistemas de nuestro cuerpo. Son ellos los que determinan el modelo de crecimiento, supervivencia, reproducción, y posiblemente también el de envejecimiento y la muerte de cada individuo. Dado que todas las células (excepto los óvulos y espermatozoides) derivan de un único óvulo fertilizado, el mismo material genético se multiplica en todas las células de nuestro cuerpo. Sin embargo, no todos los genes contenidos en una célula son activos. Cada célula tiene la función de determinar cuáles son los genes activos en ella. Por ejemplo, en las células de la sangre están activos genes diferentes que en las células de los huesos.

Excepto en los gemelos idénticos, los individuos varían enormemente en su composición genética y dependen exclusivamente de los genes todas las variaciones de talla, color de ojos y de cabellos, forma del cuerpo y sexo, por ejemplo. La herencia genética de un individuo también determinará su tendencia a adquirir ciertas enfermedades, por ejemplo el cáncer de mama.

Los genes están agrupados en pares a lo largo de un cromosoma (ver abajo), y cada gen es dominante o recesivo. Cualquier característica visible es el resultado del gen o de los genes dominantes en cada par. El efecto de los genes recesivos sólo se hará visible cuando haya un par de ellos.

Cromosomas: En el núcleo de cada célula, excepto en los óvulos y espermatozoides, hay 23 pares de estas estructuras en forma de hilos. El óvulo y el espermatozoide, en cambio, contienen solamente 22 cromosomas más un cromosoma X o Y. Cada cromosoma contiene miles de genes alineados a lo largo. Los cromosomas están formados por dos cadenas de ADN, que se aparean para formar una estructura en forma de escalera, cuyos laterales son moléculas de fosfato. Estas se van enroscando sobre sí mismas hasta formar una hélice doble. El ADN tiene cuatro bases: la adenina, la citosina, la guanina y la timina, que se combinan en forma diferente de acuerdo con las funciones que tienen los genes que se ubican en las distintas partes de un cromosoma. Cada combinación provee de un código de instrucciones que servirá para regular alguna actividad del cuerpo.

CROMOSOMAS, GENES Y ADN

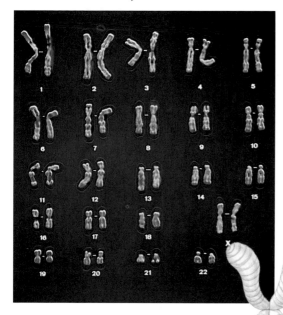

Cromosomas

Hay 23 pares (22 pares generales y los cromosomas ligados al sexo —ver a la izquierda) de estas estructuras en formas de hilos en cada célula de nuestro cuerpo (excepto en el óvulo y el espermatozoide, que sólo contienen la mitad de esta cantidad). Ellos llevan la información que controla el crecimiento y el funcionamiento del cuerpo.

Cromosoma

La doble hélice

Las dos cadenas de ADN, que constituyen cada uno de los 46 cromosomas están dispuestas en forma de una escalera de caracol

Cada uno de las 4 bases del ADN –la adenina, la citosina, la guanina y la timina– aparece aquí representada por un color diferente.

Las moléculas de gluco-fosfato que conforman los laterales de la escalera de ADN

Gen

Multiplicación del ADN

Cuando se está por formar una nueva célula, el ADN de cada uno de los cromosomas se "desprende" del centro de los peldaños de la escalera y se duplica. Las nuevas cadenas que así se forman son genéticamente idénticas a los cromosomas originales.

GENES MUTANTES

A veces, cuando una célula se divide y su material genético se duplica, el proceso de copiado no es perfecto, sino que se produce alguna falla. Esto lleva a un pequeño cambio o mutación en la estructura del material genético.

Tener un gen mutante normalmente tiene un efecto neutro, que no produce daño alguno. La mayoría de nosotros, si no todos, tenemos genes mutantes dentro de nuestro material genético. Ocasionalmente, sin embargo, esto puede tener algún efecto perjudicial y, más raras veces, un efecto benéfico.

Los efectos de un gen mutante dependen, en gran medida, de si este ya está presente en el óvulo fecundado o si aparece en las divisiones celulares posteriores (células somáticas o corporales).

Una mutación en el óvulo o el espermatozoide se reproducirá en todas las células del cuerpo y dará como resultado enfermedades genéticas tales como la fibrosis quística (ver pag. 20). Una célula somática con una mutación, a lo sumo, se multiplicará y llegará a conformar un grupo de células anormales en un lugar específico. Esto puede tener sólo un pequeño efecto local, o puede ser origen de un defecto o deformidad. Este tipo de mutaciones suelen ser provocadas por influencias externas, tales como la exposición a radiación o a sustancias cancerígenas.

ASESORAMIENTO GENETICO

Es importante buscar consejo profesional si usted está en alguno de los siguientes grupos:

- *Si un hijo anterior ha nacido con una enfermedad genética, tal como la fibrosis quística, o con una alteración cromosómica, tal como el Síndrome de Down.*

- *Si un hijo anterior ha nacido con un defecto congénito, tal como un pie equino (ver pág. 181)*

- *Si hay antecedentes familiares de discapacidad mental o desarrollo anormal.*

- *Si existe una relación de consanguineidad entre usted y su cónyuge*

- *Si existe una historia de abortos espontáneos repetidos (Ver págs. 200 y 206)*

- *Si alguno de los futuros padres tiene más de 35 años.*

Buscar asesoramiento
Si usted cree que puede resultarle útil, consulte a un genetista antes de intentar concebir.

El asesoramiento genético tiene por objeto determinar el riesgo que usted corre de trasmitir una enfermedad hereditaria a su hijo. El segundo propósito es ayudarlo a decidir si debe seguir adelante con la idea de concebir, a la luz de esa evaluación. Usted puede estar preocupado porque tiene un familiar (incluso, tal vez, un hijo anterior) que sufre de una enfermedad genética.

COMO FUNCIONA EL ASESORAMIENTO GENETICO

Cuando se efectúa una consulta genética, el profesional preguntará a ambos padres acerca de su salud y conversará con cada uno acerca de los antecedentes familiares. Virtualmente, cada caso que trata un profesional de la genética es único. El consejo depende de un diagnóstico preciso acerca de la enfermedad (cuál es y porqué se produjo), y de la confección de un árbol familiar que detalle todas las relaciones de consanguineidad y cualquier enfermedad que se haya producido. Se pueden utilizar certificados de nacimiento y defunción, si es necesario, y es importante que usted exponga la mayor cantidad de información posible. Debe estar preparado para que ese proceso lleve algún tiempo, ya que la investigación debe ser profunda. Los profesionales que dan asesoramiento genético están entrenados en genética y en psicología: lo asesorarán acerca del grado de riesgo y lo ayudarán a tomar una decisión con la información suficiente. Si el riesgo es pequeño, usted puede decidir correrlo y seguir adelante. Si el riesgo es, en cambio, muy grande, usted puede preferir no correrlo.

En el caso de muchas enfermedades genéticas, por ejemplo, la anemia de las células en forma de hoz, o la enfermedad de Tay Sachs, es posible establecer si los padres son portadores. Esto se puede hacer por los signos manifiestos de la enfermedad, como por ejemplo, la detección de células en forma de hoz en una muestra de sangre; por el producto de la enfermedad, como por ejemplo las proteínas que se encuentran en la enfermedad de Tay Sachs, o marcando un gen o cromosoma. Este es un procedimiento sofisticado que se utiliza para saber si un fragmento de ADN se adhiere al cromosoma de un paciente. Si lo hace, quiere decir que ese gen, y por lo tanto la enfermedad, están presentes. Si no lo hace, es porque no lo está. Sin embargo, en la mayor parte de las enfermedades está comprometido más de un gen, por lo tanto resulta difícil controlar todos los elementos. Esto sucede, por ejemplo, con la fibrosis quística, aunque en la actualidad es posible diagnosticarla en más del 90 por ciento de los casos.

En algunos casos, como por ejemplo en la Corea de Huntington, se ha identificado la parte responsable del cromosoma, pero no se ha llegado a identificar el gen específico. En este caso, como dicen los genetistas, tienen un "mapa de la ciudad". Es decir, saben qué parte de la ciudad tiene el problema, pero no saben específicamente en qué casa está.

En consecuencia, en estos casos, sólo es posible decir que una persona tiene posibilidades de padecer Corea de Hungtinton, pero no se puede decir más que eso. Si una pareja ya tiene un niño afectado por una enfermedad, el profesional va a descartar primero que no se trate de una enfermedad no hereditaria, por ejemplo, la rubeola (ver pag. 19). También va a tener en cuenta posibles causas como la exposición a radiaciones, drogas o traumatismos. El profesional examinará al niño y hará practicar un examen de su sangre o de células de la boca.

A veces puede resultar difícil para el profesional determinar una causa precisa, pero les dará un diagnóstico lo más certero posible, y ofrecerá un panorama acerca de las posibilidades de tener otro niño afectado. Si no existen indicios de enfermedad hereditaria, tranquilizará por completo a los padres.

LA IMPORTANCIA DE SUS ANTECEDENTES FAMILIARES

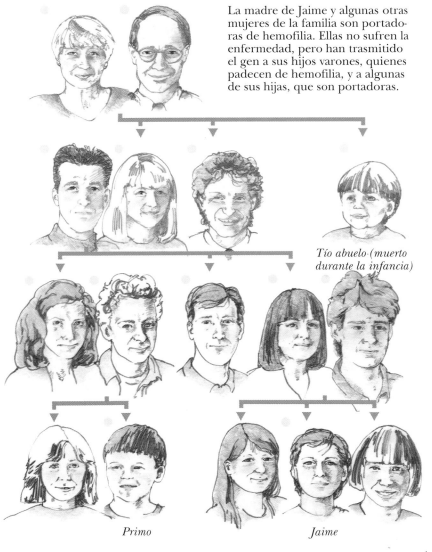

La madre de Jaime y algunas otras mujeres de la familia son portadoras de hemofilia. Ellas no sufren la enfermedad, pero han trasmitido el gen a sus hijos varones, quienes padecen de hemofilia, y a algunas de sus hijas, que son portadoras.

Tío abuelo (muerto durante la infancia)

Primo

Jaime

Arbol familiar
Examinando los antecedentes médicos de su familia, un profesional podrá detectar el comportamiento de la enfermedad a través de generaciones. Por ejemplo, Jaime, un niño de seis años, ha padecido de dolorosas hinchazones en las articulaciones. Durante la conversación con los padres de Jaime, el médico se enteró de que un primo y posiblemente un tío abuelo sufrieron de hemofilia, una enfermedad genética hereditaria (ver árbol familiar). Esta información llevó inmediatamente al probable diagnóstico de que Jaime también padecía de hemofilia. El dolor y la hinchazón se debían a que la sangre se filtraba hacia las articulaciones.

Varones con hemofilia

Varones no afectados

Mujeres probablemente portadoras del gen de la hemofilia

Mujeres posiblemente portadoras del gen de la hemofilia

LA CONCEPCION DE UN BEBE

SUS HORMONAS

El ciclo ovárico está controlado principalmente por las siguientes hormonas: el estrógeno, la progesterona, la hormona folículo estimulante (HFE) y la hormona Lunteneizante (HL)

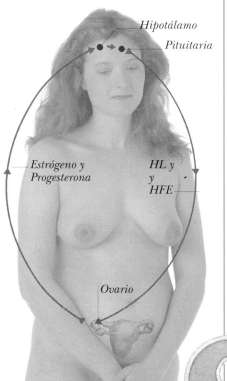

Hipotálamo

Pituitaria

Estrógeno y Progesterona

HL y y HFE

Ovario

Control Hormonal
La HFE producida por la glándula pituitaria es la que provoca el desarrollo de los folículos. Los folículos producen estrógeno, lo cual hace que la pituitaria libere una secreción de HL, que detiene la producción de HFE. La HL provoca la liberación del óvulo del folículo que está más maduro, y el cuerpo lúteo, que se forma cuando el óvulo ha sido liberado, produce la progesterona.

El milagro del nacimiento comienza cuando un espermatozoide del padre se une con un óvulo de la madre para formar una sola célula, que tiene un patrón genético propio. Esta célula luego se divide y se vuelve a dividir hasta formar un ser humano único. La gran mayoría de las parejas normalmente fértiles logra un embarazo dentro del primer o segundo año de intentos.

Todo el caudal de óvulos de una mujer se forma en sus dos ovarios antes de su nacimiento. Hacia el quinto mes de gestación, los ovarios de una niña contienen alrededor de siete millones de óvulos. Muchos de estos óvulos van a morir antes de que ella nazca, de modo que, para el momento del nacimiento, contará con aproximadamente dos millones de óvulos. El proceso de degeneración de los huevos continúa hasta la pubertad, de modo que para esa época habrán sobrevivido entre 200.000 y 500.000 huevos. De estos, sólo llegan a madurar entre 400 y 500, que son liberados de los ovarios durante la vida fértil de una mujer, a razón de aproximadamente uno por mes lunar. Los ovarios están ubicados en la pelvis, cerca de las terminaciones en forma de trompeta (fimbrias) de las trompas de Falopio.

EL APARATO REPRODUCTOR FEMENINO

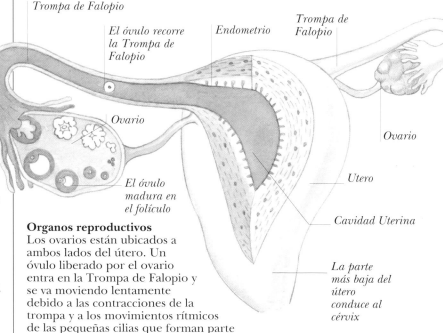

Trompa de Falopio

El óvulo recorre la Trompa de Falopio

Endometrio

Trompa de Falopio

Ovario

El óvulo madura en el folículo

Ovario

Utero

Cavidad Uterina

La parte más baja del útero conduce al cérvix

Organos reproductivos
Los ovarios están ubicados a ambos lados del útero. Un óvulo liberado por el ovario entra en la Trompa de Falopio y se va moviendo lentamente debido a las contracciones de la trompa y a los movimientos rítmicos de las pequeñas cilias que forman parte de su revestimiento.

Las células germinales que dan origen a los óvulos de una mujer se forman en el saco embrionario que contiene al embrión durante las primeras semanas de gestación. Cuando el embrión es masculino, estas células se reabsorben al desarrollar la placenta. Si ese embrión corresponde a una mujer, alrededor de 100 células germinales se trasladan del saco, a lo largo del tejido umbilical, hasta el interior del embrión. Esas células migran hasta los tejidos que más tarde conformarán los ovarios y allí comienzan a multiplicarse.

EL CICLO OVARICO

Durante la vida fértil de una mujer, sus ovarios liberan óvulos cíclicamente. Cada uno de esos ciclos ováricos dura aproximadamente 28 días (se consideran normales si duran entre 21 y 35 días), y se denomina ovulación al desarrollo y liberación de un óvulo listo para ser fertilizado. Los ovarios ovulan alternativamente. En la primera mitad de cada ciclo ovárico, aproximadamente 20 óvulos comienzan a madurar y ocupan sacos llenos de fluido (folículos). Uno de esos folículos crece más que los demás, madura y se rompe dejando libre al óvulo. Esto sucede aproximadamente 14 días antes del fin del ciclo, sin importar la duración total del ciclo. Los otros folículos, que habían comenzado a madurar, se marchitan y los óvulos mueren. El folículo roto se transforma en una estructura de color amarillo, que se denomina cuerpo lúteo, que sigue creciendo durante algunos días y produce una hormona llamada progesterona, esencial para el desarrollo de un embrión. En ausencia de embarazo, se seca. Una vez que se renueva el revestimiento del útero de la mujer, comienza un nuevo período.

LA
FERTILIDAD

La fertilidad varía de una persona a otra, y también de una etapa a otra de la vida. Los siguientes hechos son así para la mayor parte de las personas

• *Tanto los hombres como las mujeres alcanzan el pico de su fertilidad alrededor de los 24 años.*

• *En las parejas que tienen relaciones sexuales sin hacer uso de métodos anticonceptivos, el 25 % de las mujeres conciben el primer mes; el 60 % dentro de los seis primeros meses, el 75 % dentro de los primeros 9 meses; el 80 % dentro del año, y el 90 % dentro de los 18 meses*

• *Después de la ovulación, un óvulo sólo puede ser fertilizado dentro de las 12 a 24 horas.*

EL CICLO MENSUAL

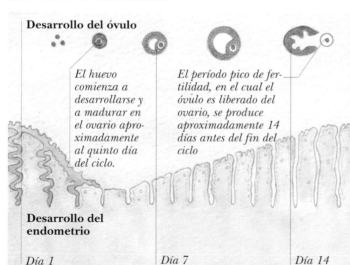

Desarrollo del óvulo

El huevo comienza a desarrollarse y a madurar en el ovario aproximadamente al quinto día del ciclo.

El período pico de fertilidad, en el cual el óvulo es liberado del ovario, se produce aproximadamente 14 días antes del fin del ciclo

Desarrollo del endometrio

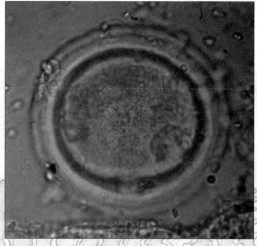

El óvulo maduro
Después de dejar el ovario, el óvulo llega hasta la Trompa de Falopio, donde aguarda a ser fertilizado por un espermatozoide.

| *Día 1* | *Día 7* | *Día 14* | *Día 21* | *Día 28* |

Comienza el ciclo
La menstruación, que es la renovación del endometrio, anuncia el comienzo del ciclo ovárico. Bajo la influencia del estrógeno se reconstruye el endometrio.

Período de fertilidad
Luego de la ovulación, y por influencia del estrógeno y la progesterona, el endometrio se torna más grueso y más esponjoso para recibir al huevo fertilizado.

Termina el ciclo
Si el óvulo no es fertilizado, el cuerpo lúteo muere y, dada la caída de los niveles de estrógeno y progesterona, se desprende el endometrio.

LA PRODUCCION DE ESPERMATOZOIDES

El proceso de producción de espermatozoides dentro de los testículos de un hombre se conoce con el nombre de espermatogénesis. La producción de espermatozoides es continua y el proceso entero, desde la generación inicial hasta la maduración y eyaculación, puede llevar alrededor de 7 semanas.

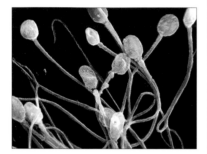

El espermatozoide

Cada espermatozoide tiene una cabeza que contiene el material genético, y una cola larga y fina que lo propulsa. Una compleja red de tubos diminutos situados en los testículos produce los espermátides, antecesores de los espermatozoides.

Los testículos

Un corte de un testículo muestra la red de conductos diminutos que contienen las espermatogonias, células a partir de las cuales se forman los espermatozoides. Estos tubos se conectan con aproximadamente 8 tubos más grandes, los conductos deferentes, que llevan los espermatozoides en desarrollo hasta el epidídimo, donde maduran y forman sus colas. Los testículos también producen hormonas, de las cuales la más importante es la hormona sexual masculina llamada testosterona. La testosterona es el más poderoso de los andrógenos, responsable de las características sexuales secundarias de los varones, tales como la barba, la profundidad de la voz masculina y los impulsos sexuales.

EL PAPEL DEL HOMBRE

Los espermatozoides, que son la contribución del hombre a la concepción de un bebé, se forman en los testículos. La formación de espermatozoides comienza en la pubertad, bajo la influencia de la testosterona, que proviene de los testículos y de las hormonas Luteneizante (HL) y folículo estimulante (HFE) que se producen en la glándula pituitaria y actúan sobre los testículos exactamente de la misma forma como lo hacen sobre los ovarios. La producción continúa durante toda la vida fértil de un hombre y, pese a que el número y la calidad de los espermatozoides que se producen después de los 40 años disminuye, hay hombres que han sido padres a los noventa. La producción de espermatozoides se acelera en los momentos de actividad sexual, pero si la eyaculación es extremadamente frecuente, el número de espermatozoides disminuye y, por lo tanto, la fertilidad de un hombre decrece.

El espermatozoide maduro Cada espermatozoide tiene la forma de un renacuajo, y como sólo mide aproximadamente un vigésimo de milímetro, no es posible observarlo a simple vista. Posee una cabeza de color oscuro, debido a a la concentración de material genético que hay en ella y una larga cola móvil, que es de cinco a seis veces más larga que la cabeza, y le permite "nadar". La cola está unida a la cabeza por un breve cuerpo. Este cuerpo contiene elementos celulares especiales llamados mitocondria, que son su aparato productor de energía.

Los espermatozoides recién formados pasan al epidídimo, en la parte posterior del testículo, donde maduran. Desde el epidídimo, el espermatozoide maduro viaja por un tubo, el conducto deferente, hasta una pequeña estructura en forma de saco, denominada vesícula seminal.

Cuando un hombre eyacula, los espermatozoides se mezclan con un fluido producido por la vesícula seminal y este, junto con otros fluidos secretados por la próstata y otras glándulas constituyen el líquido seminal (semen) que es expulsado por el pene a través de la uretra.

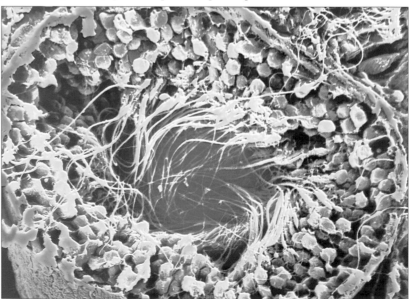

EL APARATO REPRODUCTOR MASCULINO

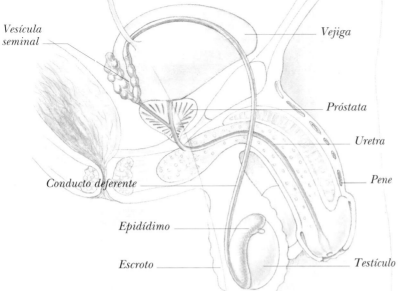

Vesícula seminal

Vejiga

Próstata

Uretra

Pene

Conducto deferente

Epidídimo

Escroto

Testículo

El viaje del espermatozoide

El espermatozoide deja el epidídimo a través del conducto deferente. Cada uno de estos conductos mide aproximadamente 4 milímetros de diámetro y corre junto al cordón espermático, del cual pende el testículo, luego da una vuelta en torno a la vejiga y pasa hasta la vesícula seminal y la próstata. Desde la vesícula seminal hacia arriba, este conducto se conoce con el nombre de conducto eyaculatorio. En la próstata se une a la uretra, el conducto hueco que va por dentro del pene y a través del cual se eyacula el semen.

EYACULACION

La cantidad promedio de líquido seminal eyaculado es de tres mililitros y medio (más o menos dos tercios de una cucharada de té), siendo normal entre dos y seis mililitros. Cada mililitro eyaculado contiene entre 60 y 150 millones de espermatozoides, y de estos, casi un cuarto son anormales y solo tres cuartos tienen motilidad (son capaces de movimiento independiente)

Llegar al óvulo Aunque el espermatozoide puede recorrer dos o tres milímetros por minuto, su velocidad real varía según la acidez del entorno —cuanto mayor es la acidez, más lento es el movimiento. Las secreciones vaginales son ligeramente ácidas, de modo tal que el espermatozoide que ha sido eyaculado dentro de la vagina probablemente se mueva lentamente hasta que se encuentre con el más favorable entorno alcalino de la cavidad uterina. Después de sobrellevar el hostil (ácido) medio vaginal, enfrentan un viaje mucho más largo y peligroso hasta que llegan al óvulo que está descendiendo por la trompa de Falopio. De un total de 300 millones de espermatozoides que pueden contarse por eyaculación, sólo unos pocos cientos llegan al alcanzar al óvulo. De los restantes, algunos saldrán a través de la vagina o serán destruidos por la acidez vaginal. Otros espermatozoides serán eliminados por las células limpiadoras que se encuentran dentro del útero, entrarán por la trompa de Falopio que no corresponde, o entrarán en la trompa correcta, pero de todos modos no se encontrarán con el óvulo.

EL SEXO DE SU BEBE

El sexo de un bebé depende de si el espermatozoide que fertiliza es un espermatozoide X (femenino) o un espermatozoide Y (masculino), ya que el óvulo de la mujer es siempre femenino, es decir, X.

Los espermatozoides X e Y tienen diferentes propiedades. El X (femenino) es más largo, más lento y tiene más larga vida que el espermatozoide Y (masculino). El espermatozoide X, además, parece beneficiarse por las condiciones ligeramente ácidas de la vagina.

Si bien debemos tener en cuenta que existe escasa información científica para sustentarlas, usted puede tener en cuenta las siguientes ideas si desea elegir el sexo de su bebé.

Cuándo *Si desea un bebé de sexo femenino, haga el amor dos o tres días antes de la ovulación, ya que sólo el espermatozoide femenino sobrevive tanto tiempo. Para un bebé de sexo masculino, haga el amor en el mismo día de la ovulación o inmediatamente después, ya que los espermatozoides masculinos, más veloces, llegarán al óvulo antes que los femeninos.*

Frecuencia *Para un bebé de sexo femenino, haga el amor con bastante frecuencia, ya que esto baja la proporción de espermatozoides masculinos en el semen; para un bebé masculino, haga el amor con poca frecuencia, ya que esto aumenta la proporción de espermatozoides masculinos.*

PENETRACION

Esta secuencia de figuras, tomadas con un microscopio electrónico, muestran cómo tiene lugar la fertilización: un espermatozoide penetra en la dura membrana externa de un óvulo y luego penetra en el óvulo mismo.

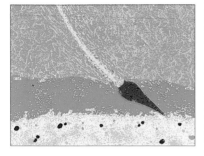

Penetración de la membrana
El espermatozoide penetra la membrana liberando hormonas que la agujerean.

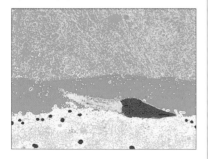

Penetración del ovocito
El espermatozoide se prepara para penetrar en el ovocito, la parte más interna del óvulo.

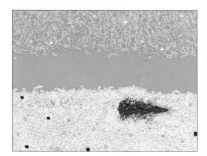

Traslado de cromosomas
El espermatozoide pierde su cuerpo y su cola antes de unir sus cromosomas a los del óvulo.

LA FERTILIZACION

La fertilización se produce cuando un espermatozoide se encuentra con un óvulo y lo penetra. Todas las células humanas contienen 46 cromosomas, estructuras en forma de hilos que llevan la información genética.

La excepción a esta regla son el óvulo y el espermatozoide, que tienen sólo 23 cromosomas, de modo que, cuando se encuentran, forman una única célula fertilizada que resulta tener sus 46 cromosomas. Esta nueva célula (cigota), se divide primero en dos células idénticas, cada una con 46 cromosomas, y luego se sigue dividiendo a medida que desciende por la trompa de Falopio, hasta llegar al útero. En ese momento, se llama blastocito o blástula y es un grupo hueco de aproximadamente una 100 células.

CONCEPCION

El óvulo se encuentra con el espermatozoide
El folículo libera al óvulo. Este recorre un tercio de la Trompa de Falopio, donde es fertilizado

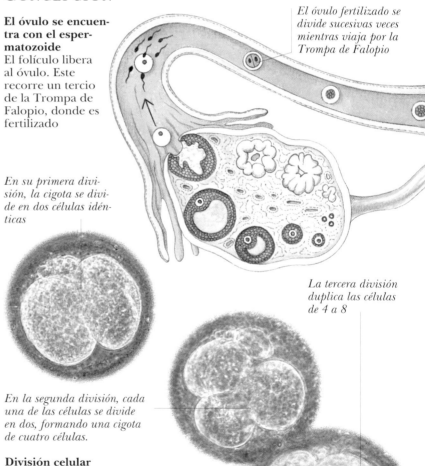

El óvulo fertilizado se divide sucesivas veces mientras viaja por la Trompa de Falopio

En su primera división, la cigota se divide en dos células idénticas

La tercera división duplica las células de 4 a 8

En la segunda división, cada una de las células se divide en dos, formando una cigota de cuatro células.

División celular
El óvulo fertilizado, llamado ahora cigota, se divide repetidas veces para llegar a formar un conjunto sólido de células llamado mórula. Estas células se siguen dividiendo y se transforman en una bola hueca llamada blastocito.

Implantación Una semana después de la fertilización, el blastocito secreta una hormona que lo ayuda a abrirse camino dentro del endometrio. La implantación se efectúa normalmente en el tercio superior del útero. El embarazo queda entonces establecido, y la placenta comienza a formarse.

Mellizos Cuando una mujer produce más de un óvulo, se desarrollan mellizos no idénticos a partir de óvulos diferentes fertilizados por espermatozoides diferentes. Cada uno tiene su propia placenta dentro del útero. Los gemelos idénticos provienen de un solo óvulo fertilizado por un solo espermatozoide. Este óvulo se divide en dos y cada uno se desarrolla en forma independiente constituyendo gemelos idénticos que comparten la misma placenta. Otros embarazos múltiples, como los de trillizos, se originan exactamente del mismo modo. Así, los hermanos pueden ser idénticos o no.

Siete días después de la fertilización el blastocito se implanta en el revestimiento uterino

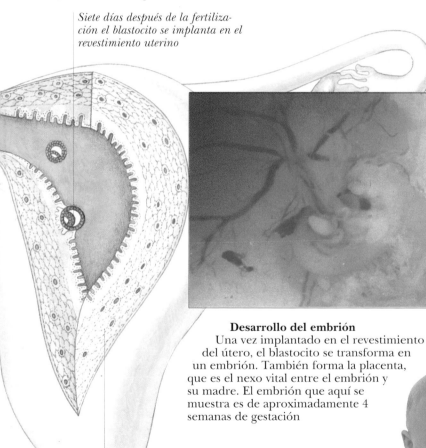

Utero

Desarrollo del embrión
Una vez implantado en el revestimiento del útero, el blastocito se transforma en un embrión. También forma la placenta, que es el nexo vital entre el embrión y su madre. El embrión que aquí se muestra es de aproximadamente 4 semanas de gestación

¿NIÑO O NIÑA?

De los 46 cromosomas que llevan consigo todo el patrón de información genética, el sexo de un niño está determinado por sólo 2, conocidos como X e Y.

Los cromosomas ligados al sexo. Los óvulos de una mujer contienen sólo un cromosoma X, mientras que el espermatozoide de un hombre puede contener un cromosoma X o un cromosoma Y. Si un óvulo resulta fertilizado por un cromosoma X, el bebé será una niña (XX) Si el espermatozoide contiene un cromosoma Y, el bebé será un varón (XY)

Espermatozoide X

Espermatozoide Y

Ovulo X

Ovulo X

A partir de este óvulo se desarrollará una niña

A partir de este óvulo se desarrollará un niño

Espermatozoides X e Y
El hombre produce tanto espermatozoides X como espermatozoides Y. El espermatozoide Y nada más rápido, pero es más pequeño y vive menos que el espermatozoide X.

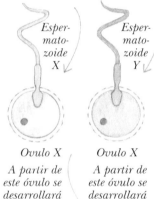

El bebé completamente formado
Para el momento en que nace un bebé, las múltiples divisiones celulares habrán transformado a la cigota de una célula en un ser muy complejo, con varios miles de millones de células.

NOMBRE *Penny Stone*

EDAD *42 años*

ANTECEDENTES MEDICOS *operada de la vesícula biliar a los 35 años*

ANTECEDENTES FAMILIARES *su madre tuvo siete hijos, el último de los cuales nació cuando ella tenía 47 años*

ANTECEDENTES OBSTETRICOS *no tuvo embarazos anteriores*

Penny y su esposo Ken pospusieron tener hijos poque ambos deseaban dedicarse a sus respectivas carreras. Penny es gerente de un banco. Tanto ella como su esposo comenzaron a temer que el período de fertilidad de ella estuviera acabando. Durante un año estuvieron intentando concebir sin éxito. Para Navidad se fueron de viaje a esquiar y dejaron de lado sus rutinas de trabajo. Penny regresó a su casa descansada, en buena forma y llena de energía. Pocas semanas después supo que estaba embarazada.

LA MADRE AÑOSA

Existen muchas razones que pueden llevar a una mujer a tener un bebé después de los 35 años –su desarrollo profesional, un matrimonio tardío, un segundo matrimonio o dificultades para concebir. Cada vez hay más madres añosas como Penny; el mayor aumento de nacimientos que se ha registrado recientemente está en las madres de 35 a 40 o más años.

¿ES LA EDAD UN FACTOR IMPORTANTE?

La mayor parte de los médicos está de acuerdo en que la mejor edad para tener un bebé es entre los 20 y los 35 años, ya que hay ciertos riesgos cromosómicos (ver pag. 20) que aumentan cuando la madre tiene más de 35 años. Yo le expliqué a Penny que 20-35 no son números mágicos en los cuales no aparecen problemas, y que esa no es una regla rígida. Las estadísticas pueden confundirnos. En realidad, la experiencia de una mujer embarazada de 36 años y la de una de 34 no suelen ser diferentes. En la medida en que las madres añosas y quienes las atiendan tengan conciencia de los problemas que pueden aparecer, podrán ocuparse de ellos con eficacia.

Penny siente que, en términos de su estilo de vida, este es el momento apropiado para tener un hijo. Ella adora su trabajo y ha triunfado en su carrera, pero no piensa volver a trabajar hasta varios años después de haber tenido a su bebé. Ya que ha esperado tanto para ser madre, ahora piensa disfrutarlo.

Las estadísticas acerca de la edad de los padres muestran que hay muchos puntos a favor para que Penny tenga un buen embarazo. Los estudios que se han hecho en embarazadas añosas demuestran que, en general, es mucho más importante el estado de salud de las mujeres que su edad. Penny se cuida mucho. Hace ejercicios en un gimnasio cuatro veces por semana y presta atención a su alimentación. Tanto ella como su esposo comen una dieta saludable y balanceada, que incluye muchas verduras y frutas frescas. Dado que Penny goza de tan buena salud y está en tan buena forma física, yo la tranquilicé inmediatamente, diciéndole que tenía excelentes posibilidades de tener un bebé saludable y un parto normal.

LAS NECESIDADES ESPECIALES DE PENNY

Dada su edad, Penny es considerada, desde el punto de vista médico, como una "primípara añosa" y recibirá cuidados especiales durante todo el embarazo. Necesitará hacer más controles médicos que una madre más joven. Como se hace con todas las embarazadas, en cada visita se medirá su presión arterial, ya que el aumento de la misma es particularmente significativo en una mujer de más de 40 y se practicarán regularmente exámenes de su orina para detectar cualquier signo de pre-eclampsia. Por la misma razón, se le pedirá que preste atención a la hinchazón de sus pies, manos y rostro. Es probable que se le aconseje descansar media hora todos los días, aumentando este tiempo de descanso a una hora durante el segundo trimestre y que agregue una siesta, todas las tardes, durante el tercero.

Amniocentesis La mayor parte de las mujeres de más de 35 años están preocupadas por saber si su bebé tiene alguna anormalidad, y la mayor parte de los médicos les aconsejan que se practiquen una amniocentesis a las 14 semanas. Este procedimiento consiste en tomar una muestra del líquido que rodea al bebé dentro del útero. En ese fluido se encontrarán células de la piel del bebé y se las estudiará para obtener información acerca de los cromosomas.

En primer lugar, usted puede averiguar si existen posibilidades de que el niño herede alguna enfermedad ligada al sexo (ver pag. 21), ya que uno de los resultados de la prueba consiste en indicar el sexo del niño. El marido de Penny padece de ceguera para los colores, que es un defecto menor ligado al sexo. Por eso Penny quiere saber si el niño será varón, ya que hay muchos más varones (1 de cada 12) que mujeres (1 de cada 250) afectados por la ceguera para los colores.

También es importante el hecho de que ciertas anomalías cromosómicas, tales como el síndrome de Down, aumenten su incidencia con la edad, y la amniocentesis se utiliza como examen de rutina para detectar el síndrome de Down. Esta prueba además puede alertar sobre otros defectos, tales como la espina bífida, que podrían haber sido detectados a partir de encontrar en Penny niveles elevados de alfa-fetoproteína (ver pag. 159)

Cuidados hospitalarios Penny quiere tener a su bebé en el hospital, ya que desea asegurarse de no tener ningún problema. Yo le sugerí que buscase, en primer lugar, a un equipo de médicos y parteras que favoreciesen el parto natural. Este equipo debía, además, pertenecer a algún hospital grande y reconocido. En sus visitas como embarazada, ella deberá familiarizarse con el equipo, ya que alguno de ellos asistirá el parto. Cuanto más segura, feliz y relajada se sienta Penny durante su embarazo, más aliviada le resultará la situación de parto.

Por otra parte, los obstetras suelen temer que, en una mujer de más de 35 años, la placenta falle antes del momento del parto (insuficiencia placentaria). Por ese motivo, el médico de Penny, advirtió acerca de la posibilidad de la inducción artificial del parto, aunque le aclaró a Penny que su edad no era motivo suficiente para que su parto fuese inducido automáticamente. Penny admitió que preferiría un parto espontáneo pero aceptó que hubiese una intervención médica ante el primer signo de sufrimiento fetal.

Ejercicio Penny desea firmemente seguir haciendo ejercicio durante el embarazo. Yo le expliqué que no había problema en hacerlo, mientras cumpliera con las reglas básicas que debe seguir toda mujer embarazada, es decir: hacer ejercicio en forma regular y no esporádica, no sobrepasarse y no pedirle al cuerpo que se adapte a un nuevo deporte. Además, le recomendé no trotar, ya que eso es muy duro para los pechos y provoca dolor de espalda, no llevar mochilas ni hacer otros deportes que exijan levantar peso y, en los últimos meses de embarazo, no esquiar ni montar a caballo (ver también pag. 126). Habitualmente cualquier mujer puede recuperar las energías que gasta descansando una media hora, pero a una mujer embarazada le puede tomar varias horas recuperarse del cansancio. Le recomendé, pues, a Penny que no olvidase respetar sus períodos de descanso.

EL DESEO DE TENER HIJOS

Las razones por las cuales la gente desea tener hijos son muchas y variadas, y pueden ir desde las más sencillas hasta las extremadamente complejas.

"Deseo que algo de mí sobreviva en mis hijos."

"Será una prueba del amor que siento por mi pareja."

"Nuestros hijos continuarán la tradición de la familia."

"Los hijos crearán lazos entre la familia de mi pareja y la mía."

"Quiero alguien de mi propia sangre porque yo soy adoptado."

"Creo que mi pareja y yo seremos buenos padres."

"Quiero descubrir a un individuo que sea una combinación única de mi pareja y de mí."

"Criando y cuidando a mis hijos tendré alguna intervención en la próxima generación."

"Tener hijos es una importante experiencia vital, es un rito de iniciación, un símbolo de la edad adulta."

"Deseo alguien a quien amar y que me ame."

"Quiero dar una niñez feliz a mis hijos."

"No quiero estar solo en mi ancianidad: deseo estar rodeado de hijos y nietos."

"Un hijo me dará un propósito en la vida: será alguien para quien trabajar."

PROBLEMAS PARA CONCEBIR

Para una pareja no es algo sencillo llegar a saber si realmente son infértiles. La infertilidad significa distintas cosas para distintas personas. Es seguro que quiere decir algo distinto para un médico y para una pareja. La mayor parte de las parejas que se consideran infértiles en realidad son solo subfértiles y pueden concebir con ayuda.

¿QUE ES LA INFERTILIDAD?

Para la mayor parte de las personas, la infertilidad significa la incapacidad de tener hijos, aunque se trata de algo más complejo que eso. Una pareja puede no tener dificultades en concebir el primer hijo y después no lograr concebir el segundo: sufren de infertilidad secundaria. Otras personas, que han tenido hijos con parejas anteriores, se dan cuenta de que no pueden concebir con su actual pareja.

Esto se conoce como subfertilidad; ocurre porque la fertilidad de una pareja es la suma de las fertilidades de cada uno de sus miembros. Si ambos padres son poco fértiles, puede ocurrir que la concepción no se produzca, pero si la fertilidad de uno de los miembros de la pareja es fuerte, es posible que la pareja conciba.

Existen ahora muchos medios para ayudar a una pareja a concebir un hijo. Sin embargo, el costo emocional tal vez llegue a ser excesivamente alto, no solo para usted, su pareja y otros miembros de la familia, tales como el o los hijos que usted llegue a concebir, sino también para aquellas personas (donantes, sustitutos) que pueden ayudarlo.

EL ESTRES DE LA INFERTILIDAD

Darse cuenta de que es infértil o aun subfértil puede resultar para usted un golpe que despierte emociones fuertes, tales como la depresión, la furia, el resentimiento y la culpa.

Algunas personas infértiles relatan que tienen sueños y pensamientos de auto-mutilación, debido a la ira que sienten hacia sus propios cuerpos, particularmente hacia sus órganos reproductores. Además, es posible que padezcan un sentimiento de aislamiento (pese a que una de seis parejas consulta al médico preocupada por no haber concebido). Por otra parte, la tensión que se deposita en la pareja puede llegar a ser intolerable y muy destructiva.

EL DESEO DE TENER HIJOS

El hecho de que sea posible decidir acerca de si se desea o no tener hijos es algo relativamente nuevo, ya que los métodos anticonceptivos sólo son confiables desde hace 30 años. Sin embargo, pese a que una pareja decida no tenerlos, el deseo de hijos sigue indisolublemente ligado a la sexualidad para la gran mayoría de las personas. Puede haber muchas razones para desear hijos. Muchas veces sucede que la posibilidad de reproducirse tiende a ser fundamental para la auto-imagen de la mayor parte de las personas, aunque no sean conscientes de ello.

Tener hijos es un importante "rito de iniciación" y posiblemente sea la experiencia vital más significativa que usted pueda atravesar en la vida. Es apasionante, atemorizante, gratificante y, más que ninguna otra cosa, significa adultez —usted ya no será sólo el hijo de sus padres, sino que será padre.

Consideraciones éticas Como la mayor parte de las decisiones en la vida, la de ser padre involucra una cantidad de decisiones éticas —particularmente si su hijo nace a partir de algún método de concepción asistida. Este proceso implica una cantidad de cuestiones que pueden no plantearse hasta que se comenzó el tratamiento (ver columna de la derecha), o hasta después de la concepción, o aun hasta que el niño haya llegado a la edad adulta.

Por ejemplo, si usted se ha sometido a complicados procesos para quedar embarazada ¿cómo conformarse si el feto tiene alguna anormalidad? O si todos los embriones prendiesen, dando lugar a un embarazo múltiple ¿Consideraría usted la posibilidad de que se le practicase una reducción fetal, inyectando una droga a algunos de los fetos para provocar sus abortos? Esto daría a los embriones restantes más posibilidades de sobrevivir, pero también existe la posibilidad de que se produjese un aborto de todos ellos ¿Preferiría darles a todos la oportunidad de sobrevivir, aunque fuesen muy pequeños?

Si se utilizan espermatozoides, óvulos o embriones de un donante, esto puede llevar a un número de problemas, tales como encontrar un donante adecuado a la pareja, ya sea en cuanto a las características generales o, lo que puede resultar más complejo, en cuanto a la raza (hay pocos donantes asiáticos en el mundo occidental, por ejemplo). Aunque casi siempre se registra al niño como hijo de la pareja, es muy posible que nunca se converse acerca de su origen, lo cual implica que, a partir del nacimiento, habrá un secreto que guardar. Si puede haber problemas de herencia, es necesario consultar anticipadamente con un abogado.

¿Cuando comienza la vida? ¿Es posible considerar que un embrión es un ser humano único, o simplemente tiene el potencial de llegar a serlo, como una bellota tiene el potencial de llegar a ser un roble? Según vea usted esto, indudablemente influirá en su decisión sobre qué hacer con los espermatozoides, óvulos o embriones "sobrantes", si es que tiene la posibilidad de elegir.

Según la legislación de cada país, en algunos lugares es posible donarlos a otra pareja infértil o permitir que se utilicen para investigaciones genéticas. Si los dona ¿se sentirá bien pensando que hay un hermano o medio hermano de su hijo circulando por el mundo? No existen las respuestas fáciles. Cada uno debe hacer lo que le parezca más conveniente, dentro de las posibilidades disponibles. Una buena clínica de fertilidad le ofrecerá asesoramiento para ayudarlo a tomar la decisión que le resulte más conveniente.

¿ES USTED INFÉRTIL?

Antes de confirmarles a usted y a su pareja que son infértiles, el médico conversará con ustedes acerca de su salud y de su vida sexual. Querrá conocer sus edades, saber durante cuánto tiempo han estado intentando concebir un hijo; si han tenido hijos con una pareja anterior; si alguno de los dos fuma, bebe o consume drogas; si han recibido alguna medicación en forma regular o si han padecido enfermedades de consideración o los han sometido a intervenciones quirúrgicas; con cuánta frecuencia hacen el amor y cómo son los períodos de la mujer.

CUESTIONES A TENER EN CUENTA

Hay una cantidad de cuestiones que resolver como pareja antes del intento de concebir haciendo uso de algún tratamiento contra la infertilidad

- *Si usted va a intentar tener un hijo haciendo uso de algún donante de óvulos o espermatozoides, o de ambos. ¿acaso el hecho de que el hijo no sea "suyo" le impedirá amarlo como propio?*

- *¿Se sentirá usted celoso si un donante concibe un hijo con su pareja, siendo que usted no puede hacerlo?*

- *¿Le contará a su hijo el modo como fue concebido, o tratará de mantenerlo en secreto?*

- *¿Lo contaría a sus amigos y familiares, o intentaría mantener su tratamiento por infertilidad en absoluto secreto?*

- *Si pretende mantenerlo en secreto, ¿puede estar seguro de que la verdad no aparecerá, quizá de una manera destructiva, en algún momento de crisis?*

- *Si su hijo fue concebido con donantes de óvulos o espermatozoides ¿cómo lo tomará usted si ,más tarde en la vida, él desea reconstruir su historia genética? ¿Qué sucederá si no puede hacerlo porque los registros fueron destruidos, como suele hacerse?*

- *¿Durante cuánto tiempo persistirá con tratamientos contra la infertilidad?*

- *¿Qué hará usted con los óvulos, espermatozoides o embriones congelados que no se utilicen? ¿Qué sucederá si no tiene elección posible?*

- *¿Sería capaz de sobrellevar un embarazo múltiple? ¿Qué sucedería si uno, varios, o todos los bebés muriesen?*

- *Luego de haber invertido tanto tiempo y dinero en tener un bebé ¿será capaz de dejarlo ir cuando crezca?*

Solo recientemente se ha comenzado a apreciar el papel que juega la polución en la fertilidad masculina

Difenil policlorados *Distintas investigaciones sugieren que los productos químicos que provocan polución, tales como los compuestos no degradables pueden ser los responsables del descenso general de la fertilidad masculina en Occidente. Estos productos se han utilizado mucho en la industria del plástico y como aislantes eléctricos durante los años 50 y 60, pero en la década del 70 fueron dejados de lado por ser perjudiciales para la salud.*

Sin embargo, han seguido estando presentes en el medio ambiente y han entrado en la cadena alimentaria. Estos compuestos se almacenan en las células de grasa y tienen un efecto semejante a los estrógenos, que puede interferir en la producción de espermatozoides.

El tabaco, el alcohol y el estrés
Pueden afectar la calidad y la cantidad de los espermatozoides que un hombre produce. Si un hombre tiene habitualmente una tendencia a la baja producción, el fumar o beber mucho pueden provocar una caída catastrófica en la cantidad de espermatozoides que produce.

El hombre también debe evitar beber demasiado café, ya que la cafeína parece producir defectos en los espermatozoides (y en los óvulos). También se piensa que el estrés es una de las causas de la infertilidad masculina, y que sus efectos se ven exacerbados cuando la tensión lleva a quien la sufre a fumar, beber o consumir café en demasía.

Drogas *Las drogas sociales, tales como la marihuana y la cocaína, reducen en forma dramática la cantidad y la motilidad de los espermatozoides. El consumo de estas drogas aumenta además el porcentaje de espermatozoides defectuosos. Algunas drogas empleadas en medicamentos, tales como los antidepresivos y los remedios contra la malaria, también pueden producir efectos adversos.*

INFERTILIDAD MASCULINA

Globalmente, la fertilidad masculina ha declinado en el mundo occidental en los últimos 50 años, y muchos científicos suponen que esto se debe a factores ambientales generales. En compensación, las clínicas de fertilidad están comenzando a ofrecer servicios de andrología que se ocupen de los problemas y enfermedades del hombre, tal como los de ginecología se ocupan de los de las mujeres. De este modo, existen más probabilidades que nunca de que los hombres subfértiles o infértiles, puedan ser ayudados a lograr una paternidad natural.

La infertilidad, tanto masculina como femenina, puede resultar un tema difícil. En los hombres, la escasa fertilidad suele sentirse aun como algo ligado a la virilidad. Esto es un despropósito, ya que las dos cuestiones no están en modo alguno vinculadas. Los espermatozoides de un hombre pueden ser incapaces de fertilizar un óvulo y, sin embargo, ese hombre puede ser un excelente amante. Por el contrario, un hombre incapaz de hacer el amor a una mujer puede tener espermatozoides perfectamente fértiles.

PROBLEMAS CON LOS ESPERMATOZOIDES

Los espermatozoides son células muy vulnerables. Su formación lleva siete semanas; pueden ser afectados por influencias externas en cualquier momento de su desarrollo. Por todo esto, es posible que las muestras de espermatozoides de un hombre, tomadas en distintos momentos, difieran mucho, tanto en calidad, como en cantidad.

Deficiencia testicular Esta es una condición muy infrecuente, que tiene como resultado que el semen no contenga espermatozoides. La causa, a menudo, es difícil de establecer, pero puede deberse a un problema cromosómico, tal como el síndrome de Klinefelter. Puede también tener su origen en una falla en el descenso testicular, un traumatismo en los testículos, por ejemplo en un accidente deportivo o en haber sufrido de paperas en la edad adulta. Una falla testicular completa, al igual que una ovárica completa, son, en general, intratables. Sin embargo, la falla no siempre es bilateral.

Baja cantidad de espermatozoides Esto no significa en sí mismo infertilidad. Muchos hombres con baja cantidad de espermatozoides pueden ser padres, aunque llegar a la concepción suele llevarles más tiempo que el normal. Desafortunadamente, sin embargo, cuando la cantidad de espermatozoides es baja, suele suceder que los existentes tengan poca motilidad o sean anormales. La baja cantidad de espermatozoides y sus anomalías quizá se deban a problemas hormonales, anatómicos o inmunológicos, o bien a factores ambientales.

PROBLEMAS HORMONALES

La producción adecuada de las hormonas estimulantes de los testículos, tales como la hormona luteneizante (HL) y la Hormona Folículo Estimulante (HFE) por parte de la glándula pituitaria es esencial para la producción de espermatozoides sanos. Si la glándula pituitaria de un hombre no libera suficiente cantidad de HFE o de HL, su capacidad para producir espermatozoides resultará perjudicada. El funcionamiento incorrecto de la tiroides o de las glándulas suprarrenales (que también producen hormonas) puede afectar también la producción de espermatozoides.

PROBLEMAS ANATOMICOS

Algunos de estos problemas pueden estar presentes desde el nacimiento y quizá no hayan sido diagnosticados. Otros pueden aparecer más tarde, a causa de un traumatismo, una infección o una enfermedad.

Condiciones anormales de los testículos Puede tratarse de un hidrocele (exceso del fluido lubricante que cubre los testículos) o de un varicocele (un agrandamiento de las venas del escroto y los testículos). Parece ser que estas enfermedades producen un aumento de la temperatura de los testículos. Esto es lo que inhibe la producción de espermatozoides.

Eyaculación retrógrada El uno por ciento de los hombres percibe que no eyacula en el momento del orgasmo. Esto se debe a una eyaculación retrógrada, es decir que la descarga se produce hacia atrás, hacia la vejiga en lugar de producirse hacia adelante, por la uretra.

Bloqueo del conducto deferente El bloqueo de uno o ambos conductos que unen los testículos a las vesículas seminales puede ser una condición innata o puede producirse como resultado de una infección, por ejemplo de la gonorrea.

PROBLEMAS INMUNOLOGICOS

En algunos casos de infertilidad masculina, el hombre está produciendo anticuerpos que atacan a sus propios espermatozoides. Estos anticuerpos son producidos por su sistema inmunológico, que por alguna razón toma a los espermatozoides como un cuerpo extraño. Esto puede ser el resultado de un traumatismo o de una infección. Se puede detectar por la presencia de glóbulos blancos en el semen.

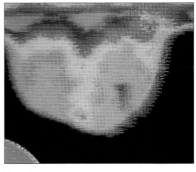

Testículos sanos
Esta fotografía térmica muestra cómo los testículos sanos (azul) tienen una temperatura más baja que el cuerpo (naranja, parte superior de la fotografía)

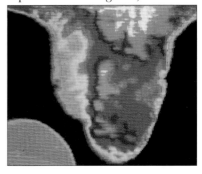

Varicocele
Los parches color naranja en el testículo más cercano son propios del varicocele. El color naranja indica una elevación de la temperatura, lo que puede inhibir la producción de espermatozoides.

CAUSAS DE INFERTILIDAD MASCULINA

En el 30 % de las parejas infértiles aproximadamente, el problema reside en el hombre. Un porcentaje semejante radica en la mujer y el resto se debe a dificultades compartidas. Los problemas masculinos incluyen la incapacidad total de los testículos para producir espermatozoides (afortunadamente esto es muy raro); una anormalidad del tipo del hidrocele o varicocele, que inhibe la producción de espermatozoides; impotencia, eyaculación precoz o dificultades para mantener la erección.

Además, una válvula situada en la base de la vejiga debe cerrarse durante la eyaculación. Si no lo hace, el semen será eyaculado hacia atrás, dentro de la vejiga en lugar de hacia afuera, a través de la uretra. Esta eyaculación retrógrada sucede, sobre todo en los hombres diabéticos, a quienes se les ha practicado una cirugía de la uretra o en hombres con daño en la médula.

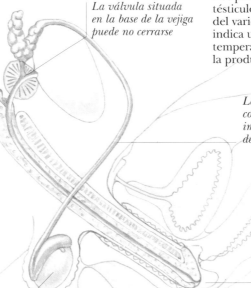

La válvula situada en la base de la vejiga puede no cerrarse

La obstrucción del conducto deferente puede impedir el movimiento del esperma

Un hombre puede ser incapaz de eyacular su semen dentro de la vagina de su pareja

Puede no haber producción de espermatozoides o esta puede estar disminuida

INVESTIGACION DE LA INFERTILIDAD MASCULINA

Diversas investigaciones observan qué sucede cuando los espermatozoides sanos entran en contacto con el moco cervical, al que deben atravesar, para llegar a fecundar un óvulo maduro. Estas investigaciones se llevan a cabo luego de haber realizado pruebas para constatar que los espermatozoides son sanos. El buen semen tiene más de dos milímetros de volumen y contiene más de 30 millones de espermatozoides por mililitro, de los cuales al menos el 60 por ciento son móviles. El porcentaje de anormales debe ser menor del 30 por ciento y no debe haber glóbulos blancos ni bacterias.

EVALUACION DE LOS ESPERMATOZOIDES

Su médico debe practicar pruebas preliminares a su semen, antes de llegar a investigaciones más detalladas acerca de su fertilidad. Las muestras de semen son examinadas por un técnico entrenado, utilizando un microscopio y un aparato computarizado para medir la motilidad. Los resultados pueden predecir su grado de fertilidad.

TEST POST-COITAL

Se lo conoce como TPC y evalúa lo que sucede una vez que los espermatozoides han penetrado en la vagina de su pareja. Para efectuar esta prueba, la mujer debe visitar a su médico en el momento más próximo posible a su ovulación. Es en este momento del ciclo, cuando el moco cervical es particularmente receptivo para los espermatozoides. El moco, que en otros momentos es bastante espeso, para esta época es profuso, transparente, y tiene una apariencia semejante a la de la saliva. Los espermatozoides pueden penetrarlo con facilidad.

Lo ideal es que la pareja haya tenido una relación sexual varias horas (lo óptimo es entre 6 y 12) antes de la visita. A algunas parejas, no obstante, el contexto clínico les hace imposible tener relaciones con esa antelación y algunos hombres pueden no tener erección o fallar en la eyaculación. La tensión, en estos casos, es frecuente, y el equipo médico será comprensivo al respecto.

El conteo de espermatozoides
Este determinante básico de la fertilidad masculina se realiza con 2 análisis de semen, que también detectan las anormalidades de los espermatozoides. Cada milímetro de semen debe contener al menos 30 millones de espermatozoides, la mayoría de los cuales deben ser normales. La figura de la izquierda es una muestra de buen esperma. Si se detectan menos de 20 millones de espermatozoides y hay una alta proporción de anormales, el semen se describe como pobre. La figura de la derecha es de una muestra de esperma pobre.

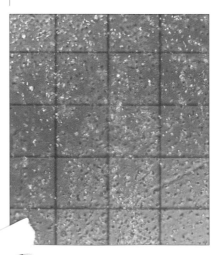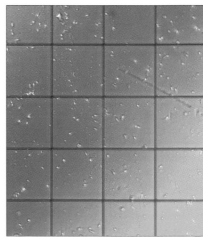

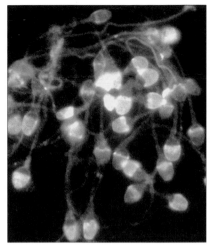 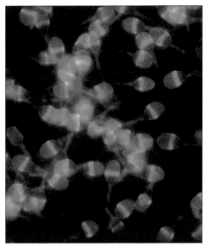

Test de acrosomas
La cabeza de los espermatozoides normales está revestida por una cobertura llamada acrosoma, que contiene enzimas que permiten al espermatozoide romper la membrana que recubre al óvulo. Si los espermatozoides no tienen esta cobertura, no pueden fertilizar al óvulo. Se realiza una prueba a través de reactivos químicos que brillan al ponerse en contacto con el acrosoma. Estas fotografías muestran el esperma defectuoso (a la izquierda) y el normal.

Cuando su pareja vea al médico, este le preguntará a qué hora ha tenido relaciones y entonces se le practicará un examen. Extraerán moco cervical, verán su consistencia y luego lo examinarán con un microscopio para detectar los espermatozoides. La movilidad del esperma se clasificará de 0 a 4. Un buen TPC debe mostrar buena cantidad de espermatozoides, suficiente movilidad en los mismos y un moco cervical que no sea hostil.

Resultado negativo Esto puede suceder por un problema en cuanto al momento en que fue practicado; porque se trata de un ciclo en el que no se ha producido ovulación; porque el moco es viscoso y no filante; porque hay anticuerpos que atacan al esperma o bien en el moco cervical, o bien en el fluido que transporta los espermatozoides; porque el esperma no ha sido eyaculado dentro de la vagina; porque los espermatozoides han sido destruídos por algún espermicida utilizado para lubricar, o porque la mujer lo ha eliminado al tratar de higienizarse para la visita médica. También puede suceder que usted haya producido semen de baja calidad en esa ocasión, lo que resultó en un conteo con pocos o ningún espermatozoide. Cuando un TPC resulta negativo, se lo repite. Sólo cuando el segundo también resulta negativo se practican otras pruebas.

TESTS DEL ESPERMA

Estas pruebas se realizan para comprobar si sus espermatozoides son capaces de nadar y penetrar en los óvulos de su pareja. En el test de invasión de los espermatozoides, se examina en el microscopio la interacción entre sus espermatozoides y el moco cervical de su pareja. Si los espermatozoides no pueden penetrar en el moco y moverse a través de él, puede dar como resultado un TPC negativo, pero el resultado no muestra si el problema reside en el moco o en los espermatozoides. El test cruzado de invasión de los espermatozoides tiene por objeto dilucidar esta cuestión. Usa el mismo procedimiento que el test de invasión de los espermatozoides, sólo que primero se utilizan sus espermatozoides con el moco cervical normal de una donante y luego se utiliza el moco cervical de su pareja con los espermatozoides normales de un donante. Esto puede dilucidar el problema, pero, de no ser así, se practicarán más pruebas, tales como el test de acrosomas (ver arriba) y el test de penetración de óvulos (ver recuadro).

TEST DE PENETRACION DEL OVULO

La capacidad que tiene un espermatozoide de penetrar un óvulo puede demostrarse mejor con el Test de penetración del óvulo que con el Test de Acrosomas (ver arriba)

El test de penetración del óvulo implica introducir los espermatozoides en ovocitos de transferencia (óvulos de hamster) y medir cómo penetran y se unen con ellos.

El uso de ovocitos de transferencia hace que su pareja no deba someterse al tensionante tratamiento de HV (ver pp. 46 a 48) para recolectar óvulos para la prueba. Además, no hay peligro de que de la unión del esperma con los ovocitos de transferencia resulte un embrión.

FIBROMAS E INFERTILIDAD

Los fibromas son tumores musculares benignos del endometrio que pueden formarse en cualquier parte del útero. Pueden convertirse, a veces, en causa de infertilidad, aunque esto no es frecuente.

Estos tumores están constituidos por fibras musculares y pueden ir del tamaño de una arveja al tamaño de un pomelo. Pueden alterar la forma del útero y comprimir una o ambas trompas de Falopio.

Si están ubicados muy cerca del endometrio, pueden interferir con la implantación normal y, si están cerca de la unión del útero con las trompas de Falopio, pueden hacer que el blastocito no llegue al útero. Los fibromas también pueden perturbar las contracciones musculares durante el trabajo de parto, aunque esto depende fundamentalmente del lugar donde están ubicados y del tamaño que tienen.

Los fibromas son muy comunes, pero a menudo son asintomáticos, y afectan a 1 de cada 5 mujeres de más de 30 años. Es más frecuente aun que se produzcan a partir de los 35, y si causan problemas, pueden ser extraidos con cirugía. La operación (llamada miomectomía) es simple y deja intactos al útero y los ovarios.

INFERTILIDAD FEMENINA

La incapacidad de algunas mujeres para concebir, ha sido rigurosamente investigada durante los últimos 30 años y se han hecho grandes avances en cuanto al diagnóstico y tratamiento de la infertilidad. Las causas de la subfertilidad femenina tienden a recaer en cuatro áreas principales. Todas ellas pueden ahora ser tratadas, pero con diversos grados de éxito.

FALTA DE OVULACION

La incapacidad de liberar un óvulo es la causa más frecuente de infertilidad femenina y produce más de un tercio de los casos de infertilidad en la mujer. La anovulación se debe generalmente a problemas hormonales. Ocasionalmente, sin embargo, puede deberse a que los ovarios estén dañados o, raras veces, a la inexistencia de óvulos.

Problemas hormonales Ya hemos visto (ver pag. 26) que, en el ciclo ovárico normal, las hormonas de la glándula pituitaria y del ovario son las responsables del crecimiento y del mantenimiento del óvulo. Sin embargo, en muchos casos de infertilidad, puede haber demasiado poco de una hormona o demasiada cantidad de otra. Por ejemplo, a mitad del ciclo, el hipotálamo debe estimular a la glándula pituitaria para que libere una gran cantidad de HFE y de HL con el objeto de producir la ovulación. Esto, no obstante, fracasa en el 20 por ciento de los casos. En estos casos hay una cierta cantidad de HFE y de HL, pero no la suficiente como para producir la ovulación. También puede existir alguna anomalía en la pituitaria que haga que se produzca demasiada o nada de HL y de HFE. Puede ocurrir además que, como resultado de un exceso de HL y una deficiencia relativa de HFE, los ovarios se tornen poliquísticos y ya no sean capaces de producir óvulos maduros.

Los problemas debidos a cantidades incorrectas de hormonas normalmente son tratados con drogas para la fertilidad, tales como el Clomifeno, la gonadotrofina coriónica humana, la gonadotrofina menopáusica humana y las hormonas femeninas, y de la pituitaria en sí mismas. En el 90 por ciento de los casos, las mujeres con problemas hormonales que se tratan con drogas modernas, pueden llegar a una ovulación adecuada. Sin embargo, por razones que no se conocen, sólo el 65 por ciento de estas mujeres llega a un embarazo.

Problemas ováricos Las cicatrices debidas a las extirpaciones de quistes, las radiaciones o las infecciones pueden provocar daños en el ovario. La provisión de óvulos de una mujer puede agotarse. Esto puede deberse a la menopausia o a su aparición prematura, a daño quirúrgico o a una radioterapia. En esos casos, la fertilización *in vitro* (ver pags. 46 y 58), en ocasiones recurriendo a óvulos de una donante, es la única posibilidad.

DESEQUILIBRIO HORMONAL

Además de influir sobre la ovulación, la hormonas pueden interferir con un embarazo de otras maneras. Por ejemplo, para que un óvulo fecundado subsista, se requiere progesterona. Si se produce demasiado poca, o si es producido durante un lapso breve, es posible que el óvulo no sobreviva. Esto se conoce con el nombre de fase lútea inadecuada, y se puede tratar con drogas, tal como se dijo más arriba respecto de la **falta de ovulación.**

PROBLEMAS ESTRUCTURALES

Para que el embarazo se produzca en forma normal, es necesario que las trompas de Falopio estén sanas. Ellas son los caminos que permiten a los espermatozoides ascender hasta llegar al óvulo y que luego permiten al embrión ya constituido llegar al útero para su implantación. Un embarazo ectópico previo, una inflamación de la pelvis, procedimientos quirúrgicos previos o una infección de cualquier tipo (incluso las que provienen de enfermedades de transmisión sexual) pueden provocar un bloqueo de las trompas, o un daño tal como la existencia de cicatrices, que le impidan concebir de una manera natural.

Los problemas uterinos causan por lo menos el 10 por ciento de los casos de infertilidad. El útero puede ser anormal de manera congénita; puede presentar adherencias (cicatrices o fibras), pólipos o fibromas (ver columna de la izquierda) o padecer de endometriosis. En la endometriosis, el tejido que normalmente reviste al útero se extiende hacia las superficies adyacentes, llegando a las trompas de Falopio, los ovarios y la parte interior del abdomen. Esto puede llevar a la formación de cicatrices y adherencias. Existen varios tratamientos disponibles para corregir ese tipo de dificultades.

Para llegar hasta un óvulo y fertilizarlo, el espermatozoide debe recorrer una gran cantidad de mucus secretado por el cérvix. Si hay muy poco mucus, o si este es tan viscoso que el esperma no puede atravesarlo, o si contiene anticuerpos que atacan directamente al espermatozoide, la fertilización no puede producirse. Todavía no existe un tratamiento de probada efectividad, pero la inseminación artificial puede ser una opción a considerar.

CAUSAS DE INFERTILIDAD FEMENINA

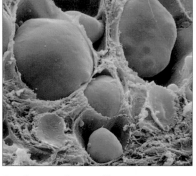

Ovulos en desarrollo
Esta fotografía de un ovario normal visto a través de un microscopio electrónico, muestra cómo los óvulos se desarrollan en los folículos. Una anormalidad en un ovario, tal como un tumor, puede impedir que éste produzca y libere óvulos.

Bloqueo tubario
Esta figura muestra las fimbrias de una Trompa de Falopio. Estas proyecciones delicadas, que tienen la forma de dedos, interceptan al óvulo liberado por el ovario cercano y lo conducen hacia la trompa para que aguarde hasta ser fertilizado. Si la trompa está bloqueada, los espermatozoides no podrán ascender por ella, encontrarse con el óvulo y fertilizarlo

Una o ambas Trompas de Falopio pueden estar bloqueadas, dañadas o pueden faltar, con lo cual el espermatozoide no podrá encontrarse con el óvulo.

Los ovarios quizá no sean capaces de producir un óvulo maduro o pueden no liberarlo a causa de alguna anormalidad, heridas o adherencias.

Puede producirse infertilidad si el moco es muy espeso y los espermatozoides no pueden nadar por él, o si contiene anticuerpos que atacan al esperma

El útero puede contener fibromas y su revestimiento puede estar afectado por endometriosis.

INVESTIGACION DE LA INFERTILIDAD FEMENINA

CONTROL DE SU OVULACION

El primer paso para investigar su infertilidad consiste en determinar si usted está ovulando o no. Si las pruebas más simples muestran que usted lo está haciendo, entonces su doctor ordenará una investigación más profunda.

La tarjeta de temperatura basal Su médico le enseñará cómo registrar la temperatura basal corporal durante un período de tres meses.

Esto mostrará si su temperatura se eleva o no en el momento de la ovulación, y si permanece elevada durante el resto del mes. Si esto ocurre, en general significa que usted está ovulando en períodos regulares.

Test de Progesterona en sangre Determinar el nivel de progesterona en la sangre provee una evidencia circunstancial de que la ovulación ha ocurrido. Luego de la ovulación, el nivel normal de progesterona es de 10 ng (10 mil millonésimos de gramo) por litro. Si alrededor de la mitad de su ciclo menstrual su sangre contiene esta cantidad de progesterona, se supone que usted está ovulando normalmente.

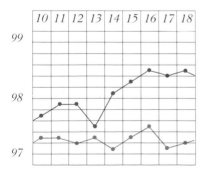

Ciclos normales y anormales
Esta tarjeta muestra (horizontal: día por día - vertical: grados Farenheit), las temperaturas típicas de un ciclo normal (línea roja) y las que pueden darse cuando falla la ovulación (línea gris).

Cuando las pruebas preliminares indican que usted probablemente está ovulando, los especialistas en fertilidad realizan pruebas más profundas para descubrir porqué usted no ha podido concebir.

EXAMENES HORMONALES Y DE OVULACION

Se puede obtener información útil midiendo el nivel de hormonas en su sangre, o en su orina, todos los días durante un ciclo menstrual completo. Así puede conocerse la interacción entre los ovarios, el cerebro, la pituitaria y el hipotálamo y se pueden detectar desequilibrios en las hormonas, si es que usted tiene un problema de ovulación. Normalmente sus niveles de estrógeno, de Hormona Luteneizante (HL) y de Progesterona se miden y se comparan con los de mujeres que ovulan normalmente. Otras hormonas que pueden medirse en caso de existir problemas de ovulación, son la Hormona Folículo Estimulante (HFE) la testosterona y la prolactina.

Examen por ultrasonido Uno de los estudios más útiles es el examen ovárico por ultrasonido (ultrasonografía), mediante el cual el especialista en fertilidad puede constatar el desarrollo de los folículos ováricos y confirmar si la ovulación se está produciendo. Este estudio del folículo puede ser también de particular importancia cuando se está llevando a cabo un determinado tipo de tratamiento, por ejemplo, la inseminación artificial, ya que señala la ovulación con mucha precisión (ver también pag. 48). Una adecuada evaluación del crecimiento folicular también resulta esencial cuando se realizan técnicas complejas de concepción asistida, tales como la fertilización *in vitro* (ver pags. 46 y 48).

Biopsia del endometrio El endometrio (revestimiento interior del útero) sobrelleva cambios cíclicos bajo la influencia del estrógeno y la progesterona. Resulta evidente que el endometrio toma más espesor en la segunda mitad del ciclo, después de la ovulación, y esto se debe al aumento en la producción de progesterona. Si la producción de progesterona es inadecuada, el endometrio puede encontrarse insuficientemente desarrollado como para permitir la implantación. La biopsia, en la cual una muestra diminuta de su endometrio es examinada en un microscopio, se lleva a cabo en la segunda mitad del ciclo menstrual, de modo de poder detectar los cambios producidos por la progesterona.

ESTUDIOS DE TROMPAS

Las trompas de Falopio son estructuras extremadamente delicadas, que, en su parte más estrecha, tienen un diámetro inferior a cuatro milímetros, y que pueden dañarse con facilidad. Aproximadamente en el 50 por ciento de las mujeres que encaran un tratamiento de fertilidad se detecta un problema en las Trompas de Falopio. Existen diversas pruebas para ver el estado de estos conductos:

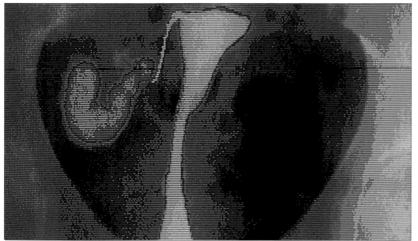

Rayos X del útero y las trompas

Una histerosalpingografía es una toma con Rayos X de su útero y sus trompas. La toma se realiza introduciendo una sustancia de contraste. Esta se introduce lentamente por el cérvix en el útero y luego se observa en una pantalla de rayos X. En esta HSG la tintura se ve de color azul brillante, y el útero es la parte triangular superior. Como la tintura no ha entrado en la trompa de la derecha, se supone que esa trompa está bloqueada cerca del útero. La trompa de la izquierda aparece bloqueada más lejos del útero y está un poco dilatada.

Laparoscopía Es la prueba más importante e informativa (ver abajo). Además de mostrar si sus trompas están bloqueadas o dañadas, permite observar los demás órganos internos para determinar si existe endometrosis, adherencias, fibromas o malformaciones.

Histerosalpingografía Este estudio puede brindar información más exhaustiva acerca de las Trompas de Falopio (ver fotografía arriba). Muestra si hay algún tejido dañado en la zona en que las trompas se unen al útero o en el revestimiento de las trompas. También evidencia si existen pólipos en el útero.

USANDO UN LAPAROSCOPIO

El cirujano utiliza un laparoscopio —un tubo delgado que se usa para observar a través de una diminuta incisión en el abdomen de la paciente.

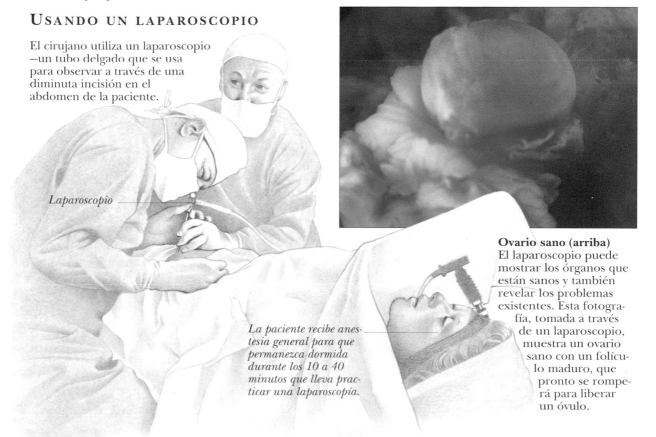

Laparoscopio

La paciente recibe anestesia general para que permanezca dormida durante los 10 a 40 minutos que lleva practicar una laparoscopía.

Ovario sano (arriba)

El laparoscopio puede mostrar los órganos que están sanos y también revelar los problemas existentes. Esta fotografía, tomada a través de un laparoscopio, muestra un ovario sano con un folículo maduro, que pronto se romperá para liberar un óvulo.

SELECCION DE UN DONANTE DE ESPERMATOZOIDES

Una gran preocupación para una pareja que busca un donante para inseminación, es cómo la clínica selecciona y examina a sus donantes, cómo los elige para cada pareja, y cómo guarda la confidencialidad.

Los donantes son, a menudo estudiantes reclutados en las escuelas de medicina o las universidades. Los Hospitales y Clínicas que se ocupan de inseminación artificial tienen mucho cuidado de asegurarse de que sus potenciales donantes gocen de buena salud física y mental y de que no tengan antecedentes de enfermedades hereditarias en sus familias.

Antes de la inseminación, usted posiblemente quiera asegurarse de que las características físicas del donante sean semejantes a las de su pareja; y normalmente las clínicas podrán satisfacer sus requerimientos al respecto, tales como color de ojos, color de cabello, estatura, contextura física o grupo sanguíneo. También se pueden preferir donantes de un determinado grupo étnico o religioso.

Toda la información acerca del donante es estrictamente confidencial. Habitualmente se destruyen los registros para preservar el anonimato del donante.

CONCEPCION ASISTIDA

La concepción asistida –ya sea por donación de óvulos o espermatozoides o por fertilización in vitro– ha ayudado a llegar a la paternidad a muchas parejas sin hijos. Sin embargo, el costo emocional puede ser alto y es fundamental que se conversen intensamente todas las cuestiones que implica. Las clínicas y hospitales que tienen servicios de fertilidad proveen asesoramiento a las parejas que están considerando la posibilidad de una concepción asistida.

DONACION DE ESPERMATOZOIDES

El modo más sencillo de concepción asistida es la inseminación artificial de una mujer con los espermatozoides de su pareja. Esta técnica se conoce con el nombre de IAP (inseminación artificial por parte de la pareja). También es posible la inseminación artificial con los espermatozoides de otro que no sea su pareja. Se la conoce como ID (inseminación con un donante)

Inseminación artificial por parte de la pareja. El esperma de su pareja se coloca contra su cérvix con un recipiente semejante a un diafragma, o bien se introduce en el canal cervical o el útero utilizando una jeringa. Antes de que se la insemine, usted deberá utilizar una tarjeta de su temperatura basal o un predictor de HL para asegurarse de que está ovulando. Una ecografía practicada justo antes de la ovulación puede detectar el crecimiento del folículo.

La inseminación artificial con el esperma de la pareja no es adecuada para todos. Si un hombre tiene una cantidad muy baja de espermatozoides, él y su pareja pueden estar perdiendo el tiempo y sometiéndose a una angustia innecesaria con este método. En cambio, si el problema del hombre radica en depositar el esperma en la vagina de la mujer, el método es perfecto.

Inseminación con un donante. Se puede pensar en este método en aquellos casos en que los hombres son estériles o subfértiles, por tener una muy baja cantidad de espermatozoides que no se modifica con tratamiento; cuando hay una importante incompatibilidad sanguínea entre la pareja (por ejemplo, una mujer RH negativo ha desarrollado anticuerpos contra la sangre RH positivo de su esposo); cuando se sabe que un hombre es portador de una enfermedad hereditaria seria; o cuando una mujer soltera, madura y estable, desea tener un hijo, pero no una pareja.

La inseminación artificial con un donante (ID) parece ser la solución ideal para muchas parejas, pero hay una serie de cuestiones que deben ser examinadas con cuidado antes de hacerlo. Primero y principal, usted debe tener en cuenta los sentimientos de su pareja. No es infrecuente que un esposo se sienta incómodo y celoso de que un donante pueda embarazar a su mujer, si él no ha podido hacerlo.

Un hecho así puede resentir su vida en común y también la relación con el niño después de que nazca, al margen de que existen algunas mujeres que sienten rechazo por las circunstancias en que deben concebir o por el hecho de que en cada visita reciben esperma de un donante diferente. Otras se sienten preocupadas por la clase de hombre que pudo ser el donante o lo idealizan como "el hombre perfecto" o se preguntan si su hijo no podrá llegar a conocer y tal vez a casarse con un medio hermano.

Utilizar el espermatozoide de un donante que usted conoce, o con el que tiene alguna relación, puede solucionar algunos de estos problemas, aunque quizás aumente otros. Además pueden surgir problemas especiales, como que el padre reclame el derecho de visitar a su hijo.

Todavía es frecuente que los médicos recomienden reserva (normalmente se destruyen los registros para asegurar el anonimato del donante), pero esto puede resultar un peso demasiado grande para la pareja. La ID puede también ser perjudicial para el niño, sobre todo si otras personas lo saben y lo hacen saber, o si surge algún momento de crisis, por ejemplo un divorcio. Como este método de concepción (sobre el cual muchas parejas tienen dudas) es particularmente tensionante, es imprescindible un buen asesoramiento.

Usted puede exigir que en los registros de la maternidad no se mencione este aspecto de su tratamiento de fertilidad y que el certificado de nacimiento se extienda a nombre de la pareja.

DONACION DE OVULOS

En los casos en que una mujer no puede ovular, es posible la utilización de óvulos de una donante para la Fertilización in vitro (FIV). La donación de óvulos tiene la ventaja de que tanto usted como su pareja estarán involucrados en la paternidad: su pareja fertilizará el óvulo y usted llevará al niño en el vientre y lo dará a luz. Sin embargo, esto es más complicado que la donación de espermatozoides. Se requieren tratamientos hormonales y técnicas de recolección de óvulos (ver pag. 48), lo cual hace que los óvulos de una donante sean más difíciles de obtener. Las fuentes principales son donantes anónimas, pacientes de FIV que donan óvulos extra, o familiares. Pueden surgir varios problemas de estas fuentes de donantes: las pacientes de FIV pueden tener un mayor riesgo de anormalidades cromosómicas, ya que la pacientes de FIV suelen ser de edad mayor que el promedio, y las donaciones por parte de familiares o amigas pueden llevar a problemas familiares. Como con las donaciones de espermatozoides, los registros de donantes de óvulos suelen ser destruidos. Este secreto puede afectar a su hijo cuando crezca.

Si usted no ovula, probablemente tampoco menstrúe y eso significa que su endometrio debe ser muy delgado, e incapaz de nutrir un embrión en desarrollo. Por esto, se le suministrarán drogas para estimular el crecimiento del endometrio, de modo que el blastocito pueda implantarse.

DONACION DE EMBRIONES

La donación de embriones ocurre ocasionalmente cuando, luego de una FIV exitosa, una pareja no necesita de sus embriones no utilizados, que han sido congelados y guardados. Esto ha sido el centro de grandes debates y trae a la palestra muchos temas, como por ejemplo, cuáles serán los sentimientos de los padres donantes si su hijo o hijos mueren y cuáles son las posibilidades de que los hermanos más tarde se conozcan y, por ejemplo, lleguen a concebir hijos. Este hijo es, en realidad, un hijo "adoptado" para ambos miembros de la pareja.

ALMACENAMIENTO Y CONTROL DEL SEMEN

Normalmente el semen fresco se utiliza en la IAP, pero cuando el semen es de un donante se recurre al congelado. Como el semen donado está congelado y almacenado, las clínicas tienen tiempo para examinar al semen y al donante y asegurarse de que estén libres de infecciones.

El semen del donante se guarda en un frasco estéril y se congela por inmersión en nitrógeno líquido. El semen congelado es almacenado durante meses. Durante ese lapso se practican pruebas al donante para asegurarse de que no tiene ninguna infección, como la Hepatitis B o el SIDA, que pueda ser trasmitida a través del semen.

Cuando se ha establecido que el donante no padecía infecciones al momento de la donación, se hacen pruebas al semen para asegurarse de que no contenga microorganismos perjudiciales, como por ejemplo bacterias. Si estas pruebas también son negativas, el semen puede ser usado para inseminaciones.

Hasta el 50 % de los espermatozoides perecen durante los procesos de congelamiento y descongelamiento, pero esta situación se compensa en parte porque los espermatozoides más fuertes y saludables son los que sobreviven a estos procesos.

La inseminación artificial con el semen de un donante se realiza exactamente en las mismas condiciones que cuando se trata del semen de la pareja.

MADRES POR ENCARGO

La maternidad por encargo, es decir cuando una mujer lleva adelante un embarazo para otra, es muy sencilla desde el punto de vista físico, pero puede chocar con muchas dificultades emocionales, legales y morales.

Sustitución total La forma más simple de sustitución, o sustitución total, es cuando una mujer concibe y lleva adelante un embarazo con la pareja de una mujer infértil. La inseminación puede ser indirecta (la sustituta es inseminada artificialmente con el esperma de la pareja de la mujer en cuestión) o directa (el hombre tiene una relación sexual con la sustituta)

Sustitución parcial En este tipo de acuerdo, un óvulo de la mujer que no puede concebir es fertilizado con el semen de su propia pareja y luego implantado en el útero de la sustituta.

Problemas de la sustitución En teoría, luego de que el niño nace, es entregado a la pareja que lo "encargó". Esta pareja lo adopta legalmente, y, en consecuencia, la madre sustituta tiene escaso o ningún contacto con el niño. Sin embargo, es posible que a la madre sustituta le resulte muy difícil desprenderse del niño, especialmente si ella es su madre genética. En algunos casos muy publicitados, hubo parejas que tuvieron que llevar adelante largas acciones legales para lograr la custodia de un niño así concebido.

Quizás se planteen problemas si el niño nace con alguna discapacidad o si la sustituta desea mantener una relación estrecha con su hijo y no se lo permiten. También puede suceder que uno o ambos padres que han hecho el "encargo" luego encuentren difícil aceptar plenamente al niño como hijo propio.

FERTILIZACION IN VITRO

Desde el nacimiento del primer bebé de probeta, que se produjo en 1978, varios miles de bebés han nacido a partir de técnicas de fertilización *in vitro* (FIV). Así ha sido posible la paternidad para muchas parejas que, de otro modo, nunca hubiesen tenido hijos. *In vitro* significa "en vidrio", o "en el laboratorio", de allí también el nombre de "bebés de probeta".

En la FIV, la fertilización se realiza en un recipiente playo de vidrio o de porcelana. El proceso es muy complicado pero, en términos generales, implica la extracción de óvulos de los ovarios, su fertilización con espermatozoides en el laboratorio y la transferencia al útero de los embriones obtenidos. La FIV tiene fama de ser algo muy interesante, pero los resultados no son siempre tan exitosos como los medios sugieren (ver **Panorama**). Pese a estos, para algunas parejas se trata de la única oportunidad de concebir.

Viabilidad del esperma Antes de llevar a cabo una FIV se evalúa la viabilidad del esperma con un test de motilidad. Este consiste en mezclar el semen con un preparado cultivado, centrifugarlo y luego incubarlo.

Los espermatozoides con mayor movilidad nadan hasta la parte superior y se establece una medición promedio de los espermatozoides, móviles e inmóviles. La cantidad de espermatozoides debe ser superior a 20 millones por mililitro, y al menos el 40 por ciento de los espermatozoides deben ser móviles al cabo de dos horas y algunos deben permanecer activos a las 24 horas. Si el esperma es viable, se puede pasar a la siguiente etapa de la FIV. Si no lo es, la pareja debe decidir si quiere continuar con la FIV utilizando el semen de un donante.

Extracción de óvulos Se estimula la ovulación mediante drogas. Cuando el folículo alcanza su madurez (17 milímetros de diámetro) según se puede comprobar a través de una prueba de ultrasonido, se inocula a la mujer gonadotrofina coriónica humana entre 33 y 36 horas antes del momento en que se planea efectuar la extracción.

La mayor parte de las extracciones de óvulos se efectúan temprano, en la mañana, ya que de otro modo la inyección de gonadotrofina debería aplicarse muy tarde en la noche o aun en la madrugada. (El proceso de extracción de óvulos aparece ilustrado en la pag. 48) Los óvulos extraídos se incuban en un medio de cultivo que sigue estimulando su crecimiento durante las siguientes 2 a 24 horas, según el grado de madurez de los mismos.

Una vez que los óvulos han llegado a su completa madurez, se los aisla en una burbuja de ese medio de cultivo y se agregan a cada óvulo de 100.000 a 200.000 espermatozoides de la pareja. En general se desea que su pareja provea semen fresco, lo cual muchas veces implica que deba masturbarse en el hospital. Puede también utilizarse semen congelado, pero esto suele dar menor viabilidad al proceso. Se colocan entonces en una cápsula de Petri hasta ocho burbujas de cultivo que contienen óvulos y espermatozoides. Allí se las mantiene entre 12 y 15 horas, que es el tiempo que les toma llegar a la fertilización.

Transferencia de los embriones Luego de dos o tres días de incubación, tres de los mejores embriones se transfieren al útero. Antes de esto, se la invitará a ver a través del microscopio los embriones, y usted posiblemente podrá observar que ya se han desarrollado hasta la etapa de cuatro células. La transferencia de embriones es, en sí misma, una práctica indolora que se realiza en unos pocos minutos. Es posible que le den un sedante suave para que se relaje. Luego introducirán en su cérvix un tubo muy fino e inyectarán muy suavemente los embriones en la cavidad uterina (Según la ley, no pueden inyectarse más de tres embriones por vez)

Seguimiento Luego de la transferencia de los embriones, y de un breve descanso, usted podrá regresar a su casa y retomar una vida normal, aunque no demasiado agitada. Una semana después de la extracción de los óvulos, se le tomará una muestra de sangre, para poder medir el nivel de progesterona. En algunas clínicas también suelen dar gonadotrofina coriónica humana o progesterona adicional, en forma de inyecciones o supositorios vaginales.

Si usted no ha menstruado a los 16 días de la extracción, se le practicará un análisis de sangre para detectar la presencia de gonadotrofina coriónica humana beta, una hormona propia del embarazo. Si se detecta esta hormona, significa que al menos uno de los embriones se ha implantado con éxito. A través de una ecografía, a los 35 días, se puede detectar cuántos son los embriones que se han implantado.

Panorama De acuerdo con un estudio reciente, hasta la edad de 34 años, la FIV tiene un porcentaje de éxito casi tan elevado como la concepción natural en las parejas sanas. El estudio llegó a la conclusión de que el 55 por ciento de las mujeres podrán concebir y el 45 por ciento podrá dar a luz a un bebé luego de cinco ciclos de tratamiento. Los porcentajes de éxito, no obstante, decrecen mucho a partir de esta edad, y las posibilidades de tener un bebé son sólo del 30 por ciento en mujeres entre 34 y 39 años y menores del 15 por ciento en mujeres mayores de 40 años.

La FIV es, sin duda, el metodo de fertilización más exigente desde el punto de vista emocional. Muchos especialistas en fertilidad llevarán a cabo antes un período prolongado de exámenes y observación —que puede llevar hasta un año— y examinarán otras posibilidades antes de embarcarla en una fertilización *in vitro*. Este período de espera quizá le parezca muy largo si usted ha pospuesto su proyecto de tener una familia hasta los treinta y pico pero, como pueden existir otros caminos menos arduos, es preferible seguir el consejo de su especialista.

Además, como someterse a un tratamiento de FIV es una experiencia muy tensionante y puede afectar su vida sexual más de lo que muchos médicos admiten, la mayor parte de las clínicas sólo están dispuestas a tratar a parejas heterosexuales estables, con mucho tiempo de una relación preferiblemente matrimonial.

TRANSFERENCIA INTRAFALOPIANA DE GAMETOS

Esta técnica llamada GIFT, que consiste en introducir espermatozoides y óvulos dentro de una trompa de Falopio, es semejante a la que hemos descripto respecto a la FIV, con la única diferencia de que los espermatozoides y óvulos se introducen juntos por un extremo de la trompa, permitiendo que la fertilización se produzca allí, naturalmente. El embrión resultante llegará al útero en el momento preciso del ciclo, de modo que se pueda producir la implantación. El requisito indispensable para llevar a cabo este tratamiento es que al menos una de sus trompas de Falopio sea ciento por ciento sana y no esté obstruida. El inconveniente reside en la imposibilidad de saber si la fertilización se ha producido, y menos aun si se produce la implantación. El seguimiento es exactamente igual que para la FIV.

TÉCNICAS ALTERNATIVAS

Algunos especialistas en fertilidad utilizan otras técnicas para lograr un embarazo. Algunas son variantes de la FIV, otras son menos invasivas. Todas ellas se encuentran en experimentación

ZIFT *La transferencia intrafalopiana de cigotas es una variante del GIFT y es, en sí misma, una forma de FIV. En el método GIFT la fertilización tiene lugar en una trompa de Falopio. en el método ZIFT el óvulo se transfiere a la trompa después de haber sido fertilizado, pero antes de que haya comenzado a dividirse.*

TEST *Es la transferencia a la trompa en la etapa embrionaria. Es una versión de la FIV en la cual, en lugar de transferir los embriones al útero, se los transfiere a las trompas de Falopio.*

POST *En la transferencia peritoneal de óvulos y espermatozoides, se introducen espermatozoides en una jeringa. A continuación, se inserta la jeringa en el abdomen de la mujer y a través de ella se extraen los óvulos maduros para que se mezclen con el esperma. Luego, esta mezcla de óvulos y espermatozoides se inyecta a través del abdomen, en una extremidad de una Trompa de Falopio, de modo que se produzca la fertilización en la trompa.*

DIPI *La inseminación directa intraperitoneal es una versión simplificada del POST. Los espermatozoides lavados se introducen a través del fondo de la vagina inyectándolos en un espacio cercano a la terminación abierta de una trompa de Falopio, de modo que los espermatozoides puedan interceptar a los óvulos cuando estos dejan el ovario.*

Tecnicas de FIV

La producción de un bebé de probeta depende del éxito de la extracción de los óvulos de la madre, de la fertilización con un espermatozoide sano, de la implantación de al menos un embrión en su útero y del desarrollo, a partir de allí, de un bebé viable.

Asegurarse una buena provision de ovulos

Para aumentar las posibilidades de éxito del embarazo a través de la FIV, se extrae más de un óvulo para la fertilización. Normalmente, en cada ciclo ovárico solo madura un óvulo, por eso uno de los primeros pasos en un tratamiento de FIV (que comienza unos días después de la finalización de su período) es la estimulación de los ovarios, para tornarlos más productivos. Esto se hace proveyendo a sus ovarios de

Recoleccion de los ovulos maduros

Utilizando el ecógrafo para tener un panorama claro del aparato genital, un ginecólogo lleva suavemente un fino tubo de ensayo a través de la vagina, el útero y la Trompa de Falopio hasta los óvulos maduros. Estos óvulos son allí recolectados en la probeta a través de una suave succión

Monitoreo de sus folículos
El equipo médico ve con claridad los folículos agrandados en una pantalla de un ecógrafo, mientras va en busca de los óvulos maduros. La ecografía es un método más sencillo y conveniente que la laparoscopía para guiar el camino de la probeta

Ginecólogo

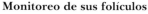
Monitor

Asistente

Usted estará completamente despierta mientras el ginecólogo lleva la probeta a través de su vagina hacia los óvulos.

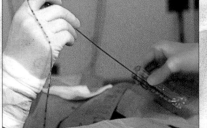

Extracción de los óvulos
Cuando los óvulos están dentro de la probeta, se los extrae suavemente, se los coloca primero en un tubo de ensayo y luego se los transfiere rápidamente al medio de cultivo que mantendrá su crecimiento

drogas estimulantes, tales como el Clomifeno o la Gonadotrofina Menopaúsica Humana, de modo tal que los ovarios produzcan varios óvulos maduros simultáneamente. Durante la siguiente semana, usted visitará diariamente la clínica, para efectuar un control del desarrollo de los óvulos. Cuando los óvulos maduran, los folículos se hinchan y producen una gran cantidad de estrógeno. Una serie de análisis de sangre detectarán el aumento del estrógeno y, a través de ecografías, se podrá detectar el crecimiento de los folículos.

EXTRACCION DE LOS OVULOS

Una vez que se produjo la ovulación, usted irá a la clínica para que extraigan sus óvulos, con la guía de una ecografía o de laparoscopía, y luego los fecunden con los espermatozoides de su pareja.

Ecografía En este caso se utiliza el ultrasonido para guiar la recolección de los óvulos. Este procedimiento es más sencillo que una laparoscopía. Se utiliza una anestesia suave o anestesia local y usted sólo debe permanecer unas horas en la clínica, en lugar de permanecer internada, como cuando se utiliza la laparoscopía

Laparoscopía En este método, el médico utiliza un laparoscopio —un pequeño y delgado telescopio— para observar sus ovarios y guiar un fino tubo de ensayo en el cual se introducirán sus óvulos maduros. Se le dará anestesia general y se inyectará dióxido de carbono en la cavidad abdominal. Con este gas se separarán los órganos allí contenidos, de modo de facilitar su visión. Luego se insertará el laparoscopio a través de una pequeña incisión en el ombligo y cuidadosamente se recogerán en la probeta los óvulos.

BEBÉS POR FIV

La primera fertilización in vitro con éxito se produjo en 1978. Durante los últimos 15 años nacieron varios miles de bebés de probeta.

Un bebé sano
Los bebés de probeta no difieren en nada de los bebés que son concebidos por medios naturales.

CONFIRMACION DE LA CONCEPCION

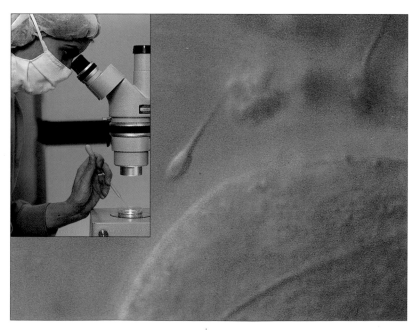

Alrededor de 18 horas después de que se hayan mezclado con los espermatozoides de su pareja, sus óvulos son inspeccionados con un microscopio, para saber si han sido fertilizados. Es muy infrecuente que todos los óvulos sean fecundados, pero en cambio es bastante común que la fertilización haya tenido éxito en 2 o 3 óvulos. Si alguno de los óvulos fue fertilizado, se los mantiene en la incubadora durante otras 48 horas o más, momento en que normalmente ya se habrán dividido en 2 o 4 células, aunque también es posible que el crecimiento haya avanzado aun más. En ese momento, si no muestran ningún signo de anormalidad, se transfiere a su útero un máximo de 3. En la fotografía de la derecha, se puede ver cómo un espermatozoide se aproxima a un óvulo.

¡EMBARAZADA!

Muchas mujeres "saben" cuándo han concebido. Esta intuición especial probablemente se deba a la muy rápida producción de hormonas femeninas, con una gran carga inicial de progesterona (que una mujer no experimenta a menos que esté embarazada), seguida de la producción de gonadotrofina coriónica humana por parte del feto, que comienza en cuanto éste se ha implantado en el útero, aproximadamente siete días después de la fecundación.

USTED SOSPECHA QUE ESTA EMBARAZADA

Existen algunos síntomas clásicos que pueden hacerla sospechar que usted está embarazada antes de tener la confirmación de este estado.

Amenorrea A las dos semanas de la fertilización, una mujer normalmente tiene una falta en su período. Aunque el embarazo es la causa más frecuente de amenorrea, no es la única. Por lo tanto, una falta en el período no debe ser tomada como un síntoma seguro de embarazo. Algunos otros factores, tales como viajes largos, enfermedades, cirugías, tensiones o disgustos pueden causar amenorrea. Además, no siempre el período desaparece durante el embarazo. Se sabe que algunas mujeres han tenido períodos escasos hasta el sexto mes y, en ocasiones, durante todo el embarazo.

Frecuencia para orinar En cuanto aumenta el nivel de progesterona y el embrión comienza a secretar gonadotrofina coriónica humana, aumenta la sangre que fluye a la región pelviana y esto lleva a una congestión pélvica. Esto se trasmite a la vejiga, que se torna irritable y las mujeres experimentan deseos de orinar más frecuentemente, aunque lo hagan en pequeñas cantidades. Esto puede suceder con tan sólo una semana de embarazo.

Cansancio La fatiga se debe, en parte, a la presencia de muy altos niveles de progesterona, que tiene un efecto sedante. Al comienzo del embarazo, su metabolismo se acelera para poder hacerse cargo del embrión en desarrollo y de sus órganos vitales, que tienen que realizar una cantidad mayor de trabajo. Esto puede llevar a un estado de fatiga tal, que, en ocasiones, puede tornarse imprescindible dormir.

Un gusto extraño y los antojos La saliva a menudo refleja el contenido químico de la sangre y, cuando aumentan los niveles de hormonas, el gusto de su boca puede cambiar, tornándose, por ejemplo, metálico. Esto también puede hacer que ciertas comidas le sepan de un modo distinto y que algunas que le gustaban mucho (por ejemplo, muchas veces el café), le resulten intolerables. No existe una explicación científica para los antojos, que a veces pueden estar referidos a cosas muy extrañas, como por ejemplo el carbón, pero se piensa que son la respuesta del cuerpo ante ciertas deficiencias de minerales u otros elementos. Trate de controlar los anto-

Descubrimiento de una nueva vida
Descubrir que se está embarazada suele ser uno de los momentos más especiales de la vida.

jos relativos a comidas de alto valor calórico y escaso valor nutritivo. En lo demás, permítaselos dentro de lo razonable.

Mareos matinales Aunque son más frecuentes en la mañana, los mareos pueden sobrevenir en cualquier momento del día, especialmente si usted no come con frecuencia y baja el nivel de azúcar en su sangre.

Olores El embarazo a menudo aumenta su sentido del olfato; usted puede percibir que algunos olores frecuentes, tales como los de las comidas, le provocan náuseas. El perfume también puede tener este efecto, y quizá sienta también que su perfume huele de manera diferente, debido a alteraciones en la química de su piel.

Cambios en los pechos Aun al comienzo de un embarazo, los cambios en sus pechos quizá sean muy evidentes: sus senos se pueden tornar más voluminosos y muy sensibles al tacto. La zona de los pezones se torna aun más sensible, toma un color más oscuro y las venas aparecen más grandes en la superficie de los pechos.

LA CONFIRMACION DEL EMBARAZO

Una vez que usted sospeche que está embarazada, debe tratar de confirmarlo cuanto antes. Hay distintas pruebas que pueden practicarse en distintos momentos posteriores a la concepción. Algunas son más precisas que otras.

Análisis de sangre Su médico es quien debe practicar este examen. El análisis detecta con precisión el nivel de la hormona del embarazo, la gonadotrofina coriónica humana, ya dos semanas después de la concepción, más o menos en el momento en que debería presentarse el período.

Análisis de orina La GCH también se detecta en la orina. Los exámenes de orina pueden practicarse en casa, en el consultorio del médico o en una clínica. Son confiables en un 90 por ciento y es posible llevarlos a cabo desde dos semanas después de la concepción, aunque los resultados serán más confiables si espera cuatro semanas más (ver también pág. 52)

Examen ginecológico Es muy confiable, y su médico puede practicarlo una vez que aparezcan signos, habitualmente cuatro semanas después de la concepción.

Las hormonas del embarazo ablandan la consistencia de su cérvix y su útero y hacen que más sangre fluya hacia su pelvis (ver **Frecuencia para orinar**), lo que dará un tinte púrpura a su vagina y a su cérvix. Su útero también se verá un poco agrandado. Un examen ginecológico quizá resulte un tanto incómodo pero no tiene porqué ser doloroso.

CONTARSELO AL MUNDO

Obviamente se lo contará a su pareja y probablemente a su familia más cercana en cuanto usted lo sepa.

El obstetra Es posible que sea su obstetra quien le confirme el embarazo. En ese caso, por supuesto, estará enterado. De no ser así, deberá ponerse en contacto con él lo más pronto posible para poder conversar acerca de las opciones de parto existentes y de los cuidados prenatales necesarios.

Su empleador Debe pensar en contárselo a su empleador en cuanto el embarazo esté consolidado, es decir, aproximadamente a los tres meses.

Amigos y conocidos Muchas mujeres no hablan a sus amigos de su estado hasta después del primer trimestre. Aunque esto es comprensible, posiblemente no sea necesario demorar la noticia una vez que el embarazo está confirmado.

¿TIENE USTED EL RESULTADO CORRECTO?

Existen gran cantidad de factores que pueden afectar los resultados de su prueba de embarazo

• *En las mujeres mayores, los cambios hormonales que se producen por la proximidad de la menopausia pueden provocar resultados falsos-positivos o falsos-negativos.*

• *Cuando la orina se ha recolectado o almacenado de una manera inadecuada, pueden producirse errores.*

• *Si la prueba se pratica demasiado pronto, la concentración de GCH puede ser demasiado baja como para que se la detecte. Es importante saber cuál es su fecha de menstruación. Los períodos irregulares o infrecuentes pueden perturbar el diagnóstico de embarazo.*

• *Los antidepresivos o las drogas para la fertilidad que contienen GCH o Gonadotrofina menopaúsica humana pueden alterar los resultados. Las píldoras anticonceptivas, los antibióticos y los analgésicos no tienen efectos al respecto.*

• *Si el equipo usado para el test está demasiado caliente, el resultado puede alterarse. La orina debe estar a temperatura ambiente en el momento de la prueba.*

PRUEBAS CASERAS

Es posible que enterarse de su embarazo en la privacidad de su casa la ayude a liberarse de cualquier sentimiento de nerviosismo y le permita mantener una total confidencialidad. Hay una variedad de pruebas de embarazo que pueden comprarse en la farmacia. Son de uso sencillo y ofrecen resultados inmediatos con una precisión del 90 por ciento.

Cómo funciona la prueba Todos los análisis de orina buscan detectar la presencia de gonadotrofina coriónica humana, la hormona producida por el blastocito. Los dos tipos principales de pruebas, las del anillo y las de colores se llevan a cabo mezclando la solución química que proveen con una muestra de su orina. Los productos químicos reaccionan según la cantidad de gonadotrofina coriónica humana presente en la orina. La reacción produce un cambio de color en el tubo o en una ventana, o bien, al evitarse la coagulación, aparece un anillo oscuro en la superficie del tubo. Otro tipo de prueba se realiza sencillamente poniendo la parte absorbente del test en contacto con la orina. A partir de la segunda semana de embarazo se puede detectar GCH en la orina. La mayor parte de las pruebas aconsejan su utilización luego de uno o dos días de la primera falta de su periodo. Sin embargo, si usted realiza la prueba en esta fecha, repítala dos semanas después, momento en el cual la GCH estará más concentrada y el resultado será más confiable. La mayor parte de las pruebas traen material para dos veces, de manera tal de poder realizar la confirmación.

Precauciones necesarias Tome la muestra de la primera orina de la mañana (tendrá una mayor concentración de GCH) y recójala en un recipiente limpio y sin restos de jabón. No tome líquidos antes de practicar la prueba, ya que estos diluirán la muestra. Siga las instrucciones del envase con cuidado, y no utilice la prueba si esta ha sufrido algún tipo de deterioro o si está vencida. Si no puede practicarla inmediatamente, guarde la muestra de orina en el refrigerador, pero no la mantenga allí durante más de 12 horas.

Resultado inesperado Existe la posibilidad de que una prueba arroje un resultado positivo, y que, al repetirla, se torne negativo y luego, en pocos días, usted tenga su periodo. No se preocupe. La mitad de las concepciones no llegan a consolidarse como embarazos porque el embrión no logra implantarse en el endometrio. La prueba puede haber sido positiva la primera vez porque se la practicó antes de la pérdida del óvulo fertilizado. Para evitar este tipo de error, practique la prueba recién en el momento de la primera falta. Si hay un resultado positivo pero débil, repita la prueba pocos días después con una muestra fresca.

FECHA DE PARTO SUPUESTA

Una vez que usted ha confirmado que está embarazada, su primera pregunta, casi seguramente, será "¿Cuándo nacerá mi bebé?"

Entre la concepción y el parto suelen transcurrir alrededor de 266 días, o 38 semanas, esto es 40 semanas a partir del comienzo de su último período menstrual(UPM), ya que la ovulación, y por lo tanto la concepción, normalmente deben de haberse producido dos semanas después de su último período (ver cuadro a la derecha) Usted puede averiguar la fecha aproximada del nacimiento de su bebé calculando a partir de la fecha de inicio del último período. La fecha estimada del parto (FEP) será pues, 280 días (40 semanas) a partir del primer día de su último periodo. Este dato es preciso para un ciclo regular de 28 días. Si usted tiene ciclos menstruales más cortos o más largos, su fecha probable de parto será anterior o posterior.

Si usted ha concebido inmediatamente después de haber dejado de tomar la píldora, será bastante difícil, para los profesionales que la atiendan, confirmarle una fecha, y seguramente deberán basarse en el desarrollo del bebé.

Los médicos suelen utilizar la FEP cuando monitorean el desarrollo del bebé para asegurarse de que no existan problemas en cuanto al crecimiento del feto. No obstante, el poner demasiada atención en esta fecha puede llevar a prácticas innecesarias y, si la FEP ha pasado, pueden decidir inducir el parto. Sin embargo, en general, no existen riesgos ni para usted ni para su bebé hasta después de las 42 semanas y la mayor parte de los médicos están dispuestos a permitir que el embarazo continúe, sin realizar una inducción, siempre y cuando las pruebas indiquen que el bebé no está corriendo riesgos (ver pag. 170)

COMO FUNCIONA EL CUADRO DE FEP

Encuentre en el cuadro la fecha correspondiente al comienzo de su UPM buscando el mes entre los escritos en negrita a la la izquierda y luego buscando en ese renglón hasta encontrar el día. Luego fíjese en el número que figura debajo. Esa será la fecha aproximada de parto.

LA LLEGADA DE SU BEBE

No se ponga ansiosa si su bebé no da ninguna señal de aparición el día que uted pensaba. Aproximadamente el 85 % de los bebés nacidos a partir de embarazos normales nacen una semana antes o una semana después de la fecha estimada.

La FEP sirve para darle una idea aproximada de cuándo nacerá su bebé. Sea flexible: no crea que ese es el día preciso en que comenzará el trabajo de parto. Un embarazo normal puede durar entre 38 y 42 semanas.

SU FECHA ESTIMADA DE PARTO

Enero
1 2 3 4 5 6 7 8 9 10 11 12 13 14 15 16 17 18 19 20 21 22 23 24 25 26 27 28 29 30 31
Octubre
8 9 10 11 12 13 14 15 16 17 18 19 20 21 22 23 24 25 26 27 28 29 30 31 1 2 3 4 5 6 7

Febrero
1 2 3 4 5 6 7 8 9 10 11 12 13 14 15 16 17 18 19 20 21 22 23 24 25 26 27 28
Noviembre
8 9 10 11 12 13 14 15 16 17 18 19 20 21 22 23 24 25 26 27 28 29 30 1 2 3 4 5

Marzo
1 2 3 4 5 6 7 8 9 10 11 12 13 14 15 16 17 18 19 20 21 22 23 24 25 26 27 28 29 30 31
Diciembre
6 7 8 9 10 11 12 13 14 15 16 17 18 19 20 21 22 23 24 25 26 27 28 29 30 31 1 2 3 4 5

Abril
1 2 3 4 5 6 7 8 9 10 11 12 13 14 15 16 17 18 19 20 21 22 23 24 25 26 27 28 29 30
Enero
6 7 8 9 10 11 12 13 14 15 16 17 18 19 20 21 22 23 24 25 26 27 28 29 30 31 1 2 3 4

Mayo
1 2 3 4 5 6 7 8 9 10 11 12 13 14 15 16 17 18 19 20 21 22 23 24 25 26 27 28 29 30 31
Febrero
5 6 7 8 9 10 11 12 13 14 15 16 17 18 19 20 21 22 23 24 25 26 27 28 1 2 3 4 5 6 7

Junio
1 2 3 4 5 6 7 8 9 10 11 12 13 14 15 16 17 18 19 20 21 22 23 24 25 26 27 28 29 30
Marzo
8 9 10 11 12 13 14 15 16 17 18 19 20 21 22 23 24 25 26 27 28 29 30 31 1 2 3 4 5 6

Julio
1 2 3 4 5 6 7 8 9 10 11 12 13 14 15 16 17 18 19 20 21 22 23 24 25 26 27 28 29 30 31
Abril
7 8 9 10 11 12 13 14 15 16 17 18 19 20 21 22 23 24 25 26 27 28 29 30 1 2 3 4 5 6 7

Agosto
1 2 3 4 5 6 7 8 9 10 11 12 13 14 15 16 17 18 19 20 21 22 23 24 25 26 27 28 29 30 31
Mayo
8 9 10 11 12 13 14 15 16 17 18 19 20 21 22 23 24 25 26 27 28 29 30 31 1 2 3 4 5 6 7

Setiembre
1 2 3 4 5 6 7 8 9 10 11 12 13 14 15 16 17 18 19 20 21 22 23 24 25 26 27 28 29 30
Junio
8 9 10 11 12 13 14 15 16 17 18 19 20 21 22 23 24 25 26 27 28 29 30 1 2 3 4 5 6 7

Octubre
1 2 3 4 5 6 7 8 9 10 11 12 13 14 15 16 17 18 19 20 21 22 23 24 25 26 27 28 29 30 31
Julio
8 9 10 11 12 13 14 15 16 17 18 19 20 21 22 23 24 25 26 27 28 29 30 31 1 2 3 4 5 6 7

Noviembre
1 2 3 4 5 6 7 8 9 10 11 12 13 14 15 16 17 18 19 20 21 22 23 24 25 26 27 28 29 30
Agosto
8 9 10 11 12 13 14 15 16 17 18 19 20 21 22 23 24 25 26 27 28 29 30 31 1 2 3 4 5 6

Diciembre
1 2 3 4 5 6 7 8 9 10 11 12 13 14 15 16 17 18 19 20 21 22 23 24 25 26 27 28 29 30 31
Setiembre
7 8 9 10 11 12 13 14 15 16 17 18 19 20 21 22 23 24 25 26 27 28 29 30 1 2 3 4 5 6 7

SUS DERECHOS

En los Estados Unidos no existe ninguna disposición legal que prevea el pago de una licencia por paternidad.

En la práctica, la mayor parte de los padres se toman algún tiempo de licencia en el momento del nacimiento de un hijo. Habitualmente se trata de una licencia sin goce de haberes o de una parte de sus vacaciones habituales.

Las grandes corporaciones y algunos empleadores esclarecidos van reconociendo gradualmente la importancia de este tiempo y comienzan a establecer licencias por paternidad en sus contratos.

En los países escandinavos los padres reciben su salario al tomarse su licencia por paternidad, y eso trae como consecuencia que casi todos lo hacen, y así benefician a sus seres queridos. El grupo familiar se ve así afianzado y fortalecido

En un mundo ideal, todas las mujeres podrían tomarse una licencia tanto antes como después del nacimiento de su bebé. El tiempo anterior al nacimiento sería para descansar, para prepararse y para soñar; el tiempo posterior al nacimiento sería para adaptarse a la maternidad, para volver al estado físico previo al embarazo y para disfrutar del nuevo bebé. Tristemente, en la realidad, son pocas las mujeres que trabajan y pueden darse el lujo de tomarse ese tiempo.

BENEFICIOS POR PARTE DE SU EMPLEADOR

Desdichadamente, en los Estados Unidos, faltan beneficios para las madres (y padres). Para la fecha de redacción de este libro, la ley simplemente indica que las compañías que tienen más de 15 empleados deben tratar al embarazo como "cualquier otra" discapacidad médica. Por supuesto, el embarazo no es una discapacidad y esta idea hace que muchos empleadores y empleados vean a la mujer embarazada como incapaz, enferma y hasta inestable. Esto, a la vez, crea dificultades a las mujeres para negociar las licencias por maternidad y demás beneficios. A menudo los empleadores practican la discriminación respecto de las mujeres embarazadas y las que acaban de ser madres.

Pese a todo, algunas pequeñas esperanzas están apareciendo en el panorama de las mujeres que trabajan. Muchos empleadores dan más beneficios a las embarazadas de los mínimos que la ley exige. Es más probable que usted pueda obtener mayores beneficios en aquellas compañías grandes, que luchan por captar y retener personal joven y con talento. Si usted trabaja en una empresa pequeña, estará completamente a merced de sus políticas. Es posible que una empresa pequeña sea muy paternalista, pero es mucho más probable que no tenga ninguna apertura hacia sus preocupaciones.

Será bueno idear un plan de ataque cuando llegue el momento de acercarse a su empleador para negociar su licencia por maternidad y su regreso al trabajo. Primero estudie exhaustivamente cómo han sido las licencias por maternidad, por enfermedad, las pólizas de seguros y los beneficios por discapacidad que han concedido en el pasado y luego piense cuáles serían las condiciones ideales de su licencia por maternidad. Trate luego de conciliar ambas cosas y establezca un plan que le parezca aceptable para su empleador. Probablemente usted no conseguirá todo lo que pida, pero probablemente pedir no cause ningún daño.

BENEFICIOS ESTATALES

Si usted pertenece a un grupo de bajos ingresos, es posible que pueda aspirar a recibir subsidios que se otorgan a mujeres, bebés y niños, tales como bonos para comida, atención médica y otros beneficios que otorga el gobierno. Desgraciadamente, las mujeres embarazadas deberán ser muy empeñosas en la búsqueda de estos recursos. Por ejemplo, en la ciudad de Nueva York, la Administración de Recursos Humanos sostiene un programa de acción para la adolescencia que brinda ayuda a las madres carenciadas menores de 18 años. Su guía telefónica puede indicarle como comenzar a buscar ayuda.

FUENTE	POSIBLES BENEFICIOS
Licencia por maternidad	*En gran medida, usted dependerá de la política de su empleador. El Acta contra la discriminación hacia las embarazadas exige que las compañías con más de 15 empleados traten el embarazo como cualquier otra discapacidad médica. Muchas empresas, especialmente las grandes- ofrecen mejores beneficios de los que la ley exige. Antes de decir que usted está embarazada, haga discretas averiguaciones acerca de los beneficios que otras empleadas, especialmente empleadas que ocupan cargos semejantes, han recibido. Su Departamento de Estado de* ... *trabajo, la ayudará a determinar cuál es el mínimo de licencia que usted puede exigir. Nuevamente, será su empleador quien determine la paga que recibirá durante esa licencia, pero cuanto mejor informada esté antes de abordar el tema, mejor preparada estará para negociar.*
Discapacidad	*En muchos estados, las mujeres embarazadas pueden disponer de beneficios por discapacidad. Llame a la oficina de discapacidad de su estado para determinar qué le corresponde (ellos le podrán informar cuál es el beneficio habitual por discapacidad) y pídales que le envíen los formularios correspondientes. Llene la parte* ... *que le corresponde y envíeselos a su médico para que los complete y se los entregue. La mayoría de los empleados de recursos humanos y las enfermeras obstétricas suelen estar familiarizadas con estos procedimientos. Pídales ayuda e información.*
Cobertura Médica	*Si usted está empleada y tiene beneficios médicos, es preferible averiguar los beneficios para la embarazada antes de embarazarse. Si usted está casada, la cobertura médica de su esposo también puede desempeñar un papel aquí. Haga* ... *los máximos esfuerzos por lograr una cobertura antes de quedar embarazada. De otro modo, es posible que la aseguradora no pague su atención prenatal ni los gastos del parto.*
Asistencia Gubernamental	*Las Agencias Gubernamentales tienen programas para ayudarla a obtener la atención médica adecuada para usted y su bebé. Averigüe en las oficinas de salud local y estatal para saber cuáles son los beneficios disponibles. El gobierno federal maneja clínicas para mujeres en muchos estados, como así también programas de inmunización y clínicas para bebés. El Programa Suplementario para Mujeres, bebés y niños provee comidas nutritivas, beneficios y ayuda médica.* *El Acta de Licencia Familiar de 1993 exige a los empleadores con más de 50 empleados que den a sus trabajadores 12 semanas de licencia sin sueldo para cualquier emergencia familiar,* ... *lo cual incluye el nacimiento de un nuevo hijo. Tanto los padres como las madres pueden utilizar este beneficio.* *Algunos programas de servicio social fueron restringidos en los últimos años, pero actualmente han vuelto a aparecer esas inquietudes, ya que los efectos de estas restricciones han comenzado a aparecer en forma de problemas de salud pública. Los trabajadores sociales, las enfermeras obstétricas y pediátricas, y los médicos y las enfermeras pueden ser excelentes fuentes de información respecto de los recursos disponibles en su zona.*

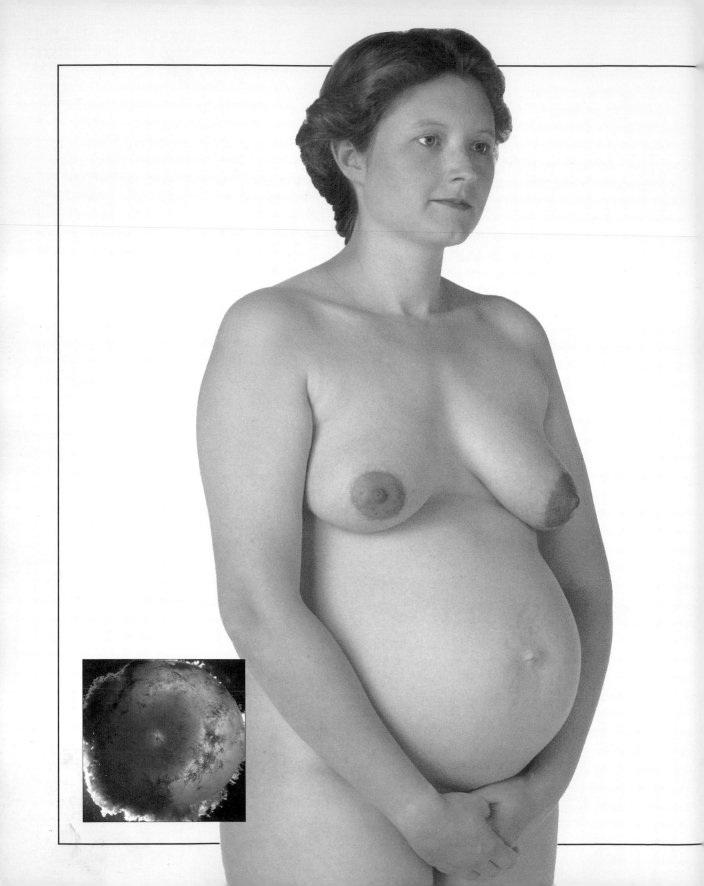

Usted y el
DESARROLLO
de su bebé

El desarrollo que mes a mes experimenta su bebé es verdaderamente enorme y apasionante. Comprender exactamente cómo crece el feto la ayudará a establecer una relación con su hijo, aun antes de que él nazca.

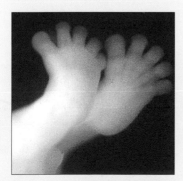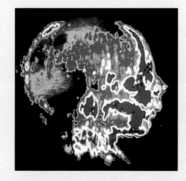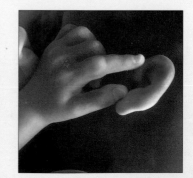

PRIMER TRIMESTRE

Durante el embarazo, los trimestres son los principales hitos para la futura madre. No representan tanto periodos de tres meses , sino que son, más bien, periodos de una duración irregular que están definidos por la fisiología del crecimiento fetal. Sin embargo, convencionalmente se considera que los trimestres van desde su fecha supuesta de concepción (dos semanas después del UPM) y que el primer trimestre comprende las 12 primeras semanas de la vida fetal. El segundo trimestre finaliza a las 28 semanas y el tercero comprende el resto del embarazo.

Durante el primer trimestre, su cuerpo se adapta al embarazo. Al comienzo, usted no parecerá embarazada, y puede que tampoco se sienta embarazada, pero la actividad de sus hormonas comenzará rápidamente a afectarla de varias maneras. Su humor puede cambiar de manera caprichosa, su libido puede decrecer o incrementarse, su apetito se transformará, quizá llegue a darse cuenta de que prefiere comidas más simples y livianas.

CAMBIOS FISICOS

Su cuerpo de embarazada tendrá que trabajar mucho para alimentar al embrión en desarrollo y a la placenta. El embarazo propicia una mayor actividad metabólica —entre un 10 y un 25 por ciento más que la normal—, lo cual significa que el cuerpo acelera todas sus funciones. El nivel de trabajo de su corazón se eleva abruptamente, alcanzando casi el nivel máximo que mantendrá durante todo el embarazo. También aumentará el ritmo cardíaco, y seguirá haciéndolo hasta la mitad del segundo trimestre. Su respiración se tornará más rápida, ya que usted ahora envía más oxígeno al feto y exhala más anhídrido carbónico.

Debido a la acción del estrógeno y la progesterona, sus pechos se tornarán más grandes y pesados y serán más sensibles al tacto desde el comienzo. Los depósitos de grasa aumentan y se desarrollan nuevos conductos para la leche. La areola que rodea los pezones se torna más oscura y aparecen allí pequeños nódulos llamados tubérculos de Montgomery. Por debajo de la piel, usted notará que aparece una red de líneas azuladas, ya que aumenta la afluencia de sangre a los pechos.

Su útero aumenta de tamaño, aun al comienzo del embarazo, pero eso no se puede percibir a través de la pared abdominal sino hasta el final del primer trimestre, cuando comienza a levantarse por encima del límite de la pelvis. Mientras aun está bajo, a la altura de la pelvis, su útero presionará cada vez más la vejiga, de modo que seguramente usted sentirá necesidad de orinar con más frecuencia.

Además, las fibras musculares de su útero comienzan a hacerse más gruesas, hasta que toman una gran solidez. Sin embargo, usted probablemente no verá incrementado el perímetro de su cintura sino a fines del primer trimestre.

CUIDADOS PERSONALES

Usted tiene una mayor necesidad de proteínas e hidratos de carbono, para abastecer a su bebé en desarrollo, a la placenta, los pechos y el útero, por eso es muy importante que coma de manera saludable desde el comienzo del embarazo. Tendrá también más necesidad de agua y bebidas apropiadas. Debe tratar de beber al menos ocho vasos de líquido al día. Asegúrese, además, de tener el descanso necesario. Debe evitar las drogas, la cafeína, el alcohol y el cigarrillo durante todo el embarazo, pero particularmente en este período.

Vestimenta Use ropa cómoda. Si bien probablemente aun no necesite invertir en ropa para futura mamá, no hay nada peor que tener que soportar ropa ceñida e incómoda. Por eso trate de ir un paso adelante respecto del aumento de su talla. Casi seguramente necesitará un corpiño más grande, y debe ser un corpiño adecuado para futura mamá (ver **Ropa para futura mamá,** pag. 145)

CUIDADOS PRENATALES

Es posible que su médico sea quien le haya confirmado su embarazo. De no ser así, haga una cita con un obstetra en cuanto tenga un resultado positivo en el análisis. En la primera visita, le preguntarán acerca de sus antecedentes médicos y los de su familia y le practicarán una serie de estudios, que incluyen análisis de sangre y de orina.

HACIENDO PLANES

Su médico le informará acerca de las opciones de partos posibles para usted. Necesitará comenzar a pensar acerca del tipo de parto que usted desea y de dónde es más probable que lo obtenga. Libros como este pueden ayudarla a decidir acerca del parto, y a profundizar su información respecto de distintos aspectos del embarazo, el parto y el cuidado del bebé. También deseará hablar con amigos y familiares respecto de sus experiencias en cuanto al nacimiento de un bebé.

Ni bien confirman que están embarazadas, la mayor parte de las mujeres no pueden resistir la tentación de comprar al menos un pequeño regalo para su bebé, como por ejemplo, un tierno osito de peluche, aunque muchas sienten que hacer más que esto es como "tentar al destino".

Si le gusta hacerlo, es el momento de comenzar a llevar un diario, de modo de tener un registro completo de su embarazo.

SU EMBARAZO

El saber que se está embarazada, especialmente si lo está por primera vez, es extremadamente fascinante, y usted deseará experimentar los signos físicos que confirmen su test de embarazo.

- *Sus pechos se agrandarán, y se harán más pesados y más sensibles.*

- *La pigmentación de sus pezones, y de cualquier lunar o peca aumentará.*

- *Es posible que se sienta muy cansada.*

- *Posiblemente experimentará náuseas, en especial al comenzar la mañana.*

Su apetito durante el embarazo
Puede experimentar antojos poco habituales por la comida, o puede rechazar comidas que normalmente le agradan.

SEGUNDO TRIMESTRE

Este es el momento en que el embarazo está bien consolidado y muchas de las molestias asociadas con el primer trimestre han desaparecido. Es también el momento en el cual pueden practicarse algunas pruebas. Por ejmplo, se ofrecerá una amniocentesis a las mujeres mayores de 35 años, a aquellas que tengan antecedentes familares de anormalidades congénitas y a las que han sufrido repetidos abortos espontáneos.

CAMBIOS FISICOS

Puede notar que sus pechos comienzan a secretar calostro. La línea de su cintura se borrará y ahora su embarazo será evidente. La pigmentación puede aumentar (ver pag 140) Sus encías pueden tornarse un poco esponjosas, posiblemente debido a la acción de las hormonas. Sin embargo, no existen evidencias de daño en la dentadura y no existe ningún dato cierto que confirme el viejo dicho de "un diente por cada hijo".

Digestión Toda la musculatura de su tracto intestinal se relaja, y esta es la causa de muchas de las pequeñas molestias del embarazo. El reflujo esofágico puede causar acidez debido a la relajación del esfínter que está ubicado en la parte superior del estómago. La secreción gástrica también se reduce y por eso las comidas permanecen en el estómago durante más tiempo.

La relajación del intestino hace que se produzcan menos movimientos peristálticos y, si bien esto permite una absorción más completa de los nutrientes que están en las comidas, también suele llevar a la constipación.

El aumento de sus medidas Una vez que su útero ha crecido por encima de la pelvis, la línea de su cintura comenzará a borrarse y usted necesitará usar ropa más grande y más floja. (ver pag. 144)

Por otra parte, durante el segundo trimestre transcurre un período en que es clásico que digan a la futura mamá que parece estar embarazada de menos tiempo. Si esto le sucede, no se preocupe. La apariencia de su tamaño depende de muchas cosas, entre otras de su estatura y su contextura. También depende de si es o no su primer embarazo, ya que la musculatura del útero tiende a estar más distendida después del primer hijo, y depende además del tamaño de su bebé. Si su médico está conforme con el desarrollo de su embarazo, usted también debe estarlo.

Cuidados personales

Este es el trimestre en el que usted aumentará más de peso (aproximadamente 6 kg) y es esencial que continúe comiendo bien (ver pag. 112). Su postura también puede cambiar, ya que los músculos de su pared abdominal se estirarán para dar lugar a su útero, que ha crecido. A medida que su útero vaya aumentando de tamaño, se producirá una alteración en su centro de gravedad porque usted lleva cada vez más peso en la parte delantera. Reclinarse hacia atrás para tratar de compensarlo puede acarrear dolores de espalda (ver también pag. 142)

Dolores de espalda Esto sucede habitualmente debido a que la sangre fluye más hacia su pelvis, lo que causa ablandamiento y relajación en los ligamentos de las articulaciones sacroilíacas que unen los huesos de su pelvis con la parte posterior de la columna. Además, los ligamentos y el cartílago de la parte anterior de su pelvis también están estirados, de modo que la movilidad de estas articulaciones ha aumentado un poco.

Para evitar el dolor de espalda, siéntese con la espalda derecha y no se agache, use zapatos de tacones altos y siéntese preferiblemente en una silla dura o en el piso. Cada vez que deba inclinarse, hágalo con la espalda derecha y para levantarse, hágalo desde las rodillas, a partir de una posición de cuclillas. Evite levantar pesos siempre que pueda (ver pag. 142)

Los cuidados prenatales

Además de los controles de orina, sangre y presión arterial, pueden efectuarse estudios para la detección de defectos cromosómicos. Además, a partir de este momento, su médico estudiará con atención el crecimiento fetal. Palpará su abdomen para percibir el tamaño y la forma del útero, controlará la altura de su fondo (ver pag. 160) y escuchará los latidos del bebé.

Durante el cuarto mes, posiblemente le practiquen una ecografía y usted sufrirá un impacto especial al ver a su bebé por primera vez. Podrá escuchar los latidos de su corazón increíblemente rápidos (ver columna pag 161) y podrá observar sus movimientos.

Preparandose para el bebe

Hacia fines de este trimestre, cuando usted aun se siente llena de energía, es el momento ideal para preparar el cuarto de su bebé (ver pag. 222) y comprar la ropa y el equipamiento (ver pags. 224 y 226).

Su embarazo

Durante el segundo trimestre usted comenzará a sentirse cómoda con su embarazo. Disfrutará de la sensación de que su bebé se mueve dentro de usted y se sentirá llena de vida y de energía.

- *Su libido se restablecerá o aumentará –no es infrecuente que, en este momento, las mujeres experimenten el orgasmo u orgasmos múltiples por primera vez.*

- *Su abdomen se redondeará –perderá la línea de su cintura y su embarazo será evidente.*

- *La pigmentación continuará aumentando y usted puede notar que una línea negra comienza a aparecer por debajo del centro de su abdomen –la* linea nigra *(ver pag. 140)*

- *Puede sufrir de indigestiones y dolores en las costillas.*

Efectos hormonales
Como la placenta comienza a hacerse cargo de la producción de las hormonas del embarazo, sus hormonas comenzarán a equilibrarse. Esto significa que se sentirá más serena y más positiva que en el primer trimestre. Su aspecto también mejorará, ya que tendrá el cabello más espeso y brillante y una complexión más rotunda.

Tercer trimestre

Usted seguramente se sentirá ansiosa respecto del parto y querrá expulsar al bebé enseguida. Esto no significa que algo malo esté sucediendo. La sensación de urgencia se debe a cambios metabólicos en el cerebro. En cada trimestre han existido sutiles cambios, que han provocado fatiga en el primero, júbilo y energía en el segundo y que ahora están provocando ansiedad en el tercero.

Su aumento de peso

Durante los últimos meses, usted probablemente aumentará unos 5 kg.

De este incremento, aproximadamente entre 2 y medio y 3 kg corresponderán al bebé. El resto, corresponde al sistema de mantenimiento del bebé (la placenta y el líquido amniótico), el agrandamiento de su útero y pechos y el aumento de su caudal sanguíneo. Los depósitos de grasa maternos aumentan aproximadamente lo mismo que el bebé.

Cambios fisicos

Su tamaño está aumentando aceleradamente, y es posible que se sienta cansada. Ya no duerme tan bien como habitualmente, y esto aumenta su necesidad de descansar (ver en la página sig.). Como sus ligamentos se estiran y se aflojan, el hecho de caminar, aun distancias cortas, se hace cada vez más incómodo. Una vez que el bebé se ha encajado en su pelvis, usted notará que esa falta de aliento disminuye, porque el bebé ha dejado de ejercer presión sobre el diafragma.

Respiración A medida que se restringen los movimientos del diafragma porque el bebé creció en el abdomen, la mujer embarazada necesita respirar más profundamente, tomando más aire en cada inhalación , lo que permite un consumo de oxígeno más eficiente. Esto lleva a la ventilación, de su promedio habitual de siete litros de aire por minuto, a diez litros, un aumento de más del 40 por ciento. No obstante, el aumento de los requerimientos de oxígeno sólo ha sido de un 20 por ciento, lo cual lleva a una mayor exhalación de dióxido en cada respiración. El descenso de dióxido de carbono en la sangre lleva a una falta de aliento que puede tornarse molesta durante este trimestre. Esto se aliviará cuando el bebé se encaje en su pelvis (alumbramiento). Mientras tanto, siéntese en una posición semi-recostada y evite realizar esfuerzos

Problemas posibles Un problema que puede aparecer durante el último período del embarazo es la hipertensión (presión arterial alta- ver pag. 161). Los síntomas que advierten este estado son, la hinchazón de manos, muñecas, tobillos, pies y rostro. La preeclampsia (ver pag. 204) puede perturbar el desarrollo de la placenta y hacer que ésta no lleve a su bebé el alimento de manera eficiente. En estos casos puede ser necesaria la internación.

CUIDADOS PERSONALES

A medida que progresa el tercer trimestre, su aumento de peso puede incrementar los dolores de espalda y hacer que usted se sienta continuamente cansada. Es posible que, a medida que usted engorda, tenga más dificultades para dormir, ya que muy pocas posiciones en la cama le resultarán cómodas. No caiga en la tentación de tomar somníferos, ya que ellos adormecerán también al bebé. Durante el último mes, tómese su tiempo para cada cosa y asegúrese de descansar lo suficiente. Haga una siesta cada vez que pueda, y prevea momentos de descanso, aun cuando no pueda dormir. Como es posible que sus deseos de hacer el amor hayan disminuido, o que se vean frustrados por su aumento de tamaño, busque en el masaje una forma de encontrar descanso y placer, especialmente si su pareja lo hace de manera sensual.

Siga comiendo muchas frutas frescas y verduras, y bebiendo por lo menos ocho vasos de líquido al día. Probablemente orine más frecuentemente y se constipe.

CUIDADOS PRENATALES

Durante este periodo le harán controles más frecuentes. Hay muchas pruebas que su médico puede practicar para observar la salud y el bienestar de su bebé, como por ejemplo las ecografías, el monitoreo de los latidos fetales y los controles hormonales. El obstetra conversará con usted en cada etapa acerca de lo que hace y porqué. A diferencia de las pruebas especiales que se realizan durante el segundo trimestre —amniocentesis, estudio del vello coriónico o cordocentesis—, ninguna de estas pruebas es invasiva para su útero. Se efectuarán controles frecuentes de su orina y presión sanguínea y se observarán sus pies y manos para detectar cualquier hinchazón. A partir de la semana 36 y hasta el parto, la controlarán semanalmente.

PREPARANDOSE PARA EL BEBE

Hacia el fin de este trimestre, usted habrá completado el ajuar de su bebé, habrá arreglado su habitación y habrá comprado el equipamiento básico. Es preferible haber dejado de trabajar algún tiempo antes de su fecha de parto y poder tomar la vida a su ritmo de ese momento. El parto estará cada vez más presente en su mente, y algunas mujeres sienten una preocupación obsesiva al respecto. Aunque nadie puede predecir exactamente lo que sucederá en un parto, ya que cada experiencia es única, tranquilícese pensando que la mayor parte de los nacimientos se producen sin inconvenientes.

SU EMBARAZO

Cuestiones prácticas tales como las clases de preparto y la preparación de la ropa y el cuarto de su bebé se alternarán con sus ensoñaciones y fantasías acerca de la llegada del hijo.

- *Probablemente se cansará con facilidad y le resultará difícil descansar.*

- *Cada vez percibirá más las contracciones de Braxton Hicks (ver pag. 250)*

- *Ya habrá visitado el hospital y se habrá familiarizado con el personal. Si el parto va a tener lugar en su casa, ya deberá tener a mano todos los elementos necesarios.*

Le preocupará saber si se va a dar cuenta de que el trabajo de parto ha comenzado. Hasta para una partera o para un médico experimentados es difícil saber si el trabajo de parto ha comenzado. La aparición de contracciones regulares y la ruptura de la bolsa son los indicadores clásicos.

La ropa y los accesorios del bebé
Antes del nacimiento, usted debe tener a mano una selección de ropa para el bebé, pañales y una cuna.

LA MADRE

A fines del primer mes de embarazo –6 semanas después de su último período y cuatro semanas después de la concepción– probablemente usted no estará aun segura de que está embarazada, aunque ya puede tener sus sospechas. Hay algunas pruebas de embarazo que le darán positivo aun en esta etapa tan temprana.

Síntomas *En esta etapa, usted notará pocos síntomas, si es que nota alguno, aunque puede sentirse como en la etapa premenstrual y orinar más frecuentemente que lo habitual. Desde un primer momento, sus pechos pueden estar sensibles y pesados y quizás experimente una comezón en los pezones. Poco después, las venas se tornan visibles por debajo de la piel de la superficie de los senos. Puede sentirse mareada ya en este momento.*

Ciclo ovulatorio *Una vez que el embrión se ha implantado en el endometrio de su útero, su ciclo ovulatorio cesa. El cuerpo lúteo (ver pag. 26) continúa haciendo segregar progesterona al ovario para hacer que el embarazo sea sano y viable y para evitar que se produzca la menstruación.*

Cérvix *Bajo la influencia de la progesterona, el moco cervical normal se torna muy denso y espeso, y forma un tapón. Éste tapón mucoso quedará en su lugar hasta que comience el trabajo de parto, cuando será expulsado al ablandarse y dilatarse su cérvix.*

Utero *La pared de su útero se ablanda de modo tal que el embrión puede adherirse firmemente. Su útero comienza a agrandarse casi desde el momento de la implantación.*

4 SEMANAS

(cuatro semanas a partir de la concepción; seis semanas de embarazo)

El óvulo fertilizado se transforma en una esfera de células (blastocito), que flota hasta el útero y se implanta en el endometrio. Ya está entonces establecida la base para el futuro desarrollo del bebé.

EL CRECIMIENTO DE SU BEBE

Una vez que se ha implantado, el embrión secreta sustancias químicas que tienen dos funciones: en primer término le indican a su cuerpo que el embrión ha llegado, y eso dispara una serie de cambios corporales: su ciclo ovulatorio y su menstruación se detienen, el moco de su cérvix se hace más espeso, la pared de su útero se ablanda y sus pechos comienzan a crecer. Segundo, su sistema inmunológico se adapta para no reconocer al embrión como un cuerpo extraño. Además, una capa exterior del blastocito se transforma en un capullo protector que recubre al embrión. Este capullo creará los rudimentos de la placenta y el sistema de mantenimiento dentro del cual crecerá el embrión (la bolsa de agua dentro de la cual flotará), el corion (un almohadón de seguridad que recubrirá al saco amniótico) y el saco vitelino (que fabricará las células de la sangre hasta que el hígado se haga cargo de esa función). El corion luego fabricará unas proyecciones en forma de dedos, las vellosidades coriónicas, mediante los cuales el capullo podrá mantenerse firme en el endometrio.

Las células se especializan Durante estas primeras semanas las células del embrión se van especializando. Hay ahora tres capas diferentes, cada una de ellas destinada a dar origen a distintos órganos. La capa más interna forma un tubo primitivo a partir del cual se desarrollarán los pulmones, el hígado, la tiroides, el páncreas, el aparato urinario, y la vejiga. La capa intermedia llegará a transformarse en el esqueleto, los músculos (incluyendo al del corazón), los testículos (o los ovarios), los riñones, el bazo, los vasos sanguíneos, las células sanguíneas y la capa más profunda de la piel, llamada dermis. La capa exterior proveerá la piel, las glándulas sudoríparas, los pezones (y las mamas, si se trata de una niña), el cabello, las uñas, el esmalte dentario y las lentes de los ojos. Estas tres capas de células se irán diferenciando hasta conformar un ser humano completo.

EL SISTEMA DE MANTENIMIENTO DEL EMBRION

Las vellosidades de la placenta en crecimiento se entremezclan con los vasos sanguíneos de la pared uterina de la madre, de manera tal que llegan a estar rodeados por "lagos" de sangre. Como la sangre materna fluye dentro y alrededor de estos espacios, y porque estos están separados por sólo una o dos células de la sangre fetal, el intercambio de nutrientes y residuos entre el feto y la madre puede producirse en estos espacios de sangre. La placenta es una "fábrica de hormonas", que va secretando hormonas, tales como la gonadotrofina coriónica humana (GCH), que tienen como misión llevar adelante un embarazo sano. Hasta la sexta semana , las células sanguíneas del embrión son provistas por el saco vitelino; después de la tercera semana de gestación, su circulación es impulsada por su propio corazón.

SU BEBE A LAS 4 SEMANAS DE VIDA

La cuarta semana
Capas de corion y amnion rodean al embrión para protegerlo, y se observan bloques de tejido, que se transformarán en las vértebras, en formación. Entre ellas crecen los manojos de nervios.

El embrión posee estructuras en forma de papadas que más tarde se tranformarán en sus mandíbulas, su cuello y parte de la cara.

Aparece un rudimento de la médula espinal.

Aparece de manera destacada el corazón del embrión

Forma cambiante
Hacia el fin de este periodo, el embrión ya no es un conjunto hueco de células. Tiene la forma de un camarón —largo y estrecho, con una cintura apenas dibujada en medio. Tiene una parte superior, una parte inferior y laterales. La parte inferior tiene la forma de un rabo puntiagudo. En medio, la capa superficial de células, que dará origen al cerebro y al sistema nervioso, se divide en dos secciones. El espacio que se forma entre ellas se cierra en ese momento para transformarse en un tubo que luego será la médula espinal. El tubo crece en el extremo superior, que es donde se formará el cerebro.

SU BEBE

Aun antes de que usted sepa que está embarazada, el embrión llega a una etapa crítica de su desarrollo. Por eso es tan importante planear el embarazo

Médula espinal *Durante la segunda semana, una marca oscura aparece en la parte posterio del embrión. Esta marca muestra la posición de la médula espinal.*

Corazón *Hacia el final de la tercera semana, ya hay un corazón que está comenzando a latir.*

Sensibilidad *En la tercera semana, el embrión entra en una fase muy sensible del desarrollo, que es cuando todos los órganos comienzan a formarse. Los embriones generalmente son fuertes, pero pueden ser dañados por las drogas, el alcohol, el cigarrillo, las infecciones, etc. Muchos embriones no sobreviven, principalmente debido a fallas cromosómicas.*

ESTADISTICA VITAL DEL BEBE

Hacia fines de este mes, el largo del embrión será de aproximadamente 4 mm y pesará menos de 1 g.

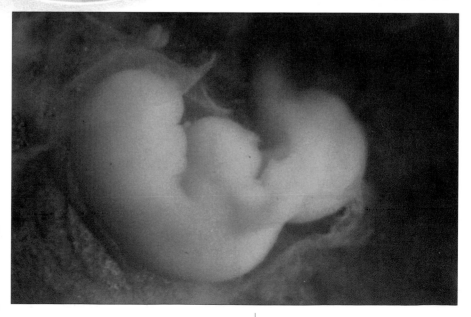

LA MADRE

En algunas mujeres, los malestares matinales, que pueden ir desde ligeras náuseas hasta vómitos importantes y pueden producirse en cualquier momento (ver también pag. 192) están entre los primeros síntomas de embarazo. También en este momento aparecen otros cambios que pueden no ser tan notorios.

Requerimientos metabólicos *Muy al comienzo del embarazo, el porcentaje de metabolismo basal comienza a incrementarse y una mujer embarazada necesita una mayor ingesta de proteínas y calorías.*

Cambios circulatorios *El volumen total de sangre comienza a aumentar. Aproximadamente el 25 % del mismo es utilizado por el sistema placentario.*

Genitales *La afluencia de sangre a la vagina y la vulva aumenta muy rápidamente, por lo cual estas desarrollan una coloración púrpura. Las paredes de la vagina se ablandan y se relajan y se produce una gran cantidad de un fluido aguachento. Esto, sumado al desprendimiento de células de las paredes vaginales aumenta las secreciones de su vagina mientras usted está embarazada.*

Pechos *Sus pechos pueden comenzar a hincharse y quizá los sienta más pesados y sensibles. La piel que rodea al pezón conforma una aréola más suave y clara, conocida como aréola secundaria.*

Fatiga *Es posible que usted se sienta más cansada que de costumbre y hasta puede tener desvanecimientos.*

Problemas de la piel *Si su rostro suele brotarse antes de los períodos, es posible que ahora también lo haga. Quizá su piel se seque y, en ocasiones, puede padecer comezones.*

8 SEMANAS

(Ocho semanas desde la concepción; diez semanas de embarazo)

Este es un momento crucial y extremadamente rápido del desarrollo, ya que su bebé cuadruplicará su tamaño. El embrión, que yace en el centro de un capullo placentario, es aun diminuto. Sus células se van diferenciando continuamente para conformar nuevas estructuras.

EL CRECIMIENTO DE SU BEBE

Dentro del tubo que finalmente se transformará en el cerebro y la médula espinal, las células del embrión se multiplican a una velocidad fantástica, y se van movilizando hacia las áreas donde desarrollarán su actividad. Las células nerviosas que conformarán el cerebro viajan a través de conductos conformados por células gliales. Estas células permiten a las células nerviosas acercarse la una a la otra, conectarse y activarse.

La cabeza va creciendo rápidamente para dar lugar al cerebro, que se está desarrollando, y el cuerpo ya está menos encorvado. Comienza a formarse el cuello y el rabo primitivo desaparece.

La piel comienza ahora a diferenciarse en sus dos capas, y las glándulas sudoríparas y sebáceas (productoras de grasa) empiezan a desarrollarse. El cabello comienza a formarse a partir de los folículos capilares, de modo tal que la piel se torna vellosa. Todos los órganos principales se desarrollan. El corazón toma su forma definitiva y late con fuerza. Se desarrollan el estómago, el hígado, el bazo, el apéndice y los intestinos. El intestino se alarga tanto, que ya forma una curva; se establece el sistema circulatorio y la mayor parte de los músculos comienzan a tomar su forma definitiva.

Rasgos faciales Por debajo de la piel de la cara emergen los huesos faciales que se van uniendo. Uno de ellos desciende desde en medio de los ojos y acaba a ambos lados de las fosas nasales, conformando así la nariz y la parte media del labio superior. Dos más aparecen debajo de los ojos, formando los pómulos. Otros dos crecen por debajo de la boca, fusionándose para conformar el labio inferior y el mentón. Todo esto provee el marco donde se fijarán los músculos faciales, permitiendo que el rostro del embrión se mueva. Ya se puede detectar cierta pigmentación en los ojos, que se encuentran cubiertos y muy alejados. Comienzan a formarse las partes externas e internas del oído y las papilas gustativas empiezan a desarrollarse. Los sitios de todos los dientes de leche ya están ubicados.

Brazos y piernas Los miembros del embrión se siguen desarrollando. Las muñecas y los dedos aparecen en los extremos de los brazos, que se siguen alargando y proyectando hacia adelante. Los brazos comienzan a curvarse a la altura de los codos. Se forman las yemas en las extremidades de los dedos. Surgen las piernas, que se desarrollan en tres partes distintas: el muslo, la pierna y el pie. Comienzan a verse los dedos de los pies. En esta etapa, los brazos y las manos del embrión crecen más rápido que sus piernas y pies. Esta tendencia continuará después del nacimiento. Su bebé podrá tomar objetos antes que caminar.

SU BEBE A LAS 8 SEMANAS DE VIDA

SU BEBE

Imagen resaltada en colores

El cordón umbilical en desarrollo y la placenta son claramente visibles en la parte superior derecha de la ecografía.

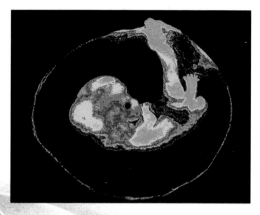

El rostro comienza a desarrollarse, y aparecen los ojos y la nariz.

Se evidencian los dedos de manos y pies.

El corazón late y ya se lo puede escuchar.

El cuerpo comienza a enderezarse.

Se reabsorbe el rabo.

Los nutrientes pasan de usted a la placenta y al cordón umbilical para alimentar al embrión, que necesita cada vez más alimentos para abastecer a su rápido crecimiento.

Ritmo cardíaco El corazón late a 140-150 por minuto, aproximadamente dos veces más rápido que el suyo.

Forma corporal La cabeza del embrión todavía es muy grande, en comparación con el cuerpo, y está inclinada hacia adelante, sobre el pecho. El cuerpo comienza a enderezarse y elongarse.

Organos internos Ya están todos los órganos, y las estructuras principales se han formado.

Reflejos El embrión puede responder al tacto, aunque usted aun no puede percibir sus movimientos.

ESTADISTICA VITAL DEL BEBE

Hacia fines de este mes, su largo, de la cabeza a las nalgas será aproximadamente de 2,5 cm y pesará aproximadamente 3 g.

Rasgos exteriores

Los ojos del embrión se pigmentan y aparecen los primeros signos visibles de la nariz, los labios y las orejas. Las orejas rudimentarias se dividen luego en dos secciones: una externa y una interna, se forman los párpados y se puede ver el ápice de la nariz. Comienzan a formarse los músculos del embrión y, para la séptima semana de vida, se pueden detectar con una ecografía los primeros movimientos embrionarios. La fotografía muestra un embrión con 6 semanas de vida contando desde la concepción.

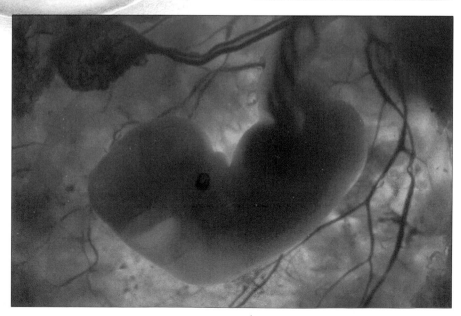

LA MADRE

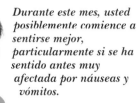

Durante este mes, usted posiblemente comience a sentirse mejor, particularmente si se ha sentido antes muy afectada por náuseas y vómitos.

Peso *Probablemente usted comenzará a aumentar de peso, ya que el bebé y su sistema de mantenimiento están creciendo rápidamente.*

Hormonas *Sus hormonas fluctuantes comienzan a estabilizarse y probablemente se sentirá mucho menos desequilibrada y vulnerable desde el punto de vista emocional.*

Altura del fundus *Su bebé en desarrollo va haciendo que el fondo de su útero (ver* **Examen externo** *pag. 160) suba hasta por encima del límite de su pelvis, donde ya se lo podrá sentir al tacto. Su médico palpará suavemente su abdomen para ver cómo se está desarrollando el bebé.*

Perspectiva *Si usted ha estado ansiosa respecto de su embarazo, ahora se sentirá más tranquila, ya que el riesgo de abortos disminuye en gran proporción a partir de esta etapa.*

Sistema circulatorio *El trabajo de su corazón ha alcanzado, para esta etapa, el nivel máximo, que se mantendrá durante el resto del embarazo. Para disminuir la presión sanguínea, las arterias y las venas de sus extremidades se relajarán, de modo que sus manos y sus pies estarán casi siempre calientes.*

12 SEMANAS

(12 semanas desde la concepción; 14 semanas de embarazo)

Catorce semanas después de su UPM, todos los órganos principales de su bebé se habrán formado, y sus intestinos se habrán ubicado en la cavidad abdominal. Ahora comenzará a crecer y madurar.

EL CRECIMIENTO DE SU BEBE

Nueve semanas después de la concepción es posible reconocer a su bebé como un ser humano y, a partir de este momento, se lo llamará feto, en lugar de embrión. Su cabeza es muy grande, en comparación con el resto del cuerpo y, al cabo de 12 semanas de gestación, representa un tercio del total de su largo. Sus ojos están completamente formados, pese a que los párpados aun se están formando y permanecen cerrados. Su rostro está también completamente formado. El tronco se ha enderezado y aparecen los primeros tejidos óseos y las costillas. Sus dedos de manos y pies tienen uñas y hasta puede haberle crecido algo de cabello. Los órganos genitales externos están creciendo y ya se puede discernir el sexo a través de una ecografía. En lo interno, el corazón está latiendo entre 110 y 160 veces por minuto y el sistema circulatorio se sigue desarrollando. El feto traga líquido amniótico y lo secreta en forma de orina.

El reflejo de succión se está estableciendo. Los labios se adelantan, la cabeza se mueve y la frente se arruga. Comienza a ejercitar aquellos músculos que utilizará luego del nacimiento para respirar y tragar.

Hacia fines de este mes, su bebé habrá descubierto el movimiento y comenzará a utilizarlo vigorosamente, aunque es probable que usted no pueda percibir sus movimientos hasta después del cuarto mes.

La producción de células sanguíneas Mientras su bebé se sigue valiendo de la placenta para alimentarse, oxigenarse y eliminar los residuos hasta que nace, le resulta en cambio esencial desarrollar un sistema de formación de células sanguíneas que sustente su vida independiente. Hacia el fin de este mes, el saco vitelino se torna superfluo, ya que la tarea de producir células sanguíneas la toman a su cargo la médula, el bazo y el hígado en desarrollo de su bebé.

EL SISTEMA DE MANTENIMIENTO

Para este momento, la placenta se está desarrollando rápidamente, asegurando que una rica red de vasos sanguíneos provea a su bebé los alimentos vitales. En este momento, las capas se tornan más gruesas y crecen hasta que el corion y las membranas cubren la totalidad de la superficie del útero. El cordón umbilical ya está completamente maduro y tiene tres vasos sanguíneos que se entremezclan dentro de una cobertura grasa. La vena más grande lleva nutrientes y sangre oxigenada hasta el feto, mientras que dos arterias más pequeñas llevan los desperdicios y la sangre pobre en oxígeno desde el feto hacia la placenta. El cordón umbilical está enrollado como un resorte, debido a que la envoltura grasa es más larga que los vasos sanguíneos, lo que le permite al bebé moverse mucho sin riesgos.

SU BEBE A LAS 12 SEMANAS DE VIDA

SU BEBE

Pies y manos

Los dedos de manos y pies de su bebé se desarrollan rápidamente y llegan a estar bien formados.

Su cabeza y su cuello se extienden y crecen.

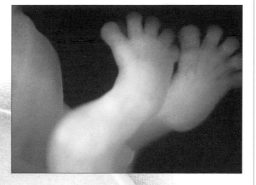

Su bebé está completamente formado; ahora necesita madurar. En esta etapa estará muy activo, aunque usted aun no lo percibirá.

Huesos *Sus huesos se están desarrollando rápidamente en forma de cartílagos flexibles.*

Movimientos *Sacude su cuerpo, encorva sus brazos y piernas y ocasionalmente tiene hipo.*

Mandíbulas *Ya muestran el lugar de 32 dientes permanentes.*

Saco amniótico *El feto flota cómodamente dentro del líquido amniótico (la temperatura del líquido amniótico es más elevada que su temperatura corporal) Tiene mucho espacio para moverse.*

Sus ojos se van corriendo hacia el frente de la cabeza, pero aun están muy apartados uno de otro.

Un fino vello cubre todo el cuerpo.

Las orejas se mueven desde el cuello, donde eran crecimientos en forma de agallas, hasta los costados de la cabeza.

Los genitales externos se diferencian.

ESTADISTICA VITAL DEL BEBE

Hacia fines de este mes, su largo, desde la cabeza hasta las nalgas, será de 9 cm y pesará alrededor de 48 g

El feto de 12 semanas

Su aspecto se ha vuelto más humano y los rasgos están mucho más claramente definidos. Este feto tiene ahora un mentón notorio, una frente muy amplia y una nariz pequeña. Los párpados han comenzado a desarrollarse sobre sus ojos, que ya están bien formados, y él está comenzando a responder a los estímulos externos —si se golpea el vientre materno él tratará de apartarse. Una ecografía en esta etapa, revela movimientos fetales, pero la madre recién podrá comenzar a percibirlos a lo sumo un mes después.

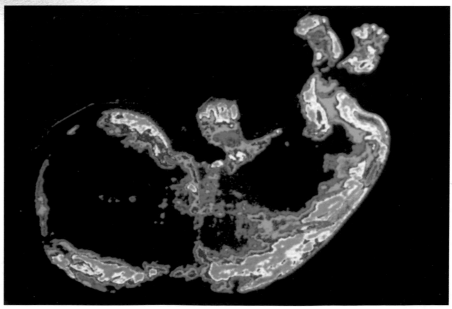

LA MADRE

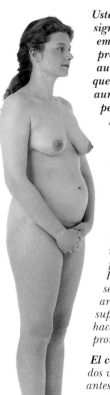

Usted tiene muchos signos de que el embarazo va progresando bien, aunque es posible que aun no haya aumentado de peso.
Probablemente tendrá más vitalidad y energía.

Los pezones *Se van oscureciendo, ya que ha aumentado su nivel de pigmentación. Pueden estar sensibilizados y arderle. Las venas superficiales se hacen cada vez más prominentes.*

El corazón *Trabaja dos veces más que antes, expeliendo la sangre necesaria (más de 6 litros y medio por minuto), para sustentar las crecientes necesidades de sus órganos. El útero y la piel necesitan dos veces más sangre que antes y los riñones, un 25 % más.*

Abdomen *Una línea oscura, llamada* línea nigra *puede aparecer en el centro de su abdomen. Su útero se ha desplazado fuera de la cavidad pelviana y se puede palpar al bebé en un examen externo.*

Movimientos *Hacia fines de este mes, probablemente usted sentirá los movimientos de su bebé –una sensación de burbujeo o aleteo, como si se tratase de pescaditos, mariposas o un gas– Las madres primerizas suelen demorar más en percibir los movimientos fetales que las que ya han tenido otros embarazos*

16 SEMANAS

(16 semanas desde la concepción; 18 semanas de embarazo)

El segundo trimestre del embarazo comienza a partir de las 12 semanas después de la concepción. Su bebé crece sin pausa. Probablemente en este momento le practiquen una ecografía, que puede mostrar el sexo del bebé. Medirán el diámetro de su cráneo para corroborar la FEP

EL CRECIMIENTO DE SU BEBE

Su bebé tiene un aspecto cada vez más humano, con piernas más largas que los brazos, y las partes de las piernas proporcionadas. El esqueleto se hace cada vez más óseo y aquellas partes que contienen más calcio ya pueden ser observadas con rayos X.

El feto ya tiene la misma cantidad de células nerviosas que un individuo adulto. Los nervios que parten del cerebro comienzan a revestirse de una capa protectora llamada mielina. Este es un paso importante en la maduración, porque facilita el pasaje de mensajes desde y hacia el cerebro. Se establecen conexiones entre los nervios y los músculos, de modo que los miembros de su bebé, que ya están bien formados, podrán moverse a partir de sus articulaciones cuando los músculos sean estimulados para contraerse y relajarse. Ahora que los brazos son lo suficientemente largos, sus manos podrán tomarse la una a la otra cada vez que accidentalmente se toca, y además podrá cerrar los puños. Sin embargo, los movimientos no están aun bajo el control del cerebro. Usted tampoco podrá percibirlos, ya que, al comienzo, el feto no es lo suficientemente grande como para activar las terminaciones nerviosas de la pared uterina. Cuando una mujer es madre por segunda vez, tiende a percibir antes la actividad fetal (ver pág. 176).

Los órganos genitales externos del bebé se hacen más evidentes. La lámina vaginal de una niña, que es la precursora de su vagina, ya está claramente desarrollada y los testículos del varón se encuentran en el anillo inguinal profundo, ya en camino de descenso hacia el escroto.

EL SISTEMA DE MANTENIMIENTO

La placenta está produciendo las cantidades crecientes de gonadotrofina coriónica, estrógeno y progesterona que se requerirán durante todo el embarazo. También produce un surtido de otras hormonas que mantienen la salud del útero y juegan un papel esencial en el crecimiento y el desarrollo de los pechos de la madre que se están preparando para la lactancia. La placenta forma una barrera contra las infecciones en general, aunque no contra la rubeola y el SIDA, ni contra sustancias tóxicas tales como el alcohol y la nicotina. Alrededor de la 16a. semana, la placenta ha aumentado su grosor, hasta alcanzar aproximadamente 1,3 centímetros y mide unos ocho centímetros de ancho.

El crecimiento continúa hasta alcanzar un peso de casi medio kilo, un espesor de tres centímetros y medio y un diámetro que va de veinte a veinticinco centímetros. La placenta está firmemente adherida a la pared uterina (habitualmente a su parte superior).

SU BEBE A LAS 16 SEMANAS DE VIDA

Ecografía
Para esta época, la nariz del bebé y sus dedos de manos y pies pueden verse claramente. La cabeza todavía es grande en comparación con el cuerpo.

Pueden verse sus uñas diminutas.

Ya se pueden detectar movimientos respiratorios, como así también la capa protectora de grasa color pardo.

Se formaron los párpados, que permanecen cerrados. Recién se abrirán en el sexto mes.

SU BEBE

La piel de su bebé es transparente y se pueden ver con claridad sus vasos sanguíneos, como también sus huesos, que comienzan a endurecerse en todo el cuerpo.

Las papilas gustativas Han comenzado a desarrollarse en la lengua del bebé.

El oído Como los huesecillos internos del oído han comenzado a endurecerse, el bebé comienza a escuchar sonidos –su voz, su corazón y los ruidos del aparato digestivo.

Los pulmones Se están desarrollando y el bebé "respira" el líquido amniótico. Continuará recibiendo el oxígeno a través de la placenta hasta el nacimiento.

ESTADISTICA VITAL DEL BEBE

Hacia fines de este mes, su largo, desde la cabeza hasta las nalgas, será de aproximadamente 13.5 cm y pesará aproximadamente 180 g.

La cabeza y el rostro
El rostro se está desarrollando y está tomando un aspecto más humano, ya que comienza con las primeras expresiones faciales. Puede fruncir la frente, hacer muecas y ponerse bizco. Las cejas y las pestañas comienzan a crecer; el cabello se espesa un poco y comienza a tomar color a partir de células pigmentarias especiales. Las orejas están a ambos costados y los ojos miran al frente, aunque aun están apartados. Las retinas se han vuelto sensibles a la luz, aunque los ojos permanecen cubiertos por los párpados. El bebé, en esta época, ya percibe la luz que ilumina a través de la pared abdominal de su madre.

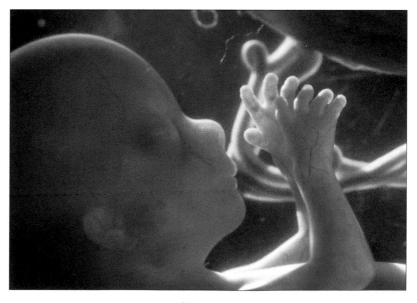

LA MADRE

Para esta época, bien comenzado el segundo trimestre, usted notará probablemente algunos cambios en su estado anímico. Las náuseas, que quizás haya experimentado, habrán desaparecido por completo, y usted habrá recobrado su sentido del humor.

Movimientos Si usted no había percibido antes los movimientos del bebé, ahora seguramente lo hará. Esta es una experiencia maravillosa.

El abdomen La línea de su cintura ha desaparecido, y usted notará las marcas del estiramiento.

La piel *Los vasos sanguíneos dilatados eventualmente causarán diminutas marcas rojas que pueden aparecer en su rostro, hombros y brazos. Desaparecerán luego del nacimiento.*

Problemas menores *Las encías pueden tornarse esponjosas, posiblemente por la influencia de las hormonas. Puede tener acidez y constipación. Aumenta el riesgo de infecciones urinarias debido a la relajación de los músculos del aparato urinario.*

Cambios metabólicos *Su glándula tiroidea se torna más activa. Una consecuencia de esto puede ser que usted transpire más de lo corriente. Su respiración será más profunda y puede faltarle el aire cuando realice ejercicios.*

20 SEMANAS

(20 semanas desde la concepción; 22 semanas de embarazo)

Su bebé ya ha crecido lo suficiente como para tener un sistema nervioso y músculos capaces de permitirle movimientos. Como todavía es muy pequeño, en relación con el volumen de líquido amniótico, puede nadar de un lado a otro y adoptar cualquier posición en cualquier momento.

EL CRECIMIENTO DE SU BEBE

A partir de las 19 semanas después de su UPM, la velocidad de crecimiento, excepto respecto del aumento de peso, comienza a decrecer, y el bebé comienza a madurar de otras maneras. Comienza a construir sus sistemas de defensa.

Empieza a formarse una cápsula alrededor de los nervios de su médula espinal, para protegerlos de cualquier posible daño. También tiene su sistema inmunitario primitivo, que lo protegerá parcialmente de algunas infecciones. Su bebé necesita de una grasa especial para producir calor corporal y mantener su temperatura. Este tejido, una grasa de color pardo, comienza a formarse durante el cuarto mes. En este momento, depósitos de esta grasa comienzan a acumularse en algunas partes del cuerpo, tales como el cuello y el pecho. Esto continuará hasta el fin de la gestación. Una de las razones por las cuales los bebés prematuros son tan vulnerables, es que no cuentan con la suficiente cantidad de depósitos grasos y por eso no pueden mantener la temperatura corporal.

La piel de su bebé continuará creciendo, aunque será roja y estará arrugada, porque tendrá poca grasa por debajo. El cuerpo comienza a engordar. las glándulas sebáceas comienzan a funcionar y fabrican una sustancia cerosa y grisácea, conocida como *vernix caseosa* que provee a la piel una capa protectora que le servirá durante su larga inmersión en el líquido amniótico.

El cuerpo de su bebé también se cubrirá de un fino vello llamado lanugo. Nadie está muy seguro de cuál es la función de este vello, pero puede ayudar a regular la temperatura corporal, o quizá su función sea mantener en su lugar a la *vernix caseosa* protectora.

Los movimientos A medida que las fibras nerviosas se van conectando, y que aumenta la fuerza y el desarrollo de sus músculos, los movimientos se tornan más útiles y coordinados. El bebé se embarca en un programa de ejercicios propio —se estira, se vuelve, cierra los puños— que lo ayuda a afianzar sus músculos, mejorar sus habilidades motoras y fortalecer los huesos. Estos movimientos pueden provocar molestias en su abdomen.

Organos sexuales El escroto de un bebé varón está consolidado para esta época. La vagina de una niña comienza a ahuecarse y sus ovarios contienen unos siete millones de óvulos que, para el nacimiento, se habrán reducido en su número a dos millones. Para la época de la pubertad, quedarán solo 500.000, de los cuales tan sólo liberará entre 400 y 500 durante su vida adulta, a razón de aproximadamente uno por mes. Los pezones y las glándulas mamarias se desarrollan en ambos sexos.

SU BEBE A LAS 20 SEMANAS DE VIDA

SU BEBE

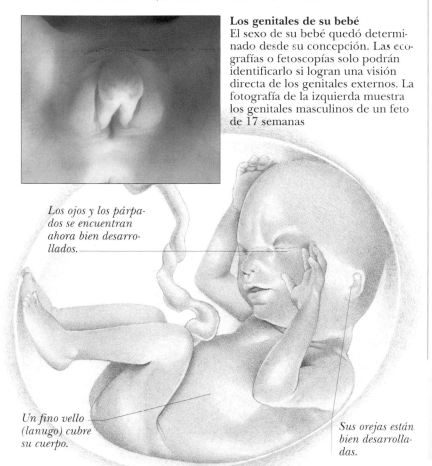

Los genitales de su bebé
El sexo de su bebé quedó determinado desde su concepción. Las ecografías o fetoscopías solo podrán identificarlo si logran una visión directa de los genitales externos. La fotografía de la izquierda muestra los genitales masculinos de un feto de 17 semanas

Aunque ya está bien desarrollado, su bebé aun no puede sobrevivir fuera del útero. Sus pulmones y su aparato digestivo aun no están completamente formados, y tampoco es capaz de mantener la temperatura corporal.

Vernix caseosa *La capa cerosa que producen las glándulas sebáceas del bebé mantienen su piel suave.*

Gusto *Puede distinguir lo dulce de lo amargo.*

Tacto *Su piel es sensible al tacto y se moverá en respuesta a cualquier presión sobre el abdomen.*

Dientes *Aunque están escondidos en las encías, muchos de los dientes del bebé ya se han formado.*

Latidos cardíacos *Hasta los estetoscopios menos sensibles pueden ahora detectarlos.*

Los ojos y los párpados se encuentran ahora bien desarrollados.

Un fino vello (lanugo) cubre su cuerpo.

Sus orejas están bien desarrolladas.

ESTADISTICA VITAL DEL BEBE

Hacia fines de este mes, el largo del bebé, desde la cabeza hasta las nalgas, será de 18.5 cm y pesará 0.5 kg.

El oído
El bebé puede ahora escuchar cómo la sangre de la madre fluye por los vasos sanguíneos, el corazón late y el estómago produce ruidos. Puede escuchar sonidos que provienen de fuera del útero y de ahora en más responderá al sonido, los ritmos y las melodías. Usted puede hablar y cantar a su bebé. Luego de su nacimiento, seguramente esas mismas canciones lo tranquilizarán, y se sentirá seguro cada vez que escuche las voces de sus padres.

LA MADRE

Ahora que los movimientos fetales se han consolidado, usted deberá percibirlos varias veces al día. Cuando el bebé tiene hipo, por ejemplo, usted puede experimentar una súbita sacudida.

Peso *Usted aumenta de peso a razón de aproximadamente medio kilogramo por semana. No se preocupe si le dicen que su vientre parece pequeño para el tiempo de gestación. El tamaño depende de muchos factores, tales como su contextura, su estatura, su aspecto y la cantidad de líquido amniótico que tenga.*

Dolores *A medida que su bebé crece y su útero lo haga junto con él, van empujando su caja torácica y sus costillas inferiores se moverán hacia afuera. Esto puede causarle dolor, y como su bebé estará para esta época comenzando a presionar su estómago, es posible que usted comience a tener problemas digestivos y acidez (ver pag. 190) A medida que los músculos de su útero se estiran, puede experimentar dolores musculares a los costados de su abdomen.*

24 SEMANAS

(24 semanas desde la concepción; 26 semanas de embarazo)

Su bebé se hace más alto y más fuerte, y sus movimientos son cada vez más complejos. Muestra además signos de alerta, sensibilidad e inteligencia.

EL CRECIMIENTO DE SU BEBE

Todavía es rojo y delgado, pero pronto comenzará a aumentar de peso. Las muchas arrugas que se producen en su piel se deben a la falta de grasa subcutánea y el gran aumento relativo del tamaño de la piel.

En este momento, el cuerpo está creciendo más rapidamente que la cabeza, de modo que aproximadamente a fin de este mes sus proporciones se acercarán a las de un recién nacido. Los brazos y las piernas tienen la cantidad normal de músculo, y las piernas están proporcionadas respecto del cuerpo. Los huesos centrales de brazos y piernas han comenzado a endurecerse. Comienzan a aparecer las líneas de las palmas de las manos. Las células cerebrales que más tarde utilizará para el pensamiento consciente comienzan a madurar, y empieza a ser capaz de recordar y aprender. (En un experimento, se enseñó a los bebés en gestación a patear como respuesta a una vibración específica.)

Los genitales ya están completamente diferenciados. Si el bebé es varón, aumenta la cantidad de células de los testículos, responsables de la producción de testosterona.

La audición Su bebé ya puede escuchar sonidos de una frecuencia que está más allá de la que usted puede percibir, y se moverá más en respuesta a los de alta frecuencia que a los de baja. También moverá su cuerpo según el ritmo de las palabras de la madre. Desde esta edad comenzará a responder con saltos a los golpes de tambor. Algunas madres han relatado que, en esta época, han tenido que irse de un concierto porque el bebé no se quedaba quieto. Si el bebé escucha con frecuencia una composición musical mientras está en el útero, cuando crezca, la encontrará familiar, aun cuando no recuerde haberla escuchado antes. Algunos músicos han dicho que "sabían" ciertas piezas musicales que más tarde descubrieron sus madres les cantaban cuando ellos estaban aun en el vientre.

También es capaz de aprender a reconocer la voz del padre. Un bebé al cual su padre le hablaba estando en el útero, puede, en cuanto nace, distinguir la voz paterna entre todas las que se oyen en un cuarto lleno de gente, y puede responder emocionalmente a esa voz (por ejemplo, calmarse si está llorando)

La respiración Dentro de sus pulmones, los alvéolos se están formando en número creciente y seguirán aumentando en número hasta los ocho años de edad. Alrededor de ellos, los vasos sanguíneos que ayudarán a absorber el oxígeno y expeler el anhídrido carbónico se multiplican. Además, sus fosas nasales se han abierto y está comenzando a efectuar movimientos respiratorios con los músculos, de modo que todo el sistema tendrá una importante práctica respiratoria para el momento del nacimiento.

Su bebe a las 24 semanas de vida

La piel ha perdido su anterior aspecto traslúcido y se ha tornado opaca y rojiza. Todavía luce arrugada, porque aun no ha constituido suficientes depósitos grasos.

El cuerpo aun es delgado, pero ya guarda más proporción respecto de la cabeza

Su bebe

El sigue creciendo en forma lenta y sostenida. Si nace ahora, probablemente tendrá alguna chance de sobrevivir.

Los Pulmones *Los bronquios están creciendo, pero aun no están maduros.*

El cerebro *Las ondas producidas por su cerebro tienen una forma semejante a las que produce un recién nacido. Se supone que la fuente de estas ondas es la corteza cerebral, que es la parte más evolucionada del cerebro. Ha desarrollado ya periodos de sueño y vigilia.*

Estadistica vital del bebe

Hacia fines de este mes, el largo, de la cabeza hasta las nalgas, será de 25 cm y pesará aproximadamente 1 kg.

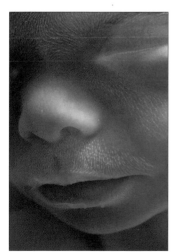

Rasgos faciales
Los rasgos de este feto de 6 meses son muy semejantes a los de un niño cuando nace. El lanugo forma dibujos debido a las distintas maneras en que el vello crece oblicuamente en distintas zonas de la piel.

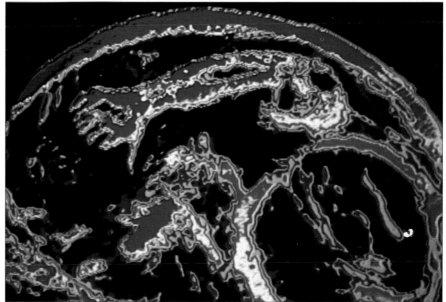

Ecografía
El bebé sigue creciendo, aumentando de peso y ocupando cada vez más sitio en el útero. En la parte superior de la fotografía, que ha sido tomada de una ecografía y luego coloreada, se observan una mano, un brazo y un hombro completamente formados que se ubican de manera adyacente a la cabeza.

LA MADRE

Aquí finaliza su segundo trimestre. Usted puede comenzar a sentirse cansada y, como sabe que a su bebé sólo le falta madurar, comenzará a pensar en el parto.

Calostro *Este líquido dulce y aguachento, menos nutritivo que la leche materna y de más fácil digestión, probablemente ya se habrá formado en sus pechos. Este será el alimento de las primeras comidas de su bebé, antes de que baje la leche (ver también pag. 304)*

Orina *Su bebé estará ahora presionando su vejiga y haciendo que usted orine con más frecuencia.*

Problemas para dormir *Si usted ha adquirido un gran tamaño, pocas posiciones le resultarán cómodas. Probablemente la más cómoda será echarse de lado, con una pierna recogida hacia el pecho y la otra extendida.*

Dolor de cintura *Debido a los cambios en el centro de gravedad, causados por el agrandamiento del útero, además por la ligera distensión de las articulaciones pelvianas, usted puede experimentar dolores en la parte inferior de la espalda. Llevar zapatos chatos y sentarse con un respaldo rígido o en el piso la aliviará. Evite en lo posible levantar pesos.*

28 SEMANAS

(28 semanas desde la concepción; 30 semanas de embarazo)

Su bebé es ahora tan grande, que el médico o la partera pueden saber su posición palpando el abdomen. Este es el último mes en que el bebé podrá voltearse completamente.

EL CRECIMIENTO DE SU BEBE

Durante este mes se producen grandes cambios en el sistema nervioso. El cerebro se agranda (para caber dentro del cráneo tendrá que replegarse y arrugarse hasta tomar el aspecto de una nuez), y las células cerebrales y circuitos nerviosos ya están conectados y activos. Además, una vaina grasa protectora comienza a formarse en torno a las fibras nerviosas, tal como había sucedido antes con la médula espinal. Esta cápsula grasa seguirá desarrollándose hasta la edad adulta. Como resultado, los estímulos nerviosos viajarán más rápido y su bebé será capaz de aprendizajes y movimientos cada vez más complejos.

El bebé comienza a prepararse para el nacimiento (Si tuviese que nacer en forma prematura, tendría ahora grandes chances de sobrevivir. Aun cuando un bebé así tendría algunos problemas respiratorios y dificultades para mantener la temperatura corporal, las actuales unidades de cuidados especiales lo ayudarían a superar la situación) Cierta cantidad de grasa comienza a acumularse por debajo de la piel, que ya no está arrugada y comienza a adquirir formas redondeadas. La cobertura de lanugo va desapareciendo, hasta quedar restringida a un parche velloso ubicado en la espalda y los hombros. Las membranas que cubrían y protegían sus ojos, para esta época, habrán ya cumplido con su misión, ya que los ojos están completamente formados y los párpados se han separado para permitirle abrir los ojos. El bebé sigue desarrollando sus habilidades para tragar y succcionar.

La respiración El niño ya ha desarrollado su ritmo respiratorio maduro, y los alvéolos de sus pulmones comienzan a prepararse para la primera respiración en el mundo exterior. Los pulmones se recubren de una capa de células especiales y de líquido (surfactante) que les evitará colapsarse.

Sus movimientos Durante el curso de este mes, el bebé notará que no tiene espacio para moverse y gradualmente dejará de hacerlo tan activamente. Se agitará incómodo si usted adopta alguna posición que no le conviene.

Orientación Durante sus semanas de "práctica gimnástica" el bebé ha hecho mucho más que fortalecer sus músculos: ha adquirido sentido de la orientación en el espacio. Es posible que siga ubicado en su útero con la cabeza hacia arriba durante este mes, aunque, si está madurando muy rápido, también es posible que se vuelva y se ubique en la posición de parto antes de lo habitual. Esto es más frecuente en los primogénitos.

Su bebe a las 28 semanas de vida

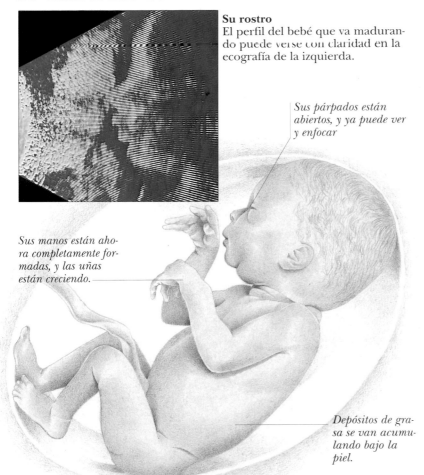

Su rostro
El perfil del bebé que va madurando puede verse con claridad en la ecografía de la izquierda.

Sus párpados están abiertos, y ya puede ver y enfocar

Sus manos están ahora completamente formadas, y las uñas están creciendo.

Depósitos de grasa se van acumulando bajo la piel.

Su bebe

Su bebé sigue ganando peso y madurando. Se comunica con usted con movimientos y puntapiés.

Temperatura *Comienza a controlar su propia temperatura corporal.*

Grasa *Depósitos de grasa blanca comienzan a acumularse bajo la piel.*

Orina *Orina en el líquido amniótico a razón de medio litro por día.*

Genitales *Los testículos de un bebé varón descienden hasta la ingle, y luego hasta el escroto. Cuando un bebé nace prematuro, lo más frecuente es que sus genitales no hayan descendido.*

Estadistica vital del bebe

Hacia fines de este mes, su largo, de la cabeza hasta las nalgas, será de 28 cm y pesará aproximadamente 1,5 kg.

Su bebé crece

Su cuerpo está tornándose más grueso, ya que la grasa subcutánea va llenando las arrugas. Sus cejas y pestañas ya están completamente desarrolladas y el cabello es más largo. Los párpados se han abierto y comienza a practicar su visión. La limitación que un bebé tiene al nacer respecto de su campo visual (20 a 25 cm) parece relacionarse con la distancia a la que puede ver cuando está dentro del útero. Como muestra la ecografía de la derecha, el cuerpo y la cabeza están más equilibrados en cuanto al tamaño. Ahora tiene las proporciones de un bebé recién nacido.

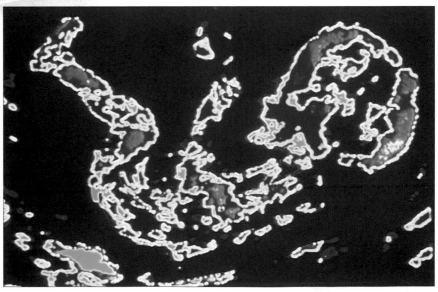

LA MADRE

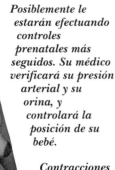

Posiblemente le estarán efectuando controles prenatales más seguidos. Su médico verificará su presión arterial y su orina, y controlará la posición de su bebé.

Contracciones *Su útero efectúa una práctica para el parto endureciéndose y contrayéndose. Estas, conocidas como las contracciones de Braxton Hicks, duran tan solo 30 segundos y usted puede no percibirlas.*

Pelvis *Su pelvis se ha expandido y puede dolerle, especialmente por detrás.*

Sangre *En esta etapa del embarazo,* usted puede tener bajos niveles de hemoglobina.

Abdomen *El volumen de su bebé aumenta y su útero presiona las costillas más bajas. Su caja torácica puede molestarle. Su abdomen es tan prominente que el ombligo sale hacia fuera. La creciente pigmentación de la línea nigra puede tornarla muy notoria.*

32 SEMANAS

(32 semanas desde la concepción; 34 semanas de embarazo)

34 semanas después de su UPM, su bebé está perfectamente formado. Todas sus proporciones son exactamente las que usted espera que tenga al nacer. Sin embargo, todavía deberá madurar y ganar peso antes de estar listo para nacer.

EL CRECIMIENTO DE SU BEBE

Sus órganos están ahora completamente maduros, excepto los pulmones, que aun no se han desarrollado completamente, aunque están segregando cantidades crecientes de surfactante (esta sustancia impedirá que se colapsen cuando el bebé comience a respirar) Puede efectuar movimientos grandes, que se perciben desde el exterior de su abdomen. Casi todos los bebés nacidos en este tiempo sobreviven.

La piel, las uñas y el cabello La piel es ahora mucho más rosada que roja, debido a los depósitos de grasa que se han acumulado debajo. Los depósitos de grasa tienen por función dar energía y regular la temperatura corporal después del nacimiento. La *vernix caseosa* que recubre la piel es ahora muy gruesa. Las uñas de las manos llegan ya hasta los extremos de los dedos, pero las de los pies no están todavía completamente desarrolladas. Puede tener un poco de cabello en la cabeza.

Sus ojos Los iris pueden ahora dilatarse y contraerse. Se contraerán como respuesta a la luz y lo ayudarán a centrar la visión, aun cuando no necesitará de esta habilidad hasta después del nacimiento. Puede cerrar los ojos, y ha comenzado a parpadear.

La posición Algunos bebés toman la posición cabeza abajo en esta época, pero aun queda mucho tiempo (la mayor parte se encajan después de la semana 36) De todos modos, puede permanecer con las nalgas hacia abajo hasta el momento del parto, aunque la mayor parte de los bebés se vuelven solos.

EL SISTEMA DE MANTENIMIENTO

Durante este mes, las capas de la placenta comienzan a hacerse más finas. Para fabricar estrógeno, la placenta convierte una hormona parecida a la testosterona que es secretada por las glándulas suprarrenales del bebé. Para este mes, esas glándulas habrán alcanzado el tamaño de las de un adolescente, y cada día producirán diez veces la cantidad de hormona que producen las glándulas suprarrenales de un adulto. Luego de que el bebé nazca, esta actividad disminuirá.

El saco amniótico o bolsa de las aguas, contiene una gran cantidad de líquido, la mayor parte del cual es la orina del bebé; puede orinar alrededor de medio litro por día. También hay allí sobrantes de *vernix caseosa,* nutrientes y materiales necesarios para la maduración pulmonar.

El cordón umbilical es largo, fuerte y firme. Una sustancia gelatinosa rodea los vasos sanguíneos. Esto evita que repliegues o nudos en el cordón afecten la irrigación del bebé.

SU BEBE A LAS 32 SEMANAS DE VIDA

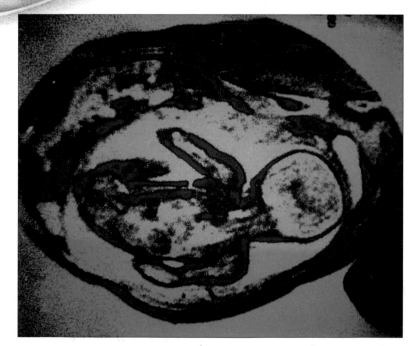

La cabeza y el rostro
La ecografía de la izquierda muestra muy claramente cómo se han desarrollado tanto la forma de la cabeza como el perfil. Ya luce como un "verdadero bebé".

El rostro ahora es suave, y casi todas las arrugas han desaparecido.

La uñas de las manos llegan hasta las puntas de los dedos.

Puede tener mucho cabello en la cabeza.

Su bebé está aumentando de peso. El 8 % de su peso total corresponde a la grasa.

El tamaño de su bebé

Está ahora muy apretado en el útero, especialmente si es grande. En consecuencia, sus movimientos tienden a disminuir en frecuencia, aunque es posible que usted aun lo sienta moverse (ver pag. 176 y 177) Además, su cuerpo, tal como el del bebé en la ecografía de la derecha, comenzará a estar ajustadamente encorvado, ya que no hay espacio suficiente para sus miembros. Algunos bebés están aun de nalgas para el comienzo de este mes (ver columna, pag. 239), pero la mayor parte se habrá volteado para la fecha de parto.

SU BEBE

La principal actividad de su bebé, en este momento, es ubicarse en una posición cabeza abajo y adaptarse a la falta de espacio en el útero.

__Ojos__ Puede centrarlos y parpadear.

__Aumento de peso__ Habrá aumentado al menos un kilo desde el mes anterior. Este aumento está constituido principalmente por tejido muscular y grasa.

__Pulmones__ Sus pulmones aun se están desarrollando, de modo que puedan adaptarse a la respiración en el mundo exterior. Si nace para esta época, es casi seguro que tenga dificultades respiratorias, aunque tendrá excelentes chances de sobrevivir.

ESTADISTICA VITAL DEL BEBE

Hacia fines de este mes, su largo, de la cabeza a las nalgas, será de 32 cm y pesará aproximadamente 2,5 kg

LA MADRE

Para esta época, usted estará visitando a su médico semanalmente. El controlará que todo esté funcionando bien.

La ubicación En la mayor parte de las madres primerizas, la cabeza del bebé baja hacia la pelvis alrededor de las 36 semanas. Usted se sentirá más cómoda y su respiración será más fácil. Es perfectamente normal que la cabeza del bebé se encaje más tarde– a veces no lo hace hasta que ha comenzado el trabajo de parto.

Postura Usted puede tender a compensar el peso extra de la parte delantera de su cuerpo inclinándose hacia atrás. Esto hace que su cabeza se ubique más atrás, de modo que su ángulo de visión será diferente del habitual. Su centro de gravedad se ha alterado, de modo que usted puede tropezar con las paredes o dejar caer objetos involuntariamente.

El sueño y el descanso Puede resultarle cada vez más difícil dormir bien en las noches ya que su gran abdomen le hace difícil encontrar una posición cómoda. Es necesario que usted descanse lo más que pueda, si es posible, con las piernas hacia arriba.

El instinto de anidar Suele manifestarse durante el preparto y se presenta como ¡Una necesidad de limpiar! Trate de refrenarlo, ya que necesitará de todas sus energías durante el parto.

38 SEMANAS

(38 semanas desde la gestación; 40 semanas de embarazo)

El modo más preciso de calcular el desarrollo fetal es a partir de la fecha de concepción, que llega hasta las 38 semanas. Los médicos establecen un cronograma artificial, pero conveniente, de 40 semanas, que se fijan a partir del UPM. Esta es una estimación fijada por los médicos, no por los bebés.

EL CRECIMIENTO DE SU BEBE

Durante este mes, su bebé posiblemente eliminará la mayor parte de ese fino vello (lanugo) de su cuerpo. Pueden quedar sectores vellosos en distintas partes, tales como los hombros, los brazos y piernas y en los pliegues del cuerpo.

La piel es suave y todavía queda un poco de *vernix caseosa* depositada en ella, sobre todo en la espalda. Esta sustancia lo ayudará a pasar a través del canal de parto. Antes de su nacimiento será casi "gordito". Las uñas de sus manos están largas, y puede haberse arañado el rostro(y deberá cortarlas en cuanto nazca). Sus ojos son azules, aunque pueden cambiar de color en las semanas posteriores al nacimiento. Cuando está despierto, están abiertos.

Durante estas últimas semanas, las glándulas suprarrenales de su bebé producen grandes cantidades de una hormona llamada cortisona. Esta ayudará a sus pulmones a adquirir la madurez suficiente como para las primeras respiraciones.

Meconio El intestino del bebé está lleno de una sustancia verde oscuro, casi negro, llamada mcconio. Es una mezcla de las secreciones de sus glándulas alimentarias, lanugo, pigmento y células de las paredes intestinales. El meconio constituirá su primera evacuación luego del nacimiento (ver **Fetoscopía**, pag. 166), aunque también puede evacuarlo durante el parto.

Sistema inmunológico Su propio sistema todavía es inmaduro, de modo que, para compensar, recibe anticuerpos maternos a través de la placenta. Ellos lo protegerán de todas aquellas cosas contra las cuales usted tiene anticuerpos, tales como la gripe, las paperas o la rubeola. Después de nacer, seguirá recibiendo sus anticuerpos a través de la leche materna.

SU SISTEMA DE MANTENIMIENTO

La placenta mide ahora unos 20 cm de diámetro, y tiene apenas un poco más de tres cm de espesor, de modo que hay una gran superficie a través de la cual se realiza el intercambio de nutrientes y desperdicios entre usted y su bebé. Ya es posible encontrar más de un litro de líquido en el saco amniótico.

Las hormonas que produce la placenta van estimulando sus pechos, que se dilatan y se llenan de leche. Esto también causa una hinchazón en los pechos del bebé, sea mujer o varón. Esto desaparecerá después del nacimiento. Si su bebé es niña, la desaparición de estas hormonas puede causar, pocos días después del nacimiento, un ligero sangrado vaginal, semejante a una menstruación. Esto es normal.

SU BEBÉ EN TERMINO

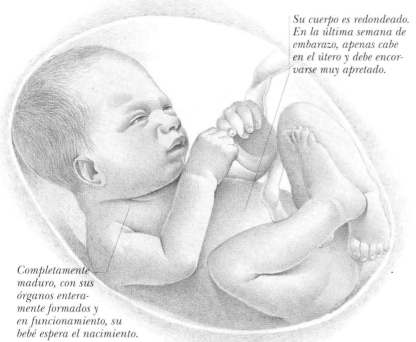

Su cuerpo es redondeado. En la última semana de embarazo, apenas cabe en el útero y debe encorvarse muy apretado.

Completamente maduro, con sus órganos enteramente formados y en funcionamiento, su bebé espera el nacimiento.

SU BEBE

Su bebé se prepara para nacer; sus pulmones maduran y desaparece lo que quedaba de su grasa de color pardo.

Organos reproductores *Los testículos de un bebé varón ya habrán descendido para esta época. En una niña, los ovarios están por encima de la cavidad pelviana y no alcanzan su posición definitiva sino después del nacimiento.*

Movimientos *Aunque los movimientos no tienen la frecuencia de antes, usted aun puede percibir sus puntapiés.*

ESTADISTICA VITAL DEL BEBE

Para el nacimiento, su largo, de la cabeza a las nalgas, será de 35 a 37 cm y pesará entre 3 y 4 kg.

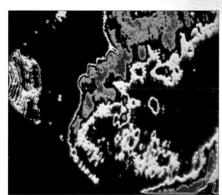

La cabeza encajada
La ecografía de arriba muestra al bebé cabeza abajo, con la cabeza contra el cérvix de la madre.

Listo para nacer
Su bebé ya es más pesado y maduro y se coloca cabeza abajo en el útero. En la imagen de rayos X, resaltada en colores que se muestra a la derecha, se puede ver la cabeza del bebé encajada profundamente en la pelvis de la madre.

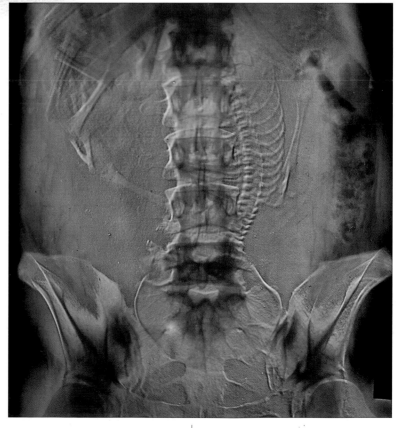

MELLIZOS

Una vez que superaron el impacto inicial de saber que estaban esperando mellizos, Karen y Joe estuvieron encantados. Sus preocupaciones principales eran el bienestar de Karen y los mellizos durante el embarazo y cómo enfrentarían el parto.

NOMBRE	*Karen Phillips*
EDAD	*36 años*
ANTECEDENTES MEDICOS	*Ninguna anormalidad*
ANTECEDENTES FAMILIARES	*Sin antecedentes conocidos de mellizos*
ANTECEDENTES OBSTETRICOS	*2 embarazos anteriores. Edema en el último mes*

El diagnóstico de que Karen esperaba mellizos se realizó en una ecografía a las 16 semanas. Desde el comienzo, ella supo que había algo diferente en este embarazo, ya que experimentó continuos malestares durante el primer par de meses, cosa que no le había sucedido en los embarazos anteriores. Además, estaba enorme: ¡a los 3 meses parecía de 5! En consecuencia, cuando la ecografía mostró que estaba embarazada de mellizos, no fue una gran sorpresa.

Los mellizos mostrados en una ecografía
Una ecografía puede mostrar claramente que usted está gestando dos bebés. Sin embargo, a veces uno puede estar ubicado detrás del otro, y por eso puede no resultar sencillo distinguirlo. Si se sospecha un embarazo de mellizos aunque sólo se distinga uno en la ecografía, probablemente le practiquen un nuevo estudio al cabo de varias semanas.

SOSPECHAS DE UN EMBARAZO MULTIPLE

Cuando están esperando mellizos, muchas mujeres sospechan enseguida que, en sus embarazos, hay algo diferente. A menudo, lo que llama la atención, es el tamaño y la forma: los mellizos tienden a empujar el abdomen hacia adelante y hacia los lados, de modo que toma un aspecto oval en lugar de redondo. Una ecografía confirmará la presencia de dos bebés y este diagnóstico puede efectuarse alrededor de las ocho semanas de embarazo.

LAS NECESIDADES ESPECIALES DE KAREN

Algunas mujeres atraviesan un embarazo de mellizos con muy poco o ningún efecto colateral. A otras no les ocurre lo mismo. La tensión que provoca el hecho de estar gestando dos bebés puede intensificar las sensaciones de cansancio y malestar a medida que su cuerpo se va adaptando. Además, los embarazos de mellizos deben ser seguidos cuidadosamente debido a los riesgos de alta presión arterial, anemia, edema y preeclampsia (ver pag. 204) Como todas las madres que esperan mellizos, Karen deberá visitar a su médico o partera más frecuen-

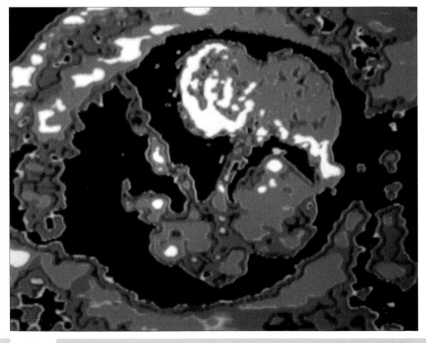

temente que una mujer que espera un solo hijo. Su médico estará atento a la aparición recurrente de edema y puede llegar a hospitalizarla en caso de que parezca tener algún síntoma de preeclampsia (ver pag. 204) Resulta esencial una buena dieta, rica en proteínas.

El tamaño puede llegar a ser un problema cuando el embarazo esté más avanzado y puede resultar difícil encontrar una posición cómoda. Sugerí a Karen que tal vez la ayudaría estar en el agua, ya que esto disminuye los efectos de la gravedad. Sería bueno nadar suavemente, en tanto su médico estuviese de acuerdo. Tomar largos baños tibios en una bañera grande la podría ayudar a relajarse, como a cualquier embarazada y posiblemente Karen los encontraría especialmente benéfico. Hacer el amor no está prohibido habitualmente, aunque Karen debería seguir el consejo de su médico y consultarlo inmediatamente, en caso de tener algún problema, tal como pérdidas o sangrado, o también ante la presencia de contracciones que pueden señalar el desencadenamiento prematuro del parto.

Las mujeres que esperan mellizos y no tienen un adecuado descanso son mucho más propensas a tener un parto prematuro que las que hacen reposo absoluto a partir del quinto mes. El trabajo durante el embarazo, ya sea dentro o fuera del hogar(especialmente cuidar a sus hijos), no debe ser demasiado agotador. Aconsejé a Karen que contratase una niñera y que descansase en cama, al menos tres horas por día.

EL PARTO Y LOS MELLIZOS

El parto siempre se practica en un hospital debido a los riesgos (ver columna de la derecha). Como los médicos y las parteras están muy atentos a los problemas que se puedan suscitar, solo permitirán que se produzca una dilación de 20 minutos entre los nacimientos y el segundo mellizo será monitoreado en forma permanente, para verificar si existe algún signo de sufrimiento. Si alguno de los mellizos parece correr riesgos, se practicará una cesárea de urgencia.

¿IDENTICOS O FRATERNOS?

Un tercio de los mellizos son gemelos idénticos. Siempre son del mismo sexo y habitualmente comparten la misma placenta, aunque esto depende de en qué momento se haya dividido el óvulo. La mitad de los mellizos fraternos son parejas varón–mujer y la mitad son del mismo sexo. Sus placentas son individuales, pero pueden estar unidas. La incidencia de gemelos idénticos parece ser completamente azarosa, mientras que los mellizos fraternos aparecen especialmente en ciertas familias, lo que se hereda del lado materno. En la familia de Karen no hay antecedentes de mellizos. Sin embargo, las posibilidades de tener mellizos es mayor en las mujeres hasta los treinta y cinco, y luego declina. Esta probabilidad parece ser mayor si la mujer es alta, fuerte y concibe con facilidad. La posibilidad de tener mellizos fraternos también parece aumentar en cada nuevo embarazo.

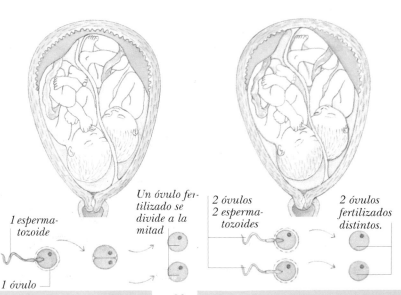

GEMELOS IDENTICOS

MELLIZOS FRATERNOS

1 espermatozoide

1 óvulo

Un óvulo fertilizado se divide a la mitad

2 óvulos 2 espermatozoides

2 óvulos fertilizados distintos.

3

El parto que Ud.

ELIJA

Existen muchas opciones posibles respecto del parto, y usted debe saber cuáles son las disponibles para usted. En teoría, es posible tener exactamente el tipo de parto que uno desea, pero corresponde a las mujeres y a sus parejas tomar un papel más activo e informado respecto de la manera como se manejará el parto.

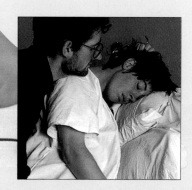 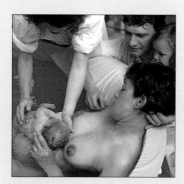 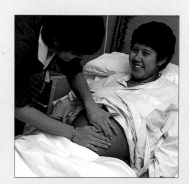

LAS OPCIONES DE PARTOS

La mayor parte de los principales filósofos del parto han estado centrados en el tema del parto natural.

"Parto natural significa parto fisiológico normal. Cuando el parto viene asociado con distintos grados de temor y, por lo tanto, con distintos grados de tensión se torna no fisiológico o patológico en diversos grados."

Grantley Dick-Read

"Los médicos y las parteras, una vez que hayan tomado conciencia de la prueba que significa nacer, recibirán al recién nacido con más sensibilidad, más inteligencia y más respeto."

Frederick Leboyer

"Vemos cómo, a nuestro alrededor, los médicos incrementan el uso de drogas y de procedimientos artificiales, mientras que nosotros intervenimos lo menos posible y consideramos que las drogas son innecesarias y dañinas."

Michel Odent

"El parto no es primordialmente un proceso médico, sino una experiencia psicosexual. No resulta sorpendente que el hecho de adaptar sus respuestas al estímulo que representa involucre un sutil y delicado trabajo conjunto de la mente y el cuerpo."

Sheila Kitzinger

En las últimas décadas, las mujeres comenzaron a ejercer un mayor control sobre su propia salud. En muchos casos, los miembros de la profesión médica respondieron con entusiasmo a los cambiantes deseos y necesidades de las mujeres, y las opciones respecto del parto nunca han sido mayores que en nuestros días, ni tampoco nunca se habían tenido tanto en cuenta nuestros deseos. Hoy en día, la mayor parte de las mujeres desean tener a sus hijos de una manera más natural, y esta opción debe ser una posibilidad para todos, sea que el parto tenga lugar en la propia casa o en un hospital. Sin embargo, no debemos dejar de lado las ventajas que puede tener un parto manejado médicamente, sobre todo cuando las cosas no son tan sencillas como se espera.

EL PARTO ASISTIDO DE UNA MANERA MODERNA

El parto asistido de una manera moderna (parto de alta tecnología en un hospital) es la consecuencia de una justificada preocupación por la madre y el niño, y de los cada vez mayores conocimientos médicos acerca de los aspectos fisiológicos del parto. En un parto asistido, el trabajo de parto es controlado rigurosamente por los obstetras, de acuerdo con la política que el hospital implemente, de modo que se corresponda con lo que el equipo considere normal (los criterios pueden variar de acuerdo con el hospital y el obstetra)

El parto asistido es lo normal en la mayor parte de los hospitales. Lo más frecuente es que esté a cargo de un obstetra, en el contexto de un hospital general, y esto resulta fundamental para aquellas mujeres que pueden tener complicaciones en el embarazo y en el parto —por ejemplo, a causa de un antecedente médico o cuando se trata de un parto de nalgas.

En este contexto, además, lo más probable es que usted goce de una atención que incluya los procedimientos obstétricos más modernos. En este tipo de parto, es frecuente el uso de anestesia peridural y el monitoreo fetal electrónico es una práctica habitual. Los profesionales podrán percibir pequeños cambios en el estado de su bebé y actuar en consecuencia. Todos los tipos de intervención médica son más frecuentes en este tipo de parto: hay mayor cantidad de inducciones, de cesáreas y de uso de fórceps.

Aunque este tipo de práticas otorga reales beneficios en una cantidad de casos donde se necesita intervenir, el uso rutinario de estos procedimientos no está justificado por evidencias sólidas. Por esto, aquellas mujeres que desean tener un completo control sobre el parto, pueden sentirse afectadas por el uso de tales prácticas (ver **Aspectos cuestionados del parto,** pag. 90) Otras mujeres, en cambio, sienten que el contexto del hospital les provee el parto que ellas desean, y se sentirían nerviosas, relegadas e inseguras sin la intervención de un obstetra que disponga de toda la alta tecnología.

El parto natural moderno

Es paradójico que el parto natural sea algo que haya que pedir con anticipación, pero aun hoy comprobará que el parto es todavía un hecho dominado por los obstetras. A menos que dé a conocer antes sus preferencias, le resultará difícil concertar un parto natural.

Es razonable que la mayor parte de las mujeres desee tener un parto natural: lo es en aquellas mujeres que no temen al parto, porque el proceso les resulta familiar; también lo es cuando no se desea una intervención médica innecesaria; cuando se dispone de una atmósfera familiar y cuando las madres desean que se les permita hacer todo aquello que deseen —por ejemplo, adoptar la posición que les resulte más cómoda; y cuando no se desea ser presionada a recibir calmantes. Los cuerpos femeninos están diseñados para dar a luz; todos los tejidos blandos del canal de parto pueden abrirse de modo tal que el bebé se deslice suavemente hacia el exterior. Además, las técnicas de respiración y relajación pueden hacer que dar a luz sea aun más fácil y existen filosofías del parto natural que usan estas técnicas.

Aunque existen diferencias individuales, todas las filosofías del parto comparten un objetivo común: permitir a las mujeres dar a luz de la manera que desean. En la sociedad moderna las mujeres están, de alguna manera, aisladas y son ignorantes respecto del nacimiento y la muerte, y por eso no conocen el proceso de dar a luz. Creencias inadecuadas y mitos atemorizantes pueden llevarlas a preocuparse por la posibilidad de un dolor intenso, o de un gran peligro. Además, la tensión y el miedo pueden prolongar el trabajo de parto.

La mayor parte de las filosofías del parto adoptan alguna forma de re-aprendizaje psicológico, que permita reducir el miedo al dolor y que eleve el umbral de tolerancia al mismo. En muchos casos, las técnicas de respiración constituyen un aspecto central de estas filosofías. Existen ligeras diferencias en la enseñanza de tales técnicas, pero todas ellas se centran en la concentración de la parturienta en ciertos modos de respirar y en una buena técnica de relajación. La mejor manera de experimentar un parto completamente natural es en un centro dedicado al tema o en la propia casa (ver debajo). El uso de piscinas y la libertad de dar a luz fuera de la cama son opciones cada vez más populares, pese a que no siempre es sencillo lograrlas.

Parto hogareño

En muchos países europeos, las mujeres sanas pueden elegir un parto hogareño, si no han tenido problemas durante el embarazo. En los Estados Unidos, esto resulta más complicado. Para considerar la posibilidad de un parto hogareño, la mayor parte de los médicos desean que existan antecedentes de parto normal, con un niño sano como resultado, para acordar un parto hogareño para el segundo bebé. Concertar un parto hogareño puede resultar difícil (ver recuadro) y usted debe asegurarse de que esa sea la mejor opción en su caso. Manténgase siempre abierta a la posibilidad de trasladarse al hospital si las cosas no van bien. En los Estados Unidos, si una mujer tiene dificultades para concertar un parto domiciliario, puede ponerse en contacto con el Colegio Americano de Parteras. Es esencial que usted haya contactado previamente una partera que la asista en el parto hogareño. Es mejor hacerlo desde el comienzo del embarazo (en los Estados Unidos, una partera tiene la obligación legal de asistirla, si usted la contacta cuando está en trabajo de parto, pero eso no es bueno ni para ella ni para usted).

El caso del parto en el hogar

Un parto planeado en el hogar puede ser uno de los modos más seguros de dar a luz.

Un reciente informe británico llegó a la conclusión de que, aunque el 94 % de los partos tienen lugar en los hospitales, no son más seguros e inclusive pueden ser menos seguros, que los partos en el domicilio.

En Australia, un estudio de 3400 partos llevados a cabo en el hogar, llegó a la conclusión de que estos presentaron un porcentaje más bajo de mortalidad perinatal, y que hubo menos necesidad de cesáreas, uso de fórceps o suturas por episiotomía o por desgarramientos, que en los casos de partos hospitalarios. Las madres no eran todas de "bajo riesgo". Estas cifras incluían a 15 nacimientos múltiples, partos de nalgas, mujeres que habían sufrido cesáreas con anterioridad y mujeres que habían dado a luz a niños muertos. El grupo era, en promedio, de mayor edad que el promedio nacional. Menos del 10 % de los casos debió trasladarse al hospital."

Concertar un parto en el domicilio

Concertar un parto en el propio hogar no siempre es sencillo, pero siempre es fascinante.

- *Visite a su médico y solicíteselo.*

- *Si su médico accede, arregle un régimen de visitas prenatales.*

- *Si su médico dice no, busque a uno que esté de acuerdo (su médico puede ayudarla a encontrarlo). En los Estados Unidos puede hacerse también contactando al Colegio Americano de Parteras*

- *Arregle un plan de visitas prenatales con el nuevo profesional, y haga un plan acerca del tipo de parto que usted desea (ver pag. 106)*

SU PARTO
ACUATICO

Si usted escoge utilizar una piscina de parto durante el trabajo de parto, es posible que le preocupe que su bebé pueda ahogarse si nace debajo del agua.

En tanto no se mantenga al bebé bajo el agua más que unos instantes, él no corre riesgos, ya que sigue recibiendo oxígeno de la placenta. Muchos recién nacidos efectúan movimientos vigorosos que pueden llevarlos solos hacia la superficie. En este caso, usted debe levantarlo inmediatamente y sacarlo del agua, para estimularlo a que respire, y darle un abrazo de bienvenida.

El parto en el agua
Utilizar una piscina de parto durante el trabajo de parto, puede ayudarla a relajarse y a reducir el dolor de las contracciones. Usted estará mucho menos sujeta a maniobras intervencionistas debido a las limitaciones de tiempo. Esto, a la vez, significa que usted dispondrá del tiempo que necesitan sus tejidos y músculos para abrirse y dilatarse. Su pareja puede compartir la intimidad de una piscina de parto, y su bebé puede ser recibido con un contacto de piel a piel de ambos de manera inmediata.

EL PARTO QUE USTED ELIJA

Riesgos Es posible que su médico le diga que un parto domiciliario no es seguro, que tiene demasiados riesgos. Sin embargo, siempre existe algún nivel de riesgo en un parto, y las estadísticas han probado que, en algunos casos, un parto en un hospital puede ser más riesgoso que un parto bien planeado en la casa (ver pag. 96). Por el contrario, los partos no planificados que se realizan fuera de los hospitales pueden ser extremadamente peligrosos, ya sea que se trate de una adolescente que intente ocultar un embarazo no deseado, o de una pareja que no llega a tiempo al hospital y tenga al niño en el camino.

PARTO ACUATICO

En las últimas décadas, el uso del agua durante el parto ha ido haciéndose cada vez más popular. El Dr. Michel Odent (ver pag 95) fue uno de los primeros obstetras occidentales que ofreció a las parturientas una piscina poco profunda en la cual relajarse cuando las contracciones llegaban a su nivel más alto. Nunca se intentó, en principio, que el bebé naciese bajo el agua, pero, si por casualidad el nacimiento se producía en el momento en que la madre estaba en la piscina, entonces se podía hacer de ese modo.

Las piscinas de parto son, en principio, un medio para aliviar el dolor y no es necesario, como mucha gente piensa, que el parto se produzca en el agua. Puede existir algún riesgo para el bebé si es expulsado dentro del agua y no se levanta su cabeza en forma inmediata (ver columna de la izquierda)

Muchos hospitales ofrecen actualmente piscinas de parto, y algunas pocas empresas en los Estados Unidos tienen piscinas portátiles en alquiler. Estas pueden llevarse al hospital, si allí están de acuerdo, o se pueden utilizar en el domicilio para el pre-parto o el parto. Los partos acuáticos siempre deben ser supervisados por un profesional capacitado.

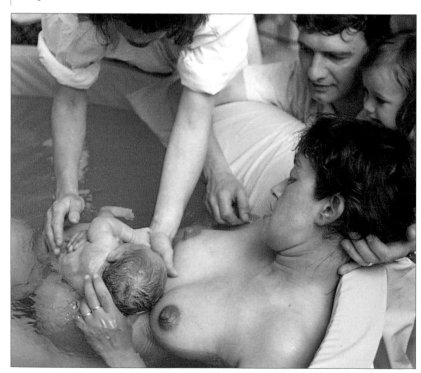

PARTO ACTIVO

Un parto activo es básicamente aquel en el cual usted no está acostada en una cama. Usted permanece activa. En el pasado, cuando la supervisión de la habitación en que se desarrollaba el parto era una responsabilidad de la mujer, ella podía moverse libremente adonde quisiera, y podía adoptar la posición que prefiriese. En cambio, cuando los médicos invadieron la sala de partos, las mujeres fueron confinadas a la cama y se las hizo acostarse boca arriba, porque de esa manera se facilitaban las maniobras obstétricas. Hoy en día, las mujeres están redescubriendo posiciones más cómodas y más eficientes desde el punto de vista mecánico. Las madres, a menudo alentadas por sus parejas, deambulan y toman un papel más activo en el parto.

Los métodos de preparación para un parto activo han sido incorporados en los cursos de pre-parto, y se ha comprobado que los movimientos y posiciones que permiten que las contracciones uterinas se dirijan hacia abajo, empujando al bebé hacia el piso, llevan a un parto más eficiente. Ponerse en cuclillas, arrodillarse, sentarse o permanecer de pie, pueden ayudar a aliviar el dolor y asegurar una mayor comodidad, y una madre que se mueve libremente puede reducir los riesgos de necesitar una episiotomía, el uso de forceps o una cesárea. Más aun, también se ha demostrado que el hecho de estar acostada boca arriba puede prolongar el parto y dar lugar a otras complicaciones. (ver columna pág. 90), mientras que el adoptar una posición vertical puede significar un parto más rápido y más sencillo.

Otra ayuda del pasado que está resurgiendo es el sillón de parto. Este consiste en un sostén bajo que permite a la madre mantener una posición vertical en la cual, con la ayuda de la gravedad, puede ayudar a empujar al bebé, y puede mantenerse, al mismo tiempo, a distancia suficiente del piso.

PARTO ASISTIDO POR LA PAREJA

Toda mujer que está por dar a luz debería tener junto a ella a alguien más, además del equipo médico, para que le dé aliento y contención. El mejor asistente es su pareja, especialmente si ha concurrido junto con usted a las clases de pre-parto y sabe cómo ayudarla en cada etapa del parto. (ver también págs. 108 y 268)

De todos modos, no es necesario que sea su pareja. Su madre, su hermana o su mejor amiga pueden ser excelentes opciones, sobre todo si tienen hijos y pueden mantenerse tranquilas en caso de que alguna situación no resulte de acuerdo a lo planeado. Quien quiera que elija (usted puede desear estar con su pareja y con una amiga), debe ser alguien en quien usted confíe, que pueda comprender su estado físico y mental y pueda tomar decisiones por usted teniendo en cuenta sus preferencias. (Asegúrese de que conozca bien sus puntos de vista)

Por ejemplo, usted puede haber decidido no recibir analgésicos, pero llegado el momento, puede no lograr manejar el dolor y pedir medicación. Su acompañante puede ayudarla y alentarla para que pueda superar la situación sin calmantes (ver también pág. 266) Los estudios han demostrado que la contención física y emocional de una persona confiable pueden disminuir la necesidad de drogas para aliviar el dolor de una mujer parturienta.

ENDORFINAS

Las endorfinas, narcóticos naturales del cuerpo, habitualmente se producen en enormes cantidades durante el trabajo de parto.

Las endorfinas son pequeñas moléculas de proteínas con una estructura química semejante a la de la morfina, producidas por células del cuerpo. Actúan como enzimas que disminuyen el dolor trabajando sobre lugares específicos del cerebro, la médula espinal y todas las terminaciones nerviosas. Además, se supone que las endorfinas también tienen efecto sobre el control de las reacciones corporales frente al estrés, sobre la regulación de las contracciones de las paredes intestinales y uterinas y sobre la determinación del estado anímico.

Cada persona tiene una respuesta endorfínica única e individual, lo cual probablemente influye en que las reacciones de las mujeres frente al dolor de dar a luz sean tan diferentes.

En la mayor parte de las mujeres, la respuesta endorfínica aparece en un cierto momento del proceso del parto, haciendo que, a partir de ese momento, el trabajo de parto sea duro pero tolerable.

EL PARTO EN LA CAMA

Si bien el monitoreo fetal (ver pág. 92) puede obligarla a permanecer acostada, el hecho de yacer boca arriba durante el parto puede traer numerosos inconvenientes

- *Usted puede tener que esforzarse más para literalmente empujar el bebé hacia arriba y puede agotarse más rápidamente que si permanece erguida.*

- *En esta posición, el dolor puede ser más intenso que en una posición vertical.*

- *Los tejidos del canal de parto pueden no lograr abrirse o estimularse por el descenso del bebé y esto puede prolongar el parto.*

- *Aumenta la necesidad de episiotomía.*

- *Hay más posibilidades de que se requiera el uso de forceps.*

- *La posición inhibe la expulsión espontánea de la placenta.*

- *Existen más posibilidades de esfuerzo excesivo de la cintura.*

ASPECTOS CUESTIONADOS DEL PARTO

Actualmente se están re-evaluando algunos procedimientos que estaban clásicamente asociados con el parto. Se ha visto que algunos son innecesarios, y otros, injustificados. Por otra parte, la mayor parte de los obstetras de hoy día creen que ellos pueden garantizar que el parto será una experiencia más segura y más feliz para la madre y el bebé si se utilizan todos los modernos recursos tecnológicos. Estos recursos pueden incluir, en la primera etapa del parto, una analgesia efectiva con anestesia peridural; monitoreo de los latidos cardíacos fetales con un medidor de velocidad y de las contracciones uterinas con un tocógrafo; registro de la dilatación cervical en un partograma para asegurarse de la evolución y uso ocasional de oxitocina para seguar que las contracciones uterinas sean suficientemente fuertes, frecuentes y regulares.

Si bien en otras secciones del libro se tratarán en detalle los siguientes temas, este es un buen momento para dar un panorama de algunas cuestiones que pueden influir en su elección de hospital o de profesional. Si usted presta atención a los argumentos en contra de algunas prácticas médicas de rutina, podrá cuestionarlos más asertivamente frente al equipo profesional. Muy probablemente sus deseos serán atendidos, sobre todo si los plantea con varias semanas de anticipación, pero es posible que le digan en ciertas ocasiones que, de continuar con la opción que usted ha escogido, puede poner en serio riesgo a su bebé —por ejemplo, si su bebé muestra signos de sufrimiento y usted se empeña en continuar con un parto totalmente natural. En esta situación usted debe estar preparada para cambiar a un plan de parto alternativo (ver columna, pág. 106). Esto sucede raras veces, así es que no acceda a una intervención médica sin que antes contesten correctamente a sus preguntas.

Las intervenciones se producen, a veces, debido al deseo de las parteras y los médicos de extraer rápidamente al bebé. Una episiotomía, por ejemplo, a veces se hace necesaria porque ayuda a la madre a expulsar la cabeza del bebé antes de que la piel y los músculos del perineo hayan tenido la oportunidad de distenderse lo suficiente. He aquí algunas de las áreas más cuestionadas en los partos

Rasurado *"No es necesario que la rasuren"* El rasurado se transformó en una práctica habitual en la obstetricia a comienzos del siglo veinte, cuando se eliminaba el vello pubiano porque se pensaba que favorecía las infecciones, ya que hacía imposible esterilizar el perineo cuando era necesaria una episiotomía. Ahora, en cambio, cualquier riesgo de infección puede prevenirse limpiando la vulva con una gasa para eliminar cualquier contaminación y aplicando luego un antiséptico. Hoy en día, el rasurado no suele ser necesario, a menos que vayan a practicarle una cesárea. Si se tienen los cuidados necesarios, el rasurado no produce cortes ni raspones, pero el crecimiento del nuevo vello suele ir acompañado de una profunda irritación.

Enemas *"Los enemas no son necesarios"* Tal como el rasurado, los enemas se introdujeron como parte de un "parto higiénico" en los hospitales de maternidad. Los hospitales modernos han abandonado esta práctica, ya que, se ha visto, no hacen una diferencia significativa. La mayor parte de las mujeres evacúan su intestino al comienzo del trabajo de parto.

Nada para ingerir *"Prohibir comer y beber a una parturienta es ilógico"*
En otras culturas, se alienta a las mujeres parturientas a que coman y
beban para mantener sus fuerzas. No hay ninguna razón médica ni
científica que justifique hacer que una parturienta pase hambre. En
realidad, lo opuesto es mejor. A veces una parturienta necesita súbitamente energía y esto requiere azúcar. Otras mujeres no desean comer,
pero naturalmente, necesitan líquidos. El arduo trabajo del parto
requiere de mucha energía y causa sudor, por lo cual una mujer debe
reponer el líquido que pierde a través de la piel.

Para proveer los líquidos necesarios y la alimentación apropiada, el
médico puede aplicar una sonda endovenosa al comienzo del parto.
Esta sonda puede ser importante si usted necesita anestésicos o si van
a practicarle una cesárea.

Trasladarse a la sala de partos *"Explore alternativas diferentes a ese
ámbito estéril"* En muchos hospitales, la sala de partos tiene un clima
clínico y mecánico. Además, es posible que, en el momento de mayor
tensión, usted se vea obligada a sobrellevar el esfuerzo físico y emocional de dejar la habitación donde usted ha estado trabajando tanto
para tener a su bebé. Idealmente, el trabajo de parto debe llevarse a
cabo suavemente, en un entorno tranquilo y, en tanto una habitación
tenga buena iluminación, provisión de oxígeno en alguna forma y un
aparato de aspiración para limpiar los conductos del bebé, no veo porqué una mujer deba ser forzada a trasladarse a una sala de partos si
está desarrollando un trabajo de parto normal. Convérselo con su
médico. Muchos hospitales progresistas tienen salas de parto más
agradables y, de ser posible, usted tiene la opción de elegir un hospital
así.

Inducción *"¿Por qué me están practicando una inducción?"* Es posible que
un parto deba ser inducido por razones médicas, tales como la preeclampsia, elevada tensión arterial o exceso de maduración – y las
inducciones pueden salvar vidas de madres y bebés. La inducción también puede ser aconsejable en caso de que sus contracciones sean
débiles e ineficientes; en una situación así, la inducción puede hacer
que el parto sea más breve y eficaz. Sin embargo, usted debe evitar
que el equipo médico induzca su parto por razones de conveniencia
de ellos. El goteo endovenoso, de algún modo, restringirá sus movimientos y aumentará su necesidad de calmantes. Hará falta un mayor
monitoreo del feto y usted tendrá menos posibilidades de deambular.

Amniotomía *"¿Es absolutamente necesaria?"* Consiste en la ruptura artificial de las membranas (o bolsa de las aguas) que rodean al bebé. Es de
rutina, en los partos de alta tecnología, y se practica a comienzos del
trabajo de parto.

La amniotomía se practica por tres razones. La primera, para poder
colocar en su lugar al equipo de monitoreo fetal; la segunda es para
constatar si el líquido amniótico contiene meconio (esta es la primera
evacuación intestinal del bebé y su presencia puede indicar sufrimiento fetal); la tercera es que, una vez que se han roto las membranas, la
cabeza del bebé puede presionar el cérvix con fuerza, facilitar la dilatación y así dar por cumplida la primera etapa.

EPISIOTOMIA

*Una episiotomía es una incisión, de
la extensión de su dedo meñique
aproximadamente, que se practica
en su perineo, para dar más espacio
para la salida a la cabeza y los
hombros del bebé.*

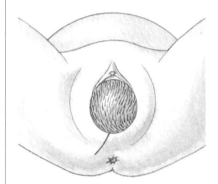

El corte mediolateral
Lleva un ángulo hacia abajo y
hacia afuera desde la vagina y se
practica en la vagina y el perineo.

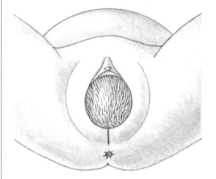

El corte en la línea media
Se lleva a cabo practicando un
corte recto entre la vagina y el
ano, abarcando el perineo.

*Si le han practicado anestesia
peridural, probablemente no
necesitará un anestésico adicional. De
no ser así, hará falta anestesiar
localmente el perineo, lo que se
conoce como bloqueo pudendo.*

CUANDO USTED NECESITA UNA EPISIOTOMIA

Existen algunos casos en los cuales, para preservar la salud de la cabeza y el cuerpo del bebé, se hace necesaria una episiotomía.

• *El nacimiento es inminente y su perineo no ha tenido tiempo para dilatarse lentamente.*

• *La cabeza del bebé es demasiado grande para su apertura vaginal.*

• *Usted no puede controlar los pujos y no puede detenerlos cuando es necesario, por lo cual no pueden ser graduales y suaves.*

• *Su bebé da muestras de sufrimiento.*

• *Se hace necesario el uso de fórceps o de una extracción por aspiración (ver págs. 280 y 281)*

• *Su bebé viene de nalgas y hay una complicación durante la expulsión.*

Monitoreo fetal *"Pida el mínimo"* El método tradicional para monitorear los latidos cardíacos consiste en escuchar a través de su abdomen, a menudo con un estetoscopio, aunque actualmente muchos profesionales utilizan un estetoscopio de ultrasonido (ver columna, pág. 161). Sin embargo, el monitoreo electrónico continuo, en el cual el equipo se fija al abdomen de la madre (ver pág. 263), se está transformando en una práctica de rutina en algunos hospitales. Si usted desea poder deambular, cuestione la necesidad de esta práctica.

Obviamente, el hecho de tener una "ventana" hacia el útero durante el parto es de gran valor pero, una vez que se fija el equipo, es muy difícil cambiar de posición (aunque cada vez se hace más frecuente el uso de equipos portátiles de este tipo), y esto puede hacer más lento el parto. Si las máquinas fallan, o la interpretación de sus datos no es correcta, pueden realizarse intervenciones innecesarias. Además, el hecho de usar una máquina para monitorear al feto, puede hacer que la atención, en lugar de fijarse en la madre, se fije en la máquina. Esto puede distraer y molestar a una parturienta.

Fórceps *"Pida que la consulten antes de utilizarlos"* Son instrumentos en forma de pinzas (como una gran pinza para el azúcar) que se utilizan para exraer la cabeza del bebé. Los fórceps han salvado las vidas de muchos niños y madres, y reducen la necesidad de cesáreas en los casos en los que el niño se atasca en la pelvis. Sin embargo, los fórceps se utilizan cada vez con más frecuencia, a veces innecesariamente. ¡Resístase! Pida tiempo (ver **Tiempo** en la página de enfrente). El uso de fórceps requiere que se practique una episiotomía, a veces bastante grande. En ocasiones, en lugar de utilizarse fórceps, se practica la extracción por succión, en la cual se aplica una ventosa en la cabeza del bebé para sacarlo al exterior.

Episiotomía *"Es un procedimiento quirúrgico que se practica con demasiada frecuencia, a menudo innecesariamente"*
Es un corte quirúrgico destinado a agrandar el paso vaginal en el momento de la expulsión, para evitar desgarramientos (ya que las rasgaduras de los bordes hacen dificil la sutura) y a evitar posibles daños en los tejidos de la vagina y el perineo. Los desgarramientos, sin embargo, también pueden evitarse, si la mujer deja de pujar en el momento de la expulsión de la cabeza y de esa manera permite que la cabeza salga gradualmente, en lugar de hacerlo en forma rápida. Si la cabeza sale rápidamente, en general, es inevitable el desgarramiento, de modo que es necesario efectuar una episiotomía cuando el perineo se encuentra en tensión.

Es más probable que usted necesite una episiotomía en el primer parto que en los subsiguientes. La episiotomía es la operación que se practica con más frecuencia en occidente.

Si la episiotomía se practica demasiado pronto, antes de que el perineo se haya estirado, se pueden dañar el músculo, la piel y los vasos sanguíneos y el sangrado puede ser profuso. Además, las tijeras pueden dañar los tejidos cuando los cortan, llevando a magulladuras, hinchazones y lentitud en la cicatrización, lo que a su vez puede llevar a que la sutura esté demasiado apretada. Esto puede acarrear grandes incomodidades en el puerperio, y la consecuencia pueden ser cicatrices dolorosas que le impidan las relaciones sexuales durante meses. Si usted desea evitar la episiotomía, debe dejarlo asentado con anterioridad, de modo que se practique sólo si es absolutamente necesaria. Es un mito frecuente que en el perineo no hay terminaciones nerviosas y que además la mujer está soportando tanto dolor durante el parto que ni notará el dolor que puede causarle una episiotomía. Estas afirmaciones no tienen sentido, y son brutales. Es necesario que se le aplique un anestésico local antes de practicársele una episiotomía. Insista en que así lo hagan. Usted tiene derecho a que le practiquen una episiotomía sin experimentar dolor.

Parto de nalgas *"Considere sus opciones con cuidado"* Muchas mujeres y muchas parteras creen que, si se realiza un abordaje tranquilo y sin apuro del parto, bajo el cuidado de una partera experimentada, es posible realizar el parto de nalgas por vía vaginal y con riesgos mínimos.

Sin embargo, un número reciente de la *British Medical Journal* sostiene que, si bien es cierto que un bebé que nace en esta posición tiene un bajo riesgo de morir durante o inmediatamente después del parto, el riesgo es significativamente mayor en los partos vaginales (1 de cada 100) que en los partos por cesárea (1 de cada 3.000). La mayor parte de los obstetras considera que un niño que viene de nalgas debe nacer por cesárea.

Como actualmente es muy frecuente que en un parto de nalgas se utilice anestesia peridural, en caso de hacerse necesaria una cesárea, esta puede practicarse rápidamente y sin más anestesia, y usted podrá abrazar a su bebé ni bien haya nacido. Casi todos los partos de nalgas son normales y los bebés y las madres son sanos.

El tiempo *"No permita que la apuren"* Lo que se considera como tiempo normal para un parto varía de hospital en hospital —por ejemplo, la duración normal de la segunda etapa puede ser de dos horas o de 30 minutos, o algún punto intermedio, según el obstetra o la partera. La duración del parto varía de mujer a mujer, y de parto a parto en la misma mujer, y lo que puede causar problemas es la combinación entre lo que es normal para usted y lo que es normal para el médico.

En la mayor parte de los casos, cuando se considera que la primera etapa se ha extendido demasiado, se rompen las membranas (si no lo han hecho ya) o se aplica una inyección de oxitocina para aumentar la velocidad y la fuerza de las contracciones. Cuando se considera que la segunda etapa se ha extendido demasiado, se suele practicar como rutina una cesárea o se aplican fórceps. Sin embargo, muchas parteras sostienen que a menudo es evidente que un parto está evolucionando bien aunque esté tomando algún tiempo, y que esto se puede diferenciar de cuando un parto va lento porque algo anda mal. A veces el parto se puede acelerar deambulando o introduciéndose en el agua. Pídale a su médico o a su partera un poco más de tiempo, pero tenga buena disposición para tener en cuenta la opinión de los médicos.

Estar juntos *'Pida que les permitan estar juntos lo máximo posible"* En algunos hospitales, los niños son separados de sus madres y pasan la mayor parte del tiempo en la nursery. Sin embargo, hoy en día, esto no es muy frecuente, sino que más bien se supone que su bebé debe dormir junto a usted. Sin embargo, es probable que no permitan a su pareja permanecer en el hospital, ni siquiera durante la primera noche. Esto puede hacerlo sentirse muy deprimido luego del entusiasmo y la emoción del nacimiento. La mayor parte de las mujeres dicen que ellas estaban demasiado excitadas para dormirse después del parto y que les hubiese gustado tener alguien con quien conversar. Antes de internarse, pregunte si su pareja puede permanecer con usted.

SU POSICION DURANTE EL PARTO

Diga lo que diga el equipo profesional, usted debe ser libre de tener a su bebé en la posición que prefiera.

Pocos hospitales siguen persistiendo en la idea de que las mujeres deben dar a luz en posición ginecológica, con los tobillos aferrados a estribos. Esta posición se alentó en una época, para favorecer la posibilidad de los médicos de ver cómo venía el bebé. El tiempo de esas prácticas ya ha pasado. Usted, como la mayor parte de las mujeres, seguramente encontrará más natural una posición semi-vertical (ver pág. 278), no sólo porque le resultará más cómoda, sino además es más eficiente desde el punto de vista mecánico. Además, si usted quiere tener a su bebé fuera de la cama, en cuclillas, de pie o en cuatro patas, también está en su derecho.

LOS FILOSOFOS DEL PARTO

EL METODO BRADLEY

Este refinamiento en la preparación para el parto fue iniciado por el Dr. Robert Bradley y también es conocido como parto en pareja.

El método Bradley enseña a las mujeres a aceptar el dolor y a dejarse llevar, con la ayuda del esposo, pareja, un amigo o un consejero. El acompañante asiste a las clases de preparto junto con la madre, la ayuda con los ejercicios y las rutinas respiratorias, la contiene y la acompaña durante el trabajo de parto y el parto.

El peligro de este método radica en que hay muchas mujeres que necesitan que las distraigan del dolor que sienten, que necesitan centrarse en otra parte para poder soportarlo y para ellas el hecho de centrarse en el dolor es demasiada carga.

Cada parto es un hecho individual y puede llegar a ser muy diferente de aquellas cosas que usted ha practicado; muchas mujeres reaccionan frente al parto de una manera completamente distinta a la imaginada. Además, muchos acompañantes, en medio de su entusiasmo, pueden llegar a perder de vista a la mujer que va a dar a luz y sus necesidades.

En los finales del siglo veinte, muchos autores han influido sobre la manera como las mujeres y los profesionales que las atienden abordan la cuestión del parto. Sus enseñanzas e ideas han modificado los cuidados pre y post natales, haciendo del parto una experiencia en constante evolución, y están comenzando a tener un efecto sobre la atmósfera y los procedimientos que rodean al parto en el mundo occidental. La mayor parte de ellos buscan lograr que la mujer siga las directivas de su propio cuerpo, en un entorno de amor e intimidad.

DR. GRANTLEY DICK-READ

Fue uno de los primeros obstetras que tomó conciencia de que el temor a dar a luz es una de las principales causas de dolor en el parto. El Doctor Dick-Read hizo que no sólo los médicos sino también las madres se interesaran en los principios del parto natural. El fue el médico que introdujo una adecuada educación en las embarazadas, a través de los cursos de pre-parto, proponiendo una enseñanaza cuidadosa y adecuada contención emocional, con la esperanza de acabar con la tensión y el miedo. Sus enseñanzas fueron tan básicas que actualmente sus principios se dan por descontados, y no hay método de parto que no se base en esos criterios, que incluyen ejercicios respiratorios, control respiratorio y relajación completa. La palabra clave de Dick-Read fue preparación, no sólo con información sino también con la búsqueda de ayuda, de confianza y de comprensión.

FREDERICK LEBOYER

El método de parto de Leboyer funciona mejor si se lo entiende como un intento de que la gente comprenda lo que un recién nacido es capaz de ver, oír y sentir. Leboyer estuvo influido por los psiquiatras Reich, Rank y Janov, quienes compartían la creencia de que problemas ulteriores en la vida derivaban del trauma del nacimiento. Por esto, la principal preocupación de Leboyer no tiene tanto que ver con la experiencia de la madre, sino más bien con la experiencia del bebé durante el trabajo de parto y el nacimiento, y con la manera en que estas experiencias pueden afectar al bebé en su edad adulta.

Para minimizar el trauma, sugierc en su libro *Parto sin violencia*, que la sala de partos tenga una iluminación suave y que el ruido y los movimientos sean mínimos. Leboyer también piensa que el inmediato contacto de piel resulta esencial para calmar al bebé, por lo cual en cuanto nace, se debe colocar al niño sobre el pecho de la madre. Sugiere además que se bañe al niño en agua tibia, ya que esto es lo que encontrará más semejante al seguro entorno del útero.

Todas estas cosas no siempre encajan bien con la verdadera realidad fisiológica del parto. Un bebé necesita sentir el aire en su rostro para poder estimular sus pulmones para que funcionen por primera vez: colocarlo en un líquido tibio puede no ser suficientemente estimulante para que continúe respirando. Muchos profesionales afirman que no existen hechos que prueben estas teorías. Sin embargo, no puede negarse la importancia de que un bebé sea bienvenido con respeto al mundo. De modo que, aun no acordando completamente con las teorías de Leboyer, usted puede procurar que su parto sea menos violento.

DR. MICHEL ODENT

Siendo cirujano general, el Dr. Odent se conmocionó mucho cuando vio por primera vez mujeres pujando para tener sus bebés contradiciendo la fuerza de gravedad, con sus pies amarrados a estribos. Como consecuencia de esta posición, hacían falta contracciones más fuertes y más dolorosas, el parto se prolongaba y era más agotador, y surgían más complicaciones debido a que la madre estaba en una posición que dificultaba la salida al bebé.

Esta conmoción lo llevó a desarrollar su propio método de parto, basado principalmente en el trabajo tradicional de las parteras en Francia. Odent piensa que, si esto es permitido, las mujeres en el momento de dar a luz vuelven a un estado biológico primitivo, en el cual tienen una nueva identidad animal, pierden inhibiciones y entran en un estado de conciencia, a partir del cual funcionan obedeciendo a sus instintos. Piensa que las endorfinas, narcóticos naturales del cuerpo (ver pág. 89) son las responsables de este cambio.

SHEILA KITZINGER

Es una profesional muy respetada, que tiene una gran influencia en todo Occidente. Considera que el parto es una experiencia muy personal, y que la parturienta debe desempeñar el rol activo de "traer a la vida" en lugar de ser una paciente pasiva. Piensa que debe asumir la toma de decisiones y no sólo dejar hacer.

Ella ha equiparado el parto, tal como es manejado en los modernos hospitales, a un parto en cautiverio, semejante a lo que ocurre en un zoológico. También un zoológico puede estar dirigido de una manera humana y científica. Los cuidadores pueden ser amables y considerados y pueden estar orgullosos de la baja tasa de mortalidad y las buenas condiciones físicas de quienes están a su cargo. Los horarios de visita pueden ser frecuentes. Es posible que el trato sea amistoso y cordial. Puede haber espacio para deambular dentro de la jaula. Los encargados pueden haber intentado recrear el hábitat natural, pero aun dándose todas estas condiciones, sigue siendo el zoológico el que dicta las normas que rigen a quienes están prisioneros.

Kitzinger piensa que los desafíos que deben enfrentar hoy día los servicios de maternidad son los siguientes: En primer término, se debe permitir a los padres elegir, si desean, un parto totalmente dirigido, uno totalmente natural o algún otro tipo de abordaje intermedio y que se deben respetar sus deseos acerca de dónde y cómo quieren que nazcan sus hijos. En segundo término, ella cree que el parto no es una enfermedad y que los profesionales no deben tratar a la parturienta como si fuese una paciente, sino como a una persona adulta e inteligente que tiene derecho a decir la última palabra respecto de todas las decisiones relacionadas con el nacimiento de su bebé.

Kitzinger enfatiza que el objetivo del parto no es solamente producir un niño saludable, sino también dar la autoridad a la madre. Para que esto suceda, las mujeres deben mantener el control sobre su proceso de parto y deben ser conscientes de las opciones que tienen a su alcance. Un parto así manejado dará a la madre un sentimiento de triunfo, no importa cuánto haya sido el esfuerzo.

EL METODO LAMAZE

Este método de asesoramiento psicológico se inició en Rusia y luego fue introducido en Francia por el Dr. Lamaze.

Variaciones de este método se enseñan al 90 % de las mujeres en Rusia y al 70 % de las mujeres en Francia. También se ha hecho muy popular en los Estados Unidos, y el "National Childbirth Trust", en Inglaterra, aun lo incluye como parte de la enseñanza básica que allí se imparte.

Lamaze consideraba que, aunque una mujer estuviese muy relajada, siempre experimentaba un cierto grado de dolor, y que tenía que aprender a tolerarlo.

Siguiendo las enseñanzas de Ivan Pavlov y sus experiencias sobre el condicionamiento estímulo-respuesta en los perros, Lamaze tuvo en cuenta el valor de un aprendizaje condicionado para ayudar a las mujeres a tolerar el dolor del parto.

El método consta de tres puntos principales. El primero es el criterio de que el temor al parto puede reducirse a través de la información y la comprensión. El segundo es que aprender a relajarse y a tomar conciencia del propio cuerpo ayuda a soportar el dolor, y el tercero, que es posible utilizar conscientemente una respiración rítmica para distraerse del dolor.

Estando en su casa, el pre-parto llegará a transformarse en parto de manera imperceptible, sin cambios de lugar o de profesionales.

• *Usted permanecerá en un contexto familiar, sin tener que trasladarse durante el trabajo de parto.*

• *Una vez notificada, su partera irá a su casa y se quedará allí todo el tiempo.*

• *Usted tendrá la posibilidad de deambular y de adoptar la posición que le resulte más cómoda.*

• *La alentarán a seguir los dictados de su propio cuerpo durante todo el trabajo de parto.*

• *Normalmente permitirán que las membranas se rompan solas.*

• *La alentarán a que busque el alivio del dolor sin recurrir a drogas (ver pag. 266) aunque si necesita calmantes los podrá recibir de la partera.*

• *La partera tratará de mantener intacto su perineo, de modo que evitará en lo posible la episiotomía.*

• *Su pareja y su familia se integrarán al parto.*

• *Tendrá todo el tiempo al bebé con usted.*

• *Después del nacimiento, podrá festejar como desee.*

EL PARTO EN CASA

La principal diferencia entre el parto en casa y el parto en un hospital, es que en su casa el parto es su responsabilidad y usted es quien dirige el rumbo. Usted es el capitán del equipo y los demás están para apoyarla. El mayor inconveniente consiste en que, si algo sale mal, usted no tiene auxilio médico a mano en forma inmediata, aun cuando las posibilidades de que esto suceda sean mínimas gracias a las buenas condiciones del ámbito. La habitación donde tendrá lugar el parto debe estar bien preparada, bajo la supervisión de una partera, y debe tener a mano los elementos necesarios.

QUE ESPERAR

Durante las primeras etapas del parto, usted probablemente encontrará más cómodo deambular. Muchas mujeres tienen, en ese momento, mucha energía y sienten una gran urgencia de limpiar la cocina u ordenar un armario. Esta es una expresión del instinto de anidamiento y muestra un deseo inconsciente de prepararse para el nacimiento. Utilice este tiempo para arreglar la habitación donde tendrá lugar el parto, recoger hojas y periódicos y alistar todas las cosas que usted, la partera y el bebé van a necesitar. Una vez que el trabajo de parto se haya consolidado, usted o su pareja deberán llamar a la partera, si es que no está ya en camino, y avisar a aquellas personas que usted desea que estén presentes.

Durante el trabajo de parto, su partera estará con usted todo el tiempo, y cada cinco minutos controlará al bebé con la ayuda de un estetoscopio o un estetoscopio ultrasónico (ver columna pág. 161). Ella y su pareja la alentarán y la ayudarán a adoptar las posiciones que le resulten más cómodas. Si usted lo necesita, podrá disponer de algún calmante para el dolor.

Cuando el bebé nazca, posiblemente a usted le resulte más cómodo ponerse en cuclillas. Su pareja tomará al bebé antes de colocarlo sobre su pecho. Usted podrá amamantarlo inmediatamente. Su cordón será clipado y cortado una vez que haya dejado de pulsar, y harán un control del bebé (Puntaje de Apgar —ver pág. 290). Luego la partera la ayudará a expulsar la placenta. Entonces pesarán al bebé y le harán un examen completo. La limpiarán a usted y, en caso de ser necesario, la suturarán. En ese momento usted ya estará lista para relacionarse íntimamente con el nuevo miembro de la familia.

LAS VENTAJAS

El parto en su propia casa tiene indiscutiblemente algunas ventajas, tales como la seguridad que le brinda estar en un ambiente familiar, con toda la privacidad que usted desee. Su pareja puede ser una parte integral del parto, y sus otros hijos pueden también estar presentes. Usted tendrá el mayor grado de decisión en el parto y podrá evitar intervenciones médicas de rutina. En su casa, usted no se verá obligada a actuar de acuerdo con criterios médicos prefijados acerca de lo que es normal. Usted será la autora de su propio parto normal en casa. Tendrá la misma partera todo el tiempo y luego no la separarán de su hijo ni de su pareja. Evitará la posibilidad de infecciones provenientes del equipo médico y de otros bebés y otras madres. El vínculo y el amamantamiento se producirán en forma espontánea. Uno de los principales beneficios de este tipo de parto, es que su pareja se integrará totalmente al nacimiento de su hijo: el podrá cargarlo, mecerlo y cuidarlo mientras otros atienden sus necesidades.

LAS DESVENTAJAS

Usted debe tranquilizarse pensando que la mayor parte de los partos en casa se suceden sin inconvenientes. Sin embargo, si se presenta algún problema de consideración, usted tendrá que trasladarse al hospital. Su partera siempre la acompañará. Pueden ocurrir tres principales tipos de problemas: su bebé puede tener dificultades para nacer y quedarse "atascado". Puede tener dificultades respiratorias al nacer (aunque las dificultades respiratorias en los recién nacidos a menudo se deben a los tranquilizantes que se administran a las madres durante el parto, un riesgo que no existe en la casa), o usted puede retener la placenta.

No todos estos problemas requieren una hospitalización inmediata. La mayor parte de las dificultades respiratorias, por ejemplo, pueden solucionarse limpiando las vías respiratorias, proveyendo oxígeno y administrando masajes. Todas las parteras llevan oxígeno por cualquier eventualidad. Si la placenta ha quedado retenida, usted deberá trasladarse al hospital.

Unos pocos bebés son demasiado débiles o tienen algún problema que les impide subsistir sin una atención especial. Necesitan una unidad de cuidados especiales. Si su bebé lo requiere, habrá que trasladarlo a la unidad obstétrica más próxima, aunque los cuidados especiales pocas veces inciden sobre el resultado final en recién nacidos con defectos severos de nacimiento. Algunas madres sienten que si su bebé tiene demasiados problemas como para sobrevivir, es preferible que mueran en paz en sus casas.

También debe tener en cuenta que un parto es algo desordenado y ruidoso y que necesitará una preparación previa (ver pág. 240)

LA EXPERIENCIA DE SU BEBE

Su bebé recibirá el beneficio de estar en una atmósfera tranquila y recibirá de la partera los mismos cuidados que si estuviese en un hospital.

- *Los latidos del corazón de su bebé serán controlados con un estetoscopio o con un estetoscopio ultrasónico.*

- *Saldrá con ayuda de las manos experimentadas de su partera o será recibido por la persona que la acompañe en el parto.*

- *Una vez que respire, se lo entregarán a usted en forma inmediata y podrá succionar espontáneamente.*

- *Su cordón umbilical será clipado y cortado una vez que haya cesado de pulsar.*

- *El contacto de piel que usted le brindará con el primer abrazo puede ayudarlo a comenzar a respirar.*

- *Será pesado y examinado por la partera. No habrá ningún apuro en limpiarlo.*

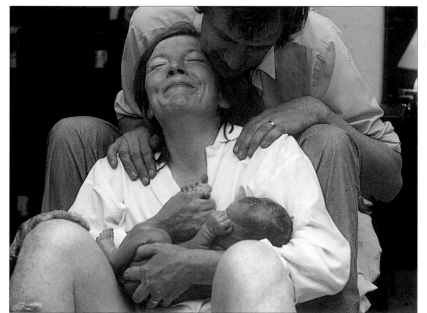

El parto en casa
El nacimiento de su bebé será una celebración privada, ya que nacerá en el entorno íntimo de la familia. La ausencia de luces y ruidos estridentes le permitirá recibirlo suave y tranquilamente. Si ya tiene otros hijos, ellos podrán conocerlo inmediatamente y usted podrá hacerlos presenciar el parto, si así lo desea.

EL PARTO QUE USTED ELIJA

EL PARTO EN EL HOSPITAL

SU EXPERIENCIA

Su experiencia de dar a luz en un hospital variará según la institución y los profesionales que usted elija (ver pág. 102), pero probablemente incluirá los siguientes procedimientos. Si usted quiere que su experiencia sea diferente, deberá conversarlo con su médico o con su partera.

- *Probablemente deberá viajar al hospital cuando ya haya comenzado el trabajo de parto.*

- *Deberá pasar por los procedimientos de admisión del hospital.*

- *Pueden hacerla permanecer en cama.*

- *Es posible que rompan sus membranas e instalen un equipo de monitoreo fetal. (ver pág. 263).*

- *Si el trabajo de parto se hace lento o si se detiene, probablemente le apliquen oxitocina para estimular las contracciones uterinas.*

- *Tendrá a su disposición distintas drogas calmantes.*

- *Habitualmente permitirán a su acompañante estar con usted durante el preparto y el parto.*

- *Probablemente habrá cambios de parteras y médicos, especialmente si el parto tiene lugar durante la noche.*

- *Pueden practicarle una episiotomía para facilitar la expulsión del bebé y para proteger sus tejidos perineales y vaginales de cualquier posible daño.*

- *Es posible que le den medicación para ayudar a la expulsión de la placenta (ver pág. 289)*

- *Le darán a su bebé para que lo sostenga después del parto, y la alentarán a que lo amamante.*

- *Es posible que la separen del bebé durante la noche y que la sometan a ciertas rutinas propias del hospital.*

La mayor parte de los bebés nacen en un hospital. Aunque cada vez más mujeres eligen tener sus bebés en casa, la mayor parte de las mujeres, alentadas por sus médicos o debido a sus propias preferencias, dan a luz en un hospital.

QUE ESPERAR

La falta de familiaridad del lugar puede sumarse a lo dramático de la situación. He aquí algunos puntos que pueden hacer la experiencia más placentera. Probablemente le habrán aconsejado dejar todos los objetos de valor en casa, pero es posible que, cuando entre al hospital le pidan que deje el resto de sus efectos personales, incluyendo las joyas. Esto puede resultar despersonalizante. Por lo tanto, usted puede pedir que le permitan conservar sus cosas en un bolso. Si usa lentes de contacto, pregunte cuál es la política del hospital a este respecto, ya que es posible que prefieran que usted lleve un par de lentes.

Aun ahora, es política de muchos hospitales confinarla a la cama. Si quedarse en cama le molesta, pregunte si se le permitirá deambular cuanto desee. Pese a todo, en algunos hospitales, le resultará difícil encontrar el espacio por donde hacerlo, así es que usted debe asegurarse de conocer el entorno por anticipado.

Después de la admisión Al llegar, el médico o la partera le preguntarán cómo va el trabajo de parto —la frecuencia de las contracciones o si se ha roto la bolsa de las aguas, por ejemplo. Luego, un miembro del equipo examinará su abdomen para confirmar los datos, palpando la posición del bebé y escuchando los latidos cardíacos. Tomarán su presión arterial y su temperatura y le practicarán un examen ginecológico para observar en qué punto se encuentra la dilatación de su cérvix. A menudo instalan el equipo de monitoreo fetal. Luego de que lo hayan instalado, le resultará difícil moverse, así es que debe asegurarse de estar cómoda en ese momento.

Dar a luz Si usted desea manejarse sin drogas, siempre que sea posible, las enfermeras habitualmente estarán dispuestas a ayudarla con otros métodos (ver pág. 266) No obstante, si usted desea calmantes, estos estarán a su disposición, y si piensa que no necesita una dosis completa, puede pedir que le apliquen una más baja.

Una vez que el bebé comience a descender, la asistirán en una posición semi-reclinada. Habitualmente, en el momento en que la cabeza del bebé comienza a asomar, se practica una episiotomía si se piensa que existe algún riesgo de desgarramiento. El uso de fórceps siempre requiere de una episiotomía (ver pág. 280). Enseguida colocarán el bebé sobre su abdomen y ni bien ustedes se hayan prodigado una primera mirada, le inyectarán a usted una droga para hacer que el útero se contraiga, y pueda así expulsar la placenta. Harán a su bebé las mediciones necesarias, aplicando el puntaje de Apgard (ver pág. 290) y, mientras tanto, la limpiarán. En este momento el médico suele practicar la sutura.

LAS VENTAJAS

En ciertas ocasiones, el hospital ofrece mejores posibilidades de un resultado feliz. Esta es su opción si usted sufre de alguna enfermedad, tal como la diabetes mellitus o un problema cardíaco, si está esperando mellizos o cualquier otro tipo de parto múltiple, si se sabe que su bebé viene de nalgas o si, siendo primeriza, su historia obstétrica ofrece demasiadas incógnitas.

Si algo va mal, usted tendrá a la mano, de manera inmediata, atención médica especializada y podrá disponer de calmantes. Usted puede sentirse más tranquila al saber que, en caso de necesitarlos, su bebé contará con cuidados especiales de manera inmediata. Si usted permanece en el hospital unas horas o unos días después del parto, puede tener allí un descanso completo, que sería más complicado lograr en la propia casa.

LAS DESVENTAJAS

Cuando entre al hospital es posible que usted se sienta abrumada por la atmósfera burocrática del lugar, aunque algunos hospitales están procurando brindar ambientes más tranquilos. Tenga en mente que, en un hospital, todos deben someterse a una rutina y a ciertas reglas y que usted deberá acomodarse a estas cosas. Esto no significa, sin embargo, que usted deba hacer todas las cosas que no comparte.

LA EXPERIENCIA DE SU BEBE

Su bebé nacerá rodeado de un equipo médico con la experiencia suficiente como para manejar cualquier problema que pueda suscitarse.

● *Durante el trabajo de parto pueden colocar un electrodo en la cabeza del bebé para medir sus latidos.*

● *A excepción de la anestesia peridural, el bebé sufrirá los efectos de cualquier droga que le administren a usted y esto puede hacer que esté amodorrado o sea lento para alimentarse en los primeros momentos.*

● *Se lo entregarán para que lo abrace y para que la reconozca durante unos pocos minutos.*

● *Cliparán y cortarán su cordón umbilical ni bien haya nacido.*

● *Es posible que como rutina aspiren su boca y su nariz para extraer mucosidades.*

● *El médico o la enfermera lo pesarán y examinarán (Puntaje de Apgard –ver pág. 290)*

● *Se lo entregarán posiblemente limpio y envuelto en una sábana, para que usted se relacione con él y lo amamante.*

● *Más tarde lo examinará un médico para observar si existen anomalías.*

El parto en un hospital
En tanto sea posible, deben permitirle adoptar las posiciones que le resulten más cómodas y tener cerca a la persona que la acompañe.

LA ELECCION DEL MEDICO

CUESTIONES A CONSIDERAR

Hay muchas cosas en las que usted deberá pensar y que deberá investigar al elegir un hospital para dar a luz. He aquí algunas preguntas que debe plantearse o plantear a otros, antes de decidir.

- *¿Qué clase de parto deseo?*

- *¿Qué servicios se ofrecen en mi zona?*

- *¿Estoy preparada para viajar para recibir la atención prenatal? ¿Puede brindármela mi médico?*

- *¿Qué clase de reputación tienen los hospitales de mi zona? ¿He recibido todas las opiniones de todas las fuentes que podía obtener?*

- *¿Cómo es el personal de cada uno de los hospitales? ¿Cuáles son sus puntos de vista acerca del parto? ¿Estoy yo de acuerdo? Pueden existir diferencias entre la política que plantea un hospital y el modo como realmente se realizan las prácticas.*

- *¿Deseo que haya a mi disposición una unidad de cuidados especiales para bebés?*

- *¿Por cuánto tiempo deseo permanecer en el hospital y qué clase de comodidades tendré a mi disposición para cuidar a mi bebé?*

- *¿Deseo alimentar a mi bebé cada vez que me parezca necesario?*

- *¿Quiero que mi bebé permanezca conmigo por la noche? ¿Durante toda la noche?*

- *¿Cuáles son los horarios de visita?*

- *¿Puede mi pareja (y mis hijos) permanecer conmigo todo lo que yo desee?*

- *¿Puede mi pareja permanecer conmigo la primera noche después del parto?*

El embarazo es un acontecimiento muy importante en la vida, tanto desde el punto de vista físico como desde el emocional. Si usted lo planea con anticipación, puede tomar decisiones que beneficiarán tanto su salud como la de su bebé. Una buena salud previa al embarazo le permitirá sobrellevar bien el estrés propio del embarazo y el parto, y le asegurará que ni usted ni el niño estén expuestos a daños. Antes de intentar concebir, visite a su médico de familia o al obstetra ginecólogo que la ha visto en el pasado. El revisará sus antecedentes y determinará si usted va a necesitar cuidados especiales durante el embarazo porque su cuerpo tiene demandas especiales.

ENCONTRAR EL MEDICO ADECUADO

El médico que la atienda durante el embarazo y el parto puede ser uno que usted ya conozca y que le agrade, sea un médico de familia que practique la obstetricia o el ginecólogo que usted visitaba. Si usted no conoce un médico que le resulte adecuado, pida a amigas y compañeras que tengan hijos pequeños que le recomienden alguno. Muchos hospitales tienen listas de recomendación. Puede consultar a otros médicos o a la Sociedad Médica local para pedirles nombres de obstetras que atienden en su zona.

Si va a elegir un nuevo médico, puede hacer una entrevista con él antes de tomar una decisión definitiva: los médicos suelen estar acostumbrados y recibirán bien su interés en planear y conversar los cuidados que usted desea. Pregunte y plantee sus preocupaciones con libertad respecto de todos aquellos temas que incidan en la elección de un médico, por ejemplo:

- ¿En qué hospital practica los partos?

- ¿Está su consultorio cerca de su casa o su oficina? ¿Son convenientes sus horarios de atención?

- ¿Cómo atiende las emergencias fuera del horario de consulta?

- ¿Cuáles son sus honorarios, y qué cobertura tienen en su seguro médico, si es que usted lo tiene? ¿Su plan médico restringe su elección a ciertos médicos?

- ¿Cuál es la actitud del médico respecto de ciertas cuestiones que a usted le preocupan, tales como el amamantamiento, el uso de calmantes durante el parto, la presencia del padre durante el preparto y el parto y el uso de sala de partos? ¿Cuál es su punto de vista respecto de cada una de estas cuestiones y en qué medida está dispuesto a adaptarse a sus preferencias?

OTROS FACTORES

Averigüe si el médico forma parte de un equipo, trabaja en colaboración o solo. Si trabaja en un equipo, es posible que usted tenga un médico principal, pero que también reciba atención por parte de otros durante el proceso del embarazo. Para el momento del parto, todos los médicos la conocerán y sabrán los detalles de su embarazo. El parto será practicado por su médico principal, a menos que esté enfermo o de vacaciones, o no preste servicios en ese momento. En el trabajo en colaboración, un médico y una partera diplomada trabajan como equipo para proveerle los cuidados prenatales y atenderla durante el parto. Un profesional independiente le provee los cuidados completos. Durante una enfermedad o vacaciones, otro médico, que usted puede haber conocido o no, lo cubre.

CAMBIO DE MEDICO

No importa cuánto se haya preocupado en la búsqueda de su médico, no importa cuánto haya profundizado en las entrevistas ni cuánto se lo hayan recomendado, puede suceder que, en algún momento del embarazo, se dé cuenta de que no se lleva bien con él. En ese caso, debe terminar con esa relación médico-paciente y buscar otro médico. Antes de irse, trate de tener una buena discusión acerca de sus puntos de vista. Si luego de esto, usted sigue sintiéndose incómoda con su atención y no ve la posibilidad de solución, avísele de su decisión personalmente, por teléfono o por carta, arregle las cuentas y busque rápidamente otro médico, de modo que sus cuidados no se vean interrumpidos. Cambiar de médico puede resultar muy desgastante, de modo que es preferible hacer el máximo esfuerzo para elegir bien la primera vez.

FAMILIARIZARSE CON EL HOSPITAL

Visite el o los hospitales en los cuales el parto puede tener lugar. En la primera visita, averigüe acerca de las políticas del hospital, las prácticas y los servicios que allí se ofrecen. Si su médico atiende en más de un hospital, averigüe las diferencias que existen entre ellos (vea **Cuestiones a Considerar**). Muchas veces una visita al hospital forma parte de las clases de preparto. De no ser así, usted puede arreglarlo en forma particular. Es buena idea hacer esto con su pareja, de modo que ambos se familiaricen con el hospital.

TIPOS DE HOSPITALES

Distintos tipos de hospitales ofrecen servicios de maternidad. Los más modernos suelen ser los hospitales escuela, que cuentan con residentes de obstetricia siempre en servicio. Los hospitales más pequeños tienden a ser más cálidos y más flexibles en cuanto a sus políticas y procedimientos, aunque es posible que no cuenten con todos los equipos, servicios y personal con que cuentan los hospitales escuela. Los hospitales católicos, si bien son proveedores de buenos servicios de maternidad, suelen ser más restrictivos en cuanto a sus políticas, particularmente respecto de las normas de esterilización en el postparto y la anticoncepción.

Los hospitales escuela y hospitales de comunidad, suelen ofrecer en los Estados Unidos lo que se denomina "Atención familiar para la maternidad". Significa que han dejado de lado ciertos procedimientos de rutina y han incorporado otros tales como el método Leboyer, el amamantamiento en la camilla de parto; la no separación de los padres y el bebé; el rooming in o el alta más pronta.

Otros hospitales han respondido a los deseos de los padres instalando salas de parto donde la familia puede participar. Estas salas de partos proveen también los servicios habituales y el personal especializado. A veces, en esa misma habitación, se provee de un entorno cómodo para el trabajo de parto, el parto, la recuperación y la internación postparto, todo en el mismo lugar.

Una vez que usted haya elegido al médico o partera, averigüe todo lo que pueda acerca del hospital, formulando preguntas.

- *¿Podré utilizar mi propia ropa y demás efectos personales (sortijas, lentes de contacto, anteojos)?*

- *¿Puede mi pareja, o una amiga, permanecer conmigo todo el tiempo? ¿Le pedirán que se vaya en algún momento?*

- *¿Podré deambular todo lo que quiera durante el trabajo de parto y dar a luz en la posición que prefiera?*

- *¿Me atenderán las mismas personas durante todo el parto?*

- *¿Puedo llevar a mi propia partera para que me atienda durante el parto?*

- *¿Tiene el hospital una sala de partos? ¿Tienen sillones de partos?*

- *¿Ofrece el hospital duchas o baños para las parturientas?*

- *¿Cuál es la política del hospital respecto de los calmantes, el monitoreo electrónico y la inducción?*

- *¿Qué clase de calmantes tengo a mi disposición? ¿Lo están todo el tiempo?*

- *¿Podré comer y beber si lo deseo?*

- *¿Cuál es la política del hospital respecto de los enemas y el rasurado del vello pubiano?*

- *¿Cuál es la política del hospital respecto de las episiotomías, las cesáreas y la expulsión de la placenta?*

- *Si me desgarro, o me practican una episiotomía, ¿están las parteras autorizadas para suturarme o tendré que esperar a que me atienda un médico?*

- *¿Cuál es la política del hospital respecto de la separación de los padres y el niño durante la primera hora? ¿Y durante el resto de la estadía?*

Existen muchos abordajes diferentes respecto del parto. Por eso, haga las siguientes preguntas a su médico, o a su partera, para saber exactamente qué puede esperar de él o ella.

- *¿Cree usted que las enemas y el rasurado son útiles?*

- *¿Qué piensa respecto de la inducción del parto?*

- *¿En qué circunstancias consideraría necesario romper las membranas?*

- *¿Cree que el monitoreo electrónico es una ayuda necesaria en todos los partos?*

- *¿Le preocuparía que el parto durase más de lo previsto?*

- *¿Qué piensa acerca de la posibilidad de deambular y de las técnicas de respiración como ayuda para disminuir el dolor? ¿Qué drogas suele suministrar para disminuir el dolor durante el parto?*

- *¿Le molestaría utilizar luces tenues durante el parto?*

- *¿ Con cuánta frecuencia practica episiotomías?*

- *¿Le gustaría que yo tenga a mi bebé de pie o en cuclillas?*

- *¿ En qué situaciones consideraría usted que se hace necesaria una cesárea?*

- *¿Podemos quedarnos a solas unos momentos con el bebé inmediatamnte después de su nacimiento?*

- *¿ A cuánto ascienden sus honorarios?*

EL EQUIPO PROFESIONAL

Usted tiene muchas opciones respecto del equipo profesional que la atenderá y la guiará a través del embarazo y el parto. Más allá de dónde decida tener a su bebé –generalmente es en un hospital, pero puede ser en su casa– recuerde que ,en general, es posible obtener un sistema a la medida de sus necesidades y preferencias personales. Por supuesto, durante el embarazo no sólo la rodeará el equipo profesional. Muchas mujeres son contenidas por sus parejas, por sus amigas, sus hermanas o sus padres durante el parto.

Los partos pueden ser atendidos por médicos de familia que practican la obstetricia, por ginecólogos obstetras, o por una partera diplomada. También puede haber un equipo de profesionales que asista a su médico.

SU MEDICO DE FAMILIA

Los médicos de familia proveen atención en la mayor parte de los cuadros y muchos también practican la obstetricia. Este médico es, con frecuencia, el primero a quien usted visitará para confirmar su embarazo. Puede haberla tratado antes de su embarazo y estará muy familiarizado con sus antecedentes médicos, y también usted conocerá de antemano sus puntos de vista acerca del parto. Si elige a su médico de familia para tener su bebé, probablemente él decidirá practicar el parto en el hospital, aunque algunos están dispuestos a alternativas tales como un parto en su casa, según cuáles sean sus antecedentes y la evolución de su embarazo.

EL GINECOLOGO OBSTETRA

Los ginecólogos obstetras son médicos especializados en los problemas de salud propios de la mujer. Después de la escuela de medicina, han completado habitualmente en los Estados Unidos un curso de cuatro años de entrenamiento especializado llamado residencia. Luego, han sido sometidos a intensos exámenes para probar su competencia en los conocimientos y habilidades necesarios para la atención clínica y quirúrgica del aparato reproductor femenino y sus problemas.

LA PARTERA DIPLOMADA

En los Estados Unidos, las parteras diplomadas son enfermeras diplomadas que han recibido formación para dar atención a las mujeres durante el embarazo, el parto y el puerperio. En la mayor parte de los estados, las parteras deben ejercer su práctica asociadas a un médico, y deben derivar sus pacientes a un médico en caso de que aparezcan complicaciones. La partera tiene habilidades especiales para contenerla durante el embarazo y el parto. Algunas parteras trabajan en centros de maternidad y otras en hospitales. Muchas están dispuestas a practicar los partos en su casa y, si todo va bien, ni usted ni su bebé tendrán que ir al hospital. Sin embargo, si se presenta algún problema, la partera la acompañará al hospital para que usted reciba el tratamiento adecuado.

EL EQUIPO PROFESIONAL

Muchos médicos coordinan un equipo profesional adecuado para satisfacer las necesidades de una mujer. Este equipo puede incluir:

• Enfermeras, que asisten al médico recopilando información necesaria para diagnosticar y tratar problemas médicos. Las enfermeras, muchas veces, son las principales encargadas de dar educación a las pacientes.

• Profesores de parto, que enseñan a los futuros padres acerca de la concepción, el embarazo, el parto y la vida familiar.

• Parteras diplomadas, que están especialmente entrenadas para dar cuidados a las mujeres durante el embarazo y el parto.

• Enfermeras de preparto y parto, que se ocupan de las mujeres durante el trabajo de parto y de los bebés recién nacidos.

• Enfermeras de postparto, que se ocupan de los cuidados que debe recibir la madre después del parto.

• Enfermeras de neonatología, que ayudan en los cuidados del recién nacido.

• Trabajadoras sociales, que proveen de consejos e información.

• Nutricionistas, que aconsejan respecto de la dieta, la nutrición y cualquier necesidad especial respecto de la nutrición antes y después del parto.

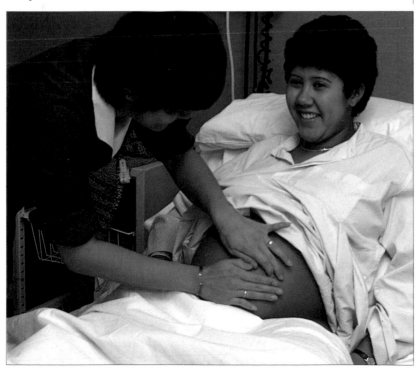

LA ELECCION DE LA PARTERA

Como será ella quien la atienda más de cerca, es necesario que usted la conozca. Usted puede desear saber las siguientes cosas:

• *¿Qué formación y qué experiencia tiene?*

• *¿Trabaja sola o con otras parteras? ¿Puede usted conocerlas?*

• *¿Qué ideas tiene respecto del manejo del parto?*

• *¿Cuál es su sistema de control? ¿Trabaja en colaboración con un médico y con un hospital?*

• *¿De qué equipamiento, drogas y equipo de resucitación dispone para usted y su bebé?*

• *¿Qué cuidados prenatales va a suministrarle? ¿Concurre a domicilio?*

• *¿En qué situaciones ella decidiría transferir a un hospital a una mujer o a su bebé?*

• *¿A cuánto ascienden sus honorarios?*

Su profesional en el parto

El profesional que la atienda en el parto debe ser alguien a quien usted conozca y en quien usted confíe, y que le dé la contención que usted y su pareja necesitan. El mejor profesional es aquel que ayuda a crear un clima íntimo, de modo tal que usted pueda hacer un buen trabajo para traer al mundo una nueva vida.

LA MADRE SOLTERA

NOMBRE	Rosemary Hutchinson
EDAD	38 años
ANTECEDENTES MEDICOS	Apéndice extirpado a los 15 años
ANTECEDENTES OBSTETRICOS	Un aborto a las 11 semanas, hace 10 años. Ahora está embarazada de 14 semanas

Ros nunca consideró el ser madre como el aspecto más placentero de ser mujer. Siempre sintió que era más satisfactorio tener un trabajo y llevar adelante una carrera. Ya siendo una niña estaba convencida de que no debía "sumergirse" en el matrimonio ni adoptar el papel de ama de casa. Siempre asumió la responsabilidad de la anticoncepción en sus relaciones y está fervientemente convencida de que tiene derecho a decidir si desea o no tener un bebé. En efecto, Ros decidió practicarse un aborto a las 11 semanas de embarazo cuando tenía 28 años, porque no deseaba interrumpir su carrera.

Ros es abogada. Estudió filosofía, ciencias políticas y economía en la Universidad y luego se diplomó en derecho en una Universidad de primer nivel. Ahora es una abogada muy respetada. Es especialista en derecho de familia y trabaja en un estudio prestigioso.

Ros tuvo dos relaciones estables, pero en ninguno de ambos casos sintió que había encontrado la pareja definitiva. No quiso establecer compromisos de pareja que limitaran su independencia.

Sin embargo, esta independencia tuvo su costo. A medida que se iba haciendo más madura, Ros comenzó a temer que su fertilidad disminuyera y a sentir que el tiempo pasaba. Comenzó a desear un hijo con mucha fuerza, pero seguía siendo reticente a comprometerse con un hombre. Comenzó a pensar en la posibilidad de una FIV, pero no le gustaba la idea de no saber quién era el padre. Durante una reciente y apasionada aventura amorosa con un hombre más joven que ella, Ros decidió que se sentiría muy feliz si su amante, Timothy, fuese el padre de su bebé, aunque no pensaba que esa relación fuese a durar y tampoco lo deseaba. Lo conversó con Timothy, quien tampoco deseaba un compromiso duradero con Ros, pero que sí deseaba ser el padre de su bebé. La relación ahora ha terminado, aunque siguen siendo buenos amigos, y Ros ha entrado en el segundo trimestre de su embarazo.

UN BEBE SANO

Este será el único hijo de Ros, y ella quiere hacer todo lo posible para asegurarse de que sea sano. Con este fin, antes de quedar embarazada, acudió a un genetista, ya que un primo por vía paterna sufría de hemofilia (ver pág. 20). El genetista, sabiendo que el padre de Ros no había sufrido la enfermedad, pudo darle certeza de que ella no era portadora de este gen. Luego de conversar con Timothy la posibilidad del embarazo, Ros le preguntó por sus antecedentes familiares. Afortunadamente, todo parecía normal.

Cuidados prenatales En su primera visita, el médico dijo a Ros que su estilo de vida era más importante que su edad para determinar las buenas condiciones del embarazo y el parto. Ella es, desde entonces, muy cuidadosa con su dieta (ver pág. 112), el ejercicio (ver pág. 126), no fuma, ni bebe, ni toma ninguna medicación. Todos los exámenes médicos arrojaron resultados normales, y ella sabe que no debe aumentar mucho de peso, que debe controlar meticulosamente su presión arterial y que debe estar alerta a cualquier síntoma de retención de líquido (sortijas que ajustan, tobillos hinchados, etc), ya que estas cosas podrían anunciar una pre–eclampsia (ver pág. 204). En su última visita prenatal se le practicó una ecografía con el objeto de controlar si existían anormalidades evidentes en el bebé. Todo parecía normal. Aunque la ecografía no mostró ningún problema, Ros quiere estar más segura, practicándose una amniocentesis (ver pág. 164) que le permitirá descartar enfermedades genéticas o cromosómicas. También se efectuará un examen de su sangre para medir los niveles de alfafetoproteína (ver pág. 159)

EL EMBARAZO Y EL PARTO

Ros espera que, reduciendo y flexibilizando el horario de trabajo y la cantidad de trabajo que realiza, podrá continuar con sus ocupaciones hasta el parto. Pese a que tiene la posibilidad de hasta 28 semanas de licencia por maternidad, ella espera reintegrarse al trabajo, aunque con una dedicación parcial, tan sólo dos semanas después del nacimiento de su bebé. Dado que su agenda de trabajo es muy exigente, Ros sabe la importancia que para ella tiene el descanso. Ella ya está descansando, con los pies levantados durante 20 minutos a la hora del almuerzo y, entrada la tarde, suele echarse una pequeña siesta en la oficina o en el automóvil. Es estricta respecto de dormir el tiempo necesario, acostándose alrededor de las 9.30 en las noches. Le aconsejé aprender relajación muscular y mental profundas y continuar con su práctica de yoga.

Ros está decidida a recibir la mejor atención médica, y ha elegido para ello dar a luz en un gran hospital escuela que dispone de los medios técnicos más modernos. Ha decidido un parto activo y está satisfecha de ser supervisada por un equipo de parteras, ya que no contará con una pareja durante el parto y toda su contención emocional estará a cargo del equipo médico. Ha hecho un plan de parto (ver pag. 106) que ha sido adjuntado a su historia en el hospital.

DESPUES DEL PARTO

Dado que puede afrontar este gasto, Ros ha decidido contratar una niñera de tiempo completo, que vivirá con ella y su hijo, en cuanto regresen del hospital. La niñera se hará cargo del niño durante las noches, a partir de las dos semanas de vida, de modo que Ros pueda descansar bien durante las noches y prepararse para retomar el trabajo. Ros decidió amamantar al niño tanto como le sea posible y está preparada para extraer su leche y guradarla o congelarla, para que su hijo pueda gozar de los beneficios de la leche materna aun cuando ella esté ausente.Advertí a Ros que una de las cuestiones más duras en el hecho de ser madre soltera es que no hay con quién compartir los hechos memorables, tales como las primeras sonrisas o las primeras palabras del bebé. También le expliqué que, aunque su hijo podía no sufrir el hecho de tener un solo padre, la carga de demandas sobre ella sería mayor. Si bien el trabajo le daría grandes satisfacciones alenté a Ros a mantener una vida social, ya que es fácil acabar aislado cuando se está sola en casa con un niño pequeño.

EL BEBE DE ROS

El bebé de Ros tendrá un solo padre desde el comienzo. Eso significa que sus experiencias serán, de alguna manera, diferentes de las de un niño que tiene presentes a ambos padres.

Alimentación Tendrá la ventaja de contar con leche materna pese a que Ros trabaje. Sin embargo, esto significará que deberá habituarse a ser alimentado con una mamadera por la niñera y amamantado por su madre.

Cuidados Ros está capacitada para proveer al niño de todos los cuidados que pueden darle una pareja de padres. El bebé también se relacionará fuertemente con su niñera, que pasará a ser alguien muy importante en su vida, pero esto no tiene nada de malo.

El tiempo El bebé de Ros no verá a su madre todo el tiempo, pero cuando esté con ella, disfrutará de calidad de tiempo.

Relaciones Ros y su hijo tenderán a serlo todo el uno para el otro, lo que puede conducir a una relación muy intensa.

El plan de parto

CUBRIR POSIBILIDADES

Aunque usted confeccionará su plan de acuerdo con el tipo de parto que desea tener, es una buena idea tener un plan alternativo.

Este plan alternativo incluirá los procedimientos que usted prefiere que se utilicen, en caso de que surjan complicaciones. En raras ocasiones, los partos pueden tornarse inesperadamente prolongados o difíciles, o el bebé puede necesitar cuidados especiales. Al tener en cuenta todas las posibilidades, usted permitirá a los profesionales atender cualquier situación de acuerdo con sus deseos.

Planeando el parto
Anote todos los puntos que le parezcan importantes y discútalos con su médico.

Hacer un plan para el nacimiento de su bebé le asegurará tener un papel activo en el modo como nazca y en lo que suceda en su familia después del nacimiento. Considerando cuidadosamente todas sus ideas y preferencias y, conversando acerca de ellas con los profesionales que la atienden y con su pareja, usted podrá establecer vínculos de confianza y crear un parto más feliz y más cómodo.

UN PLAN CONSENSUADO

Piense en las cuestiones que son importantes para usted y trate de averiguar si sus deseos pueden realizarse (ver págs. 100 y 102 y columna de la derecha). No tiene sentido armar un plan que no pueda llevarse a la práctica en el momento del parto.

Converse acerca de su plan con su médico lo antes posible, de modo de asegurarse de que él o ella están de acuerdo con sus deseos. Usted debe hacer preguntas específicas respecto de las normas vigentes en el lugar donde usted planea dar a luz, ya que algunos hospitales pueden no estar dispuestos a cumplir con sus deseos. Converse sobre todos sus requisitos con su partera, con la profesora de las clases de preparto y con otros miembros del equipo, ya que ellos podrán aconsejarla en base a las experiencias de otras madres en los hospitales locales y con ciertos médicos.

La repuesta del hospital El equipo del hospital puede sentirse complacido al ver lo bien que usted se ha preparado para el parto, y entonces es posible que alienten su participación activa. Algunas madres han experimentado respuestas negativas por parte de los equipos hospitalarios, que se basaban en que un plan de parto puede interferir con sus prácticas de rutina. No se intimide. Sólo recuerde que su bebé es su responsabilidad y que la manera en que lo dé a luz también lo es.

Trabajando juntos La cooperación es un punto importante en un plan de parto. Trabajándolo en conjunto con todos los que la asisten, incluyendo a su pareja, usted podrá aliviar cualquier ansiedad y sentir que ejerce más control sobre el parto. Asegúrese, además, de que todo el equipo conozca todas sus elecciones.

Trate de mantener una relación amigable con los profesionales, pero sea firme respecto de sus deseos. Tenga en mente que su objetivo es crear un clima cálido y contenedor. Una vez que haya finalizado con todos los detalles, entregue una copia del plan al profesional a cargo.

Consideraciones especiales Puntualice en el plan cualquier necesidad especial, tal como una dieta, que pueda ser necesaria durante su estadía en el hospital. Puede mencionar también, alergias o creencias religiosas.

PRESENTACION DE SU PLAN DE PARTO

Estos dos ejemplos de planes de parto presentan distintas opciones de parto. Existen muchas variantes. El plan puede ser redactado como una lista, una carta, o puede ser un documento, tal como se practica en los hospitales de Chelsea y de Westminster, en Londres.

Gracias por toda la información que usted me ha provisto en las clases de preparto. He pensado cuidadosamente en cómo me gustaría que tuviese lugar mi parto.

Mi pareja, John, será mi acompañante durante el parto. El ha asistido conmigo a las clases de preparto.

Comprendo que el monitoreo electrónico fetal es una práctica de rutina, y estoy conforme con su utilización.

Si necesito calmantes, preferiría una anestesia peridural, en una dosis baja, de modo tal que yo pueda seguir sintiendo mis piernas y siendo consciente de mis contracciones. Preferiría que no la aplicasen en la segunda etapa, ya que me gustaría expulsar al bebé por mí misma.

Si todo va bien, y no necesito la anestesia, quiero poder deambular y dar a luz en un sillón, que yo misma proveeré.

Si me practican una cesárea, me gustaría que John permanezca conmigo durante toda la operación.

Deseo amamantar a libre demanda y deseo que el bebé duerma junto a mí, si es posible. También me gustaría que John se quedase con nosotros la primera noche.

Jenny Lewis

Deseo internarme en el Hospital Central. Me gustaría puntualizar algunas cuestiones acerca del parto, tal como han sugerido las parteras. Son estas:

Acompañante: Me compañará mi hermana Sarah.

Rasurado y enemas: prefiero que no me rasuren ni me apliquen enemas.

Monitoreo: Prefiero que el monitoreo se efectúe con un estetoscopio ultrasónico o con un estetoscopio de Pinnard.

Posiciones: Probablemente desee dar a luz en una posición semisentada, ya que así di a luz a mis otros dos bebés.

Calmantes: Es probable que necesite Demerol, como la última vez.

Episiotomía: Preferiría que no la efectuaran, si no es necesario. Recibiría con agrado ayuda para evitarla.

Paula Bell

¿Cuándo? Asegúrese de que los profesionales tengan su plan para el octavo mes.

Examine todas las opciones que le permitirán abordar el parto con confianza. No sienta que el parto debe ser totalmente dirigido o totalmente natural. Puede haber una combinación de distintas cosas. He aquí algunas alternativas.

- *Parto hospitalario / Parto en la casa*
- *Restricciones para el acompañante en ciertos procedimientos/ Acompañante sin restricciones*
- *Rasurado del vello pubiano / No rasurado*
- *Uso de enemas o supositorios / No uso*
- *Inducción médica del parto / Inicio espontáneo*
- *Amniotomía / Ruptura espontánea de las membranas*
- *Feto monitoreado electrónicamente / con un estetoscopio de Pinnard (ver pag 161)*
- *Primera etapa en la cama / libre movimiento*
- *No ingerir nada / comer y beber cuando lo desee*
- *Tipos de calmantes: inyección, peridural, ejercicios respiratorios.*
- *Uso de sonda / Libre evacuación de la vejiga*
- *Pujos a la orden / Pujo espontáneo*
- *Posición pasiva / Posición a elección*
- *Episiotomía electiva / Episiotomía sólo si es absolutamente necesaria*
- *La madre no toca el área vaginal/ tocar la cabeza del bebé en cuanto asoma, extrayendo al bebé*
- *Uso de medicación para apresurar la expulsión de la placenta / Expulsión natural de la placenta*

LAS CLASES PREPARTO

PROFESORES DE PREPARTO

Probablemente usted escogerá su profesor de preparto bastante temprano, en el embarazo. Planifique comenzar con las clases en el séptimo mes, o antes.

Tanto la calidad como el enfoque de las clases son variables. Algunas son muy estructuradas, con poco tiempo para preguntas y respuestas, mientras que otras dejan mucho tiempo para la práctica. Algunas consisten principalmente en conferencias y otras son clases participativas. El profesor es, muchas veces, el factor determinante, así es que usted debe conversarlo con otras parejas que hayan asistido a clases antes de hacer su elección final.

Trate de elegir un profesor cuya filosofía de parto coincida con el tipo de parto que usted desea tener. Pueden surgir conflictos si lo que usted aprende en las clases luego no coincide con lo que experimenta en el hospital o en su casa.

Averigüe a cuántas parejas se enseña en cada clase. Media docena es un número ideal, ya que usted podrá recibir mucha atención del profesor y relacionarse bien con los otros participantes.

Los profesores de preparto son, por su misma naturaleza, personas conocedoras y sensibles respecto de las necesidades y problemas propios del embarazo. Los suyos probablemente estarán bien dispuestos para conversar con usted, aun si todavía no asiste a sus clases.

Como entusiasta propulsora del parto con preparación, creo que todos pueden beneficiarse con las clases preparto. Estas clases pueden disfrutarse mucho. La camaradería es maravillosa y usted verá que los otros miembros del grupo actuarán como una familia extendida mientras intercambian conocimientos. Ciertamente, la harán sentirse menos sola y aislada. Resulta de gran ayuda poder compartir sentimientos y experiencias con personas que se encuentran en la misma situación y esto ayuda a aliviar tensiones y ansiedad. Muchas veces se forman lazos muy fuertes con otras personas de la clase. Estos pueden ser la base de una amistad duradera.

CLASES DE PATERNIDAD

Estas clases son particularmente útiles para los padres primerizos, porque están pensadas para dar información que los ayudará a sentirse más confiados. Funcionan de tres maneras:

En primer lugar, cubren la etapa del embarazo y el parto, incluyendo la anatomía y la fisiología femeninas y los cambios que se producen durante el embarazo. Esto se realiza para que usted tenga una comprensión más clara de lo que está sucediendo y porqué sucede. Los profesores también se referirán a los procedimientos médicos que pueden practicarse y a porqué se practican.

En segundo término, le darán clases de relajación, respiración y técnicas de ejercicios que la ayudarán a controlar el parto, a reducir el dolor y le provocarán esa confianza que sólo aparece cuando uno está familiarizado con lo que está sucediendo. Tenga en cuenta que son los cuerpos y no los cerebros los que dan a luz, de modo que cualquier cosa que la ayude a centrarse en su cuerpo le resultará útil. Su pareja debe aprender cómo proporcionarle masajes que la ayuden a aliviar el dolor (ver pág. 267).

Tercero, los profesores conversarán sobre todas las etapas del embarazo y el parto, aconsejarán acerca del amamantamiento y ofrecerán prácticas acerca de cómo bañar y vestir al bebé, cambiar pañales, dar mamaderas y preparar los alimentos. Esto la ayudará con las cuestiones prácticas relacionadas con el cuidado de un recién nacido.

CLASES DE EJERCICIOS

El fortalecimiento de los músculos que intervienen en el parto, a menudo, resulta en un parto más sencillo. Muchos hospitales ofrecen reuniones de preparto que incluyen clases de ejercicios y relajación, y también existen organizaciones independientes que brindan estos cursos —algunas se dedican a algún tipo de parto en especial. Si usted explica a su instructora que desea dar a luz de pie o en cuclillas, le enseñarán ejercicios adecuados para fortalecer su espalda, sus piernas y su pelvis.

YOGA

Dado el énfasis que pone en el control muscular del cuerpo, la respiración, la relajación y la tranquilidad mental, el yoga es un excelente recurso que puede ser utilizado en la preparación para el parto. Sin embargo, el yoga es una filosofía que involucra todos los aspectos de la vida y, aunque existen algunos ejercicios especiales para el parto, estos son sólo una pequeña parte del sistema. Por esto, el yoga no es algo que se practica de vez en cuando— para obtener beneficios de él, debe practicarse de manera regular, preferiblemente comenzando mucho tiempo antes de concebir.

TECNICAS DE CLASES PREPARTO

Muchos estudios han demostrado que tomar clases preparto acorta la duración del parto. En un estudio, la duración promedio del parto en un grupo de mujeres que habían tomado clases era de 13.56 horas, y el grupo control, sin entrenamiento, mostraba una duración promedio de 18.33 horas. Probablemente ello se debía a que el hecho de saber cómo afrontar el dolor hace que el trabajo de parto transcurra de una manera más relajada. Las estrategias para manejar el dolor que se enseñan en las clases de preparto incluyen las siguientes:

Control cognitivo Se trata de disociar la mente del dolor, visualizando entornos placenteros en los cuales experimentar ese dolor. Por ejemplo, usted se sentirá mejor con las contracciones, si, cada vez que experimenta dolor, imagina a su bebé moviéndose cada vez más abajo en el canal de parto, cada vez más cerca de la salida. De esta manera, usted se concentrará en la parte menos penosa de la situación.

Usted también puede utilizar la distracción para sobrellevar el dolor, aunque esto funciona mejor en las primeras etapas. Contar hasta 20, repasar mentalmente una lista de posibles nombres para el bebé o concentrarse en una pintura bella o en una composición musical pueden ayudarle a quitarse el dolor de la mente y a evitar que este llene por completo su conciencia y la agobie. Centrar su atención en las técnicas de respiración y tomar conciencia de su patrón respiratorio es otra manera de evitar que su mente se centre en el dolor.

Relajación sistemática Para disminuir su temor al dolor y aumentar así su tolerancia al mismo, le enseñarán ejercicios para relajar distintos músculos del cuerpo. De esta manera, usted podrá aislar el dolor del útero que se está contrayendo, en lugar de permitir que este invada todo su cuerpo.

La asistencia Si se recibe mucha asistencia de una profesional, según ha demostrado la investigación psicológica, el dolor es menor.

Desensibilización sistemática Usted se va tornando gradualmente más resistente al dolor. Un ejemplo que se utiliza en muchas clases consiste en que su acompañante le pellizque con mucha fuerza la pierna para mostrarle lo dolorosa que será una contracción. Esta técnica de pellizcar se repite en cada clase y, hacia el final del curso, usted puede tolerar pellizcos más fuertes durante tiempo más largo.

EL PAPEL DEL PADRE

En una clase de preparto usted podrá mostrar, tal vez por primera vez a su pareja, el papel importante que va a desempeñar.

Las clases harán de un hombre comprensivo un ayudante más eficiente durante el parto, familiarizándolo con los procedimientos de preparto y parto.

Algunos cursos incluyen clases sólo para padres, donde los hombres pueden hablar libremente acerca de cualquier problema o ansiedad que experimenten respecto de los acontecimientos que se avecinan. Un hombre preocupado encontrará seguridad y contención en el profesor y en la compañía de otros futuros padres.

Esfuerzo de equipo
Las clases de preparto dan a una pareja una oportunidad única de trabajar como equipo con un objetivo común: el nacimiento de su bebé, y esto muchas veces trae como consecuencia un acercamiento muy especial.

4

LA COMIDA

y la nutrición en el embarazo

Comer saludablemente durante el embarazo es principalmente una cuestión de comer una amplia variedad de las comidas correctas, que son aquellas ricas en nutrientes esenciales. Prefiera las frutas y verduras crudas, los cereales, la carne de cría orgánica y los productos lácteos descremados, que le asegurarán un entorno saludable para el desarrollo de su bebé.

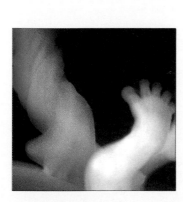  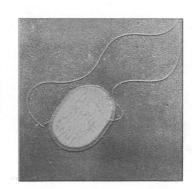

COMER BIEN

Su cuerpo nunca estará sometido a un trabajo tan intenso como lo está durante el embarazo y el parto. Para sobrellevar las crecientes demandas, mantener sus fuerzas y disfrutar el embarazo, usted debe comer bien.

- *Aumente su ingesta en 500 calorías diarias.*

- *Coma 5 ó 6 comidas pequeñas en lugar de 2 ó 3 abundantes.*

- *Asegúrese de ingerir proteínas e hidratos de carbono suficientes (ver pág. 116). Las primeras proveen de nutrientes esenciales para su bebé. Los segundos cubren las necesidades energéticas de la madre.*

- *Ingiera comidas que contengan vitaminas, tales como la vitamina C y minerales, particularmente hierro (ver pág 117). Estos son esenciales para el funcionamiento saludable de todos sus órganos.*

LA COMIDA EN EL EMBARAZO

Las mujeres embarazadas, como la mayor parte de la gente, raras veces tienen tiempo o deseos de pesar esto y aquello o de tratar de recordar el valor calórico de cada cosa. En realidad no hay necesidad de hacerlo en tanto se sigan algunas reglas prácticas acerca de la alimentación saludable durante el embarazo. Una regla importante es que cuanto más cerca esté un alimento de su estado natural, más nutritivo es. Lo mejor son los alimentos frescos, luego vienen los congelados y siempre lo último que debe elegir son los enlatados. Generalmente la buena nutrición es principalmente una cuestión se sentido común.

¿COMER POR DOS?

A medida que su embarazo evolucione, su apetito aumentará. Ese es el modo que tiene la naturaleza de asegurarse de que usted coma lo suficiente para usted y para su bebé. Sus requerimientos de energía aumentarán sólo en un 15 por ciento, o 500 calorías por día, lo cual es bastante menos que dos veces la cantidad de comida habitual. (Ciertas futuras madres, no obstante, como por ejemplo aquellas que comían antes una dieta mal balanceada, pueden estar en riesgo nutricional y

El aumento de peso

Los médicos recomiendan que una mujer de peso promedio, que está llevando adelante un embarazo promedio, debe aumentar aproximadamente entre 10 y 15 kg en las 40 semanas de gestación, tal como se muestra en el cuadro de la derecha. Esto se reparte entre 3 ó 4 kg para el bebé y 7 a 12 kg para el sistema de mantenimiento (placenta, líquido amniótico, aumento del torrente sanguíneo, grasa y tejidos de los pechos) Lo habitual es que durante el primer trimestre se aumente poco o nada. Durante los meses 4 a 8 suele aumentarse entre medio y un kilo por semana, y nuevamente muy poco o nada en el último mes. Un aumento constante de este tipo hace que su cuerpo pueda adaptarse más fácilmente a los cambios de tamaño y que su bebé tenga un continuo flujo de nutrición.

AUMENTO DE PESO PROMEDIO DURANTE EL EMBARAZO

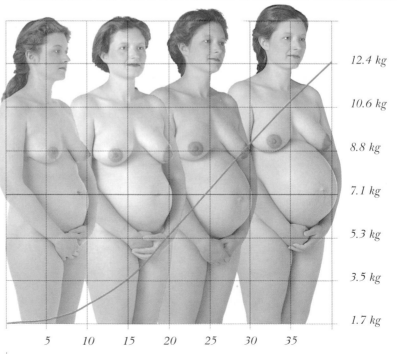

12.4 kg

10.6 kg

8.8 kg

7.1 kg

5.3 kg

3.5 kg

1.7 kg

5   10   15   20   25   30   35

necesitar una alimentación especial —ver también columna pág. 122) El dicho "comer por dos", en realidad, enfatiza su responsabilidad de proveer a su bebé en desarrollo de la nutrición que necesita. Cada cosa que usted coma debe ser buena para usted y para su bebé. Habrá más problemas si come demasiado poco que si come demasiado. El embarazo no es el momento para hacer dieta. La investigación ha demostrado que, cuando las futuras madres comen una dieta pobre, hay una mayor incidencia de abortos espontáneos, muertes perinatales y bebés de bajo peso al nacer.

Pese a todo, usted también debe tratar de evitar el aumento excesivo de peso; la grasa que se acumula en los brazos y en los muslos es muy difícil de eliminar después del embarazo. La comida chatarra, desde las barras de chocolate hasta las hamburguesas y las patatas fritas, está principalmente compuesta de grasa y azúcar, las cuales tienen poco valor nutritivo para su bebé en desarrollo, y su cuerpo las convertirá en grasa.

Una parte sustancial de la grasa se eliminará con el amamantamiento, ya que se acumula específicamente para ser convertida en leche durante la lactancia. Sin embargo, algo de esta grasa permanecerá y será difícil eliminarla una vez que usted haya dejado de amamantar.

Usted tiene para con su bebé y para con usted misma el compromiso de comer la dieta que es mejor para ambos. Si bien debe adherir a los principios alimenticios que figuran en la página 119, puede equilibrar su ingesta de comida cada 24 o 48 horas, en lugar de hacerlo en cada comida. Asegúrese de no saltear comidas: su bebé crece todos los días, todo el día y sufre cuando usted pasa hambre.

LAS NECESIDADES DE SU BEBE

Durante el embarazo, usted es la única fuente de alimentación de su bebé. Cada caloría, vitamina o gramo de proteína que su bebé necesita, es usted quien debe comerlos. Usted dirige la nutrición de su bebé. Usted y sólo usted puede asegurarse de que le lleguen alimentos de primera calidad.

Usted satisfará todas las necesidades de su bebé si come mucha fruta fresca, verduras, porotos, arvejas, cereales integrales, pescado, aves y lácteos descremados. (Un estudio recientemente realizado en Dinamarca demostró que comer pescados ricos en aceite —salmón, arenque, sardinas— ayuda a disminuir el riesgo de partos prematuros) Haga una dieta lo más variada posible, eligiendo entre muchas comidas.

NO OLVIDAR A LA MAMA

La otra persona importante para la cual usted debe comer durante el embarazo es usted misma. Una buena dieta significará que usted tendrá mejores reservas para sobrellevar y reponerse del indiscutible desgaste que implica un embarazo y del duro trabajo del parto. La anemia y la preeclampsia (ver pág. 204) son mucho más frecuentes en aquellas madres que ingieren una dieta pobre y problemas tales como las náuseas matinales y los calambres en las piernas se exacerban si usted no come algunas cosas; por ejemplo, la falta de sal suficiente puede causar calambres en las piernas.

Por sobre todo, una buena alimentación ayuda a evitar los cambios anímicos, la fatiga y muchos problemas frecuentes (ver págs. 188–195). Además un régimen de comidas sensato que evita o disminuye las calorías inútiles que usted consume la ayudará a no tener tanta gordura excesiva para adelgazar después del parto.

CALORIAS INUTILES

Usted debe evitar las siguientes comidas durante el embarazo; habitualmente no contienen más que azúcar o sustitutos del azúcar y harina refinada.

- *Cualquier edulcorante —incluyendo azúcar blanca y negra, jarabe de maple, melaza y productos artificiales tales como la sacarina y el aspartame.*

- *Los caramelos y las barras de chocolate*

- *Las bebidas gaseosas, tales como las bebidas cola– y los jugos de frutas endulzados.*

- *Los bizcochos y masas producidas comercialmente, los pasteles, rosquillas y tartas, como así también las mermeladas y dulces.*

- *La fruta en almíbar enlatada.*

- *Los cereales endulzados*

- *Los helados y postres congelados que contienen azúcar agregado. En lugar de eso consuma jugos o purés de frutas.*

- *Las comidas que contienen azúcar, tales como la mantequilla de maní, las conservas, los pickles, los aderezos para ensaladas, la mayonesa, las salsas para spaghettis y muchas otras– lea las etiquetas.*

Provisiones para la oficina

Un trabajo, con un horario de nueve a cinco, puede dar por tierra con sus planes nutricionales. Sin embargo, planear por anticipado y tener a mano algunas provisiones puede resultar de ayuda.

En el refrigerador de la oficina

- *Agua mineral*
- *Jugos de frutas sin endulzar*
- *Yogur natural*
- *Queso holandés o suizo*
- *Huevos duros*
- *Fruta fresca*
- *Bocadillos de vegetales: bastones de zanahoria, rodajas de morrón, tomates.*
- *Pan integral*
- *Un pote de germen de trigo*

En la gaveta de su escritorio

- *Galletas integrales, grisines integrales o con semillas.*
- *Frutas secas o semillas*
- *Café descafeinado instantáneo y saquitos de té descafeinado*
- *Leche en polvo descremada para tomar calcio extra*

En su bolso

- *Galletas integrales y grisines con semillas*
- *Frutas secas y semillas*
- *Frutas frescas y trozos de verduras y hortalizas*
- *Un pequeño termo con jugo sin endulzar, o leche*
- *Caramelos duros para emergencias*

Asegúrese de que todo esté bien empaquetado

LA MEJOR COMIDA

La comida de calidad es la que está más cerca de su estado natural y ofrece a usted y a su bebé un buen valor nutritivo. Comer comida de calidad debe ser un objetivo durante el embarazo, y también después.

Cuando salga a comprar, elija productos frescos. La fruta y la verdura de estación resultarán más frescas y más baratas. Elija siempre frutas y verduras lozanas. Rechace las marchitas o pasadas. Compre la carne y el pescado en comercios de buena fama —no corra el riesgo de contraer alguna enfermedad a partir de la alimentación (ver pág. 123) Si puede costearlo, elija comidas orgánicas para evitar la presencia de hormonas y pesticidas (esto vale especialmente para las carnes orgánicas) Algunos comercios etiquetan productos como orgánicos para vender más, pero en realidad no lo son.

Los paquetes de verduras congeladas, por ejemplo arvejas o judías verdes son buenos sustitutos de las frescas, particularmente cuando se está fuera de estación. Evite los enlatados, excepto los tomates y los pescados. Lea siempre las etiquetas: cuanto más arriba en la lista está un ingrediente, mayor es la proporción de éste en el contenido del envase. Tenga en cuenta que el azúcar tiene varios nombres (ver **Hidratos de Carbono y calorías,** pág 116) y puede aparecer en la fórmula más de una vez, transformándose así en un ingrediente principal.

Los alimentos ultra refinados, tales como la harina blanca y el azúcar blanco, han perdido casi todas sus propiedades, de modo que en ellos usted sólo estará ofreciendo a su bebé exceso de calorías. Prefiera el pan, la repostería y la harina integrales a aquellos refinados y "enriquecidos", ya que es improbable que el "enriquecimiento" devuelva a un producto todo lo que ha perdido. Los dos productos que se "desechan" en la refinación son el salvado (la fibra) y el germen de trigo (el corazón del trigo) y son estos dos los que contienen las mayores propiedades. El salvado es posiblemente un aditamento innecesario para la mayor parte de las embarazadas, aunque puede evitar la constipación, pero el germen de trigo contiene en cambio propiedades muy benéficas. El germen de trigo sabe un poco a nuez y es crocante y puede ser agregado a ensaladas, sandwiches y pizzas, y también a platos cocidos y horneados. Se lo puede adquirir suelto en los comercios de comidas saludables o envasado en los mercados corrientes. Después de abierto el envase, se lo debe guardar en el refrigerador.

LOS BUENOS HABITOS ALIMENTARIOS

La primera cosa a tener en cuenta es que sólo con la fuerza de voluntad, seguramente no logrará alcanzar sus objetivos. La fuerza de voluntad tiene la mala costumbre de abandonarnos cuando nos enfrentamos a las tentaciones. La primera cosa es evitar tentaciones tales como bizcochos con chocolate con la merienda o luego de la cena. Tenga una barra de frutas y cereales casera, sin azúcar, siempre a mano, al igual que un saco de té descafeinado. Prepare una buena cantidad de comidas diferentes durante el fin de semana o cuando se sienta con ánimo para hacerlo, y conserve los platos resultantes en el freezer o en la despensa, para disponer de ellos cuando esté demasiado cansada como para cocinar. Haga desaparecer la comida chatarra de su cocina.

Cuando necesite un bocadillo, aprenda a comer aquellas cosas que son nutritivas y coma poca cantidad y a menudo si su apetito se sacia con rapidez. Hacia el fin del embarazo, comer en cantidades grandes, puede llegar a ser un problema. Si usted come por ejemplo una porción de pastel y bebe una gaseosa, seguramente después no podrá compensar sus carencias nutricionales, porque ya no podrá comer la ensalada de atún ni tomar la leche. Piense antes de comer: un sandwich de pollo asado en pan integral es mucho mejor para usted que uno de tocino y aguacate en pan blanco. Invierta en un buen libro de recetas saludables y aprenda a preparar platos con poca grasa y poco azúcar, aunque con muy buen sabor. Si usted se tienta y cae, no desespere; perdónese y siga comiendo de manera saludable.

VEGETARIANISMO

Existe un gran número de personas que no come carne. Otras muchas, si bien no son estrictamente vegetarianas, limitan sus ingestas de carne, particularmente si se trata de carnes rojas. Si usted está dentro de alguna de estas categorías, necesita tomar precauciones especiales para asegurarse de que está ingiriendo suficientes proteínas, vitaminas y hierro para satisfacer sus necesidades y las de su bebé.

Hay fuentes proteicas en algunos vegetales, tales como los porotos secos y los cereales. Estos, si se comen combinados, le darán la mayor parte de los aminoácidos necesarios que suelen hallarse juntos en las formas animales de las proteínas (ver abajo)

Todos los vegetarianos deben asegurarse de que están ingiriendo suficiente hierro, ya que hay relativamente poca cantidad de ese elemento en los vegetales y existen sustancias que interfieren en su absorción (ver pág. 117) Si usted no come ningún tipo de productos de origen animal, tendrá que esforzarse más para asegurarse de que no padece déficit de ningún nutriente, principalmente calcio, vitamina B6 y vitamina B12, todas las cuales se encuentran en los productos lácteos. La vitamina B12 sólo se encuentra en productos animales. Aunque se necesita poca cantidad, la falta de esta vitamina puede llevar a una anemia perniciosa. Si su dieta no contiene productos de origen animal, necesita tomar un suplemento de vitamina B12.

PROTEINAS COMPLEMENTARIAS

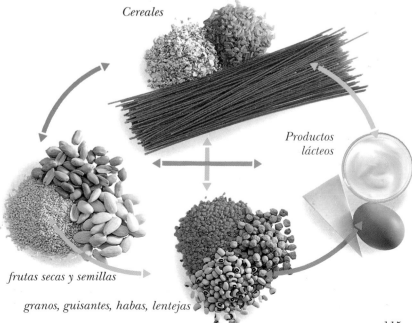

Cereales

Productos lácteos

frutas secas y semillas

granos, guisantes, habas, lentejas

ESTRATEGIAS

Cuando se dispone de poco tiempo, dinero o energía, comer de una manera nutritiva puede parecer mucho más difícil. Algunos trucos la ayudarán a hacer lo mejor para usted y su bebé sin demasiado esfuerzo:

- *Tenga una variedad de verduras congeladas.*

- *Compre carne y pescado en grandes cantidades y congélelas en pequeñas porciones.*

- *Cocine de antemano y congele.*

- *Compre ensaladas frescas ya preparadas.*

- *Un horno de microondas cocina rápido y mantiene el valor nutritivo*

- *Hágalo simple: coma vegetales crudos; cocine al vapor, saltee, ase u hornee de modo tal que la comida se cocine sola.*

- *Pida ayuda: muchos futuros abuelos pueden estar deseosos de colaborar.*

Combinar proteínas

Todos los productos animales proveen de proteínas de primera categoría, a las que llamamos así porque contienen todos los aminoácidos esenciales que el cuerpo necesita en la proporción correcta. Los productos vegetales proveen de proteínas de segunda categoría, porque los aminoácidos que contienen no se encuentran en las proporciones adecuadas. Para recibir el complemento necesario de todos los aminoácidos requeridos, será necesario que elija cierta combinación de comidas. Por ejemplo, los guisantes deben comerse con arroz o maíz; se puede añadir un puñado de nueces a una ensalada de arroz y choclo.

◀▶ *Generalmente complementarias*

◀▶ *A veces complementarias*

LA NUTRICION ESENCIAL

La investigación ha descubierto que lo que usted come mientras está embarazada no sólo afecta a su bebé en el momento de nacer, sino que además parece tener un efecto a largo plazo durante la vida de su hijo, aun en la vejez.

PROTEINAS

Debido al intenso desarrollo de su bebé que está creciendo, sus requerimientos de proteínas aumentan en un 30 % a partir del comienzo del embarazo.

Las proteínas son tal vez los nutrientes más importantes para su bebé. Los aminoácidos que consituyen las proteínas son literalmente los ladrillos que construyen el cuerpo. Las proteínas son los principales elementos estructurales de las células y tejidos que constituyen los músculos, los huesos, los tejidos conectivos y muchas de las paredes de sus órganos.

Esto significa que sus necesidades saltan de 45-60 grs. a 75-100 grs. de proteínas diarias, según la actividad que usted desarrolle.

Las proteínas está formadas por aminoácidos que son esenciales para distintas células corporales y tejidos. Se necesita un total de 20 aminoácidos diferentes. Entre estos hay 12 que el cuerpo puede sintetizar, los aminoácidos no esenciales. En cambio los otros 8, llamados aminoácidos esenciales, llegan sólo a partir de los alimentos. Estos últimos son proteínas de primera categoría y se encuentran únicamente en productos animales, tales como la carne, los productos lácteos, el pescado, las aves y los huevos. Prefiera los productos orgánicos, sobre todo en lo referente a pollo, los huevos, la carne vacuna, siempre que sea posible.

El tipo y la calidad de las proteínas presentes varía en cada clase de alimento (ver columna izquierda). Generalmente las comidas más costosas, como la carne, el pescado y el pollo son las mejores fuentes proteicas, pero productos más económicos, combinados de ciertas maneras, también pueden proveerle las proteínas necesarias. El pan de trigo entero o los tallarines con frijoles, queso o mantequilla de maní; El maíz o los tallarines con semillas de sésamo, nueces y leche, son ingredientes más baratos que la ayudarán a mantener alta la ingesta de proteínas. Usted necesita al menos tres porciones diarias de alimentos proteicos (ver pág. 118)

HIDRATOS DE CARBONO Y CALORIAS

Su elección de proteínas, no obstante, también debe guiarse por cuáles serán los otros nutrientes que le proveerán esos alimentos. Las carnes orgánicas y la carne son las principales fuentes de proteínas de primera categoría y contienen las importantes vitaminas B. Sin embargo, algunas carnes, particularmente las carnes rojas, pueden tener niveles muy altos de grasa, y no se debe consumir hígado durante el embarazo (ver columna de la derecha) así es que usted puede reemplazarlo por pescado.

Los hidratos de carbono le proveerán la mayor parte de su ingesta diaria de calorías. Como necesita aumentar aproximadamente en 500 calorías su ingesta diaria en el embarazo, asegúrese de comer la mejor clase de hidratos de carbono y evitar las calorías inútiles (ver pág. 113)

Los hidratos de carbono simples son los azúcares en sus varias formas. Los azúcares más comunes son la sacarosa (azúcar de caña), la glucosa (miel), la fructosa (fruta) y maltosa, lactosa y galactosa (leche). Como son absorbidos rápidamente por el estómago, todos ellos proveen energía instantánea. Esto resulta útil cuando usted la necesita con urgencia (los caramelos duros pueden ayudar en casos de náuseas)

El pescado es una proteína de primera clase, con alto contenido de vitaminas y aceites de pescado muy nutritivos y bajo nivel de grasa.

Los hidratos de carbono complejos son los almidones contenidos en los cereales, las patatas, las lentejas, los frijoles y los guisantes. El cuerpo debe transformarlos en hidratos de carbono simples antes de poder utilizarlos, de modo que son una provisión continua de energía durante un período de tiempo. Además, los hidratos de carbono complejos sin refinar (tales como las harinas y el arroz integrales) son fuentes de nutrientes esenciales, tales como fibras, vitaminas y minerales.

VITAMINAS

Usted puede hallar niveles equivalentes de proteínas en 1 huevo, 1 rodaja de queso duro, 2 cucharadas de mantequilla de maní, 2 cucharadas de queso cottage, 1/2 taza de frijoles o guisantes.

Las vitaminas son esenciales para la salud. Las verduras y las frutas son buenas fuentes de vitaminas (y minerales). Algunas son ricas en vitamina C y otras contienen vitaminas A,B,E, minerales y ácido fólico. Usted debe incluir todos estos elementos en su dieta diaria. Las vitaminas son frágiles y se destruyen rápidamente cuando se las expone a la luz, al aire y al calor. Algunas no pueden ser acumuladas en el cuerpo, de modo que es necesario ingerirlas todos los días. Las verduras de hojas verdes, las hortalizas amarillas y rojas y la fruta proveen vitaminas A, E, B6, riboflavina, hierro, zinc y magnesio. Consuma espinacas, berro, zanahorias, tomates, plátanos, damascos y cerezas.

Hay verduras, como el berro, ricas en vitaminas, de modo que es muy bueno comerlas. Otras verduras y frutas tal vez no le darán una gran dosis de ninguna vitamina en particular, aunque sí le proveerán una selección de vitaminas, minerales y fibras.

Aunque algunas de las vitaminas B vienen en las verduras y la fruta, la mayor parte de esta vitamina nos llega a través de la carne, el pescado, los productos lácteos, los cereales y las frutas secas. Algunas son enteramente de origen animal, por lo cual los vegetarianos deben tener especiales cuidados.

Si usted no consume tampoco productos lácteos, es seguro que deberá tomar suplementos de vitamina B12. Siempre deben ser prescriptas por su médico: nunca se automedique durante el embarazo, ya que las grandes cantidades de vitaminas pueden llegar a ser tóxicas.

MINERALES

Una buena dieta debe proveerle cantidad suficiente de minerales y elementos vestigiales, que son sustancias químicas esenciales que contribuyen al adecuado funcionamientos de nuestro cuerpo, pero que este no puede sintetizar. En especial resulta importante mantener niveles altos de hierro y de calcio para contribuir al desarrollo del bebé.

Hierro Es primordial para la producción de hemoglobina (la parte de los glóbulos rojos que lleva el oxígeno) y su ingesta no sólo debe ser adecuada (ver columna a la derecha) sino también continua durante el embarazo. Resulta vital sostener el aumento de volumen sanguíneo que se produce durante el embarazo y usted debe recordar que el hierro puede desaparecer de la sangre de su bebé en segundos. El hierro, particularmente los suplementos de hierro, puede bloquear la absorción del zinc, que es esencial para el desarrollo del cerebro. Por eso es importante que usted ingiera alimentos ricos en zinc, como el pescado y el germen de trigo, separadamente de los alimentos ricos en hierro.

Calcio Los huesos de su bebé comienzan a formarse entre la cuarta y la sexta semana de gestación, por eso es importante que usted ingiera buenas cantidades de calcio desde antes de quedar embarazada, y que esa ingesta siga siendo alta durante todo el embarazo. Las comidas ricas en calcio incluyen todos los productos lácteos (elija los de bajo tenor graso), las verduras de hoja , los productos derivados de la soja, el broccoli y cualquier pescado que contenga espinas (por ejemplo las sardinas y el salmón enlatados) Si usted no puede tomar leche o comer productos lácteos, quizás necesite un suplemento de calcio. La vitamina D (ver recuadro) es necesaria para la absorción del calcio, de modo que una parte de su ingesta debe provenir de huevos y queso, alimentos en los que están presentes ambos elementos.

LIQUIDOS

Durante el embarazo su volumen sanguíneo se expande casi una mitad más, por eso es importante tener un buen consumo de líquidos. No lo restrinja de otro modo que no sea evitando ingerir líquidos de alto contenido calórico. El mejor líquido es el agua, aunque los jugos de frutas también son buenos. Si sufre de leves hinchazones en los tobillos, la cara o los dedos, esto no debe limitar su ingesta de líquidos. Sin embargo, como sus líquidos corporales van en aumento, usted debe cuidar de mantener un buen nivel de ingesta de sal, para evitar las consecuencias que puede producir la falta de sal en usted o en su bebé.

MANTENER LA INGESTA DE HIERRO

La ingesta necesaria de hierro varía de mujer a mujer y aun se discute acerca de cuál es la mejor manera de obtenerlo

La manera mejor de ingerir hierro es a través de la carne orgánica y los huevos. Estas fuentes animales de hierro se absorben con más facilidad que el hierro contenido en frutas y verduras. Es preferible evitar el hígado durante el embarazo, ya que recientes guías de salud indican que los altos niveles de vitamina A contenidos en el hígado pueden ser tóxicos para el feto.

Las comidas ricas en hierro, además de las arriba mencionadas, incluyen al pescado, las habichuelas, los damascos, las pasas de uva y las ciruelas.

Los medicamentos alcalinos para la digestión obstaculizan la absorción del hierro. Así pues, si necesita antiácidos, asegúrese de aumentar la ingesta de hierro.

Si usted tiene déficit de hierro cuando queda embarazada, o si lo desarrolla con posterioridad, le recetarán tabletas o inyecciones de hierro para evitar la anemia.

VITAMINA D

El cuerpo puede fabricar vitamina D a partir de la acción de la luz sobre la piel.

• *La mayor parte de las personas de piel clara necesitan aproximadamente 40 minutos diarios de luz (no es necesario que se trate de luz solar) para producir la cantidad adecuada.*

• *Las personas de piel oscura, que viven lejos del Ecuador, necesitan cada vez más tiempo, según sea el tono de su piel.*

Una comida equilibrada
Esta comida compuesta por filete
de trucha fría y ensalada, melón
con yogur, nectarina y un vaso de
leche es sabrosa y nutritiva.

VALORES NUTRICIONALES

Aunque no es necesario que usted dedique todo su embarazo a medir
porciones y calcular ingestas, es bueno tener una guía, para estar segura
de que está comiendo todo lo bien que puede hacerlo. Usted puede equilibrar su ingesta cada uno o dos días en lugar de equilibrar cada comida.

REQUERIMIENTOS DIARIOS

Para darle a su bebé y a usted misma la mejor dieta posible, trate de
comer las porciones que abajo se indican cada día —cada una de las
fuentes sugeridas representa una sola porción. Debe variar sus elecciones de alimentos.

- Proteínas de primera categoría – 3 porciones
- Comidas con Vitamina C – 2 porciones
- Comidas ricas en calcio – 4 porciones durante el embarazo, 5 duran-
te la lactancia
- Verduras de hoja, legumbres amarillas y frutas – 3 porciones
- Otras frutas y verduras – 1 ó 2 porciones
- Cereales e hidratos de carbono complejos – 4 ó 5 porciones
- Comida rica en hierro – 2 porciones
- Líquidos – 8 vasos al día. No consumir café ni alcohol. El mejor
líquido es el agua.

REQUERIMIENTOS	FUENTES SUGERIDAS	
Comidas ricas en calcio	50 grs. de queso duro 100 grs. de queso blando 325 grs. de queso cottage 250 ml de yogur	200 ml de leche, o leche preparada con leche en polvo 75 grs. de sardinas enlatadas,
Proteínas de primera categoría	75 grs. de queso duro 100 grs. de queso blando 500 ml de leche 340 ml de yogur 3 huevos grandes	100 grs de pescado fresco o enlatado 100 grs. de camarones 75 grs. de carne de vaca, cordero, cerdo, pollo desgrasado
Verduras de hoja, hortalizas amarillas o rojas y frutas	25 grs. de espinacas o bróccoli 13 grs de zanahorias 250 grs. de frijoles o guisantes 25 grs. de pimientos dulces 150 grs. de tomates	50 grs. de melón 6 ciruelas 1 mango, naranja o pomelo 2 damascos 4 duraznos, manzanas o peras
Cereales integrales e Hidratos de Carbono	75 grs de cebada cocida, arroz integral trigo burgol o mijo 25 grs. de harina integral o de soja 1 rodaja de pan integral 6 grisines integrales	75 grs. de frijoles, porotos de soja o guisantes 100 grs de lentejas o arvejas 1 pan árabe integral o una tortilla 6 galletas integrales
Comidas ricas en Vitamina C	25 grs. de pimientos dulces 225 grs. de tomates 200 grs. de moras o frambuesas 100 ml. de jugos cítricos	1 granada 75 grs. de frutillas 1 limón grande o 1 naranja 1/2 pomelo

Fuentes de vitaminas y minerales

Para todas nuestras necesidades de vitaminas y minerales, excepto en lo que se refier a la vitamina D, dependemos de las comidas que ingerimos. El cuadro de abajo es una guía de las mejores fuentes de vitaminas y minerales. Como tienden a ser frágiles, trate de comer estos alimentos lo más frescos que sea posible. Como podrá observar, hay alimentos que contienen una variedad de vitaminas y minerales.

Nombre	Fuente
Vitamina A (retinol y caroteno)	Leche entera, mantequilla, queso, yema de huevo, pescados grasos, hígado, frutas y verduras verdes
Vitamina B1 (tiamina)	Cereales enteros, frutas secas, frijoles, vísceras cerdo, levadura de cerveza, germen de trigo
Vitamina B 2 (riboflavina)	Levadura de cerveza, germen de trigo, cereales verduras de hojas, leche, queso, huevos.
Vitamina B 3 (niacina)	Cereales enteros, germen de trigo, vísceras, verduras de hoja, pescados grasos, huevos, leche
Vitamina B5 (ácido pantoténico)	Carnes orgánicas, huevos, manies, queso
Vitamina B6 (piridoxina)	Levadura de cerveza, cereales enteros, harina de soja, vísceras, germen de trigo, champignones, patatas
Vitamina B12 (cianocobalamina)	Riñones, pescado, leche, huevos
Acido fólico (parte del complejo B)	Verduras de hoja crudas, harina de soja, naranjas, bananas y avellanas
Vitamina C (ácido ascórbico)	Pimientos verdes y rojos, frutas cítricas, granadas frutillas y tomates
Vitamina D (calciferol)	Leche fortificada, pescados grasos, huevos (en particular las yemas), mantequilla
Vitamina E	Germen de trigo, yema de huevo, manies, semillas, aceites vegetales, bróccoli
Calcio	Leche, queso, pescados pequeños, avellanas, semillas de girasol, aceites vegetales, bróccoli
Hierro	Riñones, pescado, yemas de huevo, carnes rojas, cereales, melazas, damascos
Zinc	Salvado de trigo, huevos, nueces, cebollas, moluscos, semillas de girasol, germen de trigo, trigo entero.

Preparacion de las comidas

Trate de desarrollar algunos buenos hábitos de comida que promoverán hábitos alimentarios saludables

- *Elimine toda la grasa de la carne antes de cocinarla*
- *Quite la grasa de las supreficies de guisos y sopas*
- *Prefiera hornear, cocinar al vapor, microondear o asar antes que freír*
- *Saltee con una cucharada de té de aceite de oliva y el agregado de agua, o con un cubo de caldo disuelto en agua*
- *Cuando cocine omelettes y huevos revueltos utilice sartenes de teflón y un mínimo de grasa*
- *Use vinagres aromatizados con albahaca, tomillo o ajo (los preparados en casa son mejores que los envasados) o yogur para condimentar las ensaladas, en lugar de utilizar mayonesa o crema ácida*
- *Agruegue leche descremada a sus infusiones, como aporte extra de calcio.*
- *Elija siempre los lácteos descremados y no los enteros*
- *Coma, siempre que pueda, frutas y verduras crudas.*

NOMBRE *Anne Watlins*

EDAD *31 años*

ANTECEDENTES MEDICOS *Nada anormal*

ANTECEDENTES OBSTETRICOS *2 embarazos a término, con partos normales. Tiene un niño de 5 años y una niña de 3.*

Anne se hizo vegetariana hace dos años, un año después del nacimiento de su segunda hija, Katie. Aunque ella siente que es muy saludable comer una dieta vegetariana que incluye productos lácteos y huevos, está preocupada por las mayores necesidades nutricionales propias del embarazo. Está afligida porque piensa que su obstetra puede oponerse al vegetarianismo y presionarla para que consuma carne. Vino a verme para que la asesore y la tranquilice.

LA MADRE VEGETARIANA

Anne estaba preocupada pensando si su dieta vegetariana podría mantener el desarrollo saludable de su bebé. Nos interesamos por sus preocupaciones y, al notar que era posible que ella estuviese padeciendo deficiencias de calcio y proteínas, le ofrecí asesoramiento acerca de cómo podría ella obtener las cantidades necesarias de estos elementos.

VEGETARIANOS: ¿TIENEN NECESIDADES ESPECIALES?

Como había tenido dos bebés anteriormente, Anne sabía que siempre es necesario hacer algunos ajustes en la alimentación, aún respecto de sus hábitos alimentarios anteriores. Pero ahora, siendo vegetariana, quería clarificar algunas cuestiones. Por ejemplo, ella había oído decir que una dieta vegetariana podía ser escasa en vitamina B12. De ser esto así ¿causaría daños al bebé? Había leído algo acerca del ácido fólico y la espina bífida ¿tal vez su dieta era pobre en ácido fólico y debería tomar suplementos? Sabía que muchas mujeres embarazadas necesitan suplementos de hierro ¿era ella una candidata para tomarlos?

Anne sabía que el principal cambio que ella debía introducir en su alimentación era aumentar la cantidad de proteínas pero ¿qué clase de proteínas necesitaba y qué alimentos se las podían proveer? El embarazo requiere una mayor ingesta de calcio, ¿debía tomar suplementos de calcio o podía obtener el suficiente a partir de comidas ricas en calcio y comidas fortificadas con calcio?

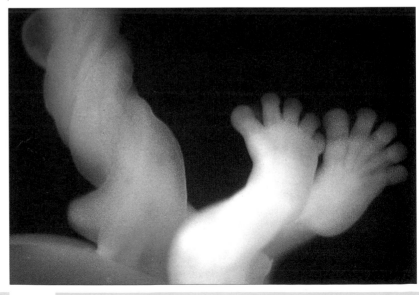

La línea vital de su bebé
El cordón umbilical une a su bebé con la placenta. Todo, incluyendo los nutrientes necesarios para el crecimiento y desarrollo, pasa a su bebé a través del cordón.

MENU DIARIO SUGERIDO

DESAYUNO

2 rodajas de tostadas integrales con mantequilla de maní

1 taza de té descafeinado con leche descremada

1 plátano

COLACION DE MEDIA MAÑANA

Verduras crudas con pan árabe integral

ALMUERZO

Patata asada aderezada con queso cottage, pimiento rojo, tomates y berro

1 vaso de jugo de tomate

Nueces picadas y frutas secas

COLACION DE LA TARDE

Sopa de bróccoli y queso con avellanas picadas y ricotta descremada.

2 rodajas de pan de centeno

CENA

Lasaña de champignones y tofu, espinacas, guisantes al vapor y pan integral de ajo.

Frutas frescas con yogur descremado

Jugo de pomelo

ANTES DE DORMIR

Huevo duro con una tostada integral

Jugo de naranjas con levadura de cerveza

1 vaso de leche descremada

SATISFACER FACILMENTE SUS MAYORES NECESIDADES

Las opiniones acerca del vegetarianismo y el embarazo son muy divergentes y van desde aquellos vegetarianos que creen que las mujeres que no ingieren proteínas animales pueden llevar a término un bebé sano sin tomar suplementos de vitamina B12, hasta aquellos médicos inflexibles que predican que la carne y el pescado son esenciales en la dieta de una mujer embarazada. Ambas opiniones son erróneas.

En los casos de vegetarianismo, en los cuales no se ingiere ningún tipo de producto de origen animal, incluyendo la restricción de los productos lácteos, los suplementos de vitamina B12 son absolutamente necesarios. La vitamina B12 es vital para el crecimiento y el desarrollo saludables del feto, como así también para una buena lactancia. Por esto, la madres vegetarianas deben agregar a su dieta huevos y leche, o tomar vitamina B12 sintética durante el embarazo y la lactancia.

Una dieta vegetariana que incluya productos lácteos puede ser adecuada durante el embarazo y la lactancia, en tanto se aumente la ingesta de calcio y proteínas. Todas las embarazadas deben aumentar su ingesta de leche, consumiendo al menos medio litro por día. Hasta un litro es bueno (elija leche descremada). Anne también puede aumentar su ingesta de proteínas y vitaminas bebiendo leche de soja fortificada y consumiendo una buena cantidad de productos de soja y lácteos. Sin embargo, la manera más simple de aumentar las proteínas y vitaminas contenidas en la dieta de Anne sería consumir al menos cuatro huevos a la semana. Estos, además, le proveerían hierro, aunque no tanto como las carnes rojas. Aunque algunos vegetarianos sostienen que pueden obtener la misma cantidad de hierro que provee la carne roja a través de un mayor consumo de verduras de hoja, la verdad es que necesitarían comer ¡casi dos kilogramos al día para lograrlo!

Aconsejé a Anne que pidiese a su médico que le indicase un suplemento prenatal adecuado de vitaminas y minerales para tomar diariamente durante el embarazo. Probablemente ella seguirá tomando este suplemento durante la lactancia.

EL BEBE DE ANNE

Durante el embarazo, la naturaleza se ocupa de las necesidades nutricionales del bebé de Anne, asegurándose de que el niño tome de las sustancias almacenadas en el cuerpo de la madre lo que necesita. El bebé, por lo tanto, puede llegar a estar mejor alimentado que la madre

Hierro *El bebé necesita gran cantidad de hierro para la formación de la sangre y el crecimiento de los órganos. Se le puede proveer consumiendo comidas ricas en hierro.*

Calcio *Por ser la clave de huesos y dientes fuertes, una dieta rica en calcio es necesaria para abastecer a las necesidades del bebé de Anne y de ella misma.*

Proteínas *Para alimentar los músculos, los huesos, la piel y los órganos vitales del bebé, que están creciendo rápidamente, Anne debe ingerir una gran variedad de comidas que contengan proteínas*

Vitamina B12 *El desarrollo del cerebro y el sistema nervioso del bebé depende de la cantidad que reciba. Por eso, ni Anne ni ninguna otra madre, puede arriesgarse a tener deficiencias.*

Acido fólico *El desarrollo del cerebro, la médula espinal y la columna vertebral dependen de una ingesta suficiente*

Calorías *La cantidad de azúcar en la sangre del bebé es siempre menor a la de su madre, porque consume la energía muy rápidamente. Para un crecimiento saludable hace falta una provisión constante.*

TENGA CUIDADO

La vitamina B12, con frecuencia, es deficiente en las dietas vegetarianas, ya que sólo se encuentra en los productos de origen animal y en la levadura de cerveza. Hacen falta suplementos para asegurar el crecimiento y desarrollo saludables del feto.

Si usted está incluida en alguno de los grupos siguientes, entonces puede ser nutricionalmente vulnerable , y su bebé puede correr riesgos. Necesitará un asesoramiento y ayuda especial por parte de su médico o de su clínica

• *Si ha tenido un aborto reciente o un niño nacido muerto, o si sus niños han nacido muy seguidos, en un lapso muy breve (es aconsejable que haya un intervalo mínimo de 18 meses entre los niños)*

• *Si fuma mucho o bebe mucho alcohol*

• *Si es alérgica a ciertos alimentos clave, como la leche de vaca o el trigo*

• *Si sufre de alguna enfermedad crónica que la obliga a tomar medicación por tiempo prolongado*

• *Si tiene menos de 18 años, ya que su cuerpo está creciendo muy rápidamente y tiene más necesidades nutricionales*

• *Si está embarazada de más de un bebé*

• *Si ha padecido mucho estrés o alguna lesión física*

• *Si trabaja en un empleo que implica mucho esfuerzo o está expuesto a un ambiente peligroso (ver* **Evitar Riesgos***, pag. 150)*

• *Si antes de concebir usted padecía de agotamiento general, bajo peso, o ingería una dieta inadecuada o desequilibrada*

PROBLEMAS NUTRICIONALES POR LA ALIMENTACION

Una mujer embarazada puede arriesgarse y arriesgar a su bebé en desarrollo si no come suficiente cantidad de buena comida como para satisfacer sus necesidades nutricionales. Está en riesgo desde el punto de vista nutricional. Por otra parte, la comida misma puede ser peligrosa para ella y el bebé si está contaminada con bacterias que causan enfermedades; un ejemplo pueden ser los huevos o los pollos contaminados con salmonella.

MALA NUTRICION

Una ingesta inadecuada de comida, por parte de la madre, puede tener serias consecuencias para el bebé. Hay un mayor riesgo de aborto o de tener un bebé prematuro de bajo peso, que será más vulnerable en el momento de nacer y durante toda la vida. (Tener un bebé de bajo peso no significa que el parto será más sencillo) La mala nutrición materna también retrasa el crecimiento de la placenta, y el bajo peso placentario se asocia a un más alto porcentaje de mortalidad infantil. El crecimiento más rápido del cerebro tiene lugar durante el último trimestre de embarazo (y durante el primer mes de vida) de modo que una madre mal nutrida puede hacer que el desarrollo cerebral no sea el óptimo.

Una nutrición inadecuada puede tener consecuencias durante toda la vida del niño y constituir un factor coadyuvante de las enfermedades de la edad madura, tales como la alta presión arterial, la enfermedad coronaria y la obesidad. Aparentemente, si la alimentación es insuficiente, el bebé dirigirá aquello de lo que dispone hacia aquellas células que tienen una necesidad inmediata, y dejará de lado aquellas otras que solo adquirirán importancia más tarde en la vida – así el feto lucha por sobrevivir.

En cambio, cuando una madre está bien alimentada y tiene un bebé de buen tamaño, este bebé más grande es, en general, de más fácil crianza, más vigoroso, más activo, está mentalmente alerta y padece de menos cólicos, diarreas, anemias e infecciones.

Si bien las comidas necesarias para un embarazo saludable raras veces son costosas, usted puede buscar ayuda, en caso de tener problemas económicos. En los Estados Unidos, el Departamento de Salud provee asistencia con subsidios para los niños en gestación.

Como regla general, las comidas más frescas son las mejores, de modo que podemos lograr más bajos riesgos de mala nutrición evitando comidas que pueden contener altas cantidades de productos químicos indeseables, tales como las comidas procesadas y aquellas que contienen aditivos, saborizantes y colorantes.

Comidas procesadas Muchas de estas comidas contienen productos químicos destinados a mejorar el sabor, el valor nutritivo y la duración. Como regla general debe evitarlas. En particular evite las carnes y quesos procesados, los quesos untables y las salchichas.

Cuando los ingredientes de una comida están aclarados en la etiqueta, resulta sencillo identificar los aditivos. Lea siempre las etiquetas para asegurarse de que los alimentos estén en buen estado según la fecha de vencimiento, y evite aquellas comidas en las cuales no se consignan los ingredientes. Es una buena norma tratar de evitar las comidas muy saladas, especialmente aquellas que contienen glutamato monosódico. Por ejemplo, la salsa de soja salada puede causar deshidratación; el glutamato monosódico puede causar jaquecas. Ambos se utilizan mucho en las comidas chinas.

Conservas Los pescados ahumados, el queso y la carne, las salchichas y los pickles, a menudo contienen nitratos como agentes activos. Deben evitarse, porque los nitratos pueden reaccionar con la hemoglobina de la sangre, disminuyendo su poder de transportar oxígeno.

Bebidas La cafeína (contenida en el café, el té y el chocolate) es un estimulante; las bebidas que la contienen deben ser evitadas durante el embarazo. El tanino contenido en el té afecta la absorción del hierro, de modo que, en lugar de éste, deben beberse tés de hierbas orgánicos. Las gaseosas siempre contienen azúcar o edulcorantes, de modo que debe limitar su consumo. El agua mineral es buena.

RIESGOS ALIMENTARIOS

Sabemos ahora que ciertas comidas pueden estar infectadas con bacterias que son causa de enfermedades, especialmente en las personas más vulnerables, como las mujeres embarazadas y los bebés.

Listeriosis Las comidas que pueden contener una gran cantidad de una bacteria llamada listeria, son los quesos blandos, la leche sin pasteurizar, la ensalada de col preparada, las comidas preparadas congeladas, los patés y las carnes que no están correctamente cocidas. Esta bacteria normalmente se destruye a la temperatura de la pasteurización, pero si una comida está infectada y luego se la congela, puede seguir multiplicándose. Por esta razón, la comida congelada no debe ser consumida luego de la "mejor fecha" de consumo. La listeriosis también puede contagiarse a través del contacto directo con animales vivos, tales como las ovejas.

Los síntomas se parecen un poco a los de la gripe —alta temperatura y dolores generalizados. También puede haber ardor en la garganta y los ojos, diarrea y dolores de estómago. Un bebé en gestación, que es afectado a través de la sangre materna puede nacer muerto, y una listeriosis puede ser la causa de repetidos abortos.

Salmonella La infección con salmonella se debe muchas veces al consumo de huevos y pollos, de modo que, en general, es aconsejable evitar comidas que contengan huevos crudos. Cocine pollos y huevos suficientemente. Los síntomas, que incluyen cefaleas, náuseas, vómitos, dolor abdominal y fiebre, aparecen entre las 12 y las 48 horas luego de la infección. Harán falta antibióticos sólo si la infección pasa a la sangre.

Toxoplasmosis Es una infección frecuente, que puede contraerse al comer cerdo o carne vacuna crudas o mal cocidas, o por estar en contacto con las heces de gatos y perros infectados (ver pág. 151)

Botulismo Esta forma rara pero grave de envenenamiento a través de la comida se produce por la ingestión de conservas o enlatados mal preparados o envasados, tales como el jamón. La toxina causa degeneración progresiva del sistema nervioso y parálisis muscular.

COMIDA SEGURA

Nunca corra riesgos innecesarios cuando manipule la comida; las bacterias se multiplican rápidamente

- *Emplee siempre utensilios limpios para preparar y probar*

- *Lávese la manos luego de ir al baño y antes de tocar la comida, y tenga la precaución de vendar cualquier infección o cortadura*

- *Asegúrese de que la comida, particularmente el pollo, esté completamente descongelado y bien cocido*

- *Nunca permita que la carne o los huevos crudos entren en contacto con otras comidas*

- *Evite las latas deterioradas y oxidadas, y rechace cualquier comida que parezca en mal estado*

- *Asegúrese de que los productos lácteos estén pasteurizados*

- *No recongele la comida que ha sido congelada antes*

- *Recaliente la comida sólo una vez. Luego deséchela*

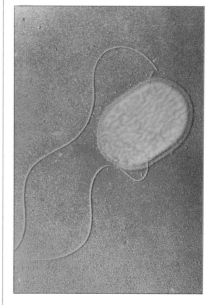

Bacteria de la Salmonella
La fotografía de arriba muestra uno de los muchos cientos de tipos de bacteria de la Salmonella que pueden contaminar la comida.

5

Un embarazo en
BUENA FORMA

Durante el embarazo, es de primordial importancia mantenerse en forma tanto física como mentalmente. El ejercicio la ayudará a mantener un cuerpo sano en una mente sana. Todos estamos expuestos a ciertos niveles de estrés y ansiedad, e inclusive a algunas situaciones y sustancias peligrosas. Aprender a evitar y a enfrentar problemas le asegurará un embarazo verdaderamente sano.

Es bueno para usted

Hacer ejercicio regularmente puede darle satisfacciones tanto desde el punto de vista físico como desde el emocional. Es una buena manera de prepararse para los cambios que sobrevendrán en los meses siguientes.

• *Usted recibirá un estímulo emocional positivo debido a la liberación de hormonas, tales como las endorfinas.*

• *Se sentirá más satisfecha, ya que la liberación de hormonas tranquilizantes que sigue al ejercicio la ayudará a relajarse.*

• *Puede mejorar su autoconciencia ya que aprenderá nuevos modos de utilizar su cuerpo.*

• *A través del ejercicio practicado en forma regular, usted podrá aliviar el dolor de espalda, la constipación, los calambres en las piernas y la falta de aliento.*

• *Aumentará su nivel de energía.*

• *Estará mejor preparada para reasumir el trabajo después del parto.*

• *Volverá a estar en buena forma más rápidamente después del parto.*

• *Puede encontrar nuevas amigas en las otras madres que asisten a las clases de ejercicios preparto.*

• *Puede compartir su rutina de ejercicios con su pareja o con otros miembros de su familia.*

EJERCICIOS PARA UN EMBARAZO SANO

El ejercicio le traerá un beneficio físico –mejorará sus músculos, su elasticidad y su fuerza–, y todo esto la ayudará a enfrentar las exigencias a las que estará sometido su cuerpo, al tener que adaptarse a las demandas del embarazo y el parto. A través del ejercicio, usted podrá además desarrollar una mejor comprensión de las capacidades de su cuerpo y aprender nuevas maneras de relajarse.

Desde el punto de vista psicológico, el ejercicio ayuda a superar la tendencia a sentirse gorda o poco atractiva, particularmente durante el último trimestre. Además, hará que su circulación mejore y la ayudará a sobrellevar la tensión. El parto puede ser más sencillo y más cómodo si usted ha adquirido un buen tono muscular, y muchos de los ejercicios que se enseñan en las clases de pre-parto, combinados con técnicas de respiración y relajación, la ayudarán a confiar en su cuerpo durante el parto. Mantenerse en buena forma la ayudará a recuperar su figura normal muy pronto después del parto.

Su programa de ejercicios

Es posible que no tenga muchos deseos de incorporar una rutina de ejercicios a su agenda. Sin embargo, muchos de los ejercicios que se recomiendan durante el embarazo, como se explica en las siguientes páginas, pueden practicarse al mismo tiempo que se realizan otras actividades: los ejercicios para la pelvis pueden practicarse mientras uno se lava los dientes; los destinados a pies y tobillos, mientras está sentada en su escritorio o en el ómnibus, y puede practicarlos sentada mientras leee un libro o mira televisión.

Comience con una rutina muy tranquila y vaya aumentando la intensidad hasta el punto adecuado para usted. Antes de cada ejercicio, practique algunas respiraciones profundas. Estas respiraciones hacen que la sangre circule por todo su cuerpo brindando una mayor oxigenación a todos sus músculos. Si siente algún dolor, calambres o le falta el aliento, detenga los ejercicios. Cuando los retome, hágalo en un ritmo más tranquilo. Si a usted le falta el aliento, su bebé también padece la falta de oxígeno.

Normalmente, una mujer puede restablecer su energía descansando durante una media hora, pero quizá a una mujer embarazada le tome horas recuperarse si llega al punto de estar exhausta. Por eso, debe cuidarse y elegir una actividad que le resulte agradable y relajante.

Actividades recomendadas

Usted es libre de practicar la mayor parte de los deportes durante el embarazo (hasta el tercer trimestre), en tanto se trate de deportes que ha practicado habitualmente antes y que continúe con regularidad durante el embarazo, de modo que su cuerpo se mantenga en condiciones. También hay deportes (ver a la derecha) que son particularmente recomendables durante el embarazo. Respecto de las actividades que es preferible evitar vea **Practique con precaución.**

Natación Este deporte tonifica los músculos y es excelente para vigorizar su cuerpo. Como el agua sostiene su peso, no se causa un gran esfuerzo a los músculos y ligamentos, por lo cual es difícil que usted experimente daños físicos a partir de la práctica de este deporte. Algunos clubes ofrecen clases especiales para embarazadas.

Yoga Aporta muchos beneficios, como por ejemplo aumentar la elasticidad del cuerpo y reducir las tensiones. También le enseña a controlar la respiración y a concentrarse durante el parto, ambas cosas muy útiles.

Caminatas Aunque no sea habitualmente muy activa puede, de todos modos, practicar caminatas regulares de una milla o más. Caminar es bueno para la circulación, la digestión y la figura. Trate de caminar erguida, con las nalgas firmes bajo la columna, los hombros hacia atrás y la cabeza erguida. Hacia el fin del embarazo, no obstante, es posible que el cartílago de la articulación pélvica se haya ablandado tanto, que usted sienta dolor de espalda en cuanto camine una distancia corta. Lleve siempre calzado bajo y bien acolchado.

Danza Puede ser una actividad muy agradable para tonificar su cuerpo. En tanto no lo haga con demasiada violencia, puede bailar todo lo que quiera durante el embarazo.

PRACTIQUE CON PRECAUCION

Todos los ejercicios que requieren de mucho equilibrio, como por ejemplo esquiar y montar a caballo, deben ser dejados de lado a partir de las 20 semanas. Es preferible evitar los deportes que involucran mucho contacto corporal, como el básquetbol, el motociclismo o el paracaidismo. No practique buceo durante todo el embarazo: puede afectar la provisión de oxígeno para su bebé. Otras actividades, como las que mencionamos abajo, también deben ser evitadas, ya que significan un esfuerzo innecesario para su cuerpo, y pueden dañarlos, tanto a usted como al bebé.

Correr Resulta muy exigente para sus pechos y para su columna, su espalda, su pelvis, muslos y rodillas. No corra mientras está embarazada.

Llevar mochilas Los deportes que implican llevar peso resultan perjudiciales porque requieren de un esfuerzo de los ligamentos de su espalda. Recuerde que durante el embarazo la progesterona hace que sus ligamentos se distiendan y que, a diferencia de los músculos, que pueden volver a su antigua forma, los ligamentos permanecen estirados.

Flexiones Es muy mala idea practicar cualquier ejercicio que represente una exigencia para los músculos abdominales. Los músculos longitudinales del abdomen están diseñados de manera tal que pueden abrirse en medio para dar espacio al útero que se agranda. Sentarse a partir de una posición acostada hace que se aparten aun más. Este esfuerzo puede tornar más lenta la recuperación del tono abdominal después del parto. Levantar las piernas desde la posición acostada puede tener el mismo efecto. Para sentarse cuando usted está acostada (ver pág. 143) siempre debe rodar primero hacia su costado y utilizar los brazos, apoyados a los costados, para incorporarse. De esta manera, no hará trabajar a su abdomen para levantarse.

ES BUENO PARA SU BEBE

Cada vez que usted practica ejercicios dentro de ciertos límites, su bebé recibe una cuota mayor de oxígeno en la sangre que mejora su metabolismo y lo hace sentir mejor. Todos sus tejidos, particularmente los del cerebro, pasan a funcionar en su nivel óptimo.

- *Las hormonas que se liberan durante el ejercicio pasan a través de la placenta y llegan hasta el bebé. Al comenzar los ejercicios, su bebé, por lo tanto recibe un estímulo emocional proveniente de su adrenalina.*

- *Durante el ejercicio, su bebé experimenta además los efectos de las endorfinas, que son sustancias naturales semejantes a la morfina, que nos hacen sentir muy bien y muy felices.*

- *Cuando acaba el ejercicio, las endorfinas ejercen un poderoso efecto tranquilizante, que puede durar hasta 8 horas, y que su bebé también experimenta.*

- *El movimiento del ejercicio es tranquilizador y su bebé se siente complacido por el efecto de los balanceos.*

- *Cuando usted se ejercita, los músculos de su abdomen ejercen una especie de masaje que es agradable y calmante.*

- *Durante el ejercicio, el flujo sanguíneo es óptimo y el movimiento y el desarrollo de su bebé tienen lugar a buen ritmo.*

ELONGACION

Antes de comenzar cualquier rutina de ejercicios, realice un suave precalentamiento (ver a la izquierda) con estos ejercicios de elongación. Estimularán su circulación sanguínea, dando a su bebé un buen caudal de oxígeno. Repita cada ejercicio de 5 a 10 veces. Asegúrese de sentirse cómoda y de haber adoptado una buena postura.

Trate siempre su cuello con cuidado. Rote su cabeza despacio.

Cabeza y cuello
Ladee suavemente su cabeza hacia un costado. Luego levante el mentón y rote su cabeza suavemente hacia el otro lado y hacia abajo. Repita, comenzando por el lado contrario. Manteniendo derecha la cabeza, vuélvala suavemente hacia la derecha, nuevamente hacia el frente y después hacia la izquierda. Vuelva la cabeza hacia el frente.

Coloque las manos distendidas sobre las piernas.

Mantenga derechos su cabeza y su cuello

Cintura
Sentada cómodamente, con las piernas cruzadas, enderece la espalda y, suavemente, estire el cuello hacia arriba. Expire y lleve el torso hacia la derecha colocando detrás de usted la mano derecha. Coloque la mano izquierda sobre la rodilla derecha y utilice esta mano como palanca para girar el torso un poco más, estirando suavemente los músculos de la cintura. Repita en la dirección opuesta.

Coloque la mano sobre la rodilla para ayudar a controlar el estiramiento.

128

TENGA CUIDADO

- Trabaje sobre una superficie firme.

- Mantenga siempre la espalda derecha. Si es necesario,use una pared o almohadones para sostener la espalda.

- Comience su rutina lenta y suavemente.

- Si siente dolor, incomodidad o fatiga, deténgase de inmediato.

- Recuerde siempre que debe respirar normalmente. De otro modo, reducirá el flujo sanguíneo de su bebé.

- Nunca ponga de punta los dedos de los pies. Flexione siempre los pies para evitar calambres.

Brazos y hombros
Sentada, con las piernas plegadas debajo del cuerpo, levante su brazo derecho y lentamente, estírelo hacia el techo. Dóblelo por el codo y deje caer la mano detrás de la espalda. Coloque la mano izquierda sobre el codo derecho, empujándolo hacia la espalda. Coloque su brazo izquierdo sobre la espalda y trate de alcanzar y tomar la mano derecha. Estire durante 20 segundos y luego afloje. Repita con el otro brazo.

Si puede, tómese las manos con firmeza. Si no lo logra, no se preocupe.

Mantenga su espalda derecha y su peso equilibrado en el centro.

Piernas y pies
Siéntese con la espalda derecha y las piernas estiradas hacia el frente. Colque las manos a ambos lados, cerca de los muslos, para sostenerse. Flexione la rodilla suavemente y luego estírela. Repita con la otra pierna. Esto tonificará los músculos de sus pantorrillas y muslos.

Mejorar la circulación
Levante los pies del suelo y tuérzalos hacia afuera. Dibuje grandes círculos en el aire, moviendo sólo los tobillos.

Incline los pies hacia usted, para hacer trabajar más a los músculos. Tenga cuidado de no tironear.

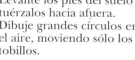

EL PISO DE LA PELVIS

Los músculos del piso de la pelvis conforman un embudo que sostiene el útero, los intestinos y la vejiga, y sirve para cerrar las entradas a la vagina, el recto y la uretra.

Durante el embarazo, el aumento de la progesterona hace que los músculos se ablanden y se distiendan. Para contrarrestar esto, he aquí algunos ejercicios que le permitirán mantener el tono de los músculos del piso de la pelvis.

Contraiga y tense los músculos de alrededor de la vagina y el ano, como si quisiese retener el flujo de orina. Sosténgalos todo el tiempo que pueda, sin que esto llegue a fatigarla. Relájese. Repita este movimiento unas 25 veces por día, o más. ´

Debe retomar este ejercicio, a menudo llamado ejercicio de Kegel, tan pronto como pueda, después del parto, para disminuir en todo lo posible los riesgos de prolapso. Ejercitarse pronto también tonificará la vagina para las relaciones sexuales ¡Este es un beneficio extra!

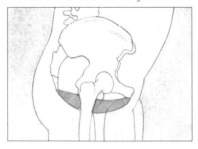

El piso de la pelvis
Está conformado por un manojo de músculos dispuestos en dos grupos principales, que forman la figura de un 8 alrededor de la uretra, la vagina y el ano. Las capas musculares alcanzan su mayor espesor en el perineo.

EJERCICIOS CORPORALES

Realizando ejercicios para todo el cuerpo, usted lo aliviará del esfuerzo que ocasiona el peso extra y fortalecerá los principales grupos de músculos. Además, si durante el embarazo aprende a mover la pelvis con facilidad, le resultará más fácil encontrar una posición cómoda durante el parto. Una de las principales propulsoras del parto activo, Janet Balaskas, se especializó en ejercicios prenatales armados sobre la base de posiciones modificadas del yoga. Mostramos aquí algunas de sus sugerencias

Asegúrese de que su espalda esté derecha.

Inclinarse hacia adelante
1. Coloque los pies paralelos, a unos 30 cm de distancia el uno del otro. Tomése las manos sobre la espalda. Inclínese hacia adelante desde las caderas, manteniendo la espalda derecha. Practique algunas respiraciones profundas y luego levántese lentamente.
2. Debe practicar este ejercicio sólo si pudo hacer con comodidad la primera parte. Luego de inclinarse hacia adelante, levante lentamente sus manos hasta que estén lo más lejos posible, sobre su cabeza.

Contracción pélvica
Póngase en cuatro patas, con las rodillas a una distancia de 30 cm la una de la otra. Contraiga los músculos de los glúteos y lleve hacia adelante la pelvis de modo que su espalda se arquee. Sostenga durante unos segundos y luego afloje, asegurándose de no permitir que su espalda se arquee hacia abajo. Repita varias veces.

Haga los mismos movimientos mientras balancea suavemente la pelvis hacia adelante y hacia atrás.

Inhale y luego exhale, mientras baja la espalda hacia el piso.

Relajación de la parte inferior de la espalda

1. Acuéstese boca arriba, con los brazos a los lados y las palmas de las manos hacia abajo. Levante la pelvis, de modo tal que la columna se levante hasta la altura del cuello. Descienda, vértebra por vértebra.

2. Mantenga el sacro en contacto con el piso, y abrace suavemente sus rodillas. Sosténgalas unos minutos, respirando profundamente.

Levántese con el apoyo de los brazos para fortalecer las caderas y la parte inferior de la espalda.

3. Enderece la pierna derecha sobre el piso y abrace suavemente la rodilla izquierda. Repita con la otra pierna.

4. Flexione ambas piernas y cruce los pies sobre los tobillos. Rote las caderas en el sentido de las agujas de un reloj, trazando pequeños círculos con la parte baja de la espalda sobre el piso. Repita el movimiento en la dirección opuesta.

Sostenga la rodilla durante unos instantes, respirando profundamente.

Descruce los tobillos, ubique los pies juntos, mantenga las rodillas flexionadas

Extienda sus brazos a la altura de los hombros, con las palmas hacia abajo

Torsión de la columna

Mantenga los hombros y los brazos extendidos sobre el piso y, mientras exhala, lleve lentamente las rodillas hacia la derecha y la cabeza hacia la izquierda. Esto provoca una suave torsión de la columna. Sostenga durante algunos segundos. Regrese luego al centro, manteniendo las piernas flexionadas. Descanse. Luego lleve las rodillas hacia la izquierda y la cabeza hacia la derecha. Repita.

131

En forma para el parto

Su parto puede ser una experiencia más agradable si usted ha preparado con anticipación su cuerpo y su mente. Los siguientes ejercicios le resultarán muy útiles durante el embarazo. Puede resultarle más sencillo dar a luz en cuclillas, y sentarse adecuadamente fortalecerá los músculos de sus muslos y aumentará la circulación en su pelvis, haciendo más flexibles las articulaciones. Realizando este ejercicio, además estirará la pelvis y colaborará con la relajación de los músculos del perineo.

Después de cada sesión de ejercicios, tómese de 20 a 30 minutos para relajarse, y, de ser posible, haga una pausa en sus tareas durante el día. Cinco o diez minutos con los ojos cerrados y los pies levantados pueden ser suficientes para renovarse (no es necesario dormir) Aprender técnicas de relajación puede resultar particularmente beneficioso durante el parto, ya que, en ese momento, la tensión puede acrecentar el dolor. Al concentrarse en la respiración, usted logrará aliviar la ansiedad y conservar la energía.

Si, tal como se muestra debajo, usted tiene dificultades para acercar los pies a la ingle, comience manteniéndolos a una distancia de 30 cm de su cuerpo y vaya acercándolos gradualmente. La continua práctica aflojará sus músculos.

Apoye las caderas sobre mantas o almohadones, o siéntese donde tenga una pared por detrás, si esto le facilita la posición.

Sentarse en la posición adecuada

Siéntese en el piso y estire las piernas hacia afuera y adelante. Asegúrese de mantener la espalda derecha. Flexione las rodillas y junte las plantas de los pies, luego acérquelas lo más que pueda a la ingle. Abra los muslos y baje las rodillas hacia el suelo. Relaje los hombros y el cuello. Respire profundamente varias veces. Concéntrese en respirar enviando el aire hacia la pelvis que descansa sobre el piso, y relájese al expirar. Cuando inspire, levántese y estire la columna, manteniendo la pelvis sobre el piso.

Correcto   *Incorrecto*

132

En cuclillas
Póngase de pie, con la espalda elongada y derecha y los pies con una separación de 45 cm. Agáchese lo más bajo que pueda. Tomándose las manos, sostenga las rodillas separadas con los codos. Trate de mantener los talones en el piso y de distribuir su peso entre los talones y los dedos de los pies. No se preocupe si debe levantar los talones. Manténgase así algunos minutos, o todo el tiempo que le resulte cómodo. Luego arrodíllese o póngase de pie. Estar en cuclillas puede tornarse una parte natural de su vida diaria, especialmente cuando deba levantar un objeto.

Equilibrio seguro
Si es necesario, sujétese de un objeto seguro, tal como una silla, un banco o el vano de una ventana, para mantenerse erguida mientras permanece en cuclillas, y coloque una toalla bajo los talones. También puede apoyarse contra una pared.

Póngase en cuclillas para tornar más flexible su pelvis, estirar y fortalecer los músculos de las caderas y la espalda y disminuir el dolor de espalda.

RELAJACION

A medida que su abdomen aumenta de tamaño, usted puede encontrarse más cómoda, acostándose sobre la espalda con la cabeza apoyada en un almohadón. Levante los pies y apoye las piernas en una silla o una cama. Usted puede relajarse en esta posición mientras sus otros hijos juegan alrededor.

Acuéstese con los pies levantados para aliviar tobillos y pies hinchados

Despeje su mente e inspire profundamente. Sostenga hasta contar 5 y luego exhale. Relaje todas las partes de su cuerpo.

Calme la presión que sufren los principales vasos sanguíneos y el abdomen permaneciendo acostada de esta manera.

Acostada
Acuéstese de costado con una almohada bajo la cabeza. Flexione un brazo y una pierna y coloque otra almohada bajo esta rodilla. Mantenga derecha la otra pierna. Cierre los ojos y concéntrese en la respiración.

IMPLEMENTOS PARA MASAJES

Hay una gran variedad de elementos que pueden colaborar en esta experiencia. Asegúrese de tener todo preparado antes de comenzar con los masajes, así evitará romper el ritmo.

Existen en el mercado aceites perfumados que ayudarán a sus manos a deslizarse sobre la piel, dejándola suave y tersa. Además, la fragancia se sumará al ambiente transformando el momento en una ocasión especial.

Se puede, además, frotar la piel con plumas, telas u otros materiales suaves, que le otorgarán una agradable sensación de cosquilleo.

Las toallas tibias y afelpadas son ideales para cubrir la piel que está expuesta.

Los rodillos para masaje de la columna ejercerán una presión firme y suave. (ver pag. 256)

Puede resultar muy relajante cepillar el cabello suavemente con un cepillo blando.

MASAJES PARA RELAJARSE

Un masaje dado por su pareja, o por usted misma, es un modo ideal de relajarse y descontracturarse. Estimula las terminaciones nerviosas de la piel, mejora la circulación y calma los músculos cansados, creando una sensación general de paz y bienestar.

UN SUAVE TOQUE

Utilice un aceite para masajes de buena calidad (a base de aceite vegetal) para reducir la fricción entre las manos y la piel y hacer que el masaje sea más placentero. Trate de crear una atmósfera agradable: baje las luces, coloque una música suave y ubique almohadas y almohadones debajo y alrededor de usted. En los últimos meses puede resultarle más cómodo acostarse de lado, sostenida por almohadas o sentarse a horcajadas en una silla, inclinándose sobre el respaldo.

Excluyendo la espalda, usted misma puede masajear bien casi todas las partes de su cuerpo. Trabaje, en el sentido de las agujas del reloj, alrededor de cada uno de los pechos, golpeteándolo con las palmas y los dedos desde la base hacia el pezón. Sobe suavemente el pezón

AUTO-MASAJE

Aliviar la frente
Cúbrase el rostro con las manos. Coloque las yemas de los dedos sobre la frente y apoye las palmas sobre el mentón. Luego de unos segundos, lleve las manos hacia las orejas.

Tonificar el mentón
Estimule la circulación sanguínea por debajo de su mentón con movimientos vivos. Utilizando los dorsos de ambas manos, uno después del otro, golpetee suavemente hacia arriba.

Dar firmeza al cuello
Practique suaves pellizcos en torno de su mandíbula. Apriete suavemente la piel entre su pulgar y los nudillos de su dedo índice. Tenga cuidado de no tironear la piel.

tomándolo entre el pulgar y los otros dedos. Masajee su abdomen, sus caderas y sus muslos con las palmas de las manos, con un movimiento suave y circular.

Si es su pareja o una amiga quien va a darle el masaje, asegúrese de que sus manos estén calientes antes de comenzar con el masaje. El o ella deben quitarse anillos, brazaletes o relojes que pueden rasguñarla o molestarla. Cuando ambos hayan encontrado posiciones cómodas, hagan unas pocas respiraciones para relajarse. El que da el masaje debe comenzar con suavidad y gradualmente debe aumentar la presión, si eso le resulta agradable a usted, pero los movimientos siempre deben ser lentos.

Movimientos circulares Utilice simultáneamente las palmas de ambas manos, para practicar movimientos circulares en la misma dirección, apartándose de la columna. Aligere la presión cuando trabaje sobre el abdomen y los pechos.

Effleurage Practique movimientos ligeros, como de aleteo, en forma circular, con las yemas de los dedos, como si estuviese haciendo cosquillas sobre la piel. Esto se puede hacer sobre toda la superficie del abdomen durante el embarazo.

Deslizamiento Coloque ambas manos a los lados del sacro (parte baja de la espalda) con los dedos apuntando hacia la cabeza. Empuje las manos hacia arriba, en dirección a los hombros, sin ejercer peso sobre las manos. Deslícelas luego hacia abajo, sobre los costados del cuerpo hacia el punto de de partida.

EL MASAJE DADO POR LA PAREJA

ACEITES ESENCIALES
Los aceites aromáticos pueden realzar el masaje, ayudándola a sentirse relajada y refrescada. Además, distintas esencias pueden ayudarla a evocar imágenes maravillosas

Estos aceites se destilan a partir de flores, árboles y hierbas y se dice que tienen cualidades terapéuticas. Por ejemplo, el aceite de lavanda calma los dolores de cabeza y el insomnio, y el de jazmín ayuda a tratar la depresión postparto. Siempre se debe mezclar el aceite esencial con un aceite base, por ejemplo de almendras.

Presione suavemente sus dedos contra las sienes de ella para aliviar tensiones.

Sostener la cabeza
Póngase de rodillas detrás de ella para masajearle los músculos del cuello. Muévale suavemente la cabeza, manteniéndola bien sostenida. Con la mano abierta, masajéele el rostro hacia abajo.

Relajar el cuello
Tome despacio la parte posterior del cuello con ambos pulgares. Practique movimientos circulares apartándose del centro del cuello. Masajee toda la base del cráneo.

Masajear las sienes
Masajee suavemente la frente y las sienes con ambas manos al mismo tiempo. Utilizando los dedos, practique movimientos circulares desde el centro de la frente hacia afuera. Deje correr sus dedos por sobre el cabello de ella.

Cambios emocionales

No solo el cuerpo sufre alteraciones durante el embarazo. Sus emociones fluctuarán con rapidez y experimentará sentimientos que nunca había tenido antes. Es importante aceptar que, de tanto en tanto, usted se sentirá molesta, que eso sucede a todas las mujeres embarazadas, y que hay cosas que usted puede hacer para ayudarse en esas situaciones.

Los cambios en los niveles de hormonas la llevarán a cambios en el estado de ánimo, que puede ir del júbilo a la depresión. La forma cambiante de su cuerpo perturbará la imagen que usted tiene de sí misma. Además, todos nos inquietamos en ocasiones temiendo no poder ser buenos padres. El embarazo puede ser un período muy difícil desde el punto de vista emocional.

Cambios hormonales

Durante el embarazo se producirán enormes cambios en nuestro cuerpo y, a causa de esto, es posible que su estado de ánimo cambie con frecuencia. No es raro que en ocasiones usted se dé cuenta de que está actuando de una manera hipercrítica e irritable, reaccionando de una manera exagerada frente a sucesos insignificantes.. Puede sentirse insegura y reaccionar con pánico e inclusive puede tener crisis de depresión o de llanto.

Es normal que usted sienta todas estas cosas, ya que puede ejercer menos control sobre sus sentimientos que habitualmente. Los niveles cambiantes de hormonas se han hecho cargo de la situación y dirigen su ánimo como un director una orquesta. Es por esto que usted no debe sentirse culpable o avergonzada por mostrarse irritable, enojada o frustrada. Si usted explica la situación, la mayor parte de las personas se mostrarán comprensivas. Es posible que en el trabajo usted deba procurar mantener una apariencia de calma. Este esfuerzo valdrá la pena, especialmente si planea reintegrarse a su trabajo después del parto.

Cambios en la forma corporal

En circunstancias normales, adaptarse a cualquier cambio corporal demanda mucho tiempo. Esto sucede cada vez que una mujer cambia el color de su cabello, aumenta o baja de peso. Durante el embarazo, usted no tiene tiempo suficiente para adaptarse a la forma de su cuerpo y puede sentirse extraña o incluso ajena al cuerpo en que se encuentra. También puede estar preocupada por el aumento excesivo de peso y pensar que luego del embarazo será gorda o poco atractiva.

Pensar que una mujer embarazada es gorda, y por lo tanto, fea, es una actitud esencialmente anglosajona: muchas otras culturas consideran a las embarazadas como mujeres sensuales y bellas. En lugar de mirar con desesperación el aumento de las curvas, piense en ese cambio como una reafirmación de la vida; vea el redondeamiento como la maduración de un fruto y reverencie la fertilidad de su cuerpo. Siéntase confiada y orgullosa de su figura y de su fertilidad.

Su figura cambiante
Una actitud positiva respecto de su apariencia es importante, porque la ayudará a mantenerse animada.

SENTIMIENTOS CONFLICTIVOS

Aun teniendo una actitud muy positiva frente al embarazo, es frecuente experimentar sentimientos conflictivos. En un momento, usted se sentirá conmovida frente a la perspectiva de un nuevo bebé y al momento siguiente sentirá terror ante las nuevas responsabilidades. La maternidad es un momento de replanteos y cambios, preocupaciones y temores.

La primera y más importante tarea psicológica que usted deberá enfrentar es la aceptación del embarazo. Esto puede parecer obvio, pero hay mujeres que navegan al acaso durante los primeros meses del embarazo, pensando lo menos posible, lo cual resulta sencillo hasta que el bebé comienza a aparecer.

Usted y el padre de su bebé deben ponerse de acuerdo respecto del embarazo y comenzar a pensar en la realidad. Hasta ahora sus ideas acerca de un bebé y de la paternidad probablemente hayan sido muy idealizadas, como un cuadro al pastel de un trío amoroso.

Seguramente, cuando comiencen a aceptar las realidades que vendrán, surgirán sentimientos conflictivos. Es normal que se sientan así y no deben preocuparse. Significa que están aceptando verdaderamente la situación. De esta manera, no tendrán el gran colapso que sufren las personas que recién enfrentan la realidad cuando el bebé ya está en casa.

TEMORES

Usted puede estar preocupada por el parto —si podrá sobrellevar el dolor, si gritará, defecará o perderá el control, o si necesitará una episiotomía o una cesárea de emergencia. La mayor parte de las mujeres se preocupan por estas cosas, pero esto no es realmente necesario. El parto generalmente es sencillo, y su comportamiento suele tener poca o ninguna importancia. Usted puede llegar a sorprenderse de su propia tranquilidad en esa situación. También puede suceder que no esté tranquila en absoluto. De todas maneras estará bien. Sólo recuerde que los profesionales que la atienden ya han visto estas cosas muchas veces antes, de modo que usted no debe sentirse incómoda.

Usted también puede estar preocupada por la clase de madre que será. Puede afligirse al pensar que quizá haga algún daño al bebé, o creer que tal vez no será capaz de cuidarlo adecuadamente. Esta clase de sentimientos son muy frecuentes y representan temores normales. Como muchas mujeres modernas, probablemente usted sabe poco acerca de cuidados infantiles y está preocupada por hacer un buen trabajo. La solución está en lograr un poco de experiencia con bebés, si es posible. Tal vez usted pueda cuidar al bebé de una amiga, o pasar algún tiempo con él. Si usted lo viste y lo alimenta, probablemente se sentirá más confiada. Trate de poner en perspectiva sus miedos: quizá haya tenido temores semejantes al comenzar con un nuevo trabajo.

SUEÑOS

Los sueños pueden tornarse más frecuentes y pueden hasta llegar a ser atemorizantes durante el último trimestre. Al respecto, hay muchos temas corrientes que han relatado mujeres embarazadas, y todos ellos expresan sentimientos y preocupaciones totalmente normales: todos se preocupan, en algún momento, pensando que algo puede salir mal. Usted puede soñar que su bebé se pierde, lo cual suele expresar el temor de un aborto o de que el bebé nazca muerto. Sueños como estos pueden ser una preparación psicológica para un posi-

¿MI ESTADO DE ANIMO AFECTARA A MI BEBE?

Usted puede preocuparse pensando que sus cambios emocionales quizá afecten de algún modo a su bebé.

Aunque su bebé reacciona frente a sus estados de ánimo, por ejemplo, pateando cada vez que usted está enojada o molesta, parece ser que sus emociones cabiantes no lo dañan (ver **La influencia de la madre,** *pág. 174)*

Los sueños y las pesadillas pueden ser muy vívidos, y es posible que usted se despierte abruptamente —afiebrada, empapada en sudor y con el corazón agitado. Tenga la tranquilidad de que esto no va a afectar a su bebé.

En cambio, su bebé realmente disfruta cuando usted está de buen humor —su entusiasmo, su alegría y su júbilo lo benefician. Cuando usted se siente bien, su bebé se siente bien. Cuando usted está relajada, su bebé también se siente tranquilo.

Si hay actividades que la hacen sentirse satisfecha y feliz —escuchar música, bailar suavemente, pintar, practíquelas todo lo que pueda y comparta sus sentimientos con su bebé.

LLEVAR UN DIARIO

En cualquier momento de la vida, el hecho de llevar un diario puede darle información y perspectivas acerca de usted misma que tal vez en el momento no pudo percibir.

Se trata de un espacio donde usted puede dejar salir aquellos pensamientos y sentimientos que tal vez no desea compartir. Además, la ayuda a centrarse en usted misma. Su hijo podrá disfrutar al leerlo, especialmente cuando forme su propia familia.

Diario del embarazo
Tomarse el tiempo para llevar un diario del embarazo hará que usted tenga un buen registro de este

UN EMBARAZO SANO

ble resultado no deseado, y ser además una manera de sacar a la luz esos sentimientos. De alguna manera, actúan como calmantes de la ansiedad.

Los sueños, las pesadillas y los pensamientos en general pueden ser un modo de expresar hostilidad hacia su bebé. El va a dominar su vida, va a irrumpir en su privacidad y a modificar su tranquila rutina. A través de ellos usted puede expresar sentimientos que no puede tolerar de otro modo o de los cuales no es consciente. No tome los sueños literalmente, ni se sienta culpable o asustada por ellos.

SUPERSTICIONES

Es normal que usted sea más supersticiosa que de costumbre. Las antiguas supersticiones de los cuentos de matronas eran, en el pasado, una manera de explicar un mundo inexplicable. Con la excelente atención médica de la que hoy disponemos, sus posibilidades de tener un niño con problemas son muy bajas, y aquellas cosas que usted puede interpretar como un mal presagio ciertamente no significan que algo malo vaya a sucederle a su bebé.

SOBRELLEVAR LOS CAMBIOS EMOCIONALES

Trate de interpretar el torbellino emocional en el que usted está sumida como una fuerza positiva que se produce mientras se adapta al pasaje de embarazada a madre. No imagine que experimentar temores significa que ha cometido algún error. Usted tiene esas ideas circulando en su mente como siempre sucede cuando uno está en vísperas de cambios vitales importantes. Sin embargo, los condicionamientos sociales nos hacen sentir culpables si no andamos deambulando con una expresión de madonas y una actitud de santidad frente a todas las cosas. Esto es absurdo. Estar embarazada no es sólo diversión. Aceptar la realidad es lo mejor que puede hacer por usted y por su hijo.

El día entero soñando despierta Imaginarse a su bebé y pensar en él la ayuda a relacionarse con él aun antes de que nazca, y no debe sentirse tonta si se da cuenta de que pasa un par de horas sin hacer más que pensar en el bebé. Establecer este contacto con la diminuta persona que está creciendo dentro de usted es el primer paso para aceptar a su hijo.

Los sueños de las embarazadas suelen ser indiscutiblemente sexistas, y evidencian una desembozada preferencia por un varón o por una niña. Aunque en general, si su bebé es del sexo opuesto al que usted nació, no suelen presentarse problemas serios. Esto puede significar una readaptación, así es que ¡trate de no ir demasiado lejos con este tipo de planes!

Tenga en cuenta a sus padres Sus padres están por transformarse en abuelos, tal vez por primera vez. Puede que estén encantados, puede que estén molestos y puede que experimenten una combinación de ambos sentimientos. En una palabra, es posible que ellos sientan una ambigüedad tan grande respecto de su nuevo papel como la que usted siente respecto del suyo propio. Muchas veces se considera al hecho de transformarse en abuelo como un sinónimo de vejez, y esto puede resultar muy molesto para una persona que siente que es de edad mediana. Trate de ser comprensiva y afectuosa, inclúyalos en su embarazo, converse con ellos, y comparta con ellos sus sentimientos.

Enfrente su aislamiento Hoy en día, es muy frecuente que una mujer embarazada se sienta aislada. Muchas mujeres están posponiendo la idea de tener un bebé y otras la están desechando por completo. Usted puede ser la primera dentro de su círculo que está decidiendo tener una familia y no conoce otras mujeres embarazadas u otras madres. Esto puede hacerla sentirse sola. Hay muchas cosas que quiere conocer y sobre las cuales le gustaría conversar. Usted puede estar sintiendo algunas pequeñas preocupaciones y sentir que son demasiado insignificantes como para tratarlas en la clínica de maternidad a la que asiste. Probablemente desearía poder conversarlas con alguien que esté atravesando la misma situación o que ya haya tenido hijos. Si es así, busque personas con las cuales hablar: únase a grupos de padres, acérquese a otras mujeres embarazadas en las clases de preparto y pregunte a sus familiares y amigos si conocen a alguna mujer embarazada o a padres de hijos pequeños con quienes podría conectarse. Estas relaciones podrán brindarle apoyo luego de que nazca su bebé. No olvide a su pareja: si usted se siente aislada, probablemente él estará sintiendo lo mismo. Hable con él, inclúyalo y amplíen juntos su círculo de relaciones.

Comunicarse El hecho de querer conversar y compartir lo que usted siente durante el embarazo es algo natural. Por lógica, su pareja es la primera opción, y probablemente él también estará ansioso de conversar. Hay muchas cosas sobre las cuales seguramente deseará hablar: preocupaciones, cosas de las que se priva de discutir con usted porque piensa que puede molestarla o cree que son demasiado tontas, o porque usted está demasiado ocupada o demasiado cansada. Conversen. Ahora se necesitan más que nunca. Negar o ignorar los temores y los sentimientos no hará que desaparezcan. Los sentimientos que se han reprimido suelen aparecer de una manera desagradable en el momento en que usted tiene menos capacidad para manejarlos, y en ese momento se transforman en problemas difíciles de manejar. Usted podrá evitar estos problemas si los saca a la luz cuando se manifiestan por primera vez y entonces podrá continuar con su vida normal.

SOBRELLEVAR LOS CAMBIOS MATERIALES

Durante el embarazo, aquellas dificultades cotidianas que usted solía resolver tranquilamente pueden llegar a transformarse en dramas. Trate de mantener la calma y no sobreactuar, si es que puede evitarlo.

Finanzas Siendo de por sí una de las mayores causas de conflictos matrimoniales, los problemas financieros pueden tornarse especialmente difíciles durante el embarazo. Puede resultarles muy arduo sobrellevar la inevitable reducción en los ingresos, aun cuando usted tenga en mente retomar su trabajo. Recuerden que están juntos en esto. Planeen antes del nacimiento cómo van a afrontar la cuestión de los ingresos después del parto.

Vivienda Es posible que se vean obligados a considerar la posibilidad de moverse o agrandar la vivienda, sea por falta de espacio o por falta de comodidades en la zona donde viven. Esto puede resultar estresante, y suele ser peor cuando usted está embarazada. Si deben mudarse —y no es muy recomendable desde el punto de vista físico— háganlo antes de que el embarazo esté muy avanzado.

ABUELOS

Un nuevo bebé significa un nuevo papel, no solo para usted, sino probablemente también para sus padres.

Aunque sin duda ellos desempeñarán muy bien sus papeles de abuelos, es posible que, cuando usted les dé la buena noticia, sientan que aun son demasiado jóvenes para eso.

Una fuente de ayuda
Aun antes de que nazca el bebé, los padres son, a menudo, invalorables fuentes de información, experiencia y seguridad.

Trucos cosméticos

El embarazo puede modificar el tono de su piel, y usted puede desear modificar su maquillaje para contrarrestar estos efectos.

Pequeñas arrugas *Se acentuarán si su piel se reseca. Deje, pues, de utilizar productos que las hacen más evidentes. Las sombras de ojos brillantes, las bases de maquillaje pesadas y los polvos coloreados suelen resaltarlas.*

Piel extra grasa *Para ayudar a combatirla, use una loción astringente, una base no grasa, y cubra con polvo traslúcido.*

Piel extra seca *Esto sucede raras veces durante el embarazo, pero si su piel se torna tan grasa que se descama, debe abandonar el maquillaje. Debe además seguirla nutriendo bien. En caso de maquillarse, utilice una base aceitosa y polvos que eviten la pérdida de agua. Los suavizantes espesos y cremosos también actuarán como una barrera contra la pérdida de agua.*

Exceso de coloración y "nevus arácnidos"
Aplique una capa de base mate color beige, que no tenga ninguna tonalidad rosada. Cuando esté seca, aplique su base habitual y polvo traslúcido.

Manchas oscuras
Sobre una fina capa de base, aplique corrector de ojeras sobre las manchas, y luego una nueva capa de base. Termine con polvo traslúcido.

Cuidados corporales

Las hormonas del embarazo provocan cambios en casi todas las partes de su cuerpo, incluyendo los pechos, la piel, el cabello, los dientes y las encías. Para asegurarse de mantener el cuerpo en las mejores condiciones, puede hacerse necesaria una nueva rutina diaria. Más aun, el agrandamiento de su abdomen puede afectar su postura, por lo cual deberá prestar mayor atención a la manera como está de pie o cómo se mueve.

La piel

Su piel probablemente "florecerá" durante el embarazo, dado que las hormonas hacen que retenga sustancias que luego salen hacia afuera, tornándola más tersa, menos grasa y con menor tendencia a producir granos. Sin embargo, algunas veces sucede lo contrario. Pueden agrandarse ciertas manchas rojas, el acné puede empeorar y algunas zonas pueden resecarse y escamarse. Además, quizá se produzca una mayor pigmentación en su rostro.

El cuidado de la piel He aquí algunos trucos para implementar durante el embarazo. Como el jabón quita la grasitud natural del rostro, trate de utilizarlo lo menos posible. Pruebe con una loción para bebés o con jabón a base de glicerina. En el baño, utilice siempre aceites para atenuar el efecto deshidratante del agua y no permanezca dentro del baño durante períodos prolongados, ya que el contacto prolongado con el agua deshidrata particularmente la piel. El maquillaje es bueno para su estado de ánimo y puede actuar como un buen suavizante de la piel, ya que evita la pérdida de agua (ver columna de la izquierda). Los aceites utilizados en la aromaterapia también pueden tener un efecto maravilloso, relajándola y vigorizándolas y dejarán una capa protectora de aceite sobre su piel, que la mantendrá tersa y evitará la deshidratación y los daños que produce la pérdida de agua.

Mayor pigmentación Esto ocurre a la mayor parte de las mujeres, especialmente en aquellas zonas de la piel que ya estaban muy pigmentadas, tales como las pecas, los lunares y las areolas de los pechos. Sus genitales, la piel de las caras internas de los muslos, la piel de debajo de sus ojos y la de sus axilas, también puede tornarse más oscura. Una línea oscura, llamada *linea nigra* a menudo aparece descendiendo a partir del centro de su abdomen. Demarca la división de sus músculos abdominales, que se separan ligeramente para dar espacio al útero. Usted debe ser muy cuidadosa cuando se incorpora, para evitar el estiramiento de estos músculos (ver pág. 143). Aun después del parto, es frecuente que la *linea nigra* y las areolas permanezcan oscuras durante un tiempo, pero luego la pigmentación extra va desapareciendo.

El sol intensifica la coloración de las áreas de la piel que ya estaban pigmentadas y muchas mujeres se broncean más fácilmente durante el embarazo. Dado que los rayos ultravioletas de tipo A pueden producir cáncer de piel y que su efecto sobre un bebé en gestación es aun desconocido, es preferible evitar el uso de lámparas solares. Mantenga su piel cubierta cuando el sol es fuerte o utilice una pantalla solar, especialmente en las áreas pigmentadas, como por ejemplo los pezones.

Cloasma Es una forma especial de pigmentación, también llamada "la máscara del embarazo", que se presenta bajo la forma de manchas marrones en el puente de la nariz, las mejillas y el cuello. La única manera de manejar el cloasma es disimulándolo con maquillaje, del tipo que se utiliza para cubrir las marcas de nacimiento. Nunca trate de quitar la coloración. Esta desaparecerá unos meses después del parto. A la inversa, algunas mujeres negras desarrollan manchas más claras en el rostro y el cuello. Probablemente también desaparecerán luego del parto, y pueden ser disimuladas durante el embarazo.

"Nevus arácnidos" Todos los vasos sanguíneos se tornan sensibles durante el embarazo —se dilatan rápidamente en presencia del calor, y se contraen rápidamente en presencia del frío— Como consecuencia, pueden aparecer en su rostro pequeños vasos sanguíneos rotos, en forma de pequeñas arañas. En particular, suelen aparecer en las mejillas. No se preocupe: se irán atenuando al poco tiempo del parto, y hacia los tres meses habrán desaparecido por completo.

Granitos Si su piel tiene tendencia a tornarse grasa antes de la menstruación, es probable que aparezcan granitos, especialmente durante el primer trimestre, momento en el cual las hormonas que estimulan la secreción sebácea y la piel no ha encontrado aun un punto de equilibrio. Trate de mantener su piel lo más limpia que pueda y utilice un limpiador facial para evitar la aparición de granitos. Si aparece alguno, aplíquele una capa de antiséptico. Nunca apriete los granitos, ya que esto desparrama la infección en las capas más internas de la piel.

Estrías Alrededor del 90 por ciento de las mujeres embarazadas desarrollan estrías. Estas suelen aparecer en el abdomen, aunque también pueden presentarse en las caderas, los muslos, los pechos y la parte superior de los brazos. Ninguna cosa que usted aplique en la piel (incluyendo el aceite), y ninguna cosa que usted coma, podrá evitar las estrías, porque estas se deben a la ruptura de las proteínas de la piel a causa de la presencia de las hormonas del embarazo en altos niveles. Si el aumento de peso es gradual, la piel podrá estirarse sin dañarse, aunque hay mujeres cuya piel está naturalemnte dotada de una mayor elasticidad que la de otras. Aunque en el embarazo estas marcas pueden ser rojizas y prominentes, luego del parto suelen ir empalideciendo hasta que no son más que sutiles trazos, que apenas se notan.

LOS DIENTES

Durante el embarazo, usted será más suceptible que lo habitual a tener problemas con las encías, debido al aumento del flujo sanguíneo y a los altos niveles de progesterona, que ablandan todos los tejidos. El aumento del volumen sanguíneo también presiona los capilares de alrededor de las encías, que a menudo sangran con facilidad. Una dieta balanceada ayuda a prevenir los problemas en dientes y encías. Una cantidad suficiente de calcio y proteínas de alta calidad, junto con buenas dosis de vitaminas B, C y D, la ayudarán a protegerse. Usted debe visitar a su dentista al menos una vez durante el embarazo y hacer que se le practique una limpieza para disminuir los riesgos de infecciones en las encías. No olvide informarle que está embarazada, ya que debe evitarse el uso de rayos X.

SU CABELLO

Durante el embarazo, es muy frecuente que el cabello experimente cambios en cuanto a su calidad, su cantidad y su docilidad.

Los altos niveles de hormonas afectan el ciclo normal de crecimiento y pérdida del cabello. Habitualmente todos los días crecen algunos cabellos y se pierden otros. Durante el embarazo es poco el cabello que se pierde, mientras que el crecimiento continúa.

Luego del parto, el ciclo pasa a una etapa de descanso, durante la cual se puede perder cierto volumen de cabello. La pérdida de cabello puede continuar hasta dos años después, pero, quédese tranquila: se detendrá. El embarazo nunca provoca calvicie. El cabello que usted perderá luego de que el bebé nazca es sencillamente el que debió haber perdido durante los 9 meses del embarazo.

Si su cabello se torna más difícil de manejar, puede ser este un momento adecuado para probar con un corte de cabello más sencillo. Utilice un champú suave y aplíquelo sólo una vez. Masajee suavemente , déjelo actuar durante 30 segundos y enjuague.

El vello corporal y facial también puede acrecentarse durante el embarazo y tornarse más oscuro.

Mantener la postura

Adoptar una buena postura la ayudará a minimizar el dolor de espalda y la fatiga que suelen aparecer con frecuencia cuando el embarazo avanza.

La mala postura es un problema frecuente durante el embarazo. Esto sucede debido al aumento de peso de su bebé. Su abdomen, cada vez más grande, va corriendo el centro de gravedad hacia adelante. Para compensar esto, usted tiende a arquear la espalda hacia atrás, poniendo en constante esfuerzo los músculos de su espalda, lo cual provoca dolores.

Cuando usted permanece de pie, sentada, o camina en la postura correcta, su espalda y su cuello se mantienen en línea recta.

Evitar problemas

Las hormonas del embarazo dilatan y ablandan los ligamentos, particularmente en la parte baja de la espalda, tornándolos más vulnerables a los esfuerzos. Tomando algunas sencillas precauciones, usted puede evitar problemas innecesarios y la fatiga que muchas mujeres suelen experimentar durante el embarazo.

No se incline
Cuando usted está realizando tareas domésticas o está trabajando en el jardín, y debe ocuparse de algo que está a nivel del piso, siéntese o póngase de rodillas, de modo tal de tenerlo a su alcance. Siempre que sea posible, evite inclinarse o agacharse.

Siéntese sobre los talones, pero trate de evitar que sus piernas se entumezcan.

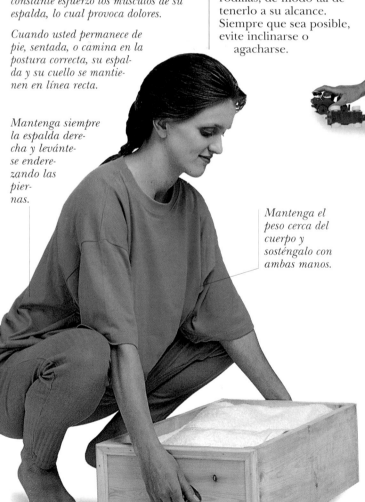

Mantenga siempre la espalda derecha y levántese enderezando las piernas.

Mantenga el peso cerca del cuerpo y sosténgalo con ambas manos.

Levantar y transportar
Si necesita levantar algún objeto del piso, hágalo flexionando las rodillas y manteniendo la espalda todo lo derecha que le sea posible. Una vez que lo levante, sosténgalo cerca del cuerpo, utilizando la fuerza de sus piernas para levantarlo. Nunca intente levantar objetos demasiado pesados: busque la ayuda de otra persona. No trate de levantar objetos pesados que están ubicados en anaqueles o cualquier otro lugar alto. Si lleva bolsos pesados, trate de repartir el peso equitativamente entre los dos brazos.

Levantarse
Si usted ha estado acostada en el piso, por ejemplo, si ha estado haciendo ejercicio, levántese en varias etapas simples. Primero, póngase de lado (ver debajo), luego, utilice sus manos para sostenerse mientras se coloca de rodillas (ver a la derecha). A partir de esta posición, manteniendo la espalda derecha y utilizando la fuerza de los músculos de sus muslos, síentese (ver a la derecha, abajo). A partir de esta posición, usted podrá ponerse de pie sin hacer esfuerzos con el abdomen.

Sosténgase con las manos

Use las manos para sostenerse

Cruce la pierna de arriba por sobre la de abajo

Empuje con los muslos

PROBLEMAS DE LA PIEL Y LAS UÑAS

PROBLEMAS POSIBLES	QUE HACER
Comezón o irritación de la piel *La piel de su abdomen agrandado puede experimentar comezón, y la zona de entre los muslos puede irritarse*	*Masajee su piel con loción para bebés para estimular el flujo de sangre y aliviar la irritación. Mantenga seca la entrepierna. Entálquela y lleve ropa interior de algodón.*
Erupciones *Son frecuentes en la ingle y bajo los pechos. Se originan en el aumento de peso y la acumulación de sudor en los pliegues de la piel. La falta de higiene aumenta el riesgo.*	*Mantenga limpias la zona de la ingle y la piel de debajo de los senos. Aplique calamina u otra loción secante. Trate de controlar su peso. Lleve un corpiño firme que sostenga bien sus pechos.*
Pigmentación *La pigmentación de muchas mujeres se altera durante el embarazo. Esto afecta particularmente zonas ya pigmentadas antes, tales como los lunares o las areolas de alrededor de los pechos.*	*Use una pantalla solar para proteger su piel de los rayos ultravioletas cuando esté expuesta a los rayos del sol. El efecto de pigmentación desaparecerá después del parto.*
Uñas *Sus uñas crecerán más rápidamente durante el embarazo, pero es posible que además se tornen débiles y quebradizas, y que se rompan con más facilidad que antes del embarazo.*	*Mantenga cortas sus uñas y utilice guantes para realizar trabajos domésticos y de jardinería.*

La vestimenta de la embarazada

En cuanto a la ropa, lo más importante durante el embarazo es la comodidad. Trate de adelantarse al aumento de tamaño de su cuerpo. No hay nada más deprimente que sentirse oprimida y demasiado gorda para la ropa que se lleva. Como la sangre circula más velozmente por su cuerpo, probablemente usted sentirá más calor durante el embarazo. Hacia el final del día, los pies y las piernas tienden a hincharse, de modo que es importante elegir con cuidado el calzado y las medias.

Vestimenta

Estar embarazada no significa tener que gastar mucho dinero en ropa especial. Unas pocas prendas básicas para embarazada, tales como dos jeans con un panel extensible en la delantera, varios corpiños para embarazada, algunas calzas de algodón o lana también extensibles y un par de lindos vestidos de futura mamá para las ocasiones especiales, puede complementar perfectamente otro tipo de vestimenta, tales como vestidos étnicos, pantalones de algodón y chombas de talla masculina, que podrá seguir usando luego del embarazo. Antes de gastar en prendas especiales, pregunte a sus amigas y vecinas si tienen ropa para embarazada que usted pueda comprar. También hay comercios que se especializan en ropa para futura mamá casi nueva, donde podrá comprar prendas a precios muy bajos. Evite las telas sintéticas, ya que nunca son tan cómodas como las naturales. Las telas de stretch, por ejemplo, pueden llegar a ser demasiado ajustadas. El poliester tiende a concentrar la transpiración, lo cual resulta incómodo cuando el clima es cálido.

Ropa de trabajo Según el lugar donde usted trabaje, puede ingeniárselas con ropa informal un poco más elegante, como por ejemplo calzas y una linda camisola o una falda amplia y una blusa de algodón. En cambio, si usted trabaja en un ambiente más elegante, es posible que tenga que invertir en indumentaria más costosa, especial para embarazada. En general será suficiente con llevar chaquetas largas, faldas amplias combinadas con blusas y vestidos sueltos. Si lleva un uniforme, asegúrese de avisarles a los empleadores lo antes posible que está embarazada, para que puedan ayudarla económicamente en la compra, aunque no sean ellos quienes provean los uniformes. Si usa tacones altos para trabajar, cámbielos por calzado bajo.

Calzado

Cuanto más aumenta su tamaño, más inestable se torna usted, de modo que será mejor llevar zapatos chatos o de taco bajo, cómodos y fáciles de calzar. Las zapatillas reúnen todas estas condiciones, y usted deberá escoger aquellas que tienen cierres de velcro, ya que cuando el embarazo avance le resultará difícil inclinarse para anudar los lazos. Hay en el mercado muchos cal-

Ropa interior para futura mamá
Un corpiño y una trusa especiales pueden ser invalorables para su comodidad durante el embarazo y también para su ulterior silueta.

zados elegantes y chatos, que son a la vez versátiles y durables. Sus pies se hincharán durante el embarazo, así es que será mejor que usted compre una medida más grande que la habitual, y que evite los tacones. Lo mejor de todo es caminar descalza cada vez que pueda hacerlo.

ROPA INTERIOR

Corpiños Esta es una prenda esencial durante el embarazo. Es posible que sus pechos aumenten mucho de tamaño, particularmente durante el primer trimestre y, si usted no los sostiene bien, pueden caerse más tarde. Esto puede suceder porque en ocasiones el tejido fibroso que los sujeta no vuelve a retomar su forma habitual después de haberse estirado. Un buen corpiño, bien firme, evitará que se estire.

Cuando usted compre un corpiño, debe tratar de que le quede bien a la medida. Una tienda especializada en ropas o lencería para futura mamá, o la sección correspondiente de una gran tienda tendrán el personal adecuado para asesorarla. Asegúrese de que el corpiño que usted elija sostenga bien sus pechos, y de que tenga una banda ancha bajo las tazas y buenos breteles en las espaldas, que no se incrusten en su piel. Los broches deben ser adaptables a distintas medidas, por eso suelen ser mejores los corpiños prendidos por detrás que los que tienen cierre delantero. Para comenzar, compre solamente un par de corpiños, ya que sus pechos continuarán creciendo y usted deberá comprar medidas más amplias cuando el embarazo avance.

Si sus pechos se tornan muy grandes, es preferible usar un corpiño más ligero durante la noche, que también le sirva de sostén. Recién poco antes de su fecha de parto usted debe comprar un corpiño para amamantar, con aletas en las tazas. Puede adquirirlos en cualquier casa de futura mamá o en grandes tiendas. También necesitará un corpiño para usar en las noches después del nacimiento. Las pérdidas de leche en la cama no son agradables.

Trusas Usar una trusa especial para embarazada durante el segundo y el tercer trimestre le dará el sostén que tanto necesita, especialmente si usted está esperando más de un bebé. Al aliviar su espalda de una parte del esfuerzo que hace, la trusa también la ayudará a aliviar los dolores de espalda.

Zoquetes Deben ser de algodón y amplios. Los de materiales sintéticos no son buenos para sus pies hinchados. Además, no absorben la transpiración, así es que la piel suele humedecerse. Evite los calcetines hasta la rodilla, porque suelen tener un puño ajustado cerca de la rodilla, lo cual aumenta las posibilidades de várices.

Pantimedias Hasta las más livianas para futura mamá le proveerán un buen sostén. Existen muchos tipos y hay variedad de colores. Puede encontrarlas en comercios especializados y en grandes tiendas.

Medias Si usted sufre de infecciones por levadura, es posible que prefiera llevar medias largas. Las de descanso, o las que contienen un alto porcentaje de spandex serán las más cómodas, aunque obviamente no proveerán la misma clase de sostén que las pantimedias. Los portaligas le resultarán más cómodos si los lleva en las caderas, por debajo del abdomen. Asegúrese, pues, de comprar una medida suficientemente grande y, en todo caso, acorte las ligas.

Prendas para embarazada
Elija calzas de algodón, chombas amplias y calzado chato, para su mayor comodidad y elegancia durante el embarazo.

Trabajar en el embarazo

Trucos para su jornada laboral

Algunos pequeños ajustes que usted puede practicar respecto de sus hábitos normales de trabajo pueden hacer que su jornada sea más cómoda.

Levantar los pies *Permanezca sentada todo el tiempo que pueda y levante los pies siempre que sea posible. Transforme algún mueble, un cesto de papeles invertido o una gaveta abierta en un apoya-pies.*

Ejercicios de relajación *Practique unos pocos ejercicios simples de cuello, hombros, pelvis y pies siempre que pueda, tanto mientras viaja como en el trabajo. Esto aliviará tensiones y la ayudará a mejorar la circulación.*

Practique cuclillas *Utilice la posición en cuclillas cada vez que deba agacharse, o cuando no tenga una silla a su disposición. Así fortalecerá sus muslos y se preparará para utilizar esta posición en el parto.*

Coma bien *Tenga a mano una provisión de bocadillos nutritivos (ver pag. 114) Aunque es posible que usted siga experimentando náuseas, su necesidad de comer puede aparecer en momentos inadecuados. Una galleta y un vaso de leche descremada la satisfarán y la ayudarán a superar estados nauseosos.*

Tómeselo con calma *En general, usted debe tomarse las cosas con más tranquilidad y detenerse cada vez que se sienta cansada.*

Sea que usted trabaje por necesidades económicas o sea que su carrera le resulte gratificante y desee continuar con ella luego de que nazca su bebé, asegúrese de que está bien informada respecto de todas las cuestiones importantes para proteger su salud y su empleo. Usted puede desear seguir trabajando hasta bien entrado el embarazo, y no hay razones por las cuales no deba hacerlo, a menos que su entorno laboral plantee situaciones de riesgo para el bebé. Las sustancias o emanaciones tóxicas, o el trabajo físico pueden ser perjudiciales.

El embarazo trae aparejados una serie de cambios físicos e incomodidades, pero el hecho de trabajar puede darle el beneficio psicológico de confirmarle que se trata de un estado normal. Continuar con su trabajo puede brindarle estabilidad en este aspecto de su vida que es a la vez importante y estable, en un momento en que usted puede estar sintiéndose desorientada debido a los cambios físicos y emocionales causados por el embarazo.

Poner en juego sus derechos

La mayor parte de los empleadores colaborarán con usted para que pueda seguir desempeñándose en su trabajo durante y después del embarazo, a condición de que usted los mantenga bien informados acerca de sus planes acerca de cuándo dejará su empleo para dar a luz y cuándo tiene pensado retomar sus tareas.

Proteger su trabajo En los Estados Unidos, es necesario conversar con el empleador o el representante del sindicato acerca de los derechos de licencia por maternidad y la paga correspondiente. Es frecuente que se otorgue un tiempo de licencia paga para cuidados prenatales y una licencia por maternidad, que puede o no ser paga.

Proteger su salud Si existen posibilidades de que su trabajo pueda dañar a su bebé, porque por ejemplo usted se encuentra expuesta a rayos X o debe levantar objetos pesados, el empleador deberá hacer todos los esfuerzos posibles para encontrarle tareas alternativas mientras está embarazada, dado que usted ya ha trabajado para él durante un período considerable.

Adaptar su rutina

Soportar la fatiga provocada por el trabajo será una dura batalla que usted deberá librar durante el embarazo. Los estados nauseosos, sobre todo al comienzo del embarazo, pueden tornar la cosa aun más compleja. Cuando el embarazo avance, perderá parte de su agilidad, de modo que trabajar durante muchas horas seguidas puede hacerla sentir muy fatigada. El agotamiento exacerbará sus nauseas y es posible que usted no logre concentrarse bien o se quede dormida. A esto se agrega el estrés de viajar hasta y desde el trabajo, ya que, sobre todo si debe hacer uso del trasporte público en las horas pico, los traslados pueden resultar agotadores.

Busque flexibilidad Si hay aspectos de su trabajo que la hacen sentir incómoda, vea si puede cambiarlos hasta que nazca su bebé. Es posible que usted pueda modificar los horarios de comienzo y salida del trabajo para evitar viajar en las horas pico. Si debe permanecer mucho tiempo de pie, o caminar mucho, vea si puede obtener un puesto más sedentario.

Tómeselo con calma No se exija demasiado. Adopte una posición más tranquila respecto de las tareas domésticas, relegando algunas priori-dades. Su salud y la de su bebé son mucho más importantes que una casa inmaculada. La relajación es muy importante durante el embara-zo y usted debe tomarse suficiente tiempo libre como para poder cui-dar de su cuerpo, lo cual incluye practicar una rutina de ejercicios y masajes.

Pida colaboración Si su pareja no la ayudaba antes con la limpieza y la cocina, pídale que ahora lo haga. Tal vez usted pueda dejar la mayor parte de las tareas para el fin de semana, y en ese momento puedan hacerlas juntos. Haga saber a sus compañeros que está embarazada. Ellos serán más proclives a comprender sus cambios físicos y emocio-nales, tales como los cambios de humor, la falta de energía y la necesi-dad de un entorno más agradable.

DECIDIR CUANDO DEJAR

Algunas mujeres tienen la suerte de seguir trabajando hasta la inmi-nencia del parto. Sin embargo, la mayor parte de las autoridades médicas piensan que las mujeres no deben trabajar hasta el momento del parto, en lo posible no deben seguir más allá de la semana 36. En ese momento su corazón, sus pulmones y otros órganos vitales estarán trabajando al máximo y su columna, sus articulaciones y músculos estarán sometidos a un gran esfuerzo. Para esta época, usted deberá permitir a su cuerpo que descanse cada vez que lo necesite y esto pue-de resultarle difícil si usted sigue trabajando.

DECIDIR CUANDO RETOMAR

Es importante que piense con cuidado cuándo querrá volver a trabajar después de que nazca su bebé, y qué hará cuando retome sus tareas.

Es posible que desee retomar el trabajo en condiciones diferentes y, en ese caso, deberá conversarlo con su empleador. Es posible que tenga la posibilidad de un empleo de tiempo parcial, o de ir retomando sus obliga-ciones por etapas. Es posible que también desee investigar la posibilidad de compartir sus tareas o de intentar trabajar en su casa. Trate de pensar en esas posibilidades al comienzo del embarazo. Planear por anticipado hará más fácil que su empleador y usted puedan ponerse de acuerdo en un plan para después del parto o que pueda sentar las bases de un traba-jo independiente en su casa.

Para decidir si continuará o no trabajando después del parto, es importante que usted tome en cuenta los sentimientos de su pareja además de los suyos propios. Si usted decide seguir trabajando y su pareja no lo acepta, su decisión puede llevar a situaciones desdicha-das. Si él tiene ese tipo de sentimientos, hablar abiertamente acerca del tema puede llevarlos a un buen acuerdo y a una solución respecto de su futuro laboral.

LA SEGURIDAD DE SU BEBE

Trate de tomar conciencia de la existencia de cualquier producto químico que pueda ser nocivo para su bebé en su entorno laboral . Si está preocupada, converse con su médico y con su empleador acerca de los riesgos, y plantee etapas para evitarlos.

Muchas madres que trabajan en oficinas están particularmente preocupadas por los riesgos que plantean la exposición a radiaciones provenientes de máquinas copiadoras y terminales de computadoras con videos. Sin embargo, investigaciones recientes, sostienen que estos niveles de radiación son muy bajos y no dañan al bebé en desarrollo.

Si usted está en un ambiente de fumadores, averigüe si es posible que la transfieran a un ambiente libre de humo, por lo menos hasta que usted deje de amamantar.

NOMBRE *Vicky Dyson*

EDAD *29 años*

ANTECEDENTES *Nada anormal*
MEDICOS

ANTECEDENTES *Un hijo de 6 años*
OBSTETRICOS *nacido en parto normal.*

Vicky, socia minoritaria en un estudio contable, está muy ansiosa por continuar trabajando durante el embarazo. Se graduó como contadora cuando estaba esperando su primer hijo, de modo que sabe que es capaz de estar embarazada y trabajar una jornada completa. También sabe que puede combinar el trabajo y la maternidad, ya que ha trabajado desde poco tiempo después del nacimiento de su hijo, hace 6 años. Su desafío actual consiste en combinarlo todo: el embarazo, el trabajo y el ser madre de un niño en edad escolar, manteniendo una buena relación con su pareja. El secreto radica en la administración del tiempo y en estar alerta a las necesidades propias.

ESTUDIO DE UN CASO

LA MADRE QUE TRABAJA

Vicky tiene que ensamblar las piezas de su vida como si se tratase de un gigantesco rompecabezas -cuándo dejar el trabajo, cuándo retomarlo, el cuidado de los niños, su familia y su salud. Ella debe poner su bienestar y el de su bebé como la prioridad más importante en todos sus planes.

LA SITUACION LABORAL DE VICKY

Los colegas de Vicky y los socios principales son todos hombres, y teme que no les gustará que ella se tome un tiempo antes o después de la llegada de su bebé. Le aconsejé que informase de su embarazo a los socios principales, en el tercer mes, y que concertase una cita con ellos en los días siguientes para discutir cuándo dejaría el trabajo y cuándo lo retomaría (ver pág. 54). También le aconsejé que se asegurase de estar alimentándose de manera adecuada, como para disponer de la energía necesaria para seguir trabajando mientras su bebé se desarrollaba. Además, ella necesitaría descanso extra, y sería bueno que pudiese hacer una siesta por las tardes, o al menos descansar un rato con los pies levantados.

Cuándo dejar No hay dos embarazos iguales. Por lo tanto, Vicky no puede saber por anticipado cómo se sentirá en el futuro. Le aconsejé que sería imprudente que se comprometiese a permanecer en el trabajo más allá de la semana 36, pero que tal vez pudiese concertar informalmente su permanencia más allá de esa fecha si se sentía bien.

Cuándo retomar Esta es una decisión más complicada, ya que hay que tener en cuenta muchas cosas. Es posible que el ciclo menstrual de Vicky vuelva a la normalidad a los tres meses, pero sus músculos y órganos necesitarán más tiempo. Todo el proceso toma como un año. Vicky debe planear especialmente la alimentación, si es que piensa retomar el trabajo antes de los cuatro meses de su bebé. Como ella no desea darle alimentos comerciales, tendrá que ordeñar su propia leche y congelarla (ver **En la oficina**, en la página de enfrente y pág. 305) Necesitará tomarse un tiempo para hacerse de un stock inicial de leche, y luego seis semanas más para que el bebé se acostumbre a la nueva modalidad.

Sugerí a Vicky que escogiese una fecha probable para su regreso al trabajo, teniendo siempre en cuenta que tal vez se sintiese diferente luego de tener al bebé; y que debería consultar a sus médicos cuando la fecha estuviese próxima.

Escoger alguien para el cuidado del niño. Vicky deberá, en primer término, considerar con anticipación todas las opciones posibles — guarderías, niñeras, baby sitters— hasta que encuentre la persona que le parezca adecuada.

ORGANIZAR EL TIEMPO

Una vez que retome el trabajo y esté a cargo de su casa, haciéndose cargo de su familia y cuidando de su nuevo bebé, Vicky seguramente sentirá que el tiempo es algo precioso, y que dispone de todo el que necesita.

Ella tendrá que pasar algún tiempo a solas todos los días con su nuevo bebé y su hijo, Jack, necesitará mucha atención en esta etapa. El mejor modo de proporcionársela es darle un tiempo especial para él, de modo que no se sienta abandonado. Vicky también deseará tener algún tiempo para compartir con su pareja, Peter, para que la relación entre ambos no se resienta. Ella y Peter, con o sin los niños, también desearán tomarse un tiempo con los amigos. Además, y por sobre todo, Vicky necesitará algún tiempo para sí misma —aun cuando se trate tan solo de una hora libre en la semana, durante la cual nadie le exija nada—. Muchas madres se sienten culpables cuando se toman tiempo para ellas mismas, pero esto resulta esencial para que la madre esté más tranquila y, por lo tanto, la familia esté más feliz.

Estructurar una rutina Sugerí a Vicky que era posible que se sintiese menos sobrecargada si tenía una rutina estructurada. De este modo, también su familia se sentiría mejor. Por ejemplo, su tiempo para el bebé podía ser al regreso de la oficina. Tal vez Peter y Jack podían llevarle una taza de té, asegurarse de que ella estuviese cómoda y luego irse a jugar juntos, dejándola a solas con el bebé. Su momento especial para el hijo mayor podía ser el momento de irse a la cama. Ella podría entonces leerle un cuento y escuchar sus relatos acerca de los sucesos del día. Luego ella y Peter podrían cenar juntos y conversar, antes de que el bebé recibiese su última comida.

ORDEÑAR SU LECHE

Expliqué a Vicky que el factor principal para tener una buena cantidad de leche es extraer leche de los pechos, sea amamantando al bebé, sea ordeñándose de manera regular. Cuando queda leche acumulada en los pechos, la producción disminuye y las provisiones pronto merman. Vicky está segura de que tendrá leche suficiente como para poder extraer un poco enseguida después de amamantar, para ir acumulando una provisión.

En la oficina Advertí a Vicky que probablemente sus pechos se llenarían dos veces durante el día, y que tendría que hacerse de algún tiempo como para extraerla durante la jornada laboral.

Vicky me dijo que pensaba utilizar un sacaleche y que, aunque la empresa donde trabaja es predominantemente masculina, hay un toilet cómodo para damas, donde podrá extraerla en privado, y que también dispone de un refrigerador donde guardarla hasta regresar a casa. Por todo esto piensa que tendrá pocos problemas. Le recordé que todos los recipientes debían ser esterilizados y que sólo podría guardar la leche materna durante 48 horas en el refrigerador (y hasta 6 meses en el freezer).

Como Vicky permanecerá en el trabajo durante todo el día, la niñera será responsable de descongelar la cantidad de leche necesaria diariamente. Habitualmente esto se hace en el refrigerador, aunque si se desea descongelar leche materna rápidamente, se puede colocar el recipiente bajo el chorro de agua caliente del grifo. Los restos que deja el bebé siempre deben ser deshechados, nunca recongelados.

EL BEBE DE VICKY

Como su madre trabaja, el bebé de Vicky también deberá adpatarse a una rutina.

- *Deberá aceptar los biberones con leche ordeñada. Esto le resultará más fácil si se los suministran antes de las 5 semanas de vida.*

- *Si los rechaza de manera persistente, es posible que necesite biberones con otro tipo de tetina.*

- *Aproximadamente unas 6 semanas antes de que Vicky retome el trabajo, comenzará a dejar de amamantar al bebé durante el día. Para comenzar, remplazará una de las comidas diarias por biberón, hasta que se vaya habituando.*

- *Deberá aceptar a la persona que lo cuidará mientras Vicky esté en el trabajo.*

- *Creará lazos con la persona que lo cuide, que pasará a ser una persona importante en su vida, pero esto no afectará la relación con sus padres.*

- *Deberá pasar el mayor tiempo posible con su madre. El mejor momento será cuando Vicky regrese de la oficina. Sus pechos estarán llenos y el bebé listo para mamar.*

- *Rápidamente aprenderá que su mamá está allí toda la noche y puede ser un niño que se despierte a menudo, como lo fueron 2 de mis propios hijos.*

LAS DROGAS Y SU BEBE

EVITAR RIESGOS

Consulte a su médico antes de ingerir cualquier droga, recetada o no recetada, y no haga ninguna consulta sin advertir al médico que usted está embarazada.

Es mejor evitar la ingestión de cualquier droga durante el embarazo, a menos que su médico determine que el beneficio para usted es mayor que el riesgo que puede correr el feto. Los efectos que muchas drogas pueden ejercer a largo plazo sobre el feto son aun desconocidos. En los casos de algunas drogas, se ha demostrado un efecto nocivo sobre el feto, por lo cual deben ser evitadas por completo (ver debajo)

Muchas actividades normales pueden plantear riesgos durante el embarazo. Cosas que solemos hacer en casa, tales como limpiar la cucha de nuestro gato, u otras tales como el contacto con productos químicos nocivos en el trabajo, el fumar pasivamente en las actividades sociales, o las vacunaciones para viajar, pueden afectar el desarrollo del bebé. Debemos pues tomar ciertas precauciones.

EN CASA

Muy pocas personas pueden mudarse a un entorno perfecto cuando están embarazadas, pero usted debe tratar de evitar el manipuleo de carne cruda, no debe acariciar a las mascotas de otras personas ni debe limpiar las cuchas, no debe respirar las emanaciones de los motores ni trabajar con pesticidas en el jardín.

DROGA	USO	EFECTOS
Anfetaminas	Estimulante	Puede causar defectos en el corazón y enfermedades de la sangre.
Esteroides anabólicos	Mejorar el físico	Pueden tener un efecto masculinizante sobre los fetos femeninos
Tetraciclinas	Tratamiento del acné	Pueden alterar el color de los dientes de leche y los definitivos
Estreptomicina	Tratamiento de la tuberculosis	Puede causar sordera
Antihistamínicos	Alergias, vértigos	Algunos causan malformaciones fetales
Drogas Antinauseosas	Combaten las náuseas	Pueden causar malformaciones fetales
Aspirina	Calma el dolor	Puede causar problemas con la coagulación sanguínea
Diuréticos	Liberan al cuerpo del exceso de líquidos	Pueden causar trastornos en la sangre
Narcóticos (codeína, etc.)	Alivian el dolor	Son adictivos. El bebé puede experimentar síntomas de abstinencia
Retin-A	Trata el acné	Puede causar defectos de nacimiento
LSD, Marihuana	"Diversión"	Riesgo de daños cromosómicos y abortos
Sulfamidas	Tratan infecciones	Pueden causar ictericia al nacer

También será mejor evitar el alcohol, el café y los tés que contienen cafeína. Los tés de hierbas, en general, no causan problemas (evite las hojas de frambuesa, ya que se dice que provocan contracciones) y escoja siempre los orgánicos para evitar los pesticidas.

Sustancias químicas nocivas Debe limitar el uso de aerosoles en el hogar. Actualmente hay en el mercado alternativas para la mayor parte de los aerosoles. Aunque los aerosoles modernos suelen contener hidrocarburos halogenados, que no se sabe hayan sido responsables de daños a fetos o madres, pienso que estamos expuestos a fuentes invisibles de productos químicos potencialmente nocivos, y que es mejor tomar todas las precauciones posibles.

Evite las sustancias que exhalan gases, tales como los pegamentos y la gasolina, ya que son tóxicos y no hay que inhalarlos nunca, se esté o no embarazada. Lea las etiquetas de todos los elementos que utilice y evite los que sean potencialmente nocivos. Algunos ejemplos son los líquidos limpiadores, los cementos de contacto, la creosota, las pinturas volátiles, las lacas, los diluyentes, algunos pegamentos y los limpiadores de hornos. Las permanentes no parecen causar problemas, pero si usted tiene dudas, yo le aconsejaría esperar hasta después del primer trimestre, momento en el cual ya los órganos vitales se han conformado.

Baños calientes Se considera que los saunas y yacuzzis han sido responsables de anormalidades fetales, especialmente del sistema nervioso de los bebés, actuando de la misma manera como lo hace la fiebre. Cuando su cuerpo es sometido a excesivo calor durante un período considerable, usted se recalienta y eso puede afectar al bebé. Evite los saunas y yacuzzis, especialmente durante el primer trimestre y mantenga en niveles moderados la temperatura de su baño.

La televisión No se ha demostrado que los rayos emanados de la televisión, aunque sea en colores, formen radiaciones ionizantes. No es nocivo situarse a más de un metro de la televisión, aunque sea durante períodos prolongados. Eso sí, asegúrese de sentarse cómodamente para evitar molestias en la espalda.

Inmunizaciones Como todo su sistema inmunológico está cambiando por la influencia del embarazo, y puede estar debilitado, su reacción frente a las inmunizaciones es impredecible.

Su médico conversará con usted acerca de cualquier inmunización que sea necesaria, en caso de que usted haya estado expuesta a enfermedades infecciosas, o si debe viajar fuera del país. En general es preferible evitar aquellas vacunas que están preparadas con virus vivos, incluyendo las del sarampión, la rubeola, las paperas y la fiebre amarilla. Se recomienda que las mujeres embarazadas no se apliquen vacunas contra la gripe, salvo que tengan un alto riesgo de enfermedades pulmonares o cardíacas.

EN EL TRABAJO

Si usted trabaja fuera de su casa, puede plantearse muchas preguntas que no son de fácil respuesta. ¿Mi lugar de trabajo es seguro? ¿Las exigencias de mi trabajo pondrán en riesgo mi embarazo? ¿Hasta cuándo puedo trabajar? Si su trabajo es extenuante, implica mucho tiempo de pie, mucho caminar o levantar pesos, puede estarla privando del descanso extra que usted necesita durante el embarazo, y aumenta la fatiga. Es posible que su médico le sugiera que reduzca su jornada de tra-

LA TOXOPLASMOSIS Y SU BEBE

Se trata de un parásito que sólo suele producir síntomas de apariencia gripal en un adulto, pero que puede tener serias consecuencias para el bebé en gestación.

Puede causar daño cerebral fetal y ceguera y, en ocasiones, resulta fatal. El mayor riesgo se produce durante el tercer trimestre.

El toxoplasma está en las heces de animales infectados, particularmente de los gatos, pero la mayoría de las personas lo contraen ingiriendo carnes mal cocidas, en especial de aves. Aproximadamente el 80 % de la población ha padecido esta enfermedad y ha desarrollado anticuerpos contra ella, pero cuanto más joven sea usted, mayores posibilidades tiene de no ser inmune. Pida a su médico que le practique un análisis de sangre para averiguarlo.

Indicaciones a seguir

• *No ingiera carne cruda ni mal cocida, especialmente cerdo, vaca o bife a la tártara.*

• *No alimente a su perro o a su gato con carne cruda. Mantenga sus platos lejos de los demás enseres.*

• *No haga trabajos de jardinería en tierra que utilizan los gatos.*

• *Lleve guantes cuando practique tareas de jardinería.*

• *No toque mascotas ajenas.*

• *No se ocupe de los excrementos de su gato, ni utilice la palita de su perro. Si es inevitable, póngase guantes y lávese las manos con un desinfectante inmediatamente después.*

• *Lávese las manos luego de las tareas de jardinería o de tocar a sus animales.*

• *Cocine la carne hasta que alcance una temperatura interna de por lo menos 54°C, que es la temperatura en la que mueren las bacterias. Utilice un termómetro para carne a este efecto.*

• *Trate de mantener a su gato dentro de la casa para que no salga de cacería. El parásito vive en ratones y pájaros infectados.*

SUS RIESGOS DE INFECCION

Durante las primeras 12 semanas de embarazo, usted debe evitar el contacto con cualquier persona, especialmente con niños, que tengan fiebre alta, aun cuando la fiebre no sea provocada por rubeola (ver pág. 19)

Si usted contrae paperas durante el embarazo, la enfermedad tendrá la misma evolución que si usted no estuviese embarazada. Hay un riesgo mínimo de aumento en las posibilidades de aborto si se contrae la enfermedad durante las 12 primeras semanas de embarazo.

La vacuna contra las paperas no debe aplicarse durante el embarazo porque está preparada con virus vivos y, por lo tanto, puede tener efectos adversos sobre el feto.

La varicela es una enfermedad poco frecuente en los adultos y, por lo tanto, también lo es durante el embarazo. Algunas evidencias indican que puede causar malformaciones.

Infecciones
Si usted tiene hijos pequeños, es poco lo que puede hacer para mantenerse apartada de ellos. Si es maestra, sea muy estricta en cuanto a mandar de regreso a su casa a cualquier niño que presente fiebre.

bajo, cambie sus tareas por otras menos extenuantes, o deje de trabajar varias semanas antes de su FEP. En cualquier circunstancia, las mujeres embarazadas deben evitar aquellos trabajos que las exponen a riesgos físicos, incluyendo algunos trabajos policiales, motociclismo y otros. También es posible que su médico le aconseje dejar de trabajar si es que usted padece ciertas enfermedades, tales como enfermedades cardíacas, si ha tenido antecedentes de abortos espontáneos o de más de un bebé prematuro, o si está esperando a más de un bebé.

Esté atenta a aquellas tareas que podrían exponerla a factores ambientales potencialmente riesgosos, y pida a su empleador que la transfiera a un lugar de trabajo o a una tarea alternativos que no presenten riesgos (ver también pág. 146). Evite especialmente:

- Gases anestésicos (enfermeras, médicas, dentistas, anestesiólogas)

- Productos químicos utilizados en algunas industrias, por ejemplo plomo, mercurio, cloruro de vinilio, líquidos para limpieza a seco, emanaciones de pinturas y solventes.

- Animales que presentan riesgos de toxoplasmosis.

- Exposición a enfermedades infecciosas, especialmente a las eruptivas de la infancia.

- Exposición a desperdicios tóxicos de cualquier clase.

- Exposición a niveles excesivos de humo de cigarrillo, incluyendo el fumar pasivo, por ejemplo en oficinas sin restricciones para los fumadores.

- Niveles inaceptables de radiación ionizante (aunque actualmente, en los Estados Unidos esto es controlado estrictamente por el gobierno) Se considera aceptable la exposición diaria a la radiación infrarroja o ultravioleta que emiten los equipos de oficina tales como las impresoras láser, las copiadoras o las terminales de computadoras con video. Se cree que esto no es perjudicial para su bebé. Para ser más cuidadosas, las mujeres que trabajan con máquinas fotocopiadoras todos los días deben mantener siempre cerrada la parte superior de la máquina cuando ésta está funcionando.

Por otra parte, si usted es una mujer sana que está llevando adelante un embarazo normal, y trabaja en un empleo que no presenta riesgos más grandes que los que puede tener en su propia casa, habitualmente podrá continuar con su trabajo hasta que se acerque la fecha estimada de parto.

SOCIALIZACION

Las infecciones se contraen por contacto con otras personas. Aunque el hecho de estar embarazada no implica que usted deba transformarse en una ermitaña, ni que deba llevar un barbijo cada vez que conversa con alguien, es importante tener cierta precaución —especialmente con los niños (ver columna de la izquierda) o con adultos que tienen fiebre alta. Los resfriados y las gripes no afectarán a su bebé, pero usted debe hacer todo lo posible para evitar llegar a estados febriles. Si tiene fiebre alta, su médico debe indicarle cuáles son los medicamentos adecuados (no debe tomar aspirina durante el embarazo) y una esponja húmeda y un ventilador ayudarán a refrescar la piel. No tome ningún antigripal que contenga antihistamínicos. Existen algunas evidencias de que la gran virulencia de virus de gripe puede causar abortos.

VIAJES

No hay ninguna evidencia de que el hecho de viajar pueda precipitar un parto, o de que pueda llevar a un aborto o a otras complicaciones del embarazo. Usted debe ser especialmente cuidadosa si ha tenido antecedentes de abortos o de partos prematuros. Pida a su médico que le recomiende un obstetra en la zona que visitará y, en el último trimestre, limite sus viajes a un área de no más de 50 kilómetros de distancia de su casa.

Trenes En lo posible, reserve un asiento, y trate de que éste no esté ubicado cerca del coche comedor, ya que los olores pueden provocarle náuseas. Coma liviano para evitar los mareos. No se apoye ni permanezca cerca de las puertas, ya que pueden abrirse (esto, por supuesto, rige también para cuando alguien no está embarazado).

Automóviles Viajar en automóvil puede llegar a ser agotador. Limite sus viajes. Baje del auto de tanto en tanto, regularmente, y camine para asegurarse una buena circulación. Abroche siempre el cinturón de seguridad, pero hágalo por debajo del abdomen, a la altura de la pelvis. Si es posible, utilice un arnés de seguridad. Usted puede seguir conduciendo mientras se sienta cómoda detrás del volante. Deje de hacerlo en cuanto comience a acalambrarse, y, aunque la advertencia parezca obvia ¡No conduzca usted misma cuando se dirija al hospital, una vez comenzado el trabajo de parto!

Aviones No es una buena idea viajar en avión durante el último trimestre, debido a los cambios de presión que se producen en la cabina. Si debe viajar durante este período, constate con la línea aérea si es necesaria una autorización de su médico para viajar después del séptimo mes. No viaje en pequeños aviones privados que no cuentan con cabinas presurizadas. Si se sienta a la altura de las alas o en la parte anterior del avión, sentirá menos el movimiento.

Cuando vuele, coma liviano, ya que el embarazo la hace más propensa a los mareos. Vacíe su vejiga antes de embarcarse, ya que puede haber demoras en el despegue, o el letrero de mantener los cinturones abrochados puede permanecer encendido durante mucho tiempo. Cuando abroche el cinturón hágalo por debajo del vientre, sobre los muslos.

Viajes al exterior Cuando coma, no deje de seguir los consejos que he dado para protegerse de la listeria y otras enfermedades asociadas a la comida (ver pág. 122) Cuando esté en dudas, beba solamente agua embotellada. Converse con su médico acerca de posibles inmunizaciones. Las vacunas contra la fiebre tifoidea pueden dañar al bebé. Aun si usted ha estado expuesta o está en una zona epidémica, los efectos adversos de una vacuna de virus vivos deben ser sopesados respecto de los riesgos que puede correr su bebé. Debe negarse a que le apliquen vacunas contra la fiebre amarilla, excepto que haya estado directamente expuesta a la enfermedad. En cambio, puede recibir la vacuna contra el cólera, ya que no es perjudicial y puede necesitarla entre los requisitos para viajar al sudeste asiático. Las vacunas contra la rabia y el tétanos pueden ser necesarias, sobre todo si existen indicios de haber estado expuesta a la enfermedad. Contra la malaria, puede utilizarse la cloroquina, pero sólo en casos de que vaya a una zona endémica. Durante el embarazo puede aplicarse la vacuna contra la poliomielitis, en caso de que aun no esté inmunizada.

VIAJAR BIEN

Si al viajar usted tiene en mente algunos puntos importantes, podrá transformar su viaje en una experiencia más placentera.

- *Tómese tiempo más que suficiente para el viaje.*

- *Déjese un cómodo margen de tiempo si debe hacer cualquier conexión.*

- *Prefiera varios tramos cortos y no uno solo largo.*

- *Viaje con seguridad (ver texto principal)*

- *Lleve una bebida (leche o jugo de frutas) en un termo.*

- *Lleve cantidades apropiadas de comida nutritiva y fácil de transportar, como por ejemplo galletas, huevos duros fríos, frutas o verduras crudas y bocadillos tales como frutas secas y semillas.*

- *Lleve caramelos duros, que la ayudarán a evitar las náuseas que se producen por el bajo nivel de azúcar.*

- *Use un antifaz y tapones para los oídos, de modo de poder dormir un poco cuando viaja en tren o en avión.*

6

CUIDADOS

prenatales

Los buenos cuidados prenatales serán recompensados con
madres y bebés sanos. Las pruebas de rutina a menudo
muestran los problemas en cuanto aparecen, y hay pruebas
especiales disponibles para las madres y los bebés con
necesidades particulares. El consultorio del médico o la
partera también le brinda la ocasión de formular
preguntas y de conocer a otras futuras madres.

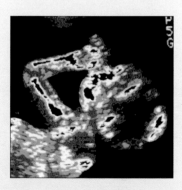 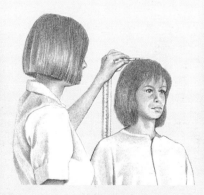 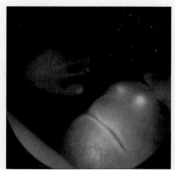

SU PRIMERA
VISITA

CUIDADOS PRENATALES

En su primera visita al médico o la partera, le harán diversas preguntas sobre los siguientes temas:

- *Detalles y circunstancias personales*

- *Enfermedades de la infancia o enfermedades graves que usted haya padecido*

- *Enfermedades propias de su familia o de la familia de su pareja*

- *Si hay mellizos en su familia*

- *Su historia menstrual -cuándo comenzó, cuánto dura su ciclo promedio, cuántos días sangra usted y cuándo fue su UPM (ver pág. 52)*

- *Qué síntomas de embarazo presenta y su estado de salud en general*

- *Detalles acerca de partos anteriores, embarazos o problemas para concebir*

- *Si está tomando alguna medicación y si padece de alguna alergia*

Conversando sobre el embarazo
No dude en tomarse más tiempo si necesita formular preguntas.

Durante todo el embarazo le practicarán exámenes, chequeos y pruebas, con el objeto de controlar su salud y la de su bebé. Aunque la mayor parte de los embarazos se desarrollan normalmente, estas visitas y estos exámenes resultan esenciales para evaluar la evolución y detectar tempranamente los problemas, antes de que se produzcan daños.

VISITAS AL PROFESIONAL

Un programa de cuidados prenatales permitirá a su médico, o su partera, controlar su salud y la de su bebé durante todo el embarazo. La mayor parte de los embarazos evolucionan normalmente, pero todos tienen posibilidades de riesgos. Evaluarlos es fundamental. Las complicaciones pueden aparecer sin dar aviso, por eso son importantes las visitas regulares y desde el comienzo.

Generalmente se pide una visita mensual hasta la semana 36, y, a partir de entonces, una visita semanal hasta el momento del parto. Si existen complicaciones, tales como embarazos múltiples o alguna enfermedad, es posible que usted necesite concurrir con más frecuencia.

Su primera visita será más extensa y exhaustiva que las subsiguientes. Incluirá una historia detallada de su salud, antecedentes obstétricos, historia familiar sobre embarazos múltiples o enfermedades hereditarias, y su trabajo, vida familiar y hábitos. Se le practicará un examen físico y se le confirmará su fecha estimada de parto (FEP). En visitas subsiguientes, se le praticarán distintas pruebas de laboratorio, tales como:

- Análisis de sangre para determinar su grupo sanguíneo, factor RH y otros anticuerpos. Análisis completo de sangre para determinar anemia y enfermedades de trasmisión sexual.

- Pruebas para la rubeola y la hepatitis.

- Análisis de orina para controlar los niveles de azúcar y albúmina y para detectar posibles infecciones urinarias.

- Un Pap para detección de cáncer cervical.

- Según sus antecedentes, su edad, su raza o su historia familiar, pueden hacerse necesarias otras pruebas, tales como un análisis para detectar diabetes o un estudio genético.

Luego de su primera visita, sus entrevistas prenatales serán más breves. Tendrán por objeto saber cómo se siente usted, cómo está creciendo el feto y conversar acerca de cualquier problema particular que tenga o de sus preocupaciones respecto del parto. En cada visita controlarán su peso y su presión arterial y tomarán una muestra de orina.

CONVERSANDO CON EL PROFESIONAL

Dentro de los cuidados prenatales, una parte esencial consiste en responder a las preguntas y atender a las preocupaciones que tengan usted y su pareja. Anote sus preguntas —la realidad del consultorio puede apartarlas de su mente—. Si necesita apoyo moral, concurra con su pareja o con una amiga.

También es importante tomar nota de cualquier síntoma inusual que aparezca entre una y otra visita. En su primera visita, pregunte al médico o a la partera cuáles son los hechos que se le deben comunicar de manera inmediata por teléfono.

EXPRESIONES UTILIZADAS EN EL CONSULTORIO

He aquí algunas expresiones corrientes que usted puede escuchar durante sus visitas a los profesionales durante el embarazo, o en el momento del parto. Si hay algo que no comprenda, pregúntele al profesional.

LA POSICION DE SU BEBE

Ciertas abreviaturas describen la posición del bebé, y se refieren al lugar donde está situada la parte posterior de la cabeza del bebé (occipucio) en relación al cuerpo de la madre - a la derecha o a la izquierda, hacia el frente (anterior) o hacia atrás (posterior). DOA, por ejemplo, significa que la parte posterior de la cabeza del bebé está hacia el frente y la derecha de la madre.

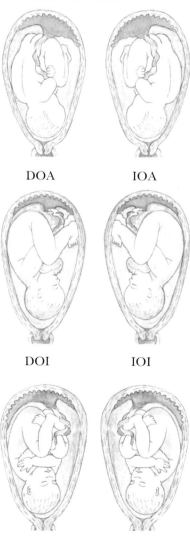

DOA   IOA

DOI   IOI

DOP   IOP

TERMINOS QUE SU MEDICO PUEDE UTILIZAR

UPM *Ultimo período menstrual*

FEP *Fecha estimada de parto*

PA *Presión arterial*

HTA *Hipertensión arterial*

Edema *Hinchazón/ Retención de agua en dedos, piernas o tobillos*

Toxemia *(o preeclampsia) Presencia de aumento en la presión arterial, edema y albúmina en la orina. A veces se produce durante el último trimestre.*

ASC *Análisis completo de sangre (medición de la hemoglobina, conteo de glóbulos rojos y blancos y aspecto de las plaquetas)*

Hb/Hgb *Hemoglobina*

VDRL *Prueba para detectar sífilis*

Prueba de HIV *Prueba para detectar el virus del SIDA*

Albúmina *Una de las proteínas que se encuentra en las muestras de orina.*

Sección *Cesárea*

GCH *Gonadotrofina coriónica humana– La hormona que fabrica el embrión y que se mide en las pruebas de embarazo*

CF *Corazón del feto*

Cabeza encajada *La cabeza del bebé ha caído dentro de la pelvis ósea, y está lista para el nacimiento.*

Cabeza "flotante" *La cabeza aun no se ha encajado*

Vertex *El bebé está cabeza abajo*

De nalgas *El bebé está con la parte inferior de su cuerpo hacia abajo*

Posición *Es la relación entre la columna del bebé y la suya. En una posición longitudinal (ver las figuras del medio, a la derecha), la columna del bebé se ubica paralelamente a la suya; en una posición transversal, la columna del bebé forma un ángulo recto con la suya.*

Alto riesgo *Cualquier embarazo con complicaciones originadas en sus antecedentes o durante el mismo embarazo*

Altura del fundus *Altura de la parte superior del útero. Se mide en centímetros, con una cinta o un calibrador, contando desde la pelvis ósea .*

Primigrávida *Primer embarazo*

Multigrávida *Segundo embarazo, o posterior al segundo.*

Largo del fémur *Medida del "hueso largo" del bebé. Ayuda a determinar el crecimiento fetal.*

PRUEBAS DE RUTINA

Todas las mujeres embarazadas deben ser sometidas a ciertas pruebas de rutina para controlar su salud y el desarrollo de su bebé.
Estas pruebas pueden llevarse a cabo durante cada visita o en distintos momentos del embarazo. Algunas sólo se practican una vez. Si
las pruebas indican que hay o que puede haber algún problema, la
controlarán de cerca y actuarán con rapidez en caso de que sea
necesario.

ESTATURA

Medirán su estatura en la primera visita. Si usted es muy pequeña, es
posible que tenga un canal pelviano estrecho. Sin embargo, es muy
posible que su bebé esté hecho a su medida.

PESO

Se controla en cada visita y da una indicación acerca del crecimiento del feto. Usted debería tratar de utilizar el mismo tipo de vestimenta en todas las ocasiones, de modo que su peso no
fluctúe innecesariamente. Durante el primer trimestre, una pérdida de peso puede deberse a las náuseas y los vómitos que a veces se producen debido
a los malestares matinales, y habitualmente no hay
porqué preocuparse. En cambio, un aumento
abrupto de peso puede reflejar retención de líquidos e indicar preeclampsia. En el pasado, se
consideraba que el aumento de peso de la
madre era un indicador confiable del crecimiento del bebé. Las investigaciones actuales,
no obstante, señalan que no se debe confiar
en el mero aumento de peso, sino que se lo
debe considerar conjuntamente con los exámenes externo e interno, los análisis de
sangre y orina, las ecografías y otras informaciones.

PIERNAS Y MANOS

En cada visita, controlarán si aparecen
venas varicosas en sus piernas y si existe
hinchazón y ablandamiento (edema) en sus
tobillos y sus manos.

Una pequeña hinchazón en las últimas
semanas del embarazo es normal, sobre todo
hacia la noche, pero el edema excesivo puede
ser una temprana advertencia de preeclampsia.
(ver pág. 204)

PECHOS

Examinarán sus pechos y tomarán nota de las
características de sus pezones. Unas pocas mujeres
tienen los pezones hundidos (conocidos como
invertidos), y esto puede corregirse llevando protector para los pechos dentro del corpiño, aunque es habitual que los pezones invertidos se corri-
jan solos durante el embarazo.

Medición de la estatura
Pueden existir potenciales
problemas en caso de que
usted sea muy baja, en
comparación con la estatura
promedio para su tipo y
contextura.

ORINA

En su primera visita, tomarán una muestra del chorro medio de orina para detectar cualquier posible infección renal. En cada visita subsiguiente, tomarán nuevas muestras para controlar las proteínas, que señalan infecciones urinarias; las cetonas, que indican que existe un cuadro de diabetes que debe ser tratado de inmediato. Existe otra causa rara de cetonuria: los vómitos severos, llamados hiperemesis gravídica. Esta condición requiere hospitalización urgente. Los análisis de orina durante el embarazo también pueden mostrar una diabetes subyacente (ver pág. 205), que puede desaparecer por completo luego del embarazo, pero reaparecer en futuros embarazos.

La aparición de vestigios de proteínas en la orina durante la última etapa del embarazo es un signo de alta probabilidad de preeclampsia. Esta debe ser tratada con rapidez, por los riesgos de aborto que involucra, las posibilidades de niños pequeños para el tiempo de gestación y también de partos prematuros.

ANALISIS DE SANGRE

En su primera visita, tomarán una muestra de sangre de una vena de su brazo, para efectuar estudios de rutina. Averiguarán su grupo sanguíneo (A,B,0), y su factor Rhesus (RH positivo o negativo), por si se hiciese necesaria una transfusión de sangre. Si usted es RH negativo, investigarán su incompatibilidad Rhesus (ver pág. 184).

Practicarán también un análisis completo de sangre, en el que medirán sus niveles de glóbulos rojos, blancos, plaquetas (que ayudan a la coagulación sanguínea) y hemoglobina. La hemoglobina es una medida de la capacidad que tienen sus glóbulos rojos para transportar oxígeno. El nivel normal está entre los 12 y los 14 gramos. Si usted presenta un nivel más bajo que 10 gramos, se le practicará un tratamiento

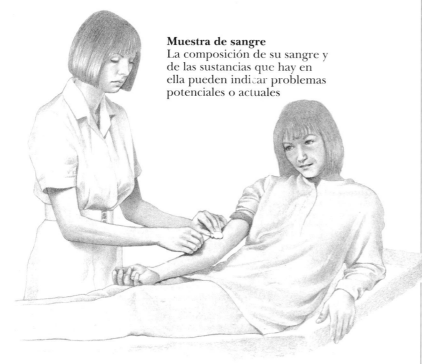

Muestra de sangre
La composición de su sangre y de las sustancias que hay en ella pueden indicar problemas potenciales o actuales

ALFA-FETOPROTEINAS

Esta es una proteína que se produce por primera vez en el Saco (vitelino) del embrión, y que más tarde es producida por el hígado del feto. Los médicos utilizan la alfa-fetoproteína (AFP) como un indicador de lo que está sucediendo dentro del útero

La AFP está presente en su sangre en distintas cantidades a lo largo del embarazo. Entre las 16 y las 18 semanas, habitualmente los niveles son bajos, de modo que, si se practica un análisis de sangre en ese momento, y los niveles son de 2 a 3 veces mayores que en una muestra promedio, esto puede ser un indicador de problemas neurológicos tales como la espina bífida o la hidrocefalia (ver pág. 179)

Sin embargo, los niveles también pueden ser elevados en caso de que se trate de un embarazo múltiple, si la feccha de embarazo es errónea, si existen anormalidades en los riñones o el aparato digestivo del bebé o si hay una amenaza de aborto. Por todo esto, será necesario practicar una ecografía (ver pág. 162) para detectar varios fetos o para confirmar las fechas, en el caso de que su embarazo esté más avanzado de lo que usted piensa.

En el caso de que estas dos posibilidades sean descartadas, se practicará otro análisis de alfa-fetoproteína y luego se le ofrecerá que se practique una amniocentesis (ver pág. 164)

Un nivel anormalmente bajo de AFP, sugiere que el feto puede padecer de Síndrome de Down (ver págs. 20 y 180). En este caso también se pondrá a su disposición la amniocentesis.

EXAMEN DE LA PELVIS

A través de un examen ginecológico, su médico puede hacer una buena evaluación de su pelvis (ver también texto principal) y detectar cualquier posible problema.

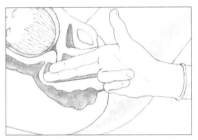

El canal pelviano
Con dos dedos enguantados, el médico procurará palpar su hueso sacro a través de la parte posterior de su vagina.

Los isquiones
El médico palpará los isquiones, a la derecha y a la izquierda. Pueden ser romos o puntiagudos, apenas notorios o muy perceptibles.

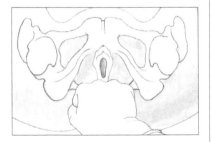

La salida pélvica
El médico medirá la distancia entre las tuberosidades isquiales. Normalmente mide más de 11 cm.

para la anemia (El hierro y el ácido fólico elevan la capacidad de su sangre para transportar oxígeno, por eso es fundamental que usted se asegure de estar comiendo de una manera sana.)

Se intentará detectar anticuerpos contra la rubeola (ver pág. 19), para ver si usted está o no inmunizada. Además se detectará la presencia de enfermedades de trasmisión sexual, tales como la sífilis. Ciertas enfermedades genéticas, tales como la anemia de las células halciformes o la talasemia (ver págs. 20 y 21) también pueden detectarse a través de un análisis de sangre. Los exámenes de alfa-fetoproteína pueden realizarse a las 16 semanas (ver columna pág. 159).

EXAMEN EXTERNO

En cada visita, palparán suavemente su abdomen para determinar el tamaño de su bebé en gestación. Este examen puede dar una idea bastante clara acerca de si su bebé tiene el tamaño aproximadamente adecuado para su tiempo de gestación y además, toda la serie de exámenes que se le practicarán a lo largo del embarazo darán un cuadro revelador de la velocidad de crecimiento de su bebé.

Palparán también la parte superior (fundus) de su útero (normalmente este penetra en su abdomen a las 12 semanas y se va elevando hasta su fecha de parto), y también harán una medición de la distancia entre el hueso de su pelvis y la parte superior de su útero. Como la cantidad de líquido amniótico y su tamaño y peso personales ejercen una influencia sobre la lectura de estas medidas, a partir de las semanas 26 a 28, el médico o la partera también medirán los "polos" de su bebé (cabeza y nalgas). Esto dará una idea acerca de la posición de su bebé (ver pág. 157)

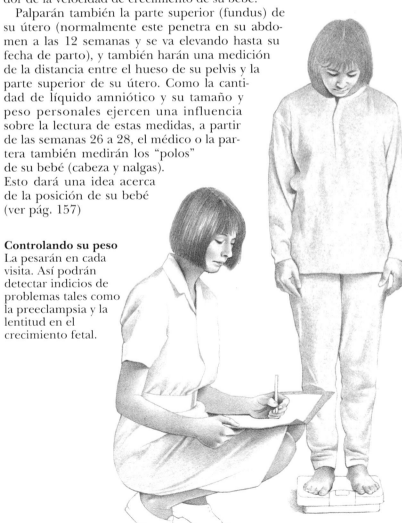

Controlando su peso
La pesarán en cada visita. Así podrán detectar indicios de problemas tales como la preeclampsia y la lentitud en el crecimiento fetal.

EXAMEN INTERNO

No a todas las personas se les practica un examen interno en la primera visita, pero si esto se hace, el médico confirmará el embarazo, controlará el cérvix y evaluará el tamaño de su pelvis (ver también columna de la izquierda) Si se le debe practicar un examen interno, se le pedirá que se acueste y levante las rodillas. Controlarán su útero, para ver si el tamaño se corresponde con el tiempo de gestación; examinará su cérvix para apreciar si está bien cerrado; extraerá células cervicales para detectar células precancerosas y estudiará la pelvis para asegurarse de que su apretura sea adecuada para un parto vaginal —aunque esta constatación puede hacerse a las 36 semanas. Esto se practica para que los médicos y las parteras puedan observar si existe una desproporción (ver recuadro pág. 158). Si usted se mantiene relajada, este examen no le resultará incómodo y, por cierto, no causará ningún daño a su bebé.

El médico o la partera introducirán dos de sus dedos enguantados dentro de su vagina y presionarán su abdomen con la otra mano, para verificar el tamaño de su útero. Constatarán luego si se puede percibir su hueso sacro en el fondo de la vagina (habitualmente no es posible) y luego palparán los isquiones a ambos lados (se trata de dos pequeños huesos sobresalientes), para verificar si hay espacio suficiente para que su bebé pase por allí en el parto. Luego el médico controlará las dimensiones de su arco pubiano y después de quitar su mano y formar con ella un puño, estimará la amplitud de su salida pélvica (ver columna de la izquierda). Aunque la hayan examinado al comienzo del embarazo, algunos médicos querrán volver a practicar un examen interno a las 36 semanas en las madres primerizas para determinar las dimensiones de la pelvis. Se le practicarán más exámenes internos una vez que el trabajo de parto haya comenzado.

PRESION ARTERIAL

Esta medición se efectúa en cada visita y sirve para constatar el nivel de presión con que su corazón bombea sangre hacia su cuerpo. La medición consta de dos números: el primero es la presión sistólica —cuando el corazón se contrae, expulsa sangre y "late". Se mide cuando la banda que sujeta el brazo está ceñida. Cuando cede esta presión, se realiza la lectura diastólica. Esta es la presión en situación de descanso, entre latidos. El promedio estadístico de estas mediciones durante el embarazo es de 120 sobre 70, aunque la presión arterial varía según la edad y existe un rango de presión arterial considerado normal para cada edad. Si las mediciones arrojan resultados más altos que los normales, quizá sea un indicio de preeclampsia, y puede ser que le aconsejen reposo en cama. Los controles frecuentes aseguran que cualquier cambio sea observado a tiempo.

Palpación externa
En cada visita palparán su abdomen para controlar el crecimiento y la posición del feto.

LATIDOS FETALES

Los latidos cardíacos de su bebé serán controlados en cada visita, a partir de la semana 14. El latido del corazón del bebé es aproximadamente dos veces más rápido que el suyo (aproximadamente 140 latidos por minuto, comparados con 72 latidos por minuto) y suenan como el galope de un diminuto caballo.

Estetoscopio de Pinnard *El médico o la partera pueden escuchar los latidos colocando junto a su oreja una tradicional corneta conocida como estetoscopio de Pinnard.*

Estetoscopio ultrasónico *Es más probable, no obstante, que el profesional utilice un estetoscopio ultrasónico. Se trata de un pequeño instrumento portátil que se coloca sobre su estómago y que se vale de ultrasonido (ver también pág. 162) para captar los latidos fetales. El estetoscopio ultrasónico amplifica el sonido de los latidos, de modo que usted podrá escucharlos.*

Monitor electrónico *Si su bebé se estresa por alguna razón, el ritmo cardíaco se enlentece. Esto ocurre durante el parto en cada contracción, y el equipo médico registrará la evolución del bebé, valiéndose de un monitor fetal electrónico (ver pág. 263)*

POR QUE SE LA PRACTICAN A USTED

Las ecografías normalmente se practican para evaluar la evolución del bebé, pero también ciertos problemas requieren de una ecografía.

- *Como parte de una evaluación de infertilidad.*
- *Para identificar problemas abdominales, tales como un embarazo ectópico.*
- *Si los médicos sospechan que un aborto es inminente.*
- *Para constatar un embarazo múltiple.*

HACERSE UNA ECOGRAFIA

La ecografía es indolora y suele durar alrededor de unos 15 minutos. Pueden pedirle que beba medio litro de agua y que no orine antes de llegar a la clínica. Esto puede causarle cierta incomodidad, pero una vejiga llena hará que la imagen del feto en la pantalla sea más nítida. Una vez en la clínica, es posible que le pidan que se quite sus ropas y se coloque una bata de hospital antes de acostarse en una camilla junto al ecógrafo. Untarán su abdomen con un aceite o con una gelatina que actuará como conductor de las ondas sonoras y pasarán el transductor por esa zona, moviéndolo en diferentes direcciones. Cuando la imagen aparezca en la pantalla, usted podrá relajarse y disfrutar de esta primera visión de su bebé.

ECOGRAFIA

Con la ayuda de un ecógrafo es posible observar la imagen de su bebé en gestación. Una ecografía o sonograma puede constatar el bienestar general y la posición del bebé, y sirve de guía a los médicos para realizar estudios especiales y operaciones. A la mayor parte de las mujeres se les ofrece al menos una ecografía durante el embarazo. Habitualmente se la practica entre las 16 y 18 semanas, momento en que es posible observar al bebé desde varios ángulos. Si se detecta algún problema se pueden repetir ecografías varias veces antes del parto.

COMO FUNCIONA

El procedimiento está basado en un sonar que es capaz de detectar objetos en un medio líquido. Fue utilizado por primera vez por la marina de los Estados Unidos para detectar submarinos durante la Segunda Guerra Mundial. Un cristal, situado dentro de un aparato llamado transductor, convierte una corriente eléctrica en ondas de alta frecuencia, que no pueden ser percibidas por el oído humano. Las ondas sonoras conforman un haz que penetra en el abdomen mientras se va moviendo el transductor hacia adelante y hacia atrás. El haz

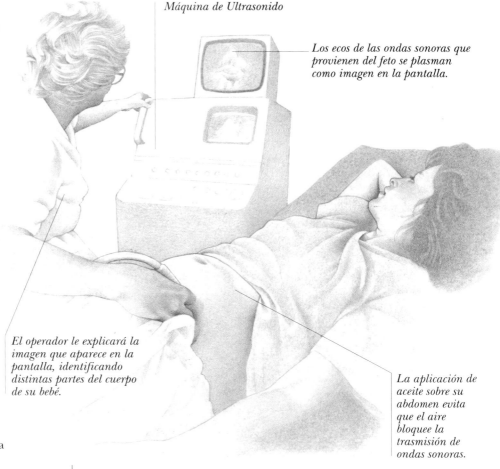

Máquina de Ultrasonido

Los ecos de las ondas sonoras que provienen del feto se plasman como imagen en la pantalla.

El operador le explicará la imagen que aparece en la pantalla, identificando distintas partes del cuerpo de su bebé.

La aplicación de aceite sobre su abdomen evita que el aire bloquee la trasmisión de ondas sonoras.

va refractando en el material que encuentra a su paso y el transductor registra estos ecos. Los ecos son convertidos en señales eléctricas que producen una imagen que puede observarse en una pantalla, semejante a la de un televisor. El haz sólo puede penetrar los líquidos y tejidos blandos tales como los del saco amniótico, los riñones y el hígado. No puede atravesar huesos ni registrar gases. Las ecografías se utilizan cada vez más para evaluar posibilidades de aborto, descartar embarazos ectópicos; en tratamientos de fertilidad, tales como la FIV y para las cirugías fetales (ver pág. 182)

SU PRIMERA ECOGRAFIA

El sofisticado equipo que se utiliza para una ecografía puede, a primera vista, resultarle un poco atemorizante. No se intimide. La ecografía le ofrece una fantástica posibilidad para que usted y su pareja puedan ver al bebé por primera vez.

Usted podrá escuchar sus latidos cardíacos y distinguir los suaves movimientos de sus manos y pies, agitándose y pateando, mientras flota en el líquido amniótico. Pida al ecografista que le explique la imagen que aparece en la pantalla, ya que algunos detalles pueden ser difíciles de interpretar. Muchos médicos dan a los padres una copia impresa de la imagen de su bebé, para que la guarden como recuerdo.

¿ES SEGURA?

La ecografía no plantea ningún riesgo para el feto. Se han planteado algunas preguntas acerca de la posibilidad de efectos a largo plazo, tales como defectos auditivos producidos por el impacto de las ondas sonoras. No obstante, las investigaciones más recientes parecen indicar que las ecografías no son nocivas ni para la madre ni para el bebé, ya que las ondas son de muy baja intensidad. Por eso no existen inconvenientes para que este estudio se practique de manera repetida. Sin embargo, si usted se siente preocupada, evite que le practiquen una ecografía antes de las diez semanas y converse con su médico acerca de sus preocupaciones.

POR QUE SE LE PRACTICA AL BEBE

Las ecografías de rutina nos revelarán muchas cosas acerca de la salud de nuestro bebé. Se pueden utilizar en distintas etapas de su embarazo

- *Para constatar la ubicación del bebé y el desarrollo de la placenta.*

- *Para controlar el ritmo de crecimiento del bebé, particularmente cuando no se conoce la fecha de la concepción.*

- *Para averiguar si el bebé ya está en condiciones de nacer, si la fecha de parto ya ha pasado.*

- *Para confirmar que el bebé se encuentra en la posición normal, que es cabeza abajo y no nalgas abajo, después de la semana 38.*

- *Para detectar ciertas anormalidades fetales, tales como la espina bífida.*

- *Para monitorear al feto mientras se practican algunas pruebas especiales, tales como la amniocentesis o la fetoscopía.*

- *Para guiarse en operaciones que se practican al feto dentro del útero.*

Feto de 22 semanas
Una ecografía puede mostrar claramente el tamaño de su bebé, su posición y si hay más de un feto. Esta imagen muestra al bebé en el útero de su madre. El feto flota y se mueve continuamente en el saco amniótico, desarrollándose día tras día, chupándose el dedo, parpadeando y orinando.

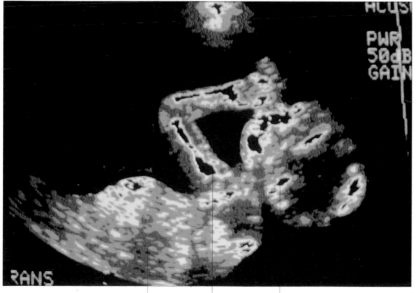

Estómago   Brazo   Cabeza

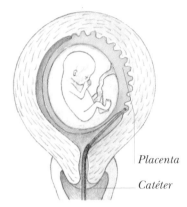

Estudio coriónico
Se extrae del útero una pequeña cantidad de corion (tejido placentario), introduciendo un catéter a través del cérvix.

Placenta

Catéter

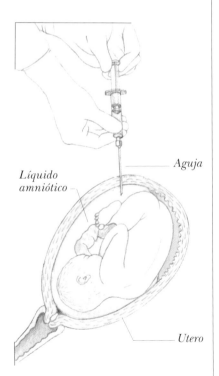

Aguja

Líquido amniótico

Utero

Amniocentesis
El líquido amniótico se extrae sólo después de haber determinado con un ecógrafo la posición del feto y de la placenta. Utilizando el ecógrafo, el médico introduce una aguja a través de la pared abdominal, que ha sido adormecida con anestesia local, y la hace llegar hasta el útero. Se extrae de allí una pequeña cantidad de líquido amniótico.

PRUEBAS ESPECIALES

Si su médico sospecha la existencia de un problema que no puede ser detectado mediante los estudios simples de rutina, le indicará pruebas especiales. Estas pruebas pueden ayudar a los médicos a detectar distintas complicaciones, y pueden incluir algunas técnicas invasivas, tales como la extracción de vellosidades coriónicas. Las pruebas pueden cumplir dos funciones útiles para usted y su pareja: pueden darles seguridad, al descartar una falla que se sospechaba o pueden darles una información que los haga preguntarse si deben continuar con el embarazo. Tenga conversaciones exhaustivas con su médico acerca de las pruebas y sus resultados.

AMNIOCENTESIS

El líquido amniótico contiene células de la piel y de otros órganos del bebé, que pueden dar pistas acerca de su estado. La amniocentesis es un procedimiento simple, a través del cual se extrae este líquido del útero.

¿Por qué se practica? Le ofrecerán practicarle una amniocentesis si usted tiene más de 35 años, momento a partir del cual el riesgo de anormalidades cromosómicas (tales como el síndrome de Down), se acrecienta levemente. En particular, le recomendarán esta prueba si sus análisis de sangre revelan bajos niveles de alfa-fetoproteína (ver pág. 159) La amniocentesis puede además proveer otras informaciones importantes. Cuando existen preocupaciones, la prueba muestra:

• El sexo del bebé: las células que se desprenden del feto se acumulan en el líquido amniótico. Vistas bajo el microscopio, la células masculinas pueden distinguirse de las femeninas y así se puede determinar el sexo del bebé. En ciertas enfermedades genéticas, como la hemofilia, un niño de sexo masculino tiene un 50 por ciento de posibilidades de estar afectado.

• La edad del feto: midiendo la relación lecitina/esbingomielina se puede determinar la madurez de los pulmones. Esta es, en sí misma, una medida de la madurez fetal.

• La composición química del líquido: puede revelar trastornos metabólicos causados por falta o defectuosidad de enzimas.

• El contenido de bilirrubina en el líquido: ayuda a determinar si un bebé Rhesus positivo necesita una transfusión intrauterina.

• La cantidad de oxígeno que llega al bebé: es posible medir los gases que se encuentran disueltos en el líquido amniótico y así saber si el bebé está corriendo riesgos por falta de oxígeno.

• La acidez del líquido: este es otro indicio de sufrimiento fetal, a menudo causado por falta de flujo de oxígeno hacia el feto.

• Conteo cromosómico: se realiza estudiando las células desechadas. Cualquier desviación respecto de la estructura cromosómica normal indica habitualmente que el niño será discapacitado.

¿Cómo se realiza? La amniocentesis suele practicarse en la semana 14, aunque también es posible efectuarla antes. Se inserta una aguja hueca en el saco amniótico, a través de la pared abdominal. Se extraen habitualmente 14 gramos, que se colocan en una máquina centrifugadora para separar la células descartadas por el bebé del resto del líquido. Las células se cultivan entre dos y cinco semanas, por lo cual los resultados demoran un tiempo.

La amniocentesis sólo se practica bajo la ayuda de un monitoreo ecográfico, que va guiando la aguja hasta el saco amniótico, de modo que no se dañan ni el feto ni la placenta. El riesgo de que este procedimiento provoque un aborto en un embarazo temprano es de aproximadamente de uno en 200. También se ha sugerido que puede existir un pequeño riesgo (menor al 1 por ciento) de dificultades respiratorias subsiguientes a la amniocentesis.

ESTUDIO DE LAS VELLOSIDADES CORIONICAS

Las vellosidades coriónicas, que son crecimientos en forma de dedos situados en los bordes del corion, son genéticamente idénticas al feto. Se desarrollan más rápido que el líquido amniótico, por lo cual el estudio de las vellosidades coriónicas puede aportar información valiosa acerca de los genes de su bebé, antes de que sea posible practicar una amniocentesis.

¿Por qué se realiza? El grupo más importante de madres que necesita esta prueba es aquel que tiene riesgos de tener un bebé con Síndrome de Down. También se utiliza para diagnosticar anormalidades en la hemoglobina, tales como la anemia de las células falsiformes y la talasemia. Los errores intrauterinos en el metabolismo son raros, pero cuando afectan a una familia, la incidencia puede llegar a ser de uno en cuatro. El defecto básico es una deficiencia enzimática, que puede ser detectada practicando un análisis directo del tejido de las vellosidades coriónicas, en un lapso de tan sólo dos días. También pueden diagnosticarse a través de esta prueba los trastornos de un solo gen, tales como la fibrosis quística, la hemofilia, la cores de Huntington y la distrofia muscular.

¿Cómo se realiza? El análisis del las vellosidades coriónicas también se realiza bajo control ecográfico, habitualmente entre las 10 y 12 semanas, es decir, antes de que el líquido amniótico llene por completo la cavidad uterina. Se pueden utilizar dos rutas: la ruta transcervical y la ruta transabdominal. Para hacer uso de la primera, en primer término, se examina el cérvix. Luego se introduce en el canal cervical un catéter de plástico o de metal. Se lo lleva, a través de la cavidad uterina, hasta el borde de la placenta y de allí se extrae una pequeña porción de tejido de las vellosidades coriónicas. El segundo procedimiento es semejante al de la amniocentesis, pero en lugar de extraerse una muestra de líquido amniótico se extrae una pequeña porción de tejido placentario. El riesgo de abortos subsiguientes a esta prueba es apenas un dos por ciento mayor que el porcentaje de abortos espontáneos. Recientemente se ha atribuido a este estudio la aparición de ciertos defectos de nacimiento. Converse con su médico acerca de los riesgos. El resultado del estudio de vellosidades coriónicas demora sólo de 24 a 48 horas.

ANALISIS DE LA VENA UMBILICAL (CORDOCENTESIS)

Este procedimiento se utiliza para estudiar los constituyentes de la sangre fetal y, en caso de anemia fetal, se utiliza para las transfusiones de sangre intrauterinas. Resulta fundamental en otras cuatro situaciones.

EL EFECTO DE SU EDAD

Su edad es importante, pero es tan solo uno de los factores que puede afectar el resultado de su embarazo. Su alimentación es mucho más importante.

A medida que aumenta su edad, usted tiene más posibilidades de pertenecer al grupo que requiere atenciones especiales. Le formularán las preguntas necesarias para determinar cuáles son sus requerimientos. Detectarán los potenciales problemas y le practicarán las pruebas necesarias. Después de todo esto, sus cuidados prenatales serán los de rutina

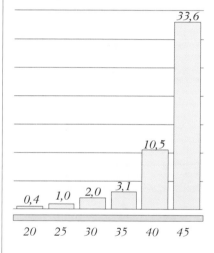

El síndrome de Down y su edad
No se conoce exactamente cómo se produce el defecto cromosómico que da lugar al Síndrome de Down, pero parece ser que la edad de la madre es un factor importante. Como se puede apreciar en el gráfico, el riesgo de tener un bebé con este problema aumenta con la edad. Sin embargo, como cada 2.000 nacimientos se produce uno de un niño con Síndrome de Down, y la mayor parte de esos niños nacen de mujeres de menos de 35 años que no se practicaron las pruebas para detectarlo, actualmente nacen más niños con Síndrome de Down de madres menores de 35 años que de madres mayores de esa edad.

FETOSCOPIA

Se realiza introduciendo un pequeño instrumento luminoso tubular a través de la vagina o del abdomen, para poder tener una adecuada visión del líquido amniótico o del feto.

El aspecto del líquido amniótico puede dar muchas pistas. Si el líquido es amarillento- verdoso en lugar de transparente o ámbar, quiere decir que el feto ha expulsado una sustancia llamada meconio.

Esto es importante, porque cuando un bebé está experimentando sufrimiento (por ejemplo por falta de oxígeno) el músculo del esfínter anal se relaja y expulsa el meconio que está dentro del intestino grueso al líquido amniótico.

El fetoscopio tiene también una poderosa lente, de modo que es posible observar claramente al feto y notar cualquier posible anormalidad. Bajo los efectos de un anestésico local, se introduce el fetoscopio a través de la pared abdominal, produciendo una pequeña incisión justo arriba del hueso del pubis. Todo el proceso se controla continuamente con el ecógrafo.

Vista a través de un fetoscopio
La figura de arriba muestra un acercamiento a la nariz y a la boca de un bebé de 16 semanas. La fetoscopía brinda una visión más cercana del feto, particularmente de los genitales, los miembros y la columna. Se trata de una intervención mecánica radical y sólo se la utiliza en circunstancias excepcionales.

Detección de infecciones: La rubeola, la toxoplasmosis y el virus del herpes se pueden detectar realizando análisis específicos de ciertas proteínas que están presentes en la sangre del feto.

Iso-inmunización Rhesus En los casos de incompatibilidad Rhesus (ver pág. 184), la evaluación directa de la hemoglobina fetal es el mejor modo de determinar la severidad de la destrucción de las células de la sangre y, si es necesario, practicar una transfusión intrauterina de sangre (que también se realiza a través de la vena umbilical)

Conteo cromosómico Ciertos glóbulos blancos de la sangre (los linfocitos fetales) permiten realizar un conteo cromosómico en pocos días. Esta información es importante si se descubre que el feto padece una anomalía congénita la que se sabe que está asociada a las trisomías (ver pág. 180)

Presunción de retraso en el crecimiento Si se considera que el feto tiene un crecimiento retardado, se puede utilizar la cordocentesis para determinar el grado de acidez o alcalinidad de la sangre y las cantidades de oxígeno, dióxido de carbono y bicarbonato que se encuentran en la misma. Además se pueden estimar los niveles de glucosa en el plasma.

¿Cómo se realiza? Bajo el control de un ecógrafo, se pasa una aguja hueca a través de la pared abdominal y del útero, haciéndola penetrar en un vaso sanguíneo del cordón, aproximadamente a media pulgada de distancia del lugar donde este sale de la placenta. Se extrae entonces una pequeña cantidad de sangre para examinarla.

El riesgo para el feto parece ser del 1 ó 2 por ciento. En teoría, la cordocentesis puede remplazar a cualquier prueba que se valga de una muestra de sangre.

OTRAS PRUEBAS PARA DEFECTOS CROMOSOMICOS

El "triple test" de Bart Es una nueva prueba que ha sido desarrollada en el Hospital San Bartolomeo de Londres. En esta prueba, a las 16 semanas, se extrae una muestra de sangre materna, para medir los niveles de tres sustancias: el estriol, la gonadotrofina coriónica humana y la alfa-fetoproteína. Los resultados son evaluados junto con su edad para predecir las posibilidades de que su hijo padezca de Síndrome de Down. Si las probabilidades son altas, entonces se ofrece una amniocentesis. El triple test de Bart todavía no se ofrece automáticamente, pero usted puede solicitarlo.

Ecografía Recientes investigaciones indican que el Síndrome de Down puede detectarse a través de una ecografía. Una sombra de forma y tamaño peculiar, que aparece en la parte posterior del cuello del feto, denota esta enfermedad. Si aparece esa sombra, se recomienda una amniocentesis. .

MONITOREO DE LOS LATIDOS FETALES

Este es un método eficaz para controlar el bienestar del feto durante el embarazo. Un feto sano, que recibe suministros adecuados de oxígeno y de alimentos, generalmente es más activo que uno mal nutrido o privado de oxígeno, y su ritmo cardíaco responde más adecuadamente a los estímulos. Para controlar los latidos cardíacos se utilizan monitores de mano. También existen monitores electrónicos. Cuando un feto sano y activo se mueve, el ritmo cardíaco se acelera en aproximadamente 15 latidos por minuto durante 15 segundos.

Monitoreo electrónico continuo Se utiliza para detectar rápidamente el sufrimiento fetal durante el parto. Se lleva a cabo adhiriendo el monitor a su abdomen. Como hay que adherirlo con firmeza para tener una buena lectura, puede resultar ligeramente incómodo. Los latidos del bebé se registran a través de ultrasonido y se imprime un gráfico de los latidos del bebé. Si durante ese tiempo no se produce una contracción, puede provocarse una presionando suavemente el abdomen.

En el parto, el feto se estresa durante las contracciones uterinas y esto se evidencia a través de un leve enlentecimiento del ritmo cardíaco (ver debajo) Un feto normal se sobrepone al estrés rápidamente y los latidos vuelven a la normalidad enseguida después de que acaba la contracción. En cambio, cuando el feto está expuesto a sufrimiento, hay una demora, tanto en el enlentecimiento como en el retorno a la normalidad del ritmo cardíaco.

MONITOREO DE LOS LATIDOS FETALES DURANTE EL PARTO

En la figura (A) se puede ver el gráfico del ritmo cardíaco fetal normal (medido en latidos por minuto-lpm) Las figuras B y C nos muestran gráficos del ritmo cardíaco durante las contracciones. El ritmo cardíaco del bebé normalmente se enlentece al comienzo de la contracción, y luego retorna a la normalidad rápidamente (descenso de tipo 1- B) Esto no indica sufrimiento fetal. En cambio, si el ritmo cardíaco del bebé comienza a enlentecerse más tarde durante la contracción y demora más tiempo en volver a la normalidad (descenso de tipo 2-C), esto es un indicio de sufrimiento fetal.

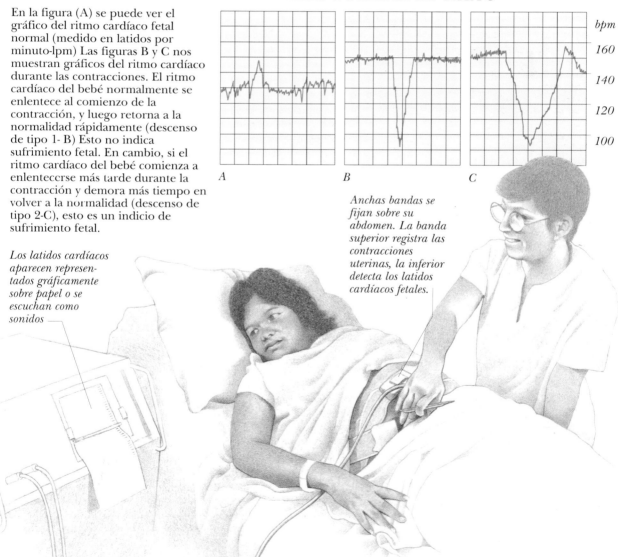

A   *B*   *C*

bpm

160

140

120

100

Anchas bandas se fijan sobre su abdomen. La banda superior registra las contracciones uterinas, la inferior detecta los latidos cardíacos fetales.

Los latidos cardíacos aparecen representados gráficamente sobre papel o se escuchan como sonidos

NOMBRE *Jill Dalton*

EDAD *27 años*

ANTECEDENTES MEDICOS *Diabética insulino-dependiente a partir de los 25 años, después de haber tenido dos niños*

HISTORIA OBSTETRICA *A los 23 años tuvo un varón por parto vaginal normal. Pesaba 4,700 kg. A los 25 años, un segundo varón, con un embarazo normal y parto vaginal normal. Pesaba 5,600 kg.*

Jill desarrolló su diabetes relativamente tarde, a los 25 años, cuando estaba embarazada de su segundo hijo, y ha padecido la enfermedad por tan sólo un par de años. Estos dos factores hacen que tenga un buen pronóstico respecto de su embarazo. Sin embargo, ella está muy motivada para buscar los mejores cuidados prenatales. Se da cuenta de que una diabetes no controlada puede llevar a complicaciones para ella, y a otras aun más serias para su bebé.

LA MADRE DIABETICA

Ser diabética o desarrollar diabetes durante el embarazo no significa que el embarazo será difícil o que las posibilidades de tener un bebé normal y sano serán menores. En tanto se maneje la diabetes con mucho cuidado, con la participación de un obstetra y un médico clínico, en estrecho contacto, los resultados serán satisfactorios.

EL EMBARAZO Y LA DIABETES

Además de tener un 50 por ciento más de posibilidades que los hombres de ser diabéticas, las mujeres tienen una tendencia a desarrollar esta enfermedad durante el embarazo. Hay algunas mujeres que son diabéticas potenciales. Habitualmente son las que han tenido al menos un bebé de mucho peso o tienen antecedentes familiares de diabetes en sus padres o sus hermanos. Otras mujeres, llamadas diabéticas gestacionales, desarrollan la diabetes durante el embarazo. Algunas siguen siendo diabéticas después del embarazo, mientras que otras vuelven a la normalidad. Todas estas diabéticas reciben el mismo tratamiento.

El embarazo puede complicar una diabetes ya establecida. Si bien la mayoría de las mujeres que la padecen han sido tratadas con insulina, existen algunas que sólo han sido tratadas con una dieta o con medidas dietéticas y tabletas para bajar el nivel de azúcar en la sangre (hipoglucemiantes). Los requerimientos extraordinarios del embarazo pueden hacer que sea necesario indicar insulina, o que la dosis ya prescripta antes deba ser aumentada.

LOS PREPARATIVOS DE JILL PARA EL EMBARAZO

Como era, hacía ya dos años, una diabética insulino-dependiente, Jill fue muy meticulosa en sus preparativos para el parto. Planeó el bebé y se aseguró de hacerse un buen examen de su diabetes antes de embarazarse. Se preocupó en particular por controlar los niveles de azúcar en la sangre, el funcionamiento de sus riñones y la salud de sus ojos. En los meses previos a la concepción, mantuvo un control muy cuidadoso de su diabetes.

MANTENER EL CONTROL DURANTE EL EMBARAZO

Jill sabe que el hecho de mantener un cuidadoso control de su diabetes durante el primer trimestre reducirá enormemente las posibilidades de que el bebé tenga algún tipo de anormalidad. (ver **Posibles complicaciones prenatales**). Por este motivo vino a pedirme consejo al comienzo de su embarazo.

Le dije que ahora que estaba embarazada, era posible que necesitase menos insulina durante los primeros tres meses. En ese momento, su cuerpo comenzaría a producir hormonas anti-insulínicas, y comenzaría a necesitar más insulina que antes. Durante el embarazo es más posible que se produzca una cetosis (ver recuadro), por lo cual Jill debería controlar la aparición de cetonas en su orina todos los días. Sin embargo, el análisis de orina ya no será un estudio confiable, ya que el nivel a partir del cual los riñones envían azúcar a la sangre suele ser más bajo en las mujeres embarazadas, de modo que al análisis puede arrojar un resultado falso. Por este motivo aconsejé a Jill que comprase un medidor de glucosa en sangre que puede utilizar en su casa. Ella es conciente de que mantener una concentración normal de glucosa tendrá consecuencias muy positivas para ella y para su bebé. Como esto puede llegar a resultar difícil, le advertí que tal vez sería necesario que ella se hospitalizase, quizá más de una vez, para estabilizar su diabetes, pero que no debía preocuparse por eso anticipadamente.

POSIBLES COMPLICACIONES PRENATALES

Jill es propensa a sufrir una serie de complicaciones durante el embarazo, debido a las fluctuaciones de su nivel de azúcar en sangre. Puede sufrir de infecciones urinarias, infecciones por levadura (ver pág. 195), hipertensión arterial, preeclampsia (ver pág. 204) y ploihidramnios (exceso de líquido amniótico, que se produce en una de cada cinco embarazadas diabéticas). También puede tener un parto prematuro.

Su bebé puede padecer una serie de problemas en caso de que su diabetes se descontrole. Si los niveles de azúcar se tornan altos en la sangre de la madre, el azúcar atraviesa la placenta y se convierte en grasa, músculos y órganos agrandados, produciendo exceso de peso. El bebé produce grandes cantidades de insulina para tolerar el exceso de azúcar. Al nacer, como se ve privado de su fuente de azúcar, baja su nivel de glucosa en sangre, pero sigue produciendo altas cantidades de insulina. Si este cuadro no se trata, se puede producir una profunda hipoglucemia (escasez de azúcar en la sangre) que en última instancia puede llevarlo hasta el coma y la muerte. No es factible que esta situación se produzca si la madre recibe buenos cuidados prenatales.

Poco antes de que nazca el bebé, habrá que medir la proporción de lecitina /esfingomielina en el líquido amniótico. Dará indicios de la madurez de los pulmones del niño, y si es necesario, se podrá inducir el parto en cuanto sus pulmones estén suficientemente maduros.

UN BUEN PANORAMA PARA JILL

Es alentador para Jill que el buen control sobre su diabetes hará una gran diferencia. Antiguamente se advertía a las mujeres diabéticas que corrían muchos riesgos si tenían un bebé. Ahora, en cambio, se las ayuda a ejercer un buen control sobre su enfermedad, con cuidados especiales, tanto por parte de su obstetra como de su médico clínico, para que puedan tener un niño sano y normal. A menos que existan complicaciones obstétricas, tales como hipertensión arterial o desproporción pélvica, y en tanto la diabetes se mantenga bajo control, ella puede tener esperanzas de que su parto sea vaginal y normal.

Le advertí que ella debería recibir glucosa e insulina por sonda durante el parto, para controlar la diabetes y que se le practicaría continuamente monitoreo fetal y que se tomarían muestras de sangre para controlar un posible sufrimiento fetal. Después de cuidadosos controles, efectuados en una unidad neonatológica de cuidados especiales, para descartar la necesidad de un tratamiento inmediato, le regresarán a su bebé para que lo amamante. Esto contrarrestará la disminución de azúcar en la sangre de su bebé recién nacido.

EL BEBE DE JILL

En tanto Jill esté al cuidado constante de su médico, los riesgos para su bebé no serán una amenaza importante. Su médico estará alerta respecto de los siguientes puntos:

• *Cuando nazca, el bebé de Jill puede llegar a ser muy grande, por lo tanto es posible que deba nacer con la ayuda de fórceps o a través de una cesárea.*

• *Puede sufrir una leve hipoxia (falta de provisión de oxígeno en los tejidos) a poco de nacer, y esto puede llevarlo a una mayor posibilidad de ictericia neonatal (ver pag. 318), un estado que puede ser tratado con éxito apenas nazca.*

• *Debe ser controlado cuidadosamente en cuanto nazca para detectar cualquier complicación.*

• *Jill debe amamantarlo lo más pronto posible, para contrarrestar la hipoglucemia (falta de azúcar en la sangre) de su bebé al nacer.*

CETONAS

Cuando no hay hidratos de carbono disponibles para suministrar energía, en lugar de estos, se queman ácidos grasos. De esta manera se producen cetonas.

Las cetonas están emparentadas químicamente con la acetona, que se encuentra en disolventes, tales como el quita-esmalte. La presencia de cetonas (cetosis) puede ser detectada a través de un análisis de orina.

La cetosis es una condición poco frecuente pero peligrosa, que puede producirse cuando existe una diabetes no controlada.

La cetosis puede llevar a vómitos, dolores de estómago y finalmente a la pérdida de la conciencia y la muerte.

EL TIEMPO Y LA PLACENTA DE SU BEBE

Cuando el embarazo llega a término, la placenta semeja un trozo de hígado crudo del tamaño de un plato y de aproximadamente 2,5cm de espesor. El lado más próximo a la madre está dividido en porciones de forma triangular llamadas cotiledones

La placenta tiene importantes reservas funcionales, ya que se adapta rápidamente a cualquier daño, repara las heridas debidas a isquemias (falta de oxígeno) y no envejece. La creencia difundida de que la placenta va envejeciendo a lo largo del embarazo se debe a una mala interpretación acerca de los cambios en el aspecto de distintos componentes placentarios.

Incuestionablemente, no obstante, a medida que el embarazo avanza, se producen cambios en el carácter de las vellosidades que rodean a la placenta, y, alrededor de la 36a semana, pueden producirse depósitos de calcio en los pequeños vasos sanguíneos y aparecer un depósito de proteínas en la superficie de muchas de las vellosidades. Estos hechos hacen que se reduzca el intercambio de sustancias, pero esto se ve contrarrestado por la menor distancia que en este momento existe entre los vasos del feto y la fina cubierta de las vellosidades, que aumenta la posibilidad de intercambio de nutrientes.

Si el parto no comienza en el momento adecuado (esto varía según la mujer y según cada embarazo, pero habitualmente es entre dos semanas antes y dos semanas después de la FEP), la placenta puede llegar a hacerse relativamente ineficaz. Esto sucede lentamente y, a las 42 semanas, todavía debería ser capaz de proveer al bebé de alimentos adecuados. Sin embargo, a veces sucede que no es capaz de alimentar y mantener al bebé adecuadamente. Esta insuficiencia placentaria puede ser una razón para inducir el parto.

¿ESTA USTED RETRASADA?

En realidad sólo el 5 por ciento de los bebés nacen en la fecha en la cual se los espera. La fecha estimada de parto (FEP –ver pág. 53) es tan sólo un promedio estadístico; distintos estudios han demostrado que un 40 por ciento de los bebés nacen después de la 41ª semana de embarazo –más de una semana después de la FEP– y que hasta un 10 por ciento nace después de la 42ª semana de embarazo.

ESTAR RETRASADA

Una de las principales dificultades para saber si un bebé está realmente atrasado es que en general no se conoce la fecha precisa de concepción. Aun cuando usted tenga un ciclo menstrual regular de 28 días (el estándar en el cual se basan los médicos para determinar la FEP), la fecha de ovulación sólo puede conocerse aproximadamente (ver pág. 53).

Aparte de esta incertidumbre acerca de la fecha de ovulación, cada bebé es diferente y, por lo tanto, no se puede esperar que todos los bebés maduren en la misma cantidad de días exactamente. Por otra parte, el bebé es quien inicia el trabajo de parto, al producir ciertas hormonas cuando alcanza su completa madurez, de lo cual se desprende que la fecha de parto real puede variar bastante, aun en embarazos "de libro"

Sin embargo, los médicos se preocupan cuando un embarazo se extiende mucho más allá de la fecha estimada de parto. Lo hacen porque el exceso de maduración y la insuficiencia placentaria plantean riesgos para la salud de su bebé (ver **Riesgos**, en la página de al lado). Cuanto más continúe creciendo el bebé en el útero, más grande será probablemente, y por lo tanto más difícil será el parto y mayores las posibilidades de que la placenta ya no sea capaz de nutrir al bebé durante un período mayor (ver columna de la izquierda).

Si usted tiene antecedentes personales o familiares de gestaciones más largas que el promedio, (43 ó 44 semanas, por ejemplo), es más probable que su médico le permita llevar más de dos semanas de retraso sin inducirle el parto —aunque le practicarán frecuentes monitoreos para detectar cualquier problema que pueda producirse.

Bebés en posición de nalgas Si usted está retrasada en una semana aproximadamente respecto de su FEP, y su bebé está aun de nalgas, puede tratarse de un indicio de que aun no se encuentra en condiciones de nacer. Los bebés normalmente no se vuelven cabeza abajo hasta que no están completamente maduros (ver columna, pág. 239).

Desproporción pelviana Si la cabeza de su bebé es demasiado grande como para atravesar su pelvis, es posible que el parto se demore. Esta desproporción puede estar impidiendo que la cabeza del bebé se encaje. Si este es el caso,(ver columna de la derecha), se hará necesaria una cesárea.

EXCESO DE MADURACION (POST-MADUREZ)

Un bebé retrasado corre riesgos de ser post maduro. Un bebé en estas condiciones pierde la grasa que recubre todo su cuerpo, particularmente su abdomen. En consecuencia, su piel se verá enrojecida y arrugada, como si no fuese a su medida, y posiblemente habrá comenzado a descamarse. Pocos bebés son realmente post maduros, pero como esto no sólo depende del bebé, sino también de la placenta, es difícil predecir cuáles son los bebés que están en riesgo.

Riesgos Los riesgos incluyen un parto más prolongado y más difícil, ya que los bebés post maduros tienden a ser más grandes y tienen los huesos del cráneo más duros. Esto significa que su descenso por el canal de parto tiene más posibilidades de ser traumático para él y para usted y que existen mayores posibilidades de que nazca muerto (el riesgo se duplica en la 43a. semana y se triplica en la 44a. semana) Otro riesgo radica en el hecho de que un útero que es lento para comenzar con el trabajo de parto tiene más posibilidades de ser ineficiente durante el parto en sí mismo.

MONITOREO DEL BEBE RETRASADO

Los bebés que han pasado de su FEP son monitoreados con frecuencia y hay distintos modos de mantenerlos bajo control.

Registro de los movimientos fetales El signo más importante de que todo está bien es la detección de movimientos regulares en el feto. Como todas las madres y todos los bebés son diferentes, el grado de movimiento propio de cada embarazo es distinto. Usted es quien mejor puede juzgar si su bebé en gestación está actuando normalmente, y puede monitorear su actividad utilizando una tarjeta de pateo (ver pág. 177).

Monitoreo electrónico fetal Se puede utilizar para controlar los latidos del corazón del bebé, a través de un registro sonoro o impreso en papel (ver pág. 167). Si los latidos son satisfactorios, normalmente se piensa que no es necesario practicar otras pruebas ni inducir el parto.

Pruebas de estriol en la orina Sirven para medir la cantidad de estriol (una forma de estrógeno) en la orina. La placenta produce estriol en cantidades crecientes a través del embarazo, hasta el momento de comenzar el parto, cuando la producción de estriol decae. Un nivel de estriol menor que el esperado sugiere que la placenta no está funcionando tan bien como debería. Sin embargo, los niveles de estriol en la orina pueden variar hasta en un 30 por ciento de un día para el otro, aun cuando todo sea normal, de modo que hay que practicar una serie de lecturas.

Prueba de oxitocina La oxitocina es la hormona que hace que el útero se contraiga, y a menudo se la utiliza para inducir el parto. Ocasionalmente, se la utiliza para controlar el bienestar de su bebé. Se inserta una aguja en el brazo, y usted recibe una inyección con una pequeña cantidad de oxitocina, que hace que su útero se contraiga. Se monitorean los latidos del bebé durante toda la contracción. Es habitual que se registren descensos de tipo 1 (ver pág. 167) durante una contracción. Cualquier desviación de estos parámetros se considera un signo de sufrimiento fetal, y lo más probable es que se le aconseje una inducción.

CUANDO EL BEBE SE ENCAJA TARDIAMENTE

Cuando el bebé se encaja tardíamente, los médicos se preocupan ante la posibilidad de que exista una desproporción que esté impidiendo que la cabeza de su bebé se encaje, y de que esto pueda entorpecer el parto.

Para controlar si la cabeza de su bebé podrá encajarse y pasar a través de su pelvis, su médico practicará una prueba muy simple, que se detalla a continuación

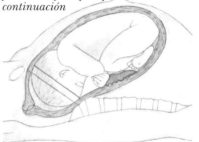

Paso 1
Le pedirán que se acueste de espaldas. Cuando usted se encuentre en esta posición, su médico podrá palpar la cabeza de su bebé apoyada en el borde de su pelvis.

Paso 2
La harán incorporarse, apoyándose sobre los codos. Si entonces la cabeza de su bebé se desliza fácilmente dentro de su pelvis, quedará demostrado que no existen problemas de desproporción pélvica.

171

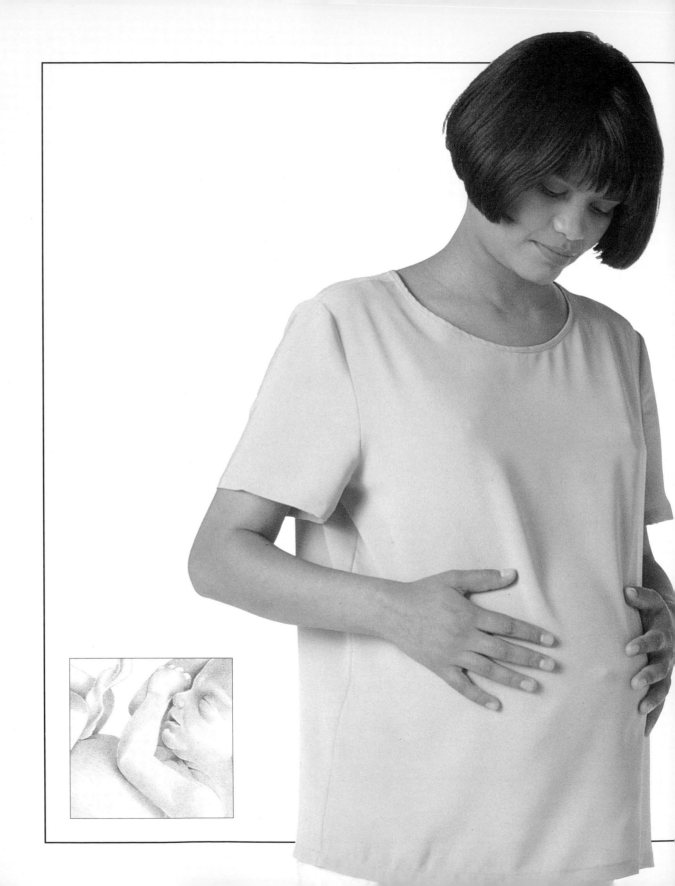

7

El cuidado de su bebé

EN GESTACION

Si usted y su pareja son observadores y están atentos, pueden estar en contacto con su bebé durante todo el embarazo. Su bebé puede escucharlos cantar y conversar y puede sentir cuando lo tocan a través de la pared abdominal. Si bien no todos los bebés cuentan con el entorno uterino más adecuado, y no todos se desarrollan normalmente, las modernas técnicas médicas hacen que aun estos bebés tengan las mejores oportunidades posibles.

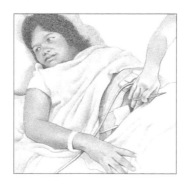

*La comunicación puede comenzar
tempranamente. Lo que usted dice,
hace, piensa o experimenta y la
manera como se mueve, pueden
trasmitirse a su bebé.*

Hablar y cantar *Adquiera el hábito
de hablar en voz alta a su bebé, y
también el de cantarle cuando pueda.
Algunos niños han reconocido
canciones de cuna que les cantaban
cuando estaban en el útero.*

Tocar *Acariciar a su bebé a través de
la pared uterina es otra manera de
mantenerse en contacto con él, y eso
habitualmente lo calmará. Este efecto
tranquilizador de las caricias
habitualmente perdurará después del
nacimiento. En los últimos meses, es
posible que usted pueda reconocer su
pie o su mano a través de la piel.*

Pensar *Tenga conciencia de la
existencia de su bebé. Piense de
manera positiva, con ideas alegres. Si
usted está molesta por algo, no lo
rechace.*

Moverse *Trate de moverse de una
manera tranquila siempre que pueda.
Los movimientos suaves del útero
mientras usted camina, calman al
bebé. Balancearse y mecerse seguirán
siendo las actividades favoritas para
tranquilizarse después del nacimiento.*

Sentir *Cuando usted se siente feliz y
entusiasta, su bebé siente lo mismo.
Cuando usted está deprimida, su bebé
también lo está. Por eso es importante
que usted le confirme que lo ama.
Comparta con él sus sentimientos
conscientemente.*

EL CONTACTO CON SU BEBE

*Una constante conciencia acerca de su bebé en gestación es el
primer paso para crear lazos con él, que le permitan una futura
buena relación. Mantenerse en contacto significa ser consciente de
qué es lo mejor para la salud física y emocional del bebé.*

LAS EXPERIENCIAS DE SU BEBE

Mientras aun está en su útero, su bebé siente, oye, ve, saborea, responde y hasta aprende y recuerda. No es, como se creyó durante décadas,
una personalidad en blanco. informe e inerte. Experimenta claramente
sensaciones de agrado y desagrado. Disfruta de las voces suaves, de las
músicas simples, con una sola línea melódica (canciones de cuna, música de flauta), de los movimientos rítmicos y de sus caricias a través de la
pared abdominal. Le desagradan las voces estridentes; la música que
incluye percusiones insistentes (rock pesado), las luces fuertes y relam-
pagueantes, los movimientos rápidos y torpes y ser presionado cuando
usted se sienta o se acuesta en una posición inadecuada.

Visión Aunque su bebé está protegido por las paredes de su útero y
su abdomen, cuando la luz es suficientemente potente, puede llegar
hasta él. Por ejemplo, el bebé puede detectar la luz solar si usted está
asoleándose. Probablemente lo que vea sea tan sólo un resplandor
rojizo, pero a partir del cuarto mes posiblemente responderá a este
resplandor, generalmente apartándose de él si es demasiado brillante.
Sus límites de visión cuando nazca (podrá distinguir rostros a una distancia menor de 30 cm) pueden ser consecuencia de los parámetros
de su entorno antes de nacer.

Sonidos El sentido del oído de su bebé se desarrolla alrededor del tercer mes y hacia la mitad de su gestación, es capaz de responder a los
sonidos que provienen del exterior (ver arriba). El líquido amniótico
es un buen conductor del sonido, aunque lo que escuche le llegará
amortiguado, así como nos llegan los sonidos cuando estamos bajo el
agua. También podrá distinguir los tonos emocionales de las voces y
moverá su cuerpo al ritmo del habla que escucha, de modo que se calmará cuando usted hable suavemente y con tranquilidad.

El sonido del ritmo cardíaco de la madre es una presencia continua
en su mundo y parece tratarse de algo que ejerce profundas influencias. Una investigación reciente demostró que un grupo de bebés
recién nacidos que escuchaban una grabación de los latidos cardíacos
de sus madres, aumentaba más de peso y dormía más profundamente
que un grupo que no escuchaba la grabación.

LA INFLUENCIA DE LA MADRE

El bebé en gestación toma contacto con el mundo a través de la
madre. No sólo experimenta los estímulos externos (ver arriba), sino
que también experimenta los sentimientos de su madre, ya que las distintas emociones que sentimos hacen que se liberen ciertas sustancias

químicas en nuestro torrente sanguíneo —el enojo libera adrenalina, el temor libera colaminas, la alegría libera endorfinas—. Estas sustancias químicas llegan hasta su bebé atravesando la placenta, a los pocos segundos de haber usted experimentado estas emociones.

A los bebés les desagrada estar expuestos durante períodos prolongados a emociones negativas de sus madres, tales como el enojo, la ansiedad o el miedo. Si embargo, parece ser que los períodos breves de ansiedad o enojo intensos (por ejemplo porque un niño se extravió, o porque discutimos con nuestra pareja) no ejercen efectos negativos a largo plazo sobre nuestro bebé en gestación. En realidad, quizá los efectos hasta sean benéficos, ya que pueden ayudarlo a adquirir la capacidad de afrontar futuras situaciones de estrés. En cambio, las investigaciones indican que sobrellevar un estado de ansiedad o enojo, como sucede cuando se sobrelleva una mala relación de pareja, o se vive en condiciones sociales indeseables, puede acarrear consecuencias negativas para su bebé. Los efectos de estas situaciones parecen tener una incidencia en la aparición de partos problemáticos, bebés de bajo peso, niños con cólicos frecuentes y niños con futuros problemas de aprendizaje. Las investigaciones también han demostrado que aun las emociones negativas duraderas de la madre tienen efectos negativos mucho menores sobre el bebé, cuando la madre está, en general, feliz, es positiva en lo referente a su embarazo y no rechaza a su bebé en gestación.

La influencia del padre

Como futuro padre, usted es el segundo factor en importancia respecto de la vida de su bebé en gestación. Sus actitudes hacia su pareja, hacia el embarazo y hacia su hijo son cruciales. Si usted se siente feliz y desea a su hijo, es mucho más probable que su pareja también se sienta feliz y disfrute del embarazo. Esto, a su vez, también significa que su bebé tiene muchas más probabilidades de ser feliz, de sentirse satisfecho y de ser un bebé sano. Además, debería hablar con su bebé en gestación con toda la frecuencia que sea posible, ya que distintas investigaciones han demostrado que los bebés recién nacidos pueden reconocer la voz de su madre *y también* la de su padre.

¿Qué hace su bebé?

Su bebé interactúa con el mundo de varias maneras.

Movimiento *Mientras está despierto, se mueve continuamente. Patea y sacude el cuerpo en respuesta a los estímulos exteriores, por ejemplo cuando usted se sienta en una posición que a él le resulta incómoda.*

Audición *A partir del sexto mes, su bebé comienza a responder a los sonidos del exterior. Mueve el cuerpo y los miembros respondiendo al ritmo de su voz. Puede saltar y patear cuando usted levanta la voz.*

Visión *Le desagrada la luz intensa, especialmente si es en forma de destellos. En ese caso se apartará, se llevará las manos al rostro o se agitará.*

Sentimientos *Experimentará cambios en el estado anímico semejantes a los suyos, cada vez que las sustancias químicas que liberan sus emociones en su torrente sanguíneo atraviesen la placenta y se dirijan a su cuerpo.*

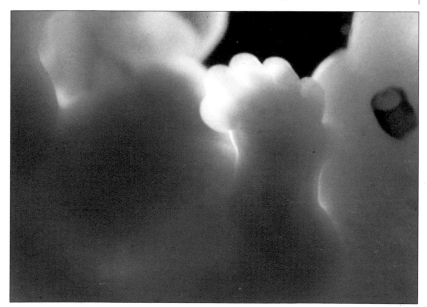

Su mundo seguro
Si el mundo que él experimenta a través de su madre se presenta como un mundo seguro, es probable que él se convierta en una persona confiada y positiva. Si en cambio el útero es un lugar estresante, es posible que tenga un acercamiento ansioso a la vida.

LOS MOVIMIENTOS DE SU BEBE

Usted comienza a sentir los movimientos de su bebé porque estos se trasmiten a través de la pared del útero hasta las terminaciones nerviosas de su pared abdominal.

La razón por la cual usted no siente ninguno de los movimientos de su bebé hasta tanto no han transcurrido varias semanas, a partir del momento en que han comenzado a producirse en realidad es ;en parte porque al comienzo son muy débiles y en parte, porque su útero no los trasmite. Sólo cuando el útero ha crecido lo suficiente como para entrar en contacto con la pared abdominal, usted puede comenzar a sentir los movimientos que dentro de él se producen.

En promedio, las mujeres perciben 9 de cada 10 movimientos de su bebé, aunque en el caso de algunas mujeres la proporción es de tan solo 6 cada 10. El hecho de que usted perciba o no un movimiento, depende de la fuerza y la dirección del mismo y de la posición en que se encuentra el bebé cuando lo produce. Por ejemplo, si el bebé se encuentra de frente a su columna y patea en esa dirección, usted no sentirá el agudo pinchazo que siente cuando él patea en dirección a su abdomen o hacia sus costillas.

Si su bebé patea o se retuerce más de lo habitual, siéntese en un lugar cómodo, y tranquilo y trate de calmarlo. Hágalo ejecutando una melodía dulce y tranquila, cantándole una canción de cuna o susurrándole. Estos recursos suelen ser muy efectivos, en parte porque esos sonidos le agradarán y en parte porque usted se tranquilizará y él tenderá a hacer lo mismo. Leerle o hablarle también suele resultar tranquilizador, al igual que acariciarlo a través del abdomen.

Para la mayor parte de las mujeres embarazadas, la primera toma de conciencia de los movimientos dentro del útero es una prueba agradable y tangible de que el bebé realmente existe. Si usted es una madre primeriza, probablemente comenzará a percibir los movimientos de su bebé dentro del útero entre las 18 y 20 semanas, pero si usted ya ha tenido antes un hijo, los primeros movimientos pueden hacerse evidentes entre las 16 y 18 semanas, o aun antes. Esto sucede debido a que los primeros movimientos del bebé, el "burbujeo", producen una sensación muy delicada, que se asemeja a un aleteo o a los movimientos de un pececito. Este movimiento puede confundirse fácilmente con una indigestión, gases o sensación de hambre, pero la madre con experiencia sabe de qué se trata, y puede identificar estas sensaciones como movimientos del bebé.

POR QUE SE MUEVE SU BEBE

Mientras se desarrolla, su bebé estira y flexiona continuamente sus miembros. Esta actividad esencial para el adecuado desarrollo de sus miembros, comienza alrededor de la octava semana, momento en el cual empieza a producir diminutos movimientos con su columna. En este momento, y durante varias semanas más, sus movimientos pasarán desapercibidos, pero alrededor del final de la décimosexta semana, es posible que comiencen a percibirse los vigorosos movimientos de sus miembros, ahora completamente formados, aunque también es posible que usted no logre reconocerlos como lo que son.

Los movimientos de su bebé, que incluyen patear, empujar, golpear, retorcerse y voltearse, a menudo tanto pueden verse como sentirse. Irán en aumento a medida que crezca, llegando a su máximo entre las 30 y 32 semanas. Un feto típico alcanza los 200 movimientos por día en la semana 20, y los aumenta hasta 375 por día, en la semana 32, pero la cantidad de movimientos por día puede variar de 100 a 700 en pocos días. Luego de la semana 32, los movimientos de su bebé se harán más restringidos, debido a que su crecimiento lo ha llevado a llenar todo el espacio del útero. Pese a esta restricción, el bebé seguirá siendo capaz de propinar rotundos puntapiés. Cuando su cabeza, ya encajada, se balancee sobre los músculos del piso de su pelvis, usted sentirá una sacudida.

Posiciones cambiantes y reacciones emocionales Su bebé se moverá dentro del útero por otras razones, además de su necesidad de hacer ejercicio y coordinar sus músculos en crecimiento.

Si usted siente que se mueve, tal vez esté cambiando su posición porque desea hacerlo, o porque usted está sentada o acostada en una posición que le causa incomodidad, o tal vez esté tratando de volver a ubicar su dedo pulgar, luego de haberlo estado succionando alegremente antes de decidir un cambio de posición.

Por otra parte, también puede estar moviéndose como respuesta a las emociones de la madre. Distintas hormonas, tales como la adrenalina, son liberadas dentro de su torrente sanguíneo cuando usted recibe un estímulo físico o emocional. El placer, el entusiasmo, la ira, el estrés, la ansiedad o el temor, también estimulan la producción de sustancias químicas en su cuerpo, que atraviesan la placenta y pasan al torrente sanguíneo del bebé. Estas hormonas hacen que su bebé reaccione de una manera coherente con sus emociones, de modo que si usted se enoja o se pone muy ansiosa, él puede agitarse y comenzar a patear o a retorcerse. Si puede, siéntese en un lugar tranquilo y practique sus técnicas de relajación (ver pág. 238). Esto los ayudará a calmarse, tanto a usted como a su bebé.

CONTANDO LOS PUNTAPIES

Al igual que todos nosotros, su bebé puede sentirse más activo algunos días que otros, pero su patrón diario de movimientos se tornará más coherente a partir de la semana 28. A partir de allí usted podrá controlar los movimientos de su bebé.

Hay varias maneras de llevar la cuenta de los movimientos fetales, pero una de las más sencillas es llevar una tarjeta de puntapiés como la que mostramos abajo, que puede dibujarse fácilmente en un trozo de papel milimetrado. Hacia la izquierda de la tarjeta, marque un período de tiempo de seis horas que le resulte conveniente, durante el cual usted contará el número de movimientos, digamos, por ejemplo, de las 9 a.m. a las 3 p.m. o de las 4 p.m. a las 10 p.m. Coloque las semanas y los días en la parte superior. Cada día, comenzando a la hora que usted haya elegido, cuente los movimientos fetales hasta llegar a cinco movimientos, y marque la hora en que se registró el quinto en su tarjeta.

Algunos hospitales tienen sus propias tarjetas de puntapiés y le entregarán una. Usted podrá utilizarla para registrar los movimientos de su bebé durante los últimos meses de embarazo.

Si, cuando se está aproximando la fecha de parto, usted nota algún cambio significativo en los movimientos de su bebé, avise a su médico sin demora. No deje de hacerlo si nota que no hay movimientos durante un período de seis horas seguidas; y también es aconsejable dar aviso en caso de que se registren menos de cinco movimientos en un período de seis horas. Aunque los movimientos de su bebé parezcan haber cesado por completo de pronto, no entre en pánico. Su médico puede evaluar rápidamente la salud de su bebé y decidir si todo está bien o si se hace necesaria una inducción del parto o una Cesárea.

Monitoreo de los movimientos fetales
Se trata de una manera útil de controlar el bienestar de su bebé, especialmente si el parto está retrasado. Sólo usted puede decir si el bebé se está moviendo de una manera normal para él. Si hay una caída significativa en la cantidad de movimientos que realiza, usted debe ponerse en contacto con su médico, su partera o el hospital.

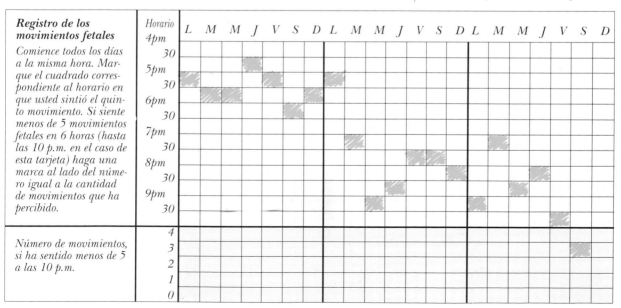

Registro de los movimientos fetales	Horario	L	M	M	J	V	S	D	L	M	M	J	V	S	D	L	M	M	J	V	S	D
Comience todos los días a la misma hora. Marque el cuadrado correspondiente al horario en que usted sintió el quinto movimiento. Si siente menos de 5 movimientos fetales en 6 horas (hasta las 10 p.m. en el caso de esta tarjeta) haga una marca al lado del número igual a la cantidad de movimientos que ha percibido.	4pm																					
	30																					
	5pm																					
	30																					
	6pm																					
	30																					
	7pm																					
	30																					
	8pm																					
	30																					
	9pm																					
	30																					
Número de movimientos, si ha sentido menos de 5 a las 10 p.m.	4																					
	3																					
	2																					
	1																					
	0																					

EXAMENES CARDIACOS NEONATOLOGICOS

PROBLEMAS FETALES

Soy consciente de que este tema es emotivo y de que puede causarle preocupaciones. Sin embargo, es difícil remarcar lo suficiente que los déficits en los fetos son extremadamente poco frecuentes. Por favor, trate de no ponerse muy ansiosa. La causa de muchos defectos fetales todavía es desconocida. Algunos están determinados genéticamente (ver pág. 20), mientras que otros pueden deberse a los efectos adversos de drogas, radiaciones, infecciones fetales o trastornos metabólicos.

Las enfermedades cardíacas congénitas se diagnostican de varias maneras, como por ejemplo utilizando rayos X en la zona del pecho o practicando un examen por ultrasonido llamado ecocardiograma.

Una enfermedad cardíaca congénita, como por ejemplo una deficiencia septal ventricular (abertura en el corazón- ver texto principal) a veces no se detecta hasta las cuatro semanas de vida del bebé. Tanto los rayos X como el ecocardiograma se utilizan para confirmar el diagnóstico y para conocer la gravedad del problema, de modo de poder proveer el tratamiento adecuado.

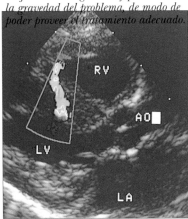

Ecocardiografía
Arriba se muestra el corazón de un bebé con un déficit septal ventricular. Los ecocardiogramas se practican con un aparato de ultrasonido y se grafican como una serie de líneas sobre una pantalla. El coloreado muestra el defecto en color rojo. Las abreviaturas que se utilizan son: Ao: aorta (arteria principal); RV: ventrículo derecho (cámara de bombeo que envía la sangre a los pulmones para que sea oxigenada); LA: aurícula izquierda (cámara recolectora que recibe la sangre oxigenada de los pulmones); LV: ventrículo izquierdo (bombea la sangre oxigenada hacia el cuerpo).

Los tipos de malformaciones que pueden producirse son numerosos y variados, aunque la mayor parte son muy raros. Los tejidos que están creciendo más activamente en el momento en que opera el factor adverso son los que más probablemente mostrarán el defecto. Algunas malformaciones son incompatibles con la vida, y no es posible practicar ningún tratamiento. Los defectos que es más importante reconocer inmediatamente después del nacimiento son aquellos que ponen en peligro la vida, pero que, con una rápida intervención, pueden ser tratados con éxito. Actualmente es posible detectar un número cada vez mayor de defectos antes del nacimiento, a través de las ecografías (ver pág. 162) Muchos de ellos pueden ser tratados inmediatamente después del parto, o más tarde, durante la infancia.

Ano sin perforación Esto sucede cuando el ano está cerrado, sea porque una fina membrana de piel recubre la abertura anal, o porque el canal anal, que une el recto con el ano, no se ha desarrollado. El saco anal puede estar conectado con la vagina, la uretra o la vejiga, y en ese caso el bebé debe ser tratado quirúrgicamente. Aunque este defecto es raro, todos los bebés que nacen son cuidadosamente revisados a este respecto, y en caso de registrarse este problema, los niños son tratados de inmediato.

Hernia umbilical La abertura en la cápsula muscular del abdomen de su bebé, ubicada en el lugar donde el cordón umbilical penetra en el abdomen, normalmente se cierra cuando corresponde. Sin embargo, a veces se produce una hinchazón llamada hernia umbilical. Esto se debe a que el contenido del abdomen emerge a través de este punto débil. En la mayor parte de los casos, la hernia desaparece, pero algunas veces es necesario un tratamiento quirúrgico durante la infancia.

Deficiencia cardíaca congénita La forma más fecuente de enfermedad cardíaca congénita es la insuficiencia septal ventricular (una abertura en el corazón). Esta deficiencia consiste en la existencia de una abertura en el septum, que es una fina pared que divide los ventrículos derecho e izquierdo (cámaras de bombeo) del corazón, de modo tal que los ventrículos, en lugar de estar separados, están conectados entre sí. Esto no suele producir síntomas ni signos en el bebé recién nacido, ya que recién a las cuatro semanas aproximadamente, los vasos sanguíneos de los pulmones se relajan lo suficiente como para dar lugar a que se desarrollen diferencias de presión entre los ventrículos. Por todo esto, recién al mes se podrá apreciar un considerable pasaje de sangre a través de esa abertura, y hasta ese momento no habrá síntomas. Los síntomas que pueden detectarse son un tinte azulado en la piel, especialmente alrededor de los labios, decaimiento y falta de aliento. Uno de los síntomas puede ser una dificultad respiratoria que se presenta cuando el niño come. No siempre es necesaria una operación, ya que en ocasiones la abertura se cierra espontáneamente.

Dislocación congénita de la cadera La dislocación se produce cuando la cabeza del fémur no se encaja en el hueco de la articulación de la cadera. En el bebé recién nacido, este es más un problema potencial que real. Es más frecuente en las niñas. Como parte del examen de rutina que se practica a los recién nacidos (ver pág. 191), se suelen revisar las caderas para detectar dificultades. Si existen dudas, se debe requerir la opinión de un ortopedista. Un seguimiento y un tratamiento tempranos, pueden evitar complicaciones posteriores en la infancia, aunque en los casos más severos puede hacerse necesaria una intervención quirúrgica.

Espina bífida Es importante que los bebés que tienen buen pronóstico sean enviados a un centro especializado, donde se pueda practicar sin demora la cirugía apropiada. La espina bífida se produce cuando las vértebras no se sueldan adecuadamente y las meninges (membranas que recubren la médula) emergen a través de ellas en algún lugar de la columna. La zona puede estar recubierta de piel o sólo por una membrana azulada. Puede contener raíces nerviosas o suceder que la misma médula espinal se encuentre expuesta. En muchos casos, la zona donde los huesos de la columna no están soldados está cubierta por piel y sólo se evidencia una pequeña protuberancia oscura y vellosa.

La falta del recubrimiento que habitualmente protege la médula, hace que exista una gran propensión a una infección meníngea, pero esto se puede evitar practicando una cirugía inmediata. En general, el pronóstico para los bebés con una deficiencia severa de este tipo es malo. Los problemas que pueden aparecer incluyen una parálisis completa de las piernas, incontinencia de orina y materia fecal, retardo mental y posible aparición de hidrocefalia (ver debajo).

Hidrocefalia (agua alrededor del cerebro) Un hidrocéfalo tiene un exceso de líquido cefalorraquídeo dentro del cráneo. La hidrocefalia se acompaña muchas veces de otros problemas neurológicos, tales como la espina bífida y está originada en una limitación en la circulación del líquido cefalorraquídeo en el cerebro. La cabeza se hincha y los tejidos blandos, situados entre los huesos del cráneo y las fontanelas se hacen más anchos y protuberantes. Esta enfermedad puede aparecer antes del nacimiento, debido a malformaciones congénitas y entorpecer el parto, o también puede suceder que el agrandamiento de la cabeza se observe después del nacimiento. Si se sospecha la posibilidad de que un bebé sea hidrocéfalo, se efectuarán frecuentes controles ecográficos y se medirá el perímetro cefálico cada dos o tres días. Si la velocidad de crecimiento es mucho más rápida que la normal, se pedirá la opinión de un neurocirujano, para evitar el progreso de la hidrocefalia efectuando sucesivas punciones lumbares o insertando un tubo de drenaje y una válvula dentro de una pequeña abertura que se practica en el cráneo.

LABIO Y PALADAR LEPORINOS

Estos defectos se deben al desarrollo incompleto del labio superior, del paladar o, en algunos casos, de los dos.

El labio leporino se produce cuando las mitades del labio superior no se unen adecuadamente durante el desarrollo fetal. Del mismo modo, el paladar leporino es el resultado de la falla en la unión de ambas mitades del paladar.

Sorprendentemente, estos defectos suelen acarrear escasas dificultades en la alimentación: a menudo es posible amamantar adecuadamente al niño pero resulta más difícil darle el biberón y es posible que sea necesario recurrir a una taza y una cuchara. Es necesario tener ciertos cuidados cuando se alimenta a un niño con paladar leporino, ya que la apertura puede hacer que la leche penetre en la nariz y se produzcan arcadas.

Es aconsejable realizar una pronta consulta con un cirujano plástico, de modo de poder planificar un tratamiento. Algunos hospitales actualmente practican el cierre del labio leporino inmediatamente después del parto. Aunque si el cierre del paladar leporino se practica muy tempranamente, es posible que luego sea necesaria una intervención más importante en la edad adulta, ya que el paladar suele no desarrollarse completamente.

TRISOMIAS

La trisomía es un trastorno cromosómico en el cual un par de cromosomas tiene un cromosoma extra, de modo que son 3. Este defecto existe en todas las células del cuerpo.

La trisomía más frecuente es el Síndrome de Down (ver pág. 20), también conocido como trisomía 21, ya que hay tres cromosomas número 21.

El niño nace con rasgos peculiares, tales como una lengua con tendencia a la protrusión, ojos oblicuos con pliegues de piel en el extremo interno. La cabeza es plana en la parte posterior y las orejas son raras. Es bastante fofo y las manos y los pies habitualmente son cortos y anchos, con un sólo pliegue transverso en palmas y plantas. Además, a veces se puede detectar una insuficiencia cardíaca en estos niños.

Los niños que padecen de Síndrome de Down suelen presentar debilidad mental, aunque el grado de discapacidad es variable y muchos niños con Síndrome de Down son casi normales.

Los niños con Síndrome de Down son muy gratificantes. Son afectuosos, extrovertidos y tienen un gran sentido del humor. Si reciben atención cuidadosa y educación temprana, a menudo progresan mucho. Algunos logran vivir de manera independiente.

Otras trisomías son la trisomía 13 (Síndrome de Patau) y la trisomía 18 (Síndrome de Edwards). Ambas producen severas anormalidades físicas y mentales, pero son mucho menos frecuentes que el Síndrome de Down.

Los defectos del tubo neural, tales como la espina bífida y la hidrocefalia, se pueden detectar mucho antes del nacimiento a través de las ecografías (ver pág. 162) y la amniocentesis (ver pág. 164). La aparición de niveles altos de alfafetoproteína (AFP) son una indicación de que se deben realizar estudios más profundos.

Parálisis cerebral Es una parálisis, rigidez o incoordinación muscular, que se produce debido a un daño cerebral antes, durante o después del parto, por ejemplo, debido a falta de oxigenación en el cerebro durante la última etapa del embarazo, o a un parto difícil. Los bebés prematuros son particularmente vulnerables. Una infección del útero de la madre, lo mismo que una meningitis o un traumatismo de cráneo severo después del parto, pueden causar parálisis cerebral. Los síntomas, con frecuencia, no se hacen evidentes hasta que el bebé tiene varios meses de vida, y su desarrollo comienza a mostrar retraso. Es posible que no logre sentarse, o que no alcance otros progresos esperados. Puede ser que se observe rigidez en los brazos o las piernas o una postura anormal persistente. El grado de discapacidad puede ir desde leve —cuando el niño sólo manifiesta torpeza o inestabilidad— hasta severa. En los peores casos el niño puede estar completamente inmóvil.

Cuando se producen espasmos musculares y los miembros son anormalmente rígidos, se dice que el bebé es espástico. La rigidez puede afectar el brazo y la pierna de un lado (hemiplejia), sólo las piernas (paraplejia), o los cuatro miembros y el tronco (cuadriplejia). El niño puede desarrollar movimientos involuntarios, en cuyo caso el cuadro se denomina atetosis, o una pérdida de la coordinación y el equilibrio, que se conoce con el nombre de ataxia. Muy a menudo, otras habilidades, tales como el habla, la visión y la audición, también se ven afectadas. Desafortunadamente, una gran número de estos niños padecen discapacidades mentales severas, aunque existen muchos que son intelectualmente normales. La parálisis cerebral es incurable, aunque no es progresiva. La fisioterapia ayudará a prevenir deformidades causadas por la rigidez y los espasmos y a desarrollar el equilibrio y el control muscular; la terapia del lenguaje ayudará a mejorar la comunicación.

Síndrome de insuficiencia respiratoria En esta enfermedad, los pulmones del bebé padecen de una deficiencia de surfactante, una sustancia que mantiene abiertos los diminutos alvéolos pulmonares a través de los cuales la sangre absorbe el oxígeno. Se debe a una inmadurez de los pulmones o a que el funcionamiento de importantes células pulmonares se encuentra disminuido a causa de falta de oxígeno. El síndrome de insuficiencia respiratoria aparece más frecuentemente en bebés prematuros pequeños, pero también se da en hijos de madres diabéticas, cuando la diabetes no se ha controlado debidamente. Una baja oxigenación del feto en el momento previo al parto es un factor de predisposición. Este problema es muy poco frecuente en los bebés que nacen en término.

A medida que, ha aumentado la posibilidad de detectar la inmadurez pulmonar antes del parto, ha mejorado el manejo de los partos prematuros y se han desarrollado técnicas efectivas de resucitación, la incidencia de este trastorno ha disminuido. Los niños que nacen con este problema requieren mucha atención en una unidad de cuidados intensivos. Cuando se presume un SIR, se puede medir la proporción lecitina/esfingomielina (ver pág. 169) en el líquido amniótico, para conocer el grado de madurez de los pulmones y tomar las precauciones que sean necesarias.

Estenosis del píloro El estrechamiento del píloro, conducto que une el estómago con el intestino delgado, debido al engrosamiento del músculo pilórico es más frecuente en los varones que en las mujeres. La causa es desconocida, pero es típico que los síntomas aparezcan a las cuatro semanas de vida, aunque también pueden aparecer antes.

La comida se acumula en el estómago, que entonces se contrae fuertemente para intentar hacerla pasar por el píloro estrecho. Como no es posible, la leche es vomitada con violencia luego de cada comida. Esto se conoce como vómito en chorro, ya que la comida puede ser arrojada a varios pies de distancia. El bebé puede sufrir de constipación y deshidratación, pero se puede practicar una operación sencilla para ensanchar el píloro, con lo que se proporcionará una solución totalmente efectiva.

Epispadias e hipospadias Aproximadamente uno de cada 1.000 bebés varones posee una anormalidad en la abertura de la uretra en el pene. En las epispadias el orificio se encuentra en la superficie superior del pene y el pene puede encontrarse curvado hacia arriba. En las hipospadias, la abertura de la uretra se encuentra en la parte de abajo del glande (cabeza) y el pene, en ocasiones, está curvado hacia abajo.

En las formas extremas de hipospadias (que son muy poco frecuentes), la apertura uretral se encuentra entre los genitales y el ano, de modo que los genitales parecen femeninos. Se realiza una cirugía inmediata que, en general, es exitosa, y que permite el adecuado pasaje de la orina y, posibilita que, más adelante, las relaciones sexuales sean satisfactorias. Ni las epispadias ni las hipospadias (aun en su forma más severa) son causa de infertilidad.

DEFECTOS FETALES CADA **10.000** NACIMIENTOS

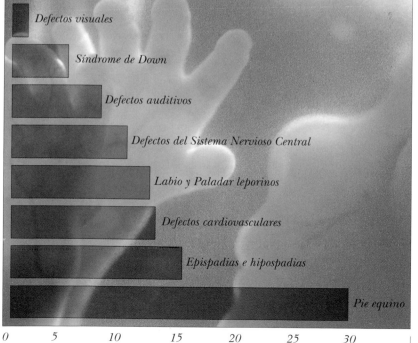

Defectos visuales						
Síndrome de Down						
Defectos auditivos						
Defectos del Sistema Nervioso Central						
Labio y Paladar leporinos						
Defectos cardiovasculares						
Epispadias e hipospadias						
Pie equino						

0   5   10   15   20   25   30

PIE EQUINO

Se trata de niños que nacen con la planta del pie, uno o ambos, inclinada hacia abajo y hacia adentro, o hacia arriba y hacia afuera.

No se conocen exactamente las causas de las muchas variedades de pie equino, pero se sabe que se trata de un defecto que puede heredarse y que, en raras ocasiones, suele tener una recuperación espontánea.

En la mayor parte de los casos, si se desea corregir el defecto, es necesario recurrir a un tratamiento. El más frecuente consiste en efectuar maniobras con el pie del niño durante un período de varios meses. En los intervalos entre las maniobras se mantiene el pie, fijado en la posición deseada, con alguna ligadura, tal como un entablillamiento o un molde de yeso. A veces se hace necesaria una cirugía.

Incidencia de defectos fetales
Esta tabla resume la incidencia típica de defectos de nacimiento. La más frecuente es el pie equino, que afecta tanto a varones como a mujeres. Las epispadias e hipospadias son las segundas en frecuencia, son defectos de la uretra y afectan sólo a varones. Los defectos cardiovasculares son aquellos que corresponden al corazón y al sistema circulatorio, e incluyen las enfermedades cardíacas congénitas, y los defectos del sistema nervioso central incluyen la espina bífida y la hidrocefalia.

EFECTOS SOBRE LOS PADRES

Pese al estrés físico y emocional que implica la cirugía fetal, la mayor parte de los padres la sobrellevan muy bien.

Cuando se diagnostica que un bebé en gestación tiene una enfermedad seria, o un defecto importante, y los médicos consideran la posibilidad de una cirugía fetal, los padres reciben consejo y apoyo para decidir si están de acuerdo o no con que se practique este procedimiento. La cirugía fetal, aunque avanza rápidamente, aun se encuentra en una etapa experimental. Las técnicas más complejas sólo se ponen en práctica cuando no hay nada que perder. En algunos centros muy experimentados, en cambio, los procedimientos simples tales como las transfusiones, se practican como rutina.

Si la cirugía tiene éxito, las compensaciones son enormes y parece que estos procedimientos tienen poco o ningún efecto sobre la fertilidad de la madre. Muchas mujeres luego se embarazan nuevamente, y sus embarazos son normales. Cuando las cirugías no son tan exitosas, existe la posibilidad de que se produzca un aborto espontáneo, un nacimiento prematuro o que se haga necesaria una Cesárea. A veces es la madre quien puede presentar complicaciones después de la operación, las cuales suelen resultar sumamente tensionantes para todos los que la rodean. Muchas han sido ya previstas y tienen rápida solución.

CIRUGIA FETAL

Gracias al desarrollo de técnicas quirúrgicas especializadas, a veces, es posible corregir un defecto quirúrgico mientras el bebé está aún dentro del útero. Los cirujanos fetales están experimentando técnicas que son asombrosas en cuanto a su delicadeza y que resultan casi milagrosas en cuanto a los resultados.

Todavía es pequeño el número de cirujanos pioneros que se dedican a la cirugía fetal, y la cantidad de defectos que pueden corregir es limitada, pero las investigaciones continúan. Continuamente se experimentan y evalúan nuevos métodos, y los avances en el diagnóstico de defectos fetales hacen más sencillo para los médicos decidir cuándo es adecuada una cirugía.

CIRUGIA GUIADA POR ECOGRAFIA

Los métodos más sencillos de cirugía fetal se practican con la ayuda de finas agujas que se insertan a través del abdomen de la madre, dentro del útero y el saco amniótico.

La ecografía ofrece al cirujano la visión del feto, y le permite manipuler las agujas (se utiliza sólo una por vez) con las cuales se toman muestras de tejidos o de sangre del feto y se le suministran drogas.

Utilizando técnicas que se valen de la guía de un ecógrafo, los cirujanos ahora son capaces de tratar una serie de problemas que constituyen amenazas para la vida. A través de trasnsfusiones de sangre intrauterinas se pueden corregir problemas de Rhesus y otras incompatibilidades entre los sistemas inmunológicos del feto y de la madre. Se pueden inyectar en el feto drogas para corregir irregularidades en los latidos cardíacos y para destruir tumores. También es posible insertar pequeños tubos de drenaje para evitar acumulaciones de líquidos. Con ellos se efectuará un drenaje de líquidos excesivos —por ejemplo, del cerebro, en los casos de hidrocefalia— y se despejarán las obstrucciones del aparato urinario. El ecógrafo también se utiliza para guiar los diminutos fórceps y escalpelos con los cuales se practican las cirugías.

Transfusiones de sangre intrauterinas En algunos casos de incompatibilidad Rhesus (ver pág. 184), en los cuales la sangre de la madre es Rhesus (RH) negativa y la de su bebé es RH positiva, el bebé puede tornarse peligrosamente anémico. En este caso se le practicarán una o más transfusiones de sangre por vía de uno de los vasos sanguíneos ubicados en el cordón umbilical para apoyarlo hasta que esté en condiciones de nacer sin riesgo. Se le inyectará sangre fresca, de tipo Rh negativo, en cantidades acordes con el peso estimado del feto y el grado de anemia que padece.

Las transfusiones de sangre fetales tienen un alto porcentaje de éxito, aunque en algunos casos de severa incompatibilidad Rh, puede producirse un aborto o el niño puede nacer muerto, pese a que se hayan efectuado varias. Hasta hace muy poco, cuando las transfusiones no tenían éxito, no había nada más que hacer, pero actualmente se está investigando si inyectar al bebé con médula ósea de un donante Rh negativo puede estimular al niño para que se transforme él también en Rh negativo y de esa manera lograr que quede eliminada la incompatibilidad.

Un tipo menos frecuente de incompatibilidad entre la madre y el niño ocurre cuando la madre produce anticuerpos que destruyen las plaquetas de la sangre del bebé. Estas plaquetas ayudan al proceso de coagulación de la sangre y, sin ellas, el bebé corre el riesgo de sufrir una hemorragia y morir. Actualmente, esto puede evitarse suministrando al feto transfusiones de plaquetas y, en casos severos, anticuerpos de un donante que contrarresten los de la madre.

Tubos de drenaje para problemas urinarios A veces en los recién nacidos se produce hidronefrosis, cuando un riñón se hincha con orina, porque el uréter que está destinado a drenarla es demasiado estrecho o está obstruido. Si el problema no se trata, puede llevar a un daño severo del riñón. Si afecta a ambos riñones, puede producirse una insuficiencia renal. La hidronefrosis, a veces, puede corregirse insertando tubos de drenaje.

CIRUGIA FETAL ABIERTA

Algunos defectos fetales que no se pueden tratar con técnicas guiadas por ecografía, sí se pueden corregir a través de cirugía fetal abierta. Esto implica abrir el útero y retirar parcialmente al bebé para poder operarlo.

La cirugía fetal abierta se ha utilizado para reparar hernias diafragmáticas, en las cuales un orificio en el diafragma del bebé permite los intestinos se introduzcan en la cavidad torácica y dañen los pulmones, y también se la ha utilizado para extirpar ciertas clases de tumores.

La operación A diferencia de las técnicas que se practican con la guía de un ecógrafo, que siempre se llevan a cabo con anestesia local, la cirugía fetal abierta requiere de anestesia general, tanto para la madre como para el bebé. Cuando la anestesia ha surtido efecto, se practica una incisión en el útero de la madre para dejarlo expuesto y se utiliza un ecógrafo para ubicar la posición exacta de la placenta. Se extrae entonces el líquido amniótico y se lo mantiene tibio, y se practica una incisión en el útero y las membranas amnióticas, bien lejos de la placenta, para evitar el daño. El bebé es retirado del útero a través de esta incisión a la distancia mínima que necesita el cirujano para poder reparar el defecto.

Luego de la operación Una vez que el cirujano haya terminado, el bebé es colocado nuevamente en el útero junto con el líquido amniótico (al cual se agrega una pequeña cantidad de antibiótico). Las incisiones del útero y las membranas amnióticas son suturadas con ganchos absorbibles y pegamento quirúrgico y también se sutura la incisión del abdomen. La madre permanece en cama durante unos días luego de la operación, tiempo durante el cual tanto ella como el bebé son cuidadosamente controlados. Habitualmente ella deja el hospital en diez días. Las contracciones del útero, provocadas por la irritación que sigue a la operación, deben ser evitadas con drogas, para impedir que el trabajo de parto comience antes de lo debido. Estas drogas se suministran por vía endovenosa mientras la madre está hospitalizada, y se cambian por medicación oral cuando deja el hospital. La mayor parte de los bebés que deben atravesar una cirugía fetal nacen antes de tiempo, habitualmente con una cesárea.

EXPECTATIVAS PARA EL BEBE

La cirugía fetal se utiliza para ayudar a los bebés que tienen defectos más fáciles de corregir antes de nacer que después, o que morirían si la cirugía no se practicase.

En general, cuanto más temprano es el momento del embarazo en que se practica una cirugía fetal, mayores son las posibilidades de supervivencia del bebé. Esto sucede, en parte, porque las heridas se curan relativamente rápido en un bebé en desarrollo, y, en parte, porque los órganos que no podían seguir creciendo hasta no ser reparados, pueden completar su desarrollo normal. Por ejemplo, si los pulmones de un bebé no pueden crecer en forma adecuada a causa de una hernia diafragmática, necesitarán tiempo para madurar lo suficiente como para que pueda hacer uso de ellos cuando nazca.

El momento exacto en que conviene que un bebé sea operado depende de muchos factores, siendo uno de los más importantes el momento en que el defecto se puede diagnosticar. Los problemas de sangre y de anticuerpos habitualmente se suelen detectar en las primeras semanas de embarazo y, a menudo, como sucede con muchos casos de incompatibilidad Rh, son predecibles. Un bebé a quien se le practicaron 25 transfusiones de anticuerpos, recibió la primera a las 11 semanas, cuando sólo medía 5 cm de largo. La mayor parte de las malformaciones físicas, en cambio, no se pueden diagnosticar hasta que el órgano o los órganos, a los cuales afectan hayan crecido lo suficiente como para que el defecto se evidencie. En consecuencia, las cirugías para corregir este tipo de defectos, suelen llevarse a cabo después de la semana 18.

UNA MADRE
RH NEGATIVO

NOMBRE Gemma Duncan

EDAD 27 años

ANTECEDENTES MEDICOS Nada anormal

HISTORIA OBSTETRICA Una hija de 2 años, nacida de parto normal. No tuvo complicaciones después del parto. La niña tiene sangre Rhesus positiva.

La sangre de Gemma es Rhesus negativa, mientras que la de su pareja, Chris, es Rhesus positiva. El segundo bebé tiene 1 posibilidad entre 4 de ser Rhesus negativo, si Chris le trasmite un gen recesivo Rhesus negativo. El primer bebé fue Rhesus positivo. Eso significa que Gemma puede haber desarrollado algunos anticuerpos anti-Rhesus positivo. Si el segundo bebé también resulta Rhesus positivo, corre el riesgo de que sus glóbulos rojos sean atacados por los anticuerpos de su madre. Para evitar la destrucción de células sanguíneas de su hijo, Gemma tendrá cuidados especiales durante todo su embarazo.

Alrededor del 85 por ciento de la población posee una sustancia semejante a una proteína, llamada factor Rhesus, en los glóbulos rojos de su sangre. El 15 por ciento restante, que no posee en sus glóbulos rojos el factor Rhesus, recibe el nombre de Rhesus negativo (Rh negativo). La positividad Rhesus siempre es dominante; la negatividad sólo aparecerá cuando se hereden solamente genes negativos. El hecho de ser Rhesus negativa no la afectará, a menos que usted esté embarazada.

UNA MADRE Y UN BEBE INCOMPATIBLES

El primer embarazo de Gemma transcurrió sin ningún problema. Esto es frecuente en los primeros embarazos en los cuales la madre posee sangre Rh negativo y el bebé es Rhesus positivo (un embarazo incompatible).

En cambio, cuando las células sanguíneas fetales se mezclan con las maternas, por ejemplo, en el parto, la sangre de la madre se sensibiliza. Cuando el factor Rh de la sangre del bebé entra en el torrente sanguíneo de la madre, actúa como un antígeno y estimula la producción de anticuerpos anti Rh positivo. Estos atacarán y destruirán las células sanguíneas de su siguiente bebé Rh positivo (incompatible). Esto provoca una enfermedad hemolítica en el recién nacido (ver pág. 318). Los niños afectados por esta enfermedad de la sangre pueden presentar desde una leve ictericia hasta una anemia grave y posiblemente fatal. Con frecuencia es posible salvar a los fetos afectados por esta enfermedad practicando una transfusión de sangre intrauterina (ver pág. 182).

No todas las mujeres Rh negativo que tienen hijos Rh positivo se sensibilizan, pero no hay manera de predecir qué mujeres lo harán. Todas estas mujeres, por lo tanto, deben recibir una inyección de Rhogam.

LA DESENSIBILIZACION DE GEMMA

Dentro de las 48 horas de haber dado a luz a su primer bebé, se aplicó a Gemma una inyección intramuscular de Rhogam (Rh inmuno globulina) para ayudar a evitar la formación de anticuerpos destructivos. Si ella hubiese perdido este embarazo, de todas maneras hubiese necesitado la inyección, ya que su sangre y la del bebé podían haberse mezclado.

CONTROL CUIDADOSO

Gemma espera estar afectada sólo parcialmente por la incompatibilidad Rhesus. Sin embargo, si los anticuerpos ya se han formado, la inyección de Rhogam no será efectiva. Por lo tanto, la sangre de Gemma será controlada durante todo el embarazo. En cada visita, le tomarán una muestra especial de sangre. para examinar si existen niveles crecientes de anticuerpos. Sólo si aumentan más allá de un cierto punto su bebé estará corriendo riesgos. Si se detecta que los anticuerpos están aumentando, se le practicará una ecografía a las 18 semanas. De esta manera será posible verificar la presencia de bilirrubina fetal (un sub-producto de la destrucción de glóbulos rojos) en el líquido amniótico.

En el tercer trimestre, se efectuará una prueba directa para detectar la presencia de bilirrubina. Esta prueba se efectúa a través de un procedimiento denominado cordocentesis (ver pág. 165). De esta manera los médicos podrán evaluar la severidad del problema y determinar si es necesario practicar transfusiones de sangre.

LAS EXPECTATIVAS DE GEMMA RESPECTO DEL PARTO

Si el conteo de anticuerpos arroja un saldo bajo, Gemma no necesitará más cuidados especiales. En cambio, si la cantidad se eleva de manera moderada, es posible que su bebé deba ser inducido tempranamente, para evitar serias consecuencias. En este caso, debe descartarse la posibilidad de un parto domiciliario, y Gemma deberá tener a su bebé en un hospital que cuente con un buen departamento de obstetricia.

LA ENFERMEDAD RHESUS DURANTE EL EMBARAZO

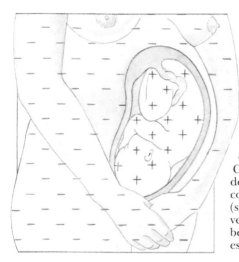

La enfermedad Rhesus sólo se produce cuando una mujer que tiene sangre Rhesus-negativa (que se simboliza en la figura con un signo menos de color rojo) está embarazada de un bebé Rhesus positivo (simbolizado con signos más de color azul) La mayor parte de las mujeres Rhesus negativo, tienen su primer bebé sin dificultades —tal como sucedió a Gemma. En cambio, si ellas desarrollan luego anticuerpos contra la sangre Rhesus positiva (simbolizados con triángulos verdes en las figuras de abajo), los bebés que puedan tener más tarde estarán sujetos a riesgos.

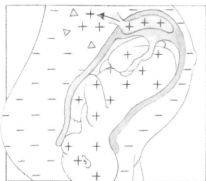

La madre se sensibiliza
Si la madre no recibe una inyección de Rhogam dentro de las 48 horas de haber dado a luz, puede desarrollar anticuerpos contra la sangre Rhesus positiva.

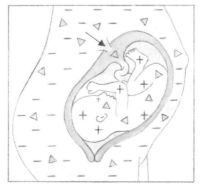

Un futuro embarazo
Si se embaraza de otro bebé Rhesus positivo, sus anticuerpos pueden atacar los glóbulos rojos de este bebé.

Es muy probable que el bebé de Gemma resulte sano y fuerte, debido a las inyecciones de Rhogam y a los cuidados especiales que Gemma está recibiendo durante el embarazo.

- *Inmediatamente después del parto se le efectuará una prueba de Coombs, que detecta la presencia de anticuerpos anti-Rhesus-positivo.*

- *Si el bebé está afectado de incompatibilidad Rh, sus niveles de bilirrubina se elevarán muy rápidamente después del parto, porque su hígado no podrá tolerar la sustancia.*

- *El alto nivel de bilirrubina en su sangre y sus tejidos hará que la piel del niño tome un tinte amarillo. Esto se puede tratar colocándolo bajo una lámpara que transforma la bilirrubina en una sustancia inocua para el cerebro.*

RECIBIR UNA INYECCION DE RHOGAM

Las mujeres que son Rhesus negativo también reciben una inyección de Rhogam después de:

- *Un aborto*

- *Un examen de las vellosidades coriónicas*

- *Una amniocentesis o una cordocentesis, especialmente si se observa sangre en la aguja cuando se la retira*

8

Frecuentes

MOLESTIAS

Muy pocas mujeres atraviesan el embarazo sin padecer algunas molestias que, en su mayor parte, no son graves pero sí incómodas. Estar preparada para afrontar estas dificultades es tener la mitad de la batalla ganada. Si puede identificarlas, usted podrá diferenciar entre aquellas cosas que sólo implican una incomodidad y las que son potencialmente peligrosas.

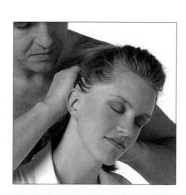

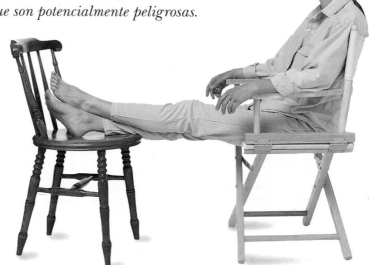

MOLESTIAS FRECUENTES

MOLESTIA	POR QUE SE PRODUCE
Dolor de espalda Habitualmente consiste en una incomodidad general en la parte inferior de la espalda, que se presenta a menudo con dolor en los glúteos y las piernas. Puede producirse cuando usted ha permanecido de pie durante demasiado tiempo en una mala postura, o después de levantar algún objeto pesado, especialmente durante el tercer trimestre.	Los altos niveles de progesterona provocan un ablandamiento y un estiramiento de los ligamentos de los huesos de la pelvis, para permitir que el bebé nazca. Los ligamentos de la columna también se ablandan, haciendo recaer un mayor esfuerzo en las articulaciones de la espalda y los muslos
También puede producirse un dolor intenso en la parte inferior de la espalda cuando usted rota la columna y la pelvis en direcciones opuestas, como sucede por ejemplo cuando se vuelve hacia los lados en la cama.	El bebé está apoyado en su articulación sacro-ilíaca, que está ubicada unos 7,5 cm hacia adentro de la parte superior de sus nalgas. Los movimientos rotatorios de la columna y la pelvis abren y cierran la articulación sacro-ilíaca, provocando dolor.
Síndrome del túnel carpiano Es una sensación de alfileres y agujas que se produce principalmente en los dedos pulgar e índice y aparece junto con adormecimiento y, a veces, debilidad. Ocasionalmente se ven afectados toda la mano y el antebrazo. Puede sobrevenir a partir del momento de la concepción.	La presión sobre el nervio que va del brazo a la mano a lo largo de la parte anterior de la muñeca. La presión se origina en la hinchazón del túnel carpiano (un anillo de fibras que rodea la muñeca y por debajo del cual pasa el nervio) debido a la retención de agua.
Constipación Sucede cuando las heces son secas y duras y, por lo tanto, difíciles de expulsar. Puede producirse a partir de la concepción.	La progesterona relaja los músculos de las paredes intestinales, de modo que se producen menos contracciones para impulsar la comida a lo largo de los intestinos. En consecuencia, el colon absorbe mucha agua de las heces, lo que las torna más duras. Además las evacuaciones pueden hacerse más infrecuentes.
Calambres Son dolores súbitos en los muslos, las piernas y/o los pies, seguidos de un dolor generalizado que dura unos momentos. Son más frecuentes durante el tercer trimestre y suelen despertarla cuando está durmiendo.	Se piensa que los calambres tienen su origen en los bajos niveles de calcio en la sangre, o en deficiencias de sales. Contrólelo con su médico.

Proteger su espalda
Al levantar objetos pesados, válgase de sus muslos para hacer el esfuerzo. No haga funcionar su espalda como si fuese una grúa.

*Durante el embarazo, usted puede experimentar una serie de inco-
modidades que le resultarán irritantes. La mayoría de ellas se originan en una combinación de los cambios hormonales y el esfuerzo
extra al que está sometido su cuerpo; pueden ser tratadas sencillamente y no deben causarle preocupación. Sin embargo, existen unas
pocas que pueden ser serias. Esté alerta respecto de los síntomas y
preparada para actuar con rapidez si presume que algo no está bien.*

QUE SE PUEDE HACER	RIESGOS PARA EL BEBE
El masaje puede ayudarla (ver pag. 134). Haga ejercicios para fortalecer su columna. Asegúrese de tener un colchón duro. Cuando tenga que levantar un peso, hágalo en forma correcta (ver abajo, a la izquierda, pag. opuesta). Trate de mejorar su postura (ver pag. 142) y evite los tacones altos. Si el dolor se extiende hacia abajo, por la pierna, consulte a su médico frente a la posibilidad del deslizamiento de un disco.	*Ninguno*
La maniobras osteopáticas pueden ayudarla, aun en los casos más severos. El dolor de espalda suele aliviarse espontáneamente alrededor del quinto mes, cuando el feto sale hacia adelante ¡aunque es posible que usted no pueda esperar tanto!	

Los diuréticos que su médico le recete pueden aliviarla. Una venda en la muñeca durante las noches, también. Puede sentir alivio sosteniendo la mano por encima de su cabeza y moviendo los dedos. También puede ayudarla la acupuntura. Duerma con el brazo sobre una almohada. Los síntomas habitualmente desaparecen enseguida después del parto.

Ninguno

Beba mucha agua. Coma alimentos crudos, en forma de frutas, verduras y fibras. Camine rápido durante 20 minutos al menos una vez al día. No tome laxantes sin consultar a su médico. Los laxantes naturales a base de fibras son los mejores, ya que simplemente aumentan la cantidad de agua en las heces, haciéndolas más blandas. Los higos y las ciruelas secas también ayudan.

Ninguno

Masajee la zona con firmeza. Flexione el pie hacia arriba y luego empújelo hacia abajo. Es posible que le receten calcio o tabletas de sal, si sus niveles son bajos, pero no se auto-recete sin consultar al médico.

Ninguno

Aliviar los calambres
Mantenga su pie flexionado hacia
arriba y haga cuidadosos
movimientos circulares con la
parte baja de la pierna.

MOLESTIA	POR QUE SE PRODUCE
Diarrea *Es cuando usted evacúa heces blandas y aguachentas y necesita visitar el toilet con frecuencia. Puede producirse en cualquier momento.*	*Habitualmente porque existe una infección provocada por virus o bacterias.*
Lipotimia *Es una sensación de desvanecimiento que se produce repentinamente, haciéndola perder la estabilidad. Puede producirse cuando usted se pone de pie súbitamente o si ha permanecido de pie durante mucho tiempo, especialmente cuando el clima es caluroso.*	*Por una falta de afluencia de sangre al cerebro, que a menudo tiene su origen en la acumulación de sangre en piernas y pies cuando usted está de pie, que se suma a la mayor demanda de sangre por parte del útero.*
Acidez *Es una sensación de ardor justo detrás del esternón, a veces con regurgitación de acidez estomacal hacia la boca. Sucede más frecuentemente cuando usted está acostada, cuando tose, cuando realiza un esfuerzo, evacúa los intestinos y cuando levanta pesos.*	*A comienzos del embarazo, la válvula muscular situada a la entrada del estómago se relaja por la acción de la progesterona. Esto hace que el jugo gástrico pueda subir hasta el esófago causando una sensación de acidez. Cuando el embarazo está más avanzado, el bebé puede presionar el estómago, haciendo que su contenido se vuelque hacia el esófago.*
Hemorroides o almorranas *Son las venas rectales dilatadas (venas varicosas– ver pag. 194) que pueden salirse a través del ano. Habitualmente no aparecen hasta el segundo trimestre.*	*Su bebé, cada vez más grande, presiona sobre el recto e impide el flujo de sangre hacia el corazón. La sangre, en consecuencia, se acumula, haciendo que las venas se dilaten para adptarse a la mayor cantidad de sangre.*
Alta presión sanguínea (hipertensión) *Se produce más frecuentemente cerca de la fecha de parto. Puede ser leve o severa, y puede no haber, haber pocos o muchos síntomas, que incluyen dolores de cabeza en la zona frontal, trastornos visuales y vómitos.* *Es más frecuente en las primíparas, especialmente si tienen más de 35 años, y en las que esperan más de un bebé. Siempre se controla su aparición, ya que puede anunciar una Preeclampsia (ver pág. 204)*	*No se conocen totalmente las causas. En algunas mujeres, ciertas células de la placenta producen sustancias químicas llamadas vaso-constrictores, que hacen que los vasos sanguíneos se contraigan. Esto puede hacer que la presión sanguínea se eleve y que los riñones retengan sodio, lo que a su vez lleva a la retención de agua.*

Sobrellevar la lipotimia
Si usted siente un desvanecimiento, coloque su cabeza lo más baja que pueda entre sus rodillas ¡si todavía logra hacerlo! Levántese lentamente.

Evitar la acidez
Para que su estómago no se sobrecargue, ingiera comidas de menor volumen. Aprenda a tomar bocadillos nutritivos y fraccione las comidas si se siente satisfecha.

QUE SE PUEDE HACER

RIESGOS PARA EL BEBE

Aumente su ingesta diaria de agua a 12-14 vasos, para sustituir el líquido que pierde. Esto hará que su presión sanguínea se mantenga normal. Consulte a su médico, que practicará un análisis de materia fecal para detectar la infección y darle un tratamiento apropiado.

La diarrea puede provocar deshidratación y pérdida de calorías, y esto puede representar un riesgo para su bebé, si permanece mucho tiempo sin tratamiento. Si la diarrea es profusa y persistente, puede hacerse necesaria una intenación para alimentarla por vía endovenosa.

Evite permanecer de pie durante períodos largos. Cuando sienta un desvanecimiento, siéntese o acuéstese. Nunca se levante abruptamente ni salga demasiado rápido de un baño caliente. Manténgase fresca cuando el clima sea caluroso. Si está mareada, siéntese con la cabeza entre las piernas –si aun puede hacerlo– o acuéstese con los pies más altos que la cabeza.

Ninguna, a menos que usted caiga pesadamente sobre su abdomen.

Haga comidas ligeras, para que el estómago no se sobrecargue. Duerma sostenida por varias almohadas. Un vaso de leche antes de acostarse ayuda a neutralizar la acidez estomacal. Su médico puede recetarle antiácidos, pero sólo en las últimas etapas del embarazo.

Ninguna.

Mantenga la regularidad en sus evacuaciones y las heces blandas, ingiriendo fibras: esto la ayudará a no hacer fuerza para ir de cuerpo. No levante objetos pesados, ya que esto aumenta la presión intra-abdominal y la que ejerce la espalda sobre las venas rectales. Si tiene tos, haga rápidamente el tratamiento correspondiente, por las mismas razones. La aromaterapia puede aliviar los síntomas.

Ninguna.

Si usted ha padecido hipertensión antes de estar embarazada, dígaselo a su médico. Controle su peso. Cuente a su médico si tiene dolores de cabeza persistentes y náuseas.

Si su presión arterial se eleva en cualquier etapa del embarazo, le aconsejarán permanecer en cama y descansar. Si el aumento es grande, la internarán para controlarla. Si el bebé da indicios de estar sufriendo, es posible que induzcan el parto o le practiquen una cesárea. Su presión arterial volverá a la normalidad una vez que el bebé haya nacido.

*La hipertensión provocada por el embarazo (ver **Preeclampsia**, pág. 204) puede enlentecer el ritmo de crecimiento del bebé, debido a una reducción en la afluencia de sangre al útero. El bebé puede recibir una oxigenación deficiente. Ambas cosas pueden hacer que nazca un bebé de bajo peso. Existe también una forma severa de este problema, llamada eclampsia (ver **Eclampsia**, pág. 204) que puede poner su vida en peligro. Afortunadamente esto es muy poco frecuente en occidente, debido a los cuidados prenatales, que hacen que los síntomas se detecten muy rápidamente.*

Controle su peso
Aumentar mucho de peso súbitamente puede indicar la aparición de una preeclampsia.

MOLESTIA	POR QUE SE PRODUCE
Insomnio *es la incapacidad para dormir de noche. Esto la hace sentirse cansada e irritada durante el día. Puede suceder en cualquier momento, a partir de la concepción.*	*Su bebé vive las 24 horas y su metabolismo sigue funcionando, aun cuando usted desea dormir. Esto puede afectar sus respuestas corporales. Otras causas son la transpiración nocturna y sus deseos más frecuentes de vaciar la vejiga, especialmente durante el tercer trimestre.*
Cambios de humor *Consisten en rápidos y extraños cambios en el estado de ánimo, con ataques de llantos y ansiedad, muchas veces inexplicables. Son frecuentes a partir de la concepción, pero es más probable que se produzcan durante el último trimestre.*	*Los cambios en su equilibrio hormonal tienen un efecto depresor sobre el sistema nervioso, y causan síntomas semejantes a los que se producen antes de la menstruación. La imagen corporal cambia y las crisis de identidad pueden afectarla profundamente, a medida que su embarazo avanza. Sentimientos contradictorios acerca de la maternidad y el embarazo pueden causar cambios súbitos en su estado de ánimo.*
Náuseas matinales *se trata de una sensación de malestar y náuseas que, a veces, también se presenta con vómitos. Contrariamente a lo que su nombre parece indicar, puede presentarse en cualquier momento del día, pero generalmente ocurre cuando usted no ha comido o después de haber dormido un largo período durante la noche. Estos síntomas normalmente se producen durante el primer trimestre, y luego desaparecen.*	*La causa principal es el bajo nivel de azúcar en la sangre, pero las hormonas del embarazo también pueden afectar directamente el estómago.*
Pigmentación *o exceso de pigmentación. Habitualmente es un oscurecimiento de la piel de alrededor de los pezones y a partir del centro del abdomen (Línea nigra), además de un aumento en la pigmentación de las pecas o marcas de nacimiento (ver pág. 140).*	*Durante el embarazo, el cuerpo libera mayores dosis de la hormona estimulante del melanocito. Esto hace que la piel se pigmente más.*

Auto-masaje
Masajear su rostro, especialmente las sienes y el cuello, es una manera agradable y efectiva de aliviar tensiones, y también la ayudará a combatir el insomnio.

Sobrellevar los cambios de humor
Un abrazo afectuoso es probablemente todo lo que usted necesita cuando se siente ansiosa o molesta.

QUE SE PUEDE HACER

RIESGOS PARA EL BEBE

Un baño caliente y un vaso de leche tibia pueden serle útiles, como así también un masaje relajante (ver pág. 131) Mire televisión o lea hasta que se sienta cansada y con sueño. Busque una posición cómoda y trate de estar fresca. Su médico sólo podrá indicarle somníferos durante el tercer trimestre, y lo hará tan sólo si usted está exhausta por la falta de sueño, ya que las drogas para dormir pueden atravesar la placenta y afectar al bebé (ver también pág. 238)

Ninguno.

Debe tomar con naturalidad estos sentimientos. Aun en el embarazo más sencillo pueden aparecer la depresión, la ansiedad y la confusión. El análisis de estos sentimientos sólo le servirá para prolongarlos (ver también **Cambios Emocionales,** *pág. 136)*

Ninguno.

La comida aliviará sus náuseas. Coma poca cantidad y a menudo. Coma alimentos ricos en hidratos de carbono, tales como pan integral, patatas, arroz y cereales. Evite las frituras y el café, que producen náuseas.

Tenga caramelos duros en su automóvil, su escritorio o su bolso. Para evitar los mareos por la mañana, tenga una galleta y un vaso de agua junto a la cama antes de irse a dormir, e ingiéralos 15 minutos antes de levantarse.

El humo del cigarrillo y otros olores fuertes también provocan náuseas. Consuma más bebidas, tales como agua, jugos de frutas o leche descremada –si logra retenerlas.

En su forma más severa (llamada hiperemesis gravídica) los vómitos pueden privarla de líquido y minerales y provocar baja presión arterial. Esto siempre es perjudicial para el bebé. Si usted vomita más de 3 veces al día durante más de 3 días, debe informárselo a su médico. En casos muy severos, puede ser necesaria una internación para reponer el líquido perdido.

Utilice una pantalla solar cuando esté expuesta a los rayos del sol. Nunca decolore su piel. La pigmentación desaparecerá al poco tiempo del parto.

Ninguno.

Aliviar las náuseas
Las galletas secas puedan ayudarla a aliviar la sensación de náusea. La leche descremada completará una colación nutritiva.

MOLESTIA	POR QUE SE PRODUCE
Dolor en las costillas Usted puede sentir una gran irritación y sensibilidad en las costillas, habitualmente del lado derecho, justo debajo del seno. El dolor será más severo cuando usted esté sentada. Tiende a producirse principalmente durante el tercer trimestre.	Se produce por compresión de las costillas, a medida que el útero se va elevando en el abdomen. Además, el bebé puede golpear sus costillas inferiores con la cabeza, o puede resentirlas si las golpea y las patea demasiado.
Pechos sensibles y dolorosos, con sensación de pesadez e incomodidad y la impresión de pinchazos en los pezones. Puede ser uno de los primeros síntomas del embarazo. La sensibilidad suele acompañarla durante todo el embarazo, pero aumenta cuando se acerca la fecha de parto.	Las hormonas están preparando sus pechos para la lactancia. Los conductos que llevarán la leche están creciendo y estirándose, a medida que se van llenando de leche.
Venas varicosas Son venas hinchadas que se observan por debajo de la piel. aunque lo más frecuente es que aparezcan en las piernas o en el ano, también pueden aparecer en la vulva.	Ver **Hemorroides** pág. 190
Retención de agua Se produce cuando hay un aumento en la cantidad de líquido de los tejidos. Esto causa hinchazón (edema), especialmente en los pies, el rostro y las manos. Sus sortijas pueden resultarle demasiado ajustadas.	Estar de pie, especialmente cuando hace calor, puede hacer que el líquido se acumule en los tobillos. La alta presión arterial, que a menudo se asocia con el embarazo (ver pág. 190), puede hacer que los líquidos del torrente sanguíneo pasen a los tejidos, provocando edema.

Las hormonas del embarazo pueden provocar retención de sodio en los riñones, lo que hace que el cuerpo retenga líquidos. |
| **Infección por levaduras** Se caracteriza por una secreción espesa, blanca y coagulada de la vagina, acompañada de sequedad e intenso ardor alrededor de la vagina, la vulva, el perineo y, a veces, el ano. También puede experimentar dolor al orinar. Puede producirse en cualquier momento. | Se trata de una infección provocada por la levadura Candida albicans, que normalmente se aloja en el intestino. La infección se produce cuando la levadura crece descontroladamente, a causa de otra bacteria, tal vez luego de la ingestión de antibióticos.

Esto es especialmente frecuente durante el embarazo, probablemente debido a la fuga de azúcar hacia los líquidos de su cuerpo, originada en el aumento del flujo sanguíneo vaginal. El exceso de azúcar a menudo la agrava. |

Use ropa cómoda
La ropa amplia y cómoda es esencial durante el embarazo. Las blusas ajustadas la comprimirán.

QUE SE PUEDE HACER

RIESGOS PARA EL BEBE

Lleve ropa suelta, que no comprima sus costillas. Mejore su postura. Apóyese en un almohadón cuando se acueste. El dolor cesa cuando la cabeza del bebé cae en la cavidad pelviana, antes del parto

Ninguno.

Lleve un corpiño que sostenga bien sus pechos desde comienzos del embarazo. Si sus senos son grandes, use corpiño también en la noche (ver pág. 145). Lave sus pechos delicadamente una vez al día con un jabón suave, y séquelos palmeándolos. Aplique una crema suavizante o aceite, si sus pezones están irritados.

Ninguno.

Evite permanecer de pie durante mucho tiempo. Ponga sus pies en alto lo más seguido que pueda. Use medias para embarazada. El masaje suave puede prevenir la aparición de venas varicosas, pero si aparecen, no masajee esa zona.

Ninguno.

Evite permanecer de pie durante períodos prolongados, especialmente cuando hace calor. Coloque los pies en alto. Evite las comidas saladas. En cada visita prenatal, su médico controlará sus manos, su rostro y sus tobillos para ver si están hinchados y, en ocasiones, puede recetarle diuréticos.

Su médico siempre controlará el edema. Puede ser un signo de alta presión arterial, que debe ser tratada, ya que puede llevar a complicaciones potencialmente peligrosas (ver pág. 204).

Tómese tiempo para descansar
Recuerde tomarse un tiempo para colocar los pies en alto. Esto ayudará a evitar la retención de agua y las venas varicosas.

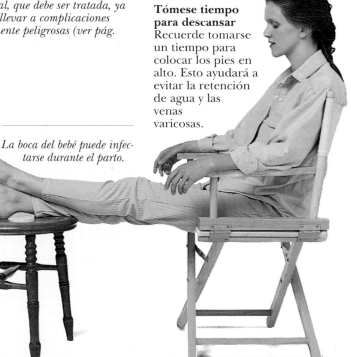

Evite el uso de pantalones ajustados, que promueven las infecciones. Prefiera el algodón a los tejidos sintéticos. El médico le recetará óvulos para introducir en la vagina durante la noche. También le recetará una crema, que usted deberá aplicar suavemente en la piel que rodea la zona vaginal, el ano y los muslos. Esto acabará con el ardor. Evite el azúcar.

La boca del bebé puede infectarse durante el parto.

Una madre con EM

NOMBRE *Kathy Dixon*

EDAD *29 años*

ANTECEDENTES MEDICOS *Desarrolló esclerosis múltiple a la edad de 23 años*

HISTORIA OBSTETRICA *Embarazada de 14 semanas*

Cuando Kathy se enfermó de esclerosis múltiple, un año después de haberse casado con Tom, ambos se sintieron destruidos. Los dos habían soñado con tener hijos. Kathy y Tom llegaron a creer que la EM reducía las posibilidades de que Kathy concibiese, casi al punto de tornarla estéril. Además pensaban que un embarazo no era aconsejable para una mujer con EM porque producía un empeoramiento de la enfermedad, con serias recidivas y un aumento en la discapacidad.

Kathy siempre deseó tener hijos, pero debido a su esclerosis múltiple (EM), ella y Tom pensaron que sus posibilidades de tener una familia eran nulas. Bastante a menudo, ellos conversaban sobre el tema con su médico de familia, un hombre bastante mayor, quien les seguía aconsejando que no intentaran un embarazo, lo cual los entristecía mucho. No obstante, hace algunos meses, les recomendaron que visitasen a un obstetra que tenía experiencia en casos similares.

UN NUEVO PANORAMA

Como la marcha de Kathy era estable, su visión estaba apenas afectada y no tenía síntomas urinarios problemáticos ni vértigo, ella y Tom decidieron buscar una segunda opinión. Fueron a ver a un obstetra moderno, que había seguido varios casos de pacientes con EM con embarazos exitosos, y que contaba con la ayuda de un neurólogo. De esta manera, tanto el bebé como la madre recibían la atención óptima.

Kathy y Tom recibieron, encantados, una perspectiva totalmente nueva y alentadora por parte de este obstetra. Según él les dijo, la esclerosis múltiple no afecta en modo alguno la fertilidad de la mujer y no tiene ningún efecto real sobre el embarazo y el parto. Las mujeres con EM tienen muy pocas complicaciones durante el embarazo. En un estudio reciente, efectuado con 36 mujeres embarazadas con EM, sólo se registraron dos casos de vómitos leves. No hay un incremento en los abortos espontáneos, en las complicaciones en el embarazo y el parto, ni en las malformaciones o muertes perinatales.

UN BUEN PRONOSTICO

Kathy se preguntaba si el embarazo haría empeorar su EM. Le dije que muchas investigaciones sugieren que el embarazo es, en realidad, una *protección* para las mujeres con EM. Esto probablemente ocurre debido al estado natural de inmunodepresión que se produce en el embarazo, para evitar que la mujer rechace a su propio feto. Probablemente esta depresión también se produce respecto de la inflamación que hace que los nervios y el cerebro se dañen en la EM. Sin embargo, existe un ligero riesgo de un agravameinto en los tres a seis meses posteriores al parto. Entre el 40 y el 60 por ciento de las mujeres tienen una recidiva durante este período —el 20 por ciento de ellas queda con secuelas permanentes, mientras que el 80 vuelve al estado de EM que tenía antes del embarazo. La evolución a largo plazo de la EM no parece modificarse con el embarazo. Tranquilicé a Kathy, asegurándole que el manejo de su parto seguiría una rutina habitual. Se le podrían administrar analgésicos y el uso de cualquier calmante normal no afectaría su EM. Una cesárea tampoco acarrearía problemas, como así tampoco el uso de fórceps, en caso de que se hiciesen necesarios.

La EM y el bebé Tom estaba preocupado por la posibilidad de que Kathy transmitiese la EM a su bebé. Les expliqué que en una zona con una alta incidencia de EM, era probable que una persona de cada 1.000 desarrollase esta enfermedad. Según los resultados de un estudio, entre los hijos de personas con EM la cifra podía elevarse a uno en 100. Esto aparentemente se debe a factores alimenticios y genéticos. Sin embargo, la opinión más generalizada es que el riesgo de tener un hijo con EM no es lo suficientemente alto como para evitar concebir.

La medicación para la EM y el bebé en gestación Kathy estaba preocupada pensando que tal vez las drogas que ella recibía podrían dañar al bebé en el útero. Le expliqué que durante las primeras 12 semanas de embarazo, una mujer nunca recibe drogas, aun cuando padezca de Em, excepto que su vida o la de su bebé corran peligro. Antes de la concepción debería suprimir las drogas contra los espasmos musculares dolorosos y también la medicación anti-inflamatoria. Lo mismo sucedería con las drogas para ayudar a controlar la frecuencia o la incontinencia urinarias. Como la EM raras veces se agrava durante el embarazo, drogas muy poderosas, tales como los esteroides, que sólo se suministran en caso de riesgo para la vida de la madre y el feto, muy pocas veces son necesarias durante el embarazo.

Después del parto Kathy quería saber si la EM afectaría su capacidad para alimentar y cuidar a su bebé. Le expliqué que no existían razones médicas para que ella no amamantase a su bebé y que debía tratar de hacerlo si lo disfrutaba.

No obstante, el descanso es de máxima importancia, por lo cual ella debía procurarse ayuda para cuidar al bebé, y extraerse leche en cantidad suficiente para las comidas nocturnas, de modo que el bebé fuese alimentado por otro durante las noches. Además, si ella ya se sentía insegura debido a su EM, el hecho de tener un bebé a quien cuidar podría acrecentar su temor. Recalqué que Tom sería la persona más adecuada para disipar los miedos de Kathy frente a una situación así.

FELIZMENTE EMBARAZADA

Kathy y Tom meditaron acerca de las cosas que se les dijeron y leyeron muchos artículos acerca de la esclerosis múltiple, que les resultaron muy útiles.Estaban un poco sorprendidos de que, después de haber pasado tantos años esperando un milagro, finalmente habían averiguado que, en realidad, Kathy no corría muchos riesgos. Decidieron intentar concebir un bebé, y Kathy está actualmente embarazada de 14 semanas. Recibe los cuidados prenatales de rutina y visita a un neurólogo una vez por mes. Sus médicos le explicaron que no necesita pruebas ni controles especiales respecto de su embarazo. Le suministran hierro para evitar la anemia y sus médicos están atentos para detectar cualquier síntoma de infección urinaria, ya que, en caso de producirse, deberán tratarla en forma inmediata. Su embarazo está evolucionando normalmente y no hay cambios en su EM.

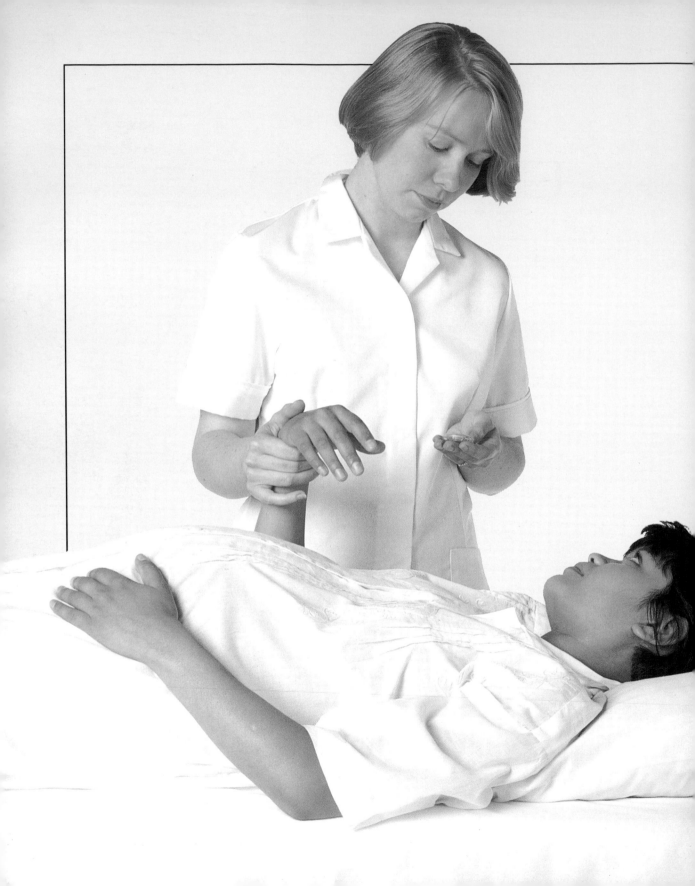

9

EMERGENCIAS
médicas

Las emergencias médicas que se producen durante el embarazo tienden a concentrarse en el primer y el tercer trimestre. Durante el primer trimestre, la mayor parte de las emergencias están asociadas con la pérdida del feto (aborto), o con la incorrecta implantación del blastocito, tal como sucede en los embarazos ectópicos. Durante el tercer trimestre, pueden surgir complicaciones tales como la preeclampsia o los problemas con la placenta. De todas maneras, la mayor parte de los bebés nace normalmente.

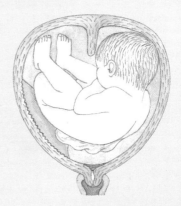

SANGRADO VAGINAL

Un sangrado vaginal, en cualquier momento del embarazo, debe tomarse en cuenta seriamente. Puede indicar que la placenta está mal ubicada, una placenta previa (ver pág. 202) o puede tratarse de una advertencia que señala la inminencia de un aborto. Ambas situaciones requieren de un inmediato tratamiento médico.

Se producen sangrados vaginales durante el primer trimestre en aproximadamente la cuarta parte de todos los embarazos. Más de la mitad de estos embarazos continúan y las mujeres acaban dando a luz a un bebé saludable.

Si se produce un sangrado vaginal en cualquier momento del embarazo:

* *Llame a su médico y quédese en cama.*

* *Permanezca horizontal, con los muslos y piernas más altos que el torso.*

* *Si elimina coágulos, estos deben ser examinados por el médico.*

* *No tome medicamentos ni beba alcohol.*

* *Manténgase fresca y haga lo mismo con la habitación.*

EMERGENCIAS MEDICAS

La mayor parte de los embarazos llega a término sin problemas ni emergencias. Sin embargo, es preferible estar alerta respecto de cualquier signo de peligro, de modo de poder buscar atención médica en caso necesario.

ABORTO ESPONTANEO

El aborto espontáneo consiste en la pérdida del feto antes de la 28a semana de gestación. A partir de la semana 28a. se considera parto de neonato muerto. Durante las primeras semanas, aproximadamente un tercio de los embarazos desembocan en un aborto espontáneo, pero un cuarto de estos ocurren antes de que el embarazo haya sido diagnosticado, o aun antes de que se haya sospechado su existencia, de modo que muchas veces las mujeres no tienen conciencia de haber sufrido un aborto.

Los abortos espontáneos aumentan con la edad y con la cantidad de embarazos anteriores. Habitualmente se producen durante el primer trimestre, y el síntoma más frecuente es el sangrado, que se produce en el 95 por ciento de los casos. *Si usted sufre una pérdida de sangre en cualquier momento del embarazo, debe consultar a su médico.*

La mayor parte de los abortos tempranos se producen porque un feto severamente anormal no logra implantarse en la pared uterina. Las causas maternas de aborto incluyen anormalidades del útero, tales como la presencia de grandes fibromas y desequilibrios hormonales. Algunas infecciones virales y bacterianas también pueden provocar abortos. La incompetencia cervical sólo da origen a un 1 por ciento de los abortos espontáneos. Los factores que dependen del padre incluyen anormalidades del espermatozoide o incompatibilidad de grupo sanguíneo, que hace que la madre produzca anticuerpos contra la sangre de su pareja. Estos anticuerpos luego atacan y matan al feto. Los médicos dividen a los abortos espontáneos en:

Amenaza de aborto El aborto es posible pero no inevitable. Se produce sangrado vaginal y, a veces, dolor. Esto ocurre en el 10 por ciento de todos los embarazos y puede confundirse con el ligero sangrado que se puede producir en el momento de la primera falta.

Aborto inevitable El sangrado vaginal va acompañado de dolor, debido a la contracción del útero. Se produce una dilatación del cérvix, y la pérdida del embrión es, lamentablemente, inevitable.

Aborto incompleto Es cuando el aborto se ha producido, pero algunos de los productos de la concepción, tales como el saco amniótico o la placenta, permanecen dentro del útero.

Aborto completo El feto y la placenta son expulsados del útero, a veces sin síntomas. Se puede confirmar con una ecografía.

Aborto retenido El feto y la placenta mueren, pero permanecen dentro del útero durante algún tiempo, a veces meses, antes de ser expulsados. Los síntomas de embarazo desaparecen, pero no hay otros indicios de muerte fetal hasta mucho tiempo después.

Aborto habitual Se han producido tres o más abortos en la misma etapa del embarazo, posiblemente por las mismas razones.

Aborto recurrente Se han producido abortos en tres o más ocasiones, pero en etapas distintas del embarazo y por razones diferentes.

Tratamiento Si usted está sangrando, váyase a la cama y permanezca allí hasta que el sangrado se detenga. Deje de lado actividades tales como los ejercicios cansadores y las relaciones sexuales. Si el sangrado y el dolor ceden, es muy posible que usted pueda continuar con el embarazo y dar a luz a un bebé sano.

Si el aborto parece ser inevitable, son pocas las cosas que los médicos pueden hacer. Los abortos, tanto completos como incompletos, siempre deben ser tratados en un hospital. Si se produce un aborto incompleto, deberán limpiar el útero, practicando una dilatación y un curetaje (D y C). Se administran calmantes, junto con drogas para detener la hemorragia. Si se ha perdido mucha sangre, puede hacerse necesaria una transfusión.

Un aborto retenido no necesita ser tratado con urgencia pero, si después de algún tiempo no se ha producido el aborto espontáneo, se llevarán a cabo los procedimientos D y C. Si la muerte fetal se produce en un embarazo más avanzado, se administrarán supositorios vaginales de prostaglandina o una inyección de oxitocina, para estimular el parto (ver también pág. 292).

El aborto habitual que se ha producido por incompetencia cervical (ver pág. 203) puede ser tratado cerrando el cérvix al comienzo del siguiente embarazo.

Otras razones que pueden provocar el aborto habitual son los trastornos genéticos o los hormonales, que a menudo pueden ser detectados (ver págs. 40 y 42); las infecciones crónicas tales como la listeria pueden también en ocasiones provocar abortos repetidos, pero suelen resultar difíciles de diagnosticar y tratar. También el origen puede estar en la mala alimentación, en enfermedades crónicas, tales como la insuficiencia renal, en tumores del útero (particularmente fibromas) o en anormalidades tales como un septum parcial o completo (ver columna de la derecha), que habitualmente tienen una solución quirúrgica, y también en trastornos inmunológicos.

Esto último sucede cuando el sistema inmunológico de la madre identifica al feto como un cuerpo extraño y lo ataca. Un ejemplo es la incompatibilidad Rhesus de la sangre (ver Estudio de un caso, pág. 184). Otros trastornos inmunológicos a veces pueden ser tratados valiéndose de medicación para evitar la reacción inmunológica de la madre, o, en otros casos, se pueden inyectar anticuerpos al feto, ya sea a través del cordón umbilical o directamente en el feto, si es que el cordón no está bien desarrollado.

SEPARACION DE LA PLACENTA

El sangrado puede originarse en la placenta, debido a una separación parcial o completa entre la placenta y el útero. La sangre llena los espacios y, ocasionalmente, puede salirse de las membranas y bajar por el cérvix hasta la vagina. Esto se conoce con el nombre de des-

SEPTUMS UTERINOS

En todos los mamíferos, el útero se desarrolla a partir de dos diferentes tubos que aparecen en el embrión.

En algunos, como los monos, los caballos y los seres humanos, los dos tubos se unen para conformar un sólo útero. En otros, como los gatos y los perros, los tubos forman dos úteros separados.

En aquellas mujeres cuyos tubos no se han fusionado completamente y, por lo tanto, tienen algún tipo de separación en el útero, suelen aparecer problemas. Habitualmente, un parto complicado por un septum uterino, requiere de una cesárea.

Utero bicorne (en forma de cuernos)
El bebé se ve obligado a adoptar una posición transversa a partir del segundo trimestre.

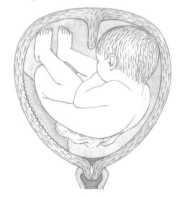

Utero con subseptus
El septum restringe los movimientos del bebé, y existe la posibilidad de que el parto se retrase.

POSICION
ANORMAL DE
LA PLACENTA

Si la placenta se ha implantado de manera incorrecta, puede obstruir el nacimiento del bebé.

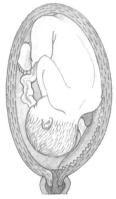

Posición lateral
La placenta se implanta a un lado y se extiende hacia el cérvix, pero no lo cubre.

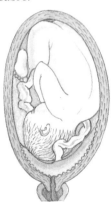

Bloqueo del cérvix
La placenta se implanta centralmente, cubriendo completamente al cérvix, aun cuando éste se encuentre completamente dilatado.

prendimiento placentario (*abruptio placentae*), y ocurre aproximadamente en uno de cada 200 embarazos. La causa es desconocida, pero es más frecuente en las mujeres que ya han tenido dos o más hijos, y se divide en tres tipos, de acuerdo con la severidad de la separación.

En la separación leve, el sangrado puede ser escaso. El mejor tratamiento es el reposo en cama, y se debe practicar una ecografía para tener un control de la situación. Si ocurre en un embarazo avanzado, se puede inducir el parto.

En la separación moderada, un cuarto de la placenta se encuentra separada y se puede perder entre medio y un litro de sangre. Se hace necesaria una transfusión, y si el embarazo está en término o cercano a la fecha de término, habitualmente se practica una cesárea.

La separación severa es una emergencia aguda y se produce cuando por lo menos dos tercios de la placenta se separan de la pared uterina y se pierden más de dos litros de sangre. Esto provoca un estado de shock severo, perturbaciones en la coagulación de la sangre y una completa supresión de la función renal. Se debe efectuar una rápida transfusión de sangre y, si el embarazo está suficientemente adelantado, una cesárea. Si el desprendimiento placentario se produce durante el primer trimestre, la muerte fetal es irremediable.

PLACENTA PREVIA

Ocurre cuando la placenta se implanta en el segmento inferior del útero, en lugar de hacerlo en la parte superior (ver columna de la izquierda). Por este motivo, la placenta se ubica por delante del bebé, cuando él va descendiendo por el canal del parto, al comienzo del trabajo de parto. El bebé no puede bajar por el canal sin desalojar a la placenta y de esta manera se quedaría sin provisión de sangre. La placenta previa es una de las causas principales de sangrado después de la 20a. semana y de hemorragias en los dos últimos meses de embarazo. Es más frecuente en las mujeres que han tenido varios hijos, aunque las causas se desconocen.

Cuanto más grande es la parte de la placenta que se ubica en la parte inferior del útero, mayor es la posibilidad de que surjan complicaciones durante el parto. Aunque el crecimiento de la placenta, tanto en tamaño como en peso, se enlentece luego de la 30a. semana de embarazo, el segmento inferior del útero está aumentando rápidamente de tamaño. Por este motivo pueden producirse tensiones entre la placenta y la pared uterina que lleven a episodios de sangrado.

Esta condición, extremadamente peligrosa, puede diagnosticarse mucho tiempo antes del parto, a través de una ecografía (ver pág. 162). Los primeros síntomas incluyen episodios de sangrado, que pueden producirse luego de mantener relaciones sexuales. Si esto ocurre, el médico aconsejará una internación para que se realice un control ecográfico y se mantenga el reposo. También, en caso necesario, se practicará una transfusión de sangre. El reposo en cama debe continuar, si es posible, hasta la semana 37a., momento en que el bebé nacerá a través de una cesárea (ver pág. 284).

Después del parto, puede producirse una hemorragia. Esto suele anticiparse y se indican drogas para evitarla, que se administran enseguida después del nacimiento. En algunos pocos casos, las hemorragias continúan a pesar del tratamiento, y entonces debe considerarse la posibilidad de una histerectomía. Por todas estas razones, la placenta previa sólo debe ser tratada por obstetras que están calificados para manejar estas complicaciones. Es fundamental que el parto se realice en un hospital bien equipado, con un servicio de transfusiones al alcance.

INSUFICIENCIA PLACENTARIA

Durante el embarazo, el feto recibe oxígeno y alimentos y excreta dióxido de carbono y residuos, a través de la placenta y los vasos sanguíneos del cordón umbilical. Por eso es crucial para el bienestar del feto la presencia de una placenta sana, que pueda actuar como un órgano de transferencia efectivo. Existe una serie de razones por las cuales la placenta puede ser incapaz de mantener adecuadamente al feto:

• La placenta puede haber tenido un desarrollo anormal.

• El flujo sanguíneo a través de la placenta puede estar restringido, o se puede haber perdido tejido placentario debido a un coágulo de sangre.

• La placenta puede estar separada, o parcialmente separada, de la pared uterina (ver también **Separación placentaria**, pág. 201)

• La placenta puede ser demasiado pequeña.

• La placenta puede estar mal desarrollada.

• El embarazo puede ir más allá de término, y la placenta puede hacerse entonces relativamente inadecuada para el feto (ver pág. 170)

• Si hay diabetes materna (ver también págs. 168 y 205), la placenta puede dañarse.

Evaluación y tratamiento No existe una prueba confiable para evaluar la función de la placenta. Sin embargo, puede haber signos de insuficiencia si usted aumenta de peso menos de lo esperado, si su útero crece más lentamente que lo habitual, o si el desarrollo de su bebé está por debajo de lo normal.

La ecografía es el método más confiable para medir el crecimiento del feto. Si muestra que el bebé no está creciendo en forma adecuada, su médico practicará pruebas para medir la hormona placentaria y los niveles de enzimas en su sangre. También recabará información acerca de su perfil biofísico, incluyendo la respiración fetal, los movimientos corporales, el tono y la cantidad de líquido amniótico. También es posible que usted lleve la cuenta del pateo del bebé (ver pág. 177), ya que en los últimos meses, el parámetro más confiable es el nivel de actividad del bebé. La insuficiencia placentaria puede obligar a una inducción del parto e inclusive a una cesárea.

CERVIX INCOMPETENTE

Afortunadamente, éste es un problema poco frecuente, a menos que el cérvix haya sufrido daños en una cirugía o en un embarazo previos. Durante el embarazo, el cérvix normalmente permanece bien cerrado y sellado por un tapón mucoso. Esto hace que el bebé se mantenga seguro dentro del útero hasta que comience el parto, momento en que el cérvix comienza a dilatarse.

Algunas veces, sin embargo, el canal cervical es incompetente y comienza a abrirse antes de tiempo, habitualmente entre el tercer y cuarto mes. Esto hace que el saco amniótico que contiene al bebé se desplace hacia la vagina y se rompa, provocando una súbita pérdida de líquido amniótico y, seguidamente, un aborto. Desafortunadamente, el cérvix incompetente sólo suele diagnosticarse después de que se ha producido el aborto.

Si se piensa que el cérvix incompetente ha sido la causa de anteriores abortos, se insertará un fino hilo no reabsorbible para sujetar el

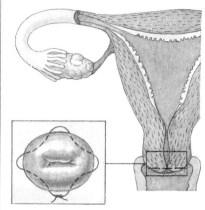

Sutura del cérvix
El cérvix se mantiene cerrado efectuando una sutura alrededor del mismo —como el hilo que sujeta una bolsa. Se procede a cortar el hilo aproximadamente 7 días antes de la fecha estimada de parto.

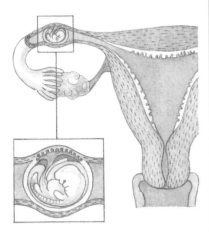

Implantación en la trompa
El embarazo ectópico se produce en alrededor de 1 cada 300 embarazos. El blastocito (ver pag. 30) habitualmente (en el 99% de los embarazos ectópicos) se implanta en la trompa de Falopio. Muy raras veces se implanta en la cavidad abdominal, el cérvix o uno de los ovarios.

cérvix (ver columna de la derecha). Después de reposar en cama en el hospital, usted podrá irse a su casa, pero deberá descansar apropiadamente durante el resto del embarazo. Cortarán el hilo aproximadamente siete días antes de la fecha del parto, y es probable que usted pueda tener un parto normal vaginal.

PRECLAMPSIA

La hipertensión provocada por el embarazo, o preeclampsia, se produce en aproximadamente el 15 por ciento del total de mujeres embarazadas. Es particularmente frecuente en las mujeres que esperan su primer bebé, en las mujeres de más de 35 años y en las que esperan más de un bebé. Las causas aun no se comprenden bien.

Síntomas Los signos de la preeclampsia incluyen el aumento de la presión arterial, proteínas en la orina, debido al mal funcionamiento de los riñones, e hinchazón (edema) en el rostro, los pies y las manos. Este último es, a menudo, el primer signo de advertencia, por lo cual su médico deberá controlarlo. Puede experimentar dolores de cabeza, mareos y, a veces, náuseas.

La preeclampsia raras veces se produce antes de la 20a. semana, pero su presión arterial puede comenzar a elevarse antes en forma progresiva. Por eso es importante que controlen su presión regularmente, en cada una de las visitas prenatales. Si la preeclampsia aparece, la internarán en el hospital para controlarla.

Tratamiento Incluye reposo en cama y sedación, con un control permanente de la función renal. La presión normalmente vuelve a sus niveles normales con el tratamiento, pero en caso de que los síntomas no se atenúen, su bebé correrá el riesgo de una deficiencia en el flujo de sangre y oxígeno. Raras veces la preeclampsia se transforma en eclampsia, una de las complicaciones más peligrosas del embarazo, que puede llevar al coma y a convulsiones. La eclampsia es una amenaza para la vida, tanto suya como la de su bebé. Sin embargo, esta enfermedad casi siempre es precedida por la preeclampsia, que es un signo de advertencia temprano y permite prevenir la eclampsia a través de la aplicación de un tratamiento riguroso.

ECLAMPSIA

La palabra eclampsia deriva de las palabras griegas que significan "rayo" porque parece un golpe llegado desde el cielo, que produce convulsiones y, en ocasiones, coma. Es una situación que pone en peligro la vida de la madre y el niño y antes era muy frecuente. En cambio, actualmente, es muy poco frecuente, gracias a la extraordinaria habilidad de los médicos para diagnosticar esta enfermedad en su primera etapa, la preeclampsia (ver arriba) y porque están continuamente atentos a los signos de advertencia. Cuando se produce la eclampsia, se trata de una grave emergencia médica.

Síntomas La eclampsia es una emergencia, porque los vasos sanguíneos del útero entran en espasmo (vasoespasmo), impidiendo el flujo de oxígeno hacia el feto y produciendo una peligrosa hipoxia (falta de oxígeno) en los tejidos.

La vida de la madre también está en peligro porque el vasoespasmo lleva a la insuficiencia renal. El oxígeno disminuye en el cerebro, causando una elevación de la sensibilidad cerebral que se traduce en forma de convulsiones. Los tejidos se llenan de agua, debido a la retención de líquidos y se pueden producir hemorragias en algunos tejidos, entre ellos en el hígado. Los primeros signos de eclampsia son ahogos, dolor de cabeza y visión borrosa, acompañados por alta presión sanguínea, edema (ver pág. 194) y proteínas en la orina (ver **Orina,** pág. 159).

Tratamiento La alta presión sanguínea siempre precede a la eclampsia. Por eso deben controlar su presión en cada visita prenatal. Aun una ligera elevación en la presión es tratada con reposo absoluto en cama y sedación. Cuando se produce la eclampsia, el tratamiento tiene por objeto aumentar el flujo de sangre hacia el cerebro, sedar el cerebro, reducir la alta presión y provocar el nacimiento del bebé —habitualmente a través de una cesárea. Tan pronto como nace el bebé, el problema remite.

EMBARAZO ECTOPICO

En el embarazo ectópico, el óvulo fecundado se implanta en un lugar diferente de la cavidad uterina, habitualmente en una de las trompas de Falopio. El rápido crecimiento del embrión hace que la trompa se distienda y que la placenta, al invadirla, debilite sus paredes, provocando sangrado. Eventualmente la trompa puede estallar por el esfuerzo a que se ve sometida.

Sin embargo, antes de que una trompa estalle, se producen ciertos síntomas que indican que algo está funcionando mal. Estos síntomas suelen aparecer alrededor de la sexta semana de embarazo y usted debe comunicárselos rápidamente a su médico. Los médicos distinguen dos formas de embarazo ectópico:

Forma subaguda: Luego de un prueba de embarazo con resultado positivo, el embarazo ectópico puede manifestarse por dolor en el abdomen, habitualmente de un solo lado, en ocasiones, sangrado vaginal, desvanecimientos y dolor de hombro (del mismo lado que en el abdomen) Por lo general, existe una fisura, pero no todavía una ruptura, y no se puede detectar sino hasta las ocho o diez semanas de gestación. Esta forma a veces puede ser tratada inyectando una droga en el feto, para provocar su muerte y su posterior reabsorción, y logrando así salvar la trompa de Falopio.

Forma aguda Se produce cuando la trompa estalla, provocando dolor agudo y estado de shock, con extrema palidez, pulsaciones débiles pero rápidas y caída de la presión sanguínea. Esta forma aguda requiere de hospitalización inmediata y tratamiento quirúrgico para dar fin al embarazo. A veces también es necesario extirpar la trompa, según el grado de daño que haya sufrido y, en ocasiones, se debe practicar una transfusión de sangre.

Los embarazos ectópicos se están haciendo más frecuentes en los países desarrollados, Las razones de este incremento no se conocen, aunque algunos médicos piensan que existe una relación con el aumento de enfermedades pelvianas inflamatorias, que provoca cicatrices y bloqueos en las trompas de Falopio. Sin embargo, también es posible que el incremento sea aparente, y que lo que haya aumentado sean los diagnósticos apropiados, debido al uso difundido de la ecografía.

Panorama Casi un 60 por ciento de las mujeres que han sufrido un embarazo ectópico quedan embarazadas nuevamente. Un 30 por ciento evita voluntariamente un nuevo embarazo. El resto es infértil.

INFECCION POSPARTO

La infección posparto, que se conocía como fiebre del puerperio, es ahora muy poco frecuente, aunque antes del advenimiento de los antibióticos era una de las principales causas de muerte de las madres.

La infección posparto suele producirse porque quedan restos de la placenta dentro del útero. Si se produce, los primeros síntomas son fiebre, dolores agudos en el estómago y loquios de olor desagradable (ver pág. 332)

Si aparece alguno de estos síntomas, es importante que lo comunique de inmediato a su médico. El equipo profesional extraerá rápidamente cualquier tejido remanente y le indicará medicación para tratar la infección.

NOMBRE *Liz Turner*

EDAD *27 años*

ANTECEDENTES MEDICOS *Nada anormal*

HISTORIA OBSTETRICA *Se embarazó por primera vez hace un año, y tuvo un aborto espontáneo en la 11ª semana. Ahora está embarazada de 8 semanas.*

Liz y su pareja, Alan, deseaban desesperadamente a su primer hijo, y ambos se sintieron muy mal cuando, hace 9 meses, se produjo un aborto espontáneo. Alan se encerró en su trabajo, mientras Liz luchaba sola contra sus sentimientos de pérdida. Liz está ahora embarazada de 8 semanas y está decidida a tener este bebé. Su placer de estar embarazada se ve restringido por el miedo de que vuelva a sucederle lo mismo.

UN ABORTO ESPONTANEO

Liz estaba muy afligida por su aborto espontáneo. La situación resultó aun más difícil, ya que no parecía haber una causa y nadie parecía comprender cómo se sentía ella. Ahora está embarazada nuevamente y, naturalmente, está preocupada por cómo será su evolución.

PRIMERAS REACCIONES

Cuando sufrió un aborto, hace nueve meses, Liz se encontró a sí misma luchando contra la culpa, la desesperación y la furia, en medio de una gran sensación de soledad. Su médico no se pudo acercar ni conversar con ella abiertamente acerca de la pérdida del bebé. Su familia y sus amigos le demostraron su compasión, pero sus intentos de consolarla fueron bastante torpes. Algunos le dijeron que todo era para mejor, ya que seguramente el bebé debía tener algún problema. Otros intentaban tranquilizarla, asegurándole que pronto tendría otro. Para ellos, el bebé en gestación no tenía el grado de realidad que tenía para Liz, y por eso no podían comprender su sentimiento de pérdida. Comenzó a preguntarse si sus sentimientos serían normales —tal vez no tenía sentido experimentar dolor por un bebé que, en realidad, nunca había existido. La tranquilicé diciéndole que era normal que una madre sufriese por la pérdida de un hijo, aun cuando el niño no hubiese nacido. Sus emociones y su cuerpo necesitaban tiempo para adaptarse. También la alenté a compartir sus sentimientos con Alan, para que puediesen condolerse juntos.

Aceptación de la pérdida Al comienzo, Alan se negaba a compartir sus sentimientos con Liz, y ella sentía que tenía que presionarlo para que hablase con ella. Liz sabía que no podría interesarse en un nuevo bebé hasta que no aceptase la pérdida del anterior, y que esto era algo que debían hacer juntos. Los alenté a que compartiesen sus ansiedades y frustraciones, conversasen acerca de sus sentimientos y llorasen juntos. Era importante que no negasen su dolor. También les sugerí que podían tenr un ceremonia fúnebre privada —quizá algo tan simple como plantar un árbol en memoria de su bebé perdido.

¿Algún problema en el bebé? Luego del aborto, llevaron a Liz al hospital, donde la examinaron para asegurarse de que no quedaban restos de placenta en su útero, que pudiesen dar origen a una infección. Siguiendo el consejo de su médico, ella recogió todo lo que había expulsado y lo llevó consigo, a fin de que pudiesen estudiar el feto para ver si presentaba alguna anormalidad cromosómica. No encontraron nada. Tranquilizaron a Liz a este respecto, pero ella comenzó a culparse ¿tal vez ella había causado el aborto? Le expliqué que el primer embarazo era el que tenía más riesgos de sufrir un aborto espontáneo —en realidad, esto sucede con uno de cada tres. Se piensa que existen dos razones para esto: en primer lugar, a veces un útero inmaduro necesita madurar realizando una experiencia de prueba, antes de estar realmente preparado para llevar un embarazo a término, o bien algún defecto en el óvulo o el espermatozoide pueden producir un feto anormal.

POSIBILIDADES DE UN NUEVO ABORTO

Recientes estudios acerca de las pérdidas de embarazos en las primeras etapas, demuestran que las mujeres que han tenido un aborto espontáneo son más propensas a tener otro aborto. El riesgo parece aumentar si la concepción se produce demasiado pronto. Afortunadamente, advertí acerca de esto a Alan y Liz, de modo que ellos esperaron cuatro meses antes de intentar concebir nuevamente. Una sencilla prueba predictiva, llevada a cabo antes del embarazo, puede ayudar a identificar a aquellas mujeres que tienen probabilidades de abortar nuevamente. Durante el ciclo menstrual, un nivel muy alto de hormona luteneizante (LH) antes de la ovulación, incrementa el riesgo de abortos espontáneos. Se evaluaron los niveles de LH de Liz, y se comprobó que eran normales.

ABORTOS RECURRENTES

Algunas mujeres, no obstante, tienen abortos varias veces sucesivas, pero aun en estos casos, el porcentaje de posibilidades de un embarazo exitoso, después de tres abortos espontáneos, es del 60 por ciento. Investigaciones científicas recientes se han centrado en el sistema inmunológico de la mujer y en las hormonas como causa de abortos recurrentes.

Abortos de origen inmunológico El sistema inmunológico está diseñado para repeler los cuerpos extraños. Los embarazos generalmente superan esta barrera, de modo que el sistema inmunológico de la madre se dedica a proteger al bebé y no a rechazarlo. En algunas madres, sin embargo, por razones que no se conocen, la barrera no se supera, el sistema inmunológico se reafirma, y se produce el aborto espontáneo. Un tratamiento, que aun está en su fase experimental, consiste en *inmunizar* a las mujeres, de modo que no produzcan anticuerpos hostiles hacia sus bebés.

Abortos de origen hormonal Se ha observado que el 80 por ciento de las mujeres que sufren repetidos abortos espontáneos padecen del síndrome de ovario poliquístico y necesitan un control frecuente de su equilibrio hormonal.

EMBARAZADA NUEVAMENTE

Ahora que Liz está nuevamente embarazada, está teniendo especiales cuidados en todos los aspectos de su vida (ver **Evitar riesgos**, pág. 150). Concurre a clases de relajación para ayudar a disminuir su nivel de estrés y Alan ha aprendido a darle un masaje relajante (ver pág. 134). Lo más importante es que ha dejado de culparse por el aborto y está tomando una actitud positiva respecto de su embarazo. Le dije que, aunque no puede estar segura de cuáles serán los resultados, puede tranquilizarse pensando que su cuerpo está ahora mejor preparado para un embarazo de lo que antes lo estaba. Alan está "seguro de que esta vez todo irá bien", pero esta vez no quiere hablar acerca de su bebé en gestación ni hacer planes, como lo había hecho la vez anterior.

EL BEBE DE LIZ

Liz está sana y en buena forma física y no parece tener ningún problema que la predisponga para abortar de nuevo. Su bebé tiene todas las posibilidades de desarrollarse perfectamente en el útero.

De algún modo, el actual bebé de Liz se beneficiará del anterior aborto de su madre:

• *Liz estará muy sana, porque está prestando mucha atención a la alimentación y al ejercicio.*

• *Se sentirá reconfortado por todos los buenos sentimientos que Liz está depositando en él.*

• *Cuando nazca, lo recibirán con alivio y entusiasmo, ya que los estará ayudando a superar una anterior decepción. Representa el triunfo.*

Un embarazo
SENSUAL

Los altos niveles de hormonas femeninas que hay en su cuerpo durante el embarazo, hacen que usted tenga el potencial necesario para disfrutar de todos los aspectos del sexo, desde el masaje hasta las relaciones sexuales, aun mucho más que antes. Sin embargo, es posible que experimente problemas sexuales que, en su mayoría, se pueden aliviar o resolver a través de la comunicación abierta.

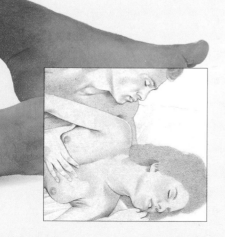

SUS HORMONAS

Una mujer está expuesta a muchos cambios físicos, emocionales y psicológicos durante el embarazo. Todos ellos inciden en su actitud respecto al sexo y el placer que de él obtiene. Estos cambios se deben principalmente al gran aumento en el nivel de hormonas que circulan por su cuerpo.

Las hormonas más importantes, que están comprometidas para mantener un embarazo son la progesterona y el estrógeno. En los primeros tiempos del embarazo, estas son producidas por el cuerpo lúteo en el ovario. En cambio, una vez que se ha implantado en el útero, el embrión junto con la placenta en desarrollo toman a su cargo el papel de principales productores de progesterona y estrógeno.

El aumento en las cantidades de progesterona y estrógeno que circulan por el cuerpo es rápido y enorme. El nivel de progesterona aumenta 10 veces respecto del nivel previo, mientras que la cantidad de estrógeno que se produce en un solo día es equivalente a la cantidad que produce una mujer no embarazada durante 3 años. En efecto, en el transcurso de un embarazo, una mujer embarazada producirá tanto estrógeno como podría producir una mujer no embarazada durante 150 años.

La progesterona y el estrógeno producen una sensación de bienestar y también dan lugar al brillo del cabello, a la tersura y suavidad de la piel y confieren un aura de tranquilidad y satisfacción.

UN EMBARAZO SENSUAL

A menos que existan razones médicas para abstenerse, las relaciones sexuales están permitidas y no representan riesgos durante el embarazo. Más aun, todas las mujeres embarazadas tienen el potencial como para disfrutar del sexo –tal vez más que antes.

El deseo sexual y el goce varían mucho durante el embarazo, no sólo de una mujer a otra, sino también en la misma mujer a través de las distintas etapas. Sin embargo, es típico que se produzca una declinación en el interés por el sexo durante el primer trimestre (especialmente si sufre de cansancio y náuseas), seguida por un incremento en el segundo trimestre, y luego otra declinación en el tercero.

Cuando una mujer embarazada practica el sexo, puede encontrarlo más agradable y satisfactorio que antes de concebir. En efecto, muchas mujeres llegan a experimentar por primera vez el orgasmo u orgasmos múltiples mientras están embarazadas. Esta sexualidad exacerbada se debe, en primer lugar, a los altos niveles de hormonas femeninas y hormonas del embarazo que circulan por el cuerpo (ver columna de la izquierda). Esto provoca una cantidad de cambios en sus pechos y órganos sexuales, haciéndolos más sensibles. Además, como el embarazo es una gran afirmación de la condición femenina, una mujer puede sentir que este estado la lleva a una sensualidad exacerbada.

EL EROTISMO DURANTE EL EMBARAZO

Uno de los efectos del aumento de estrógenos durante el embarazo es el aumento del flujo sanguíneo, particularmente en el área pelviana. Por este motivo, la vagina y sus pliegues, los labios, aumentan ligeramente de tamaño y se hinchan un poco. Este aumento de tamaño, que normalmente sólo se produce en los momentos de excitación sexual, hace que las terminaciones nerviosas sean más sensibles, y que por eso se llegue a un clímax más rápido.

Los pechos comienzan a agrandarse casi en el momento en que el embarazo se inicia, tornándose sensibles y agrandados, con pezones que arden o hasta duelen, uno de los síntomas más clásicos de ese estado. El aumento en la sensibilidad de los pechos puede hacer que ellos sean un foco de excitación y una mujer puede sentir las sensaciones más exquisitas cuando su pareja los acaricia o besa. Este juego sexual puede también dar lugar a la excitación del clítoris y la vagina, que se erigen rápidamente.

Debido al aumento del flujo sanguíneo, las secreciones vaginales son bastante profusas, de modo que una mujer embarazada suele estar preparada para la penetración más pronto de lo que lo está habitualmente, y puede alcanzar el clímax con bastante rapidez si su clítoris es estimulado simultáneamente. Las intensidad del orgasmo puede alcanzar nuevos niveles y el tiempo que lleva volver al estado anterior después de un orgasmo puede ser mucho más prolongado.

Esto resulta evidente particularmente en los labios menores y el extremo inferior de la vagina, que pueden permanecer tensos hasta dos horas después del orgasmo, especialmente durante el último trimestre.

Además de estimular todo el aparato genital, las hormonas del embarazo estimulan la producción de una hormona en el cerebro, llamada hormona melanocito estimulante (HME), que tiene como resultado una mayor pigmentación de la piel, como ocurre con el oscurecimiento de la zona de los pezones. El oscurecimiento de los pezones puede actuar como una señal para un hombre, que puede encontrar muy atractivos los pechos de su pareja.

CUANDO HACER EL AMOR

Puede hacer el amor cada vez que lo desee, siempre que no sea demasiado violento o que no existan razones médicas que lo impidan (ver pág. 218). La buena sexualidad durante el embarazo es algo de lo que usted puede disfrutar, y que la ayudará a prepararse para el parto, manteniendo los músculos de la pelvis fuertes y elásticos. También la ayudará a estar más cerca de su pareja, lo cual colaborará para que puedan enfrentar mejor las tensiones que implica la paternidad.

No existe ninguna razón médica por la cual una mujer que lleva adelante un embarazo normal no pueda disfrutar del sexo con su pareja, y tampoco existen motivos para dejar de lado el sexo antes del comienzo del trabajo de parto, si los dos miembros de la pareja desean tener relaciones. En un embarazo de bajo riesgo, las contracciones uterinas que acompañan al orgasmo no implican ningún riesgo, y en un embarazo avanzado pueden hasta resultar benéficas, ya que preparan al útero para los rigores del parto.

Es una falacia que el sexo pueda *provocar* una infección durante el embarazo y hacer daño al bebé —una infección es virtualmente imposible ya que el cérvix está sellado por un tapón mucoso que evita el ascenso de las bacterias hacia el útero. Además, el bebé está completamente encerrado en el saco amniótico, que no se rompe aunque esté sometido a una gran presión y que sirve como un almohadón que lo protege contra cualquier fuerza exterior (incluyendo el peso de la pareja durante una relación sexual) Sin embargo, no es una buena idea tener relaciones sexuales extremadamente violentas, porque pueden causar ulceraciones y abrasiones y una mujer embarazada debe estar libre de estas incomodidades innecesarias.

Posiciones amatorias Existen diversas posiciones amatorias que usted puede utilizar para aumentar su placer —sin disminuir en modo alguno el de su pareja— en el momento en que la posición misionera se torne demasiado incómoda. Las posiciones de lado muchas veces son placenteras, como también las de penetración por detrás, porque en estas posiciones su abdomen no está expuesto al peso de su pareja. Las posiciones sentados son particularmente placenteras en los meses intermedios del embarazo, ya que le permiten ajustar su posición y, al mismo tiempo, ver el rostro de su pareja y sentirse cerca de él.

Si se siente atraída, pero en realidad no desea una relación sexual, usted y su pareja pueden explorar otras formas de placer sensual y sexual, tales como abrazarse y besarse con erotismo, masajearse (ver pág. 212), la masturbación mutua y el sexo oral.

FORTALECER SU RELACION

Los cambios físicos y emocionales que ocurren durante el embarazo tendrán inevitablemente un impacto sobre la relación sexual entre usted y su pareja. El amor y la comprensión los ayudarán a minimizar cualquier problema que pueda surgir.

A medida que el embarazo avanza, usted puede darse cuenta de que ha cambiado sus hábitos sexuales, y la mejor manera de abordar estos cambios es dándose cuenta de que se trata de una oportunidad para construir y fortalecer el aspecto físico de su relación. Por ejemplo, estos cambios pueden llevarlos a explorar (tal vez por primera vez) los placeres de nuevas posiciones amatorias y de otras formas de actividad sexual, tales como la masturbación mutua y el sexo oral.

Trate de comprender cualquier cambio en sus deseos sexuales y los de su pareja, y manténganse abiertos para conversar acerca de sus necesidades, pero nunca permitan que la vida sexual se transforme en el aspecto dominante de toda la relación. Concéntrense más en amarse que en hacer el amor, y si en algún momento usted o su pareja no desean tener sexo, redescubran la intimidad y la alegría de estar con la persona que aman.

Masaje sensual

Utilice el masaje sensual como fuente de placer en sí mismo o como una forma de juego erótico previo a las relaciones.

El masaje sensual es una forma muy agradable de mantener el contacto físico íntimo con su pareja durante el embarazo, especialmente cuando las relaciones sexuales no son posibles debido a una indicación médica o si usted no las encuentra cómodas o no las desea. Si usted hace que el masaje sea lo más sensual posible, y si se masturban el uno al otro mientras lo practican, posiblemente podrán alcanzar el orgasmo sin penetración. Por otra parte, si usted mantiene relaciones sexuales, puede utilizar el masaje erótico como un método prolongado y efectivo de juego erótico.

Cuando usted y su pareja se dan el uno al otro un masaje sensual y amoroso, pueden encontrar en esta tarea relajación y erotismo, y reforzar los sentimientos amorosos del uno hacia el otro. Comiencen con tiernos abrazos y caricias y luego túrnense para masajearse el uno al otro, de la cabeza a los pies, con movimientos de la mano lentos y sensuales y mucho aceite para masajes.

Un placer compartido

El masaje es una manera de descubrir lo que le da placer, y debe abordarlo con la mente muy abierta. Ambos pueden sorprenderse por la sensualidad que produce sentir acaricadas algunas partes de sus cuerpos. Es posible que nunca hayan pensado en esas partes como zonas erógenas.

Prepararse para el masaje Escoja un momento en que no es probable que la interrumpan (desconectar el teléfono es una precaución inteligente) y prepare de antemano la habitación, asegurándose de que esté cálida y cómoda. Si su cama es demasiado blanda como para dar un masaje, coloque una manta, un cobertor o una frazada doblada sobre el piso, cubiertos por una toalla suave y grande o una sábana. Si es necesario, atenúe la iluminación y ponga una música suave, para crear una atmósfera tranquilizadora.

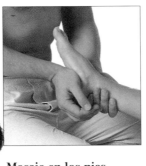

Asegúrese de estar bien sostenida. Reclínese hacia atrás y disfrute del masaje.

Masaje en los pies
Presione hacia adentro el pie y trabaje hacia abajo. Evite masajear el talón y los tobillos, ya que esto puede causar contracciones uterinas.

Masaje en los dedos de los pies
Sostenga el arco del pie con una de sus manos y vaya tomando cada uno de los dedos. Suavemente, arquéelos hacia adelante y hacia atrás. Rote cada dedo en ambas direcciones.

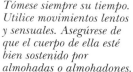

Masaje en los hombros y la espalda
Masajee la parte posterior del cuello y luego los músculos de los hombros con sus palmas, sus pulgares y sus dedos. Masajee la parte inferior de la espalda con la base de sus palmas.

Tómese siempre su tiempo. Utilice movimientos lentos y sensuales. Asegúrese de que el cuerpo de ella esté bien sostenido por almohadas o almohadones.

ES BUENO PARA SU BEBÉ

Su bebé también puede reaccionar con placer cuando su cuerpo es abrazado y acariciado. Puede compartir algunos de los beneficios que usted recibe a través del masaje.

- *Desde aproximadamente el quinto mes en adelante, su bebé puede sentir las caricias a través de su abdomen. Las caricias son para él placenteras y tranquilizadoras.*

- *Aprender a masajear su propio cuerpo y el de su pareja durante el embarazo la ayudará a tranquilizar a su bebé a través del tacto una vez que él haya nacido.*

- *Siga masajeando a su bebé después de que nazca. Los bebés también se calman con el masaje.*

Lubricar la piel Utilice un aceite o loción para masajes preparada a tal efecto, ya que sustitutos tales como loción o crema para el cuerpo serán absorbidos demasiado rápidamente, mientras que el aceite para bebés sólo dejará una capa aceitosa sobre su piel. Entibie el aceite antes de utilizarlo (por ejemplo, introduciendo la botella dentro de un pote con agua caliente) y asegúrese de que sus manos estén tibias y sus uñas cortas y pulidas. Cuando dé el masaje, vierta el aceite en sus manos y luego frótelo suavemente en la piel de su pareja. Nunca derrame directamente el aceite sobre la piel del otro, porque lo distraerá y además desperdiciará aceite y ensuciará.

Tocar íntimamente Cubra sus dedos ligeramente con aceite para masajes y delicadamente recorra los contornos de los labios, las mejillas, las mandíbulas, las orejas y el cuello del otro. Luego, utilizando una generosa cantidad de aceite, trabaje sensualmente con sus dedos y las palmas de sus manos sobre los pechos, los costados, el abdomen, los hombros, y descienda por los brazos. Tome con firmeza el interior de los muslos, uno después del otro, haciendo una presión muy ligera con los dedos en el recorrido de vuelta. Tome siempre los pechos con cuidado, ya que estarán muy sensibles.

Masaje abdominal
Practique movimientos suaves y circulares con las yemas de sus dedos sobre el abdomen de ella, mientras está reclinada hacia atrás.

213

Hacer el amor

Usted puede continuar haciendo el amor hasta el momento del embarazo que así lo desee, mientras no existan razones médicas que la obliguen a abstenerse (ver pág. 218) Su bebé se encuentra seguro dentro del útero y ninguna actividad sexual normal puede dañarlo (ver columna de la derecha) Además, es posible que disfrute de la actividad sexual tanto como usted, ya que sus hormonas le llegan a través de la placenta (ver también pág. 174)

En los primeros meses usted puede adoptar la posición amatoria que desee, pero a medida que su abdomen vaya creciendo, probablemente encuentre que ciertas posiciones, especialmente la posición misionera, con su pareja encima, le resultan incómodas.

Cuando esto suceda, usted podrá practicar otras muchas y atractivas posiciones. Además, a menudo estas alternativas son también las mejores para cuando usted retome la actividad sexual después del parto (ver pág. 338)

Posiciones con la mujer encima

Probablemente las encontrará más cómodas a partir del segundo trimestre. A medida que su abdomen se agranda, usted puede apartarse del abdomen de él sosteniéndose sobre sus piernas flexionadas. De esta manera, usted puede evitar la excesiva presión sobre su abdomen y sus pechos. En estas posiciones, además, usted puede controlar mejor la profundidad de la penetración de su pareja y la velocidad y el ritmo de la relación.

Estas posiciones permiten una gran intimidad. Usted y su pareja tienen las manos libres para abrazarse y acariciarse el uno al otro, y él puede alcanzar con facilidad sus pechos con la boca. En otros momentos, usted puede acariciar el pecho de él con sus senos para estimularlo más.

Posición "en cucharas"
Su pareja se trepa sobre su espalda, haciendo de ésta una de las posiciones más cómodas y apasionadas de todas las posiciones sexuales.

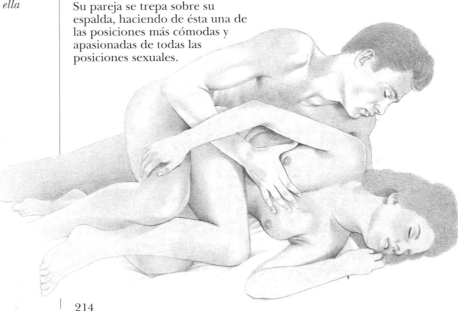

Practicando algunos ajustes en la manera de hacer el amor, usted puede lograr una experiencia más feliz para la futura madre

Lo que debe hacer:

• *Sea tierno, romántico, paciente y comprensivo.*

• *Utilice distintas clases de caricias, tales como situar firmemente su mano sobre el abdomen de ella, cuando el bebé patee.*

• *Cuando haga el amor, libérela de su peso.*

• *Utilice muchas almohadas para mayor comodidad y para lograr los ángulos adecuados según las curvas del cuerpo de ella.*

• *Tómese su tiempo para hacer el amor, y no tema experimentar cosas nuevas.*

Lo que no debe hacer:

• *No la fuerce a hacer el amor si ella no quiere.*

• *No espere experimentar orgasmos simultáneos, ni siquiera que ella experimente un orgasmo.*

POSICIONES DE RODILLAS Y DE LADO

Estas posiciones, muchas de las cuales implican la penetración por detrás, resultan útiles durante el embarazo, particularmente si usted no se siente cómoda acostada boca arriba o si no quiere tener una participación demasiado activa en la relación.

Las posiciones de rodillas permiten a su pareja una gran libertad de movimientos y le permiten variar el grado de penetración. Las posiciones de lado, tales como las que se ilustran abajo, no sólo son cómodas, sino que además permiten los besos apasionados y las caricias. La posición en "cucharas" (ver pág. opuesta), se llaman así porque los miembros de la pareja están unidos como un par de cucharas y también le resultará útil si usted experimenta algún tipo de irritación o incomodidad cuando retome su actividad sexual después de dar a luz, especialmente si le han practicado una episiotomía.

Una variación de esta posición, con la mujer acostada boca arriba, la libera de cualquier presión sobre el abdomen, en tanto que su pareja tiene un perfecto acceso a la vagina. Además, él puede continuar estimulándola con la mano o con el pene.

POSICIONES SENTADA

Son las más útiles en los meses intermedios y en los últimos. Estas posiciones no permiten demasiado movimiento, pero son cómodas para ambos miembros de la pareja y alivian las presiones sobre el abdomen. Además, se puede controlar la profundidad de la penetración. En estas posiciones, su pareja se sienta en una silla firme y cómoda, o en el borde de la cama, y usted se sienta sobre él, ya sea frente a frente, si su abdomen no es demasiado voluminoso, sea de lado, o bien mirando al otro lado.

Si usted está mirando a un lado o en sentido opuesto a su pareja, él puede utilizar las manos para acariciar su cuerpo y sus pechos y para estimular su clítoris. Además, como los movimientos son limitados, usted tiene el control del tempo sexual.

Uno al lado del otro
Diríjase hacia el pene de su pareja, si es necesario sosteniéndolo entre sus piernas flexionadas, de modo que él tenga libertad para acariciarla en el área genital.

EL SEXO Y SU BEBE

No existen riesgos de que usted dañe a su bebé por tener relaciones sexuales durante el embarazo

Su bebé se encuentra bien protegido por las membranas amnióticas y por el líquido que lo rodea, que actúan como un almohadón. El tapón mucoso que sella el cérvix actúa como barrera contra las infecciones.

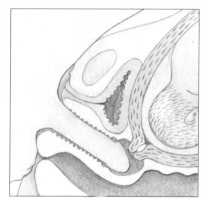

La penetración
Durante las relaciones sexuales, el ángulo de su vagina hace que el pene de su pareja, al penetrar, se mantenga apartado del útero.

EL PADRE PRIMERIZO

Muchos padres modernos no ven al embarazo y al parto como cuestiones propias de la mujer solamente. Quieren participar y colaborar de todas las maneras posibles, de modo de estar unidos con sus hijos desde el comienzo.

NOMBRE	*Tony Hoggs*
EDAD	*33 años*
ANTECEDENTES FAMILIARES	*Nada anormal en ninguna de las dos familias*
HISTORIA OBSTETRICA	*Este es el primer bebé de su pareja. Ella tiene 29 años.*

Tony está completamente decidido a no perderse el acontecimiento más importante de su vida; desea ser un padre verdaderamente activo.

Distintas investigaciones demuestran que los hombres que se muestran comprometidos desde el momento en que se confirma el embarazo, se convierten en padres entusiastas. Estar comprometido implica grandes esfuerzos para Tony —participar en todos los preparativos, asistir a las clases de preparto y a las visitas prenatales, compartir la decisión de dónde y cómo tener el bebé y ayudar a cuidar al bebé después de que nazca.

UN PADRE QUE ESPERA CON ANSIAS

Tony se sintió encantado cuando su pareja, Sally, le contó que estaba embarazada. Cree que el embarazo y el parto serán también para él experiencias muy profundas, y desea participar en ellas todo lo posible. El es la persona que Sally ha elegido para acompañarla durante el parto y está entusiasmado con la idea de ayudarla cuando dé a luz al bebé.

Alienta a Sally en todas las etapas del embarazo y la acompaña en todas las actividades relacionadas con su estado. Según Tony, la relación entre ellos se ha vuelto más rica que nunca. Su bebé en gestación ha dado una nueva dimensión a su vida y está deseando ser padre.

Sally desea que Tony se interese y sea una pareja comprensiva, y han asistido juntos a las clases prenatales (ver pág. 108). Además, han estado practicando juntos las técnicas de respiración y relajación en su casa, y este sentimiento de estar trabajando en equipo resulta fascinante para los dos.

Sin embargo, durante el embarazo habrá altos y bajos y, a veces, a un hombre le resulta difícil equilibrar sus propias dificultades con las de su pareja, o conocer exactamente las necesidades de ella. Las futuras madres a menudo se sienten solas cuando no logran el aliento y el apoyo que necesitan de sus parejas. Sin embargo, las tensiones que suelen aparecer cuando una pareja se aproxima a la paternidad, suelen disiparse a través de una franca explicitación de los sentimientos de ambos.

¿QUÉ SUCEDERA DESPUÉS?

Si bien está disfrutando del embarazo de Sally, a veces Tony se siente preocupado al pensar cómo será la vida luego de que nazca el bebé. ¿Sentirá que ha perdido su libertad? ¿Será un buen padre? ¿Se resentirá su relación con Sally?

¿Son tres una multitud? Advertí a Tony que en ocasiones, con la paternidad, el hombre siente un resentimiento por el hecho de no ser ya la persona más importante en la vida de su pareja. Habiendo sido miembro de una pareja, se transforma en el respaldo de otra nueva: la madre y el bebé. Tony se sentirá menos excluído si él también se relaciona con el bebé, lo levanta, le habla y establece con él un vínculo. Sally y él han hablado al respecto, y él está seguro de que será bienvenido y que lo harán sentir tan importante como siempre ha sido para ella, ya que compartirán el cuidado del bebé.

Un buen padre Tranquilicé a Tony explicándole que no hay una buena o una mala manera de ser padre. El tendrá que estar preparado para crecer, para admitir errores y, lo que es más importante, para dedicar tiempo a su pareja y a su hijo. La paternidad siempre implica un trabajo arduo, muchas responsabilidades, y una considerable cantidad de tiempo, pero todo esto es recompensado con enormes satisfacciones y alegrías.

Tristezas posparto Tony puede comprender los cambios de humor de Sally durante el embarazo, pero estos son sutiles en comparación con la depresión posparto (ver pág. 328) que puede afectar a una madre, no importa cuán comprensiva sea su pareja. Aconsejé a Tony que se informase anticipadamente todo lo que pudiese respecto de este tema. Si Sally tiene la desdicha de que la depresión la afecte, podrá así darse cuenta de lo que está sucediendo y podrá alentarla a buscar ayuda.

EL SEXO DESPUES DEL PARTO

Algunos hombres, después de presenciar el parto, no se sienten predispuestos hacia el sexo durante un tiempo. Esto es normal, y aconsejé a Tony que, si esto llegaba a suceder, no se preocupase; sus deseos sexuales volverían. Muchas madres pierden completamente su interés por el sexo después del nacimiento del bebé. Esto puede durar dos meses, pero también puede prolongarse mucho más, durando en ocasiones diez meses o hasta dos años, en algunos casos (ver también pág. 218).

Tomarlo con calma Aconsejé a Tony que fuese con Sally todo lo amable y comprensivo que pudiese; que al comienzo se tomase las cosas con calma, especialmente si a ella le practicaban una episiotomía y que no esperase que las relaciones sexuales fuesen maravillosas desde el comienzo.

Le recordé también que el sexo no implica necesariamente penetración y que él podía valerse de abrazos, caricias, masajes y masturbación mutua, para llegar a restablecer el vínculo sexual. Conversar con Sally acerca de sus sentimientos y pedirle a ella que fuese igualmente abierta, también los ayudaría a evitar fisuras afectivas. Si los problemas persistían, él tendría información suficiente como para buscar la ayuda de un consejero, un profesor de pre-parto o un médico.

Nunca será lo mismo Para algunas parejas, después del nacimiento de un hijo, el sexo es mejor que antes, tal vez debido a los ejercicios de la base de la pelvis realizados por la madre. Advertí, sin embargo, a Tony, que aun cuando los deseos sexuales regresaran con el mismo vigor de antes, hacer el amor nunca sería igual que antes. El llanto del bebé podría interrumpirlos en cualquier momento y los instintos de Sally de inmediato entrarían en acción, derivando su atención hacia el bebé. Ya no tendrían la misma espontaneidad, al tener que adecuar el momento de hacer el amor a los horarios de alimentación y cambios de pañales. Sin embargo, si ellos ponían su relación como prioridad, podrían superar cualquiera de estos problemas. También les sugerí que estableciesen con un grupo de padres un intercambio de ayuda para cuidar a los bebés en determinados momentos.

EL BEBE DE TONY

El bebé responderá con alegría a los intentos que haga Tony para relacionarse con él. Esto puede comenzar antes del parto y continuar durante el alumbramiento y una vez que regresen a casa.

- *Enseguida de que nazca, Tony lo sostendrá y establecerá contacto visual con él. Al estrecharlo contra su piel desnuda, le permitirá reconocer su olor particular, lo cual también lo ayudará a vincularse.*

- *Si comienza a hablar con él mientras está en el útero, el bebé reconocerá su voz aun antes de haber nacido.*

- *El bebé de Tony se contactará rápidamente con los sonidos. Por eso es importante que le hable enseguida. Más tarde él asociará su voz con la seguridad y el amor.*

- *Disfrutará si él lo baña o le da la mamadera, sea con la leche extraída de su madre o con una leche para bebés.*

- *Lo reconocerá, por su voz y por su olor, como una presencia familiar y amorosa.*

- *Hará surgir en Tony algunas de las emociones más fuertes de su vida. Tony no debe tener miedo de manipularlo o acariciarlo, aun de recién nacido. Ambos podrán disfrutar de los besos, abrazos y arrumacos.*

- *Creará su propia relación con su padre, quien será fuente de amor y seguridad.*

- *Comenzara a tratar de comunicarse verbalmente con Tony muy pronto, y él debe hablarle mucho, de modo que su voz se grabe bien en la mente del bebé.*

Cuando el sexo puede ser peligroso

En algunos embarazos de alto riesgo se deben evitar las relaciones sexuales, a veces, durante ciertos períodos y, a veces, por completo.

Si existe algún peligro de que la actividad sexual represente un riesgo para su embarazo, su médico se lo advertirá y le aconsejará acerca de qué cosas (y cuándo) son seguras. Usted debe pedir que le explique claramente el problema, y debe asegurarse de tener bien claro qué es lo que puede y no puede hacer.

Las razones y los momentos más frecuentes en que puede hacerse necesario restringir las relaciones sexuales durante el embarazo son:

- *En cualquier momento, si existen signos de sangrado. El sangrado puede ser inofensivo, pero usted debe consultar a su médico sin demora.*

- *Si tiene antecedentes de haber sufrido abortos espontáneos durante el primer trimestre, o si hay signos de que pueda tener un aborto al comienzo del embarazo.*

- *Si se sospecha o se confirma una placenta previa (ver pag. 202)*

- *Durante el último trimestre, si su embarazo es múltiple.*

- *Durante las últimas 12 semanas, si usted tiene antecedentes de partos prematuros, o si muestra signos de que puede producirse un parto prematuro.*

- *Si su bolsa de las aguas se ha roto.*

Problemas sexuales

Durante el embarazo, existen numerosos factores físicos y emocionales que pueden hacer que usted disfrute menos del sexo. Afortunadamente, los pocos que impiden tener relaciones sexuales, son relativamente infrecuentes.

Posiblemente el motivo más frecuente para que una mujer embarazada vea decaer su placer sexual sea el hecho de sentir que su cuerpo es cada vez menos atractivo para su pareja, a medida que el embarazo avanza. Además del abdomen que va creciendo con su bebé, usted puede ver con preocupación cómo se van perdiendo las líneas de su cintura, sus caderas se van ensanchando y sus pechos se hinchan y sus muslos y brazos se tornan más gruesos. Cuando el embarazo está avanzado, a menudo las mujeres se vuelven vergonzosas y defensivas respecto de su aspecto y sienten que su femineidad ha desaparecido. Esto también puede hacer que sean reticentes a que las vean desnudas.

La mejor cosa que puede hacer si le sucede algo así, es buscar confianza en su pareja, quien disipará sus temores y posiblemente se sentirá asombrado de que usted esté tan insegura respecto de sus atractivos.

Perdida de la libido

Si bien es posible que usted experimente un incremento en su libido (deseos sexuales) durante el embarazo, debemos decir que algunas mujeres pierden sus deseos sexuales durante el primer trimestre. Esto es, en gran medida, el resultado de los malestares matinales, que pueden hacerla sentirse desmejorada y poco atractiva en todo sentido. La fatiga es otra enemiga de la libido, y como el embarazo es agotador, usted puede sentir que tiene pocas energías para dedicarle al sexo. Al igual que los malestares matinales, la fatiga es un problema frecuente durante el primer trimestre, y a menudo se atenúa o desparece durante el segundo.

Durante el segundo trimestre, una vez libre de los malestares matinales y de la fatiga, la mayor parte de las mujeres ven crecer su interés y su placer sexual. Hacia el fin del embarazo, sin embargo, la libido puede decrecer nuevamente, muchas veces a causa de la fatiga. Es triste que, en esta época, muchas mujeres se sientan como ballenas y no puedan disfrutar de sus bellezas redondeadas. Además, muchas sienten vergüenza de desnudarse para hacer el amor.

Los niveles de las hormonas pueden cambiar violentamente durante el embarazo, lo que hace que muchas mujeres se sientan inestables emocionalmente y que experimenten cambios que las lleven de la tristeza y el llanto al júbilo. Esto es perfectamente normal, pero, por supuesto, puede ejercer un efecto negativo en la relación sexual con su pareja. En momentos como este, usted debe ser abierta y sincera con él acerca de sus sentimientos. Si no desea hacer el amor porque se siente mal físicamente o muy cansada, dígaselo; de lo contrario, él se sentirá rechazado.

INCOMODIDAD

Los cambios que las hormonas producen en sus pechos y sus genitales, hacen que sean más sensibles al tacto. Esta sensibilidad tiene el efecto de exacerbar la sexualidad, aunque el exceso pueda provocar incomodidad. Esto sucede especialmente con los pechos, al comienzo del embarazo, y es posible que durante los primeros meses usted los encuentre muy sensibles. Hágaselo saber a su pareja, de modo que él evite tocarlos durante los juegos sexuales.

La estimulación de los genitales quizá le produzca cierta incomodidad, particularmente en un embarazo avanzado, ya que pueden quedarle hinchados y doloridos después del orgasmo. El resultado puede ser una sensación de excitación que no se alivia, haciendo el sexo menos placentero. Algunas mujeres consiguen superar esta falta de satisfacción a través de la masturbación, especialmente si es frecuente que logren mejores orgasmos de tal manera (practicada por ellas mismas o por sus parejas) que a través de las relaciones sexuales.

Es frecuente que aparezcan molestias cuando el bebé ha alcanzado mayor tamaño. Quizá su abdomen se haya agrandado tanto, que le resulte más difícil sostener una relación en la posición misionera habitual. Cuando llegue a esta etapa, puede probar las posiciones amatorias alternativas que referimos en la pág. 214.

CUANDO DEJAR LAS RELACIONES

Usted debe abstenerse de tener relaciones sexuales si en algún momento se produce una pérdida de sangre y debe consultar a su médico lo más pronto posible. Lo más probable es que el sangrado no responda a nada serio, sino que sea el resultado de cambios en el cérvix, que lo han tornado más sensible y expuesto al daño, pero es fundamental que su médico la aconseje. Si se confirma que el sangrado se debe a sensibilidad del cérvix, deberá evitar las penetraciones profundas.

No es aconsejable tener relaciones sexuales si se ha perdido el tapón mucoso que sella el cérvix, y deberá abstenerse después de que se haya producido la ruptura de la bolsa de las aguas. Por eso, si tiene una pérdida vaginal sanguinolenta (ver pág. 251) o rompe la bolsa de las aguas, no mantenga relaciones sexuales.

Si tiene antecedentes de abortos espontáneos previos, es posible que deba abstenerse de tener relaciones sexuales durante las primeras semanas del embarazo, hasta que el feto esté bien consolidado. Debe consultar al médico a este respecto.

ANSIEDADES

En cualquier caso puede resultar difícil llegar a tener relaciones sexuales buenas y tranquilas, si alguno de los miembros de la pareja está ansioso, tenso o nervioso. Durante el embarazo existen muchas fuentes potenciales de ansiedad, incluyendo los temores respecto del peligro que pueden implicar las relaciones sexuales y las dificultades que tienen algunas parejas o individuos para adaptarse a la idea de ser padres.

Las preocupaciones respecto de los peligros de las relaciones sexuales durante el embarazo, habitualmente son infundadas, y usted y su pareja deben conversar abiertamente acerca de sus sentimientos respecto del cambio que implica pasar de ser una pareja a ser padres.

Si su vida sexual es una fuente de preocupación, y usted y su pareja no pueden resolver el problema, no duden en buscar consejo y ayuda profesional.

SEXO SIN PENETRACION

Cuando no se desea, o cuando no es aconsejable la penetración, existen formas alternativas para obtener placer sexual.

Juegos eróticos El masaje sensual y los besos y caricias apasionados pueden detenerse antes, o pueden llevar al orgasmo, según se desee.

Masturbación mutua Permite a usted y a su pareja darse placer el uno al otro. De esta manera pueden llegar al orgasmo sin penetración. Para hacer más sensual esta experiencia, y para evitar dañar la delicada piel de sus genitales, haga que su pareja unte sus manos con un lubricante adecuado, sea saliva o K-Y Jelly.

Sexo oral La fellatio y el cunnilingus, junto con o en lugar de la masturbación mutua, son perfectamente seguros durante el embarazo. Sin embargo, durante el embarazo, las secreciones vaginales suelen tener un olor mucho más fuerte que en otros momentos, lo que hace que algunos hombres lo encuentren desagradable.

11

Lista para

RECIBIR

al bebé

A partir de la 36a. semana, comienza un franco período de anidamiento. Hay muchas cosas que hacer para tener lista la habitación del bebé, elegir los elementos para su cuidado y su ropa, hacer una selección final de nombres, decidir el tipo de ayuda que elegirá para el cuidado de su bebé , si es que la necesita, y prepararse para el parto que usted desea tener.

PREPARARSE PARA RECIBIR AL BEBE

Cuando organice el cuarto de su bebé, tenga en cuenta sus propias necesidades. El equipamiento y los accesorios deben estar al alcance, sin necesidad de crear riesgos.

- *Disponga repisas, de manera tal que pueda ver todo y alcanzar las cosas sin esfuerzo.*

- *Mantenga polvos y cremas cerca del cambiador, pero fuera del alcance de su bebé.*

- *Asegúrese de que no haya obstáculos entre el cambiador, el baño, su silla y la cuna del bebé.*

- *Coloque una silla baja y cómoda para dar de comer al bebé durante las noches. Asegúrese de que sea fácil levantarse de ella.*

La preparación para recibir al bebé es una de las actividades que más se pueden disfrutar durante el embarazo. Hay algo particularmente conmovedor en el cuarto de un niño y sus diminutas ropas. Para evitar la fatiga, usted debe tratar de hacer los preparativos por partes, y no todos de una vez, y hacer que su pareja la ayude. Eso facilitará que ambos se vinculen con su bebé en gestación.

LA HABITACION DE SU BEBE

Durante los últimos meses, usted habrá concebido muchas ideas respecto del equipamiento de la habitación de su bebé. Es mejor prepararla antes de que el bebé llegue, ya que, una vez que esté allí, tendrá que emplear la mayor parte de su tiempo y su energía en cuidarlo. Principalmente debe tener en cuenta la seguridad y la comodidad de ambos.

EL SUEÑO

Durante las primeras semanas después del parto, usted puede desear que su bebé duerma con usted en su habitación. Sin embargo, trate de tener preparado un lugar especial, que habrá dispuesto para el cuidado del bebé. Este lugar puede ser una habitación completa, o un espacio en la habitación de otro de los niños. Asegúrese de disponer de suficiente espacio como para que duerma, darle de comer, bañarlo, cambiarle los pañales y vestirlo. No es necesario gastar mucho dinero para decorar el cuarto; un equipamiento poco elaborado puede requerir tan sólo de algunos cambios en la medida que vaya creciendo. Muchos de los elementos se pueden conseguir de segunda mano o, a veces, ciertos muebles que usted ya tiene se pueden adaptar fácilmente a sus necesidades (ver debajo)

Sea que su bebé tenga su propia habitación, o que al comienzo comparta la de usted, hay que mantener el cuarto caliente. Trate de mantener una temperatura constante de aproximadamente entre 16 y 20º C y, si es posible, instale un calefactor controlado por un termostato.

MUEBLES Y ESPACIO PARA GUARDAR

Una cómoda con un armazón firme y patas puede ser ideal para guardar cosas y, a la vez, como mesa para cambiar pañales. Debe ser suficientemente alta (hasta sus

Decorando la habitación del bebé
Elija materiales coloridos y alegres para que su hijito disfrute mirándolos. Piense que pronto crecerá y prefiera los motivos y dibujos que puedan utilizarse hasta la edad escolar.

caderas) como para que usted o su pareja puedan hacer el trabajo cómodamente. Asegúrese de que la superficie se pueda limpiar con facilidad y, si es de madera, cérciórese de que no tenga fisuras o astillas. Elija una cómoda que tenga al menos tres gavetas espaciosas, o a la que se le puedan colocar varios estantes. Allí podrá guardar en la parte superior, bien a la mano, los elementos que necesita para cambiar al bebé. Puede colocar cerca un cesto con un saco plástico para arrojar los pañales sucios. Varias repisas serán útiles para guardar en orden las cosas del bebé. Una silla con respaldo firme permitirá a usted alimentar al niño con comodidad. Si es posible, tenga cerca una mesita pequeña y firme, donde apoyar los elementos.

ILUMINACION

Usted puede desear controlar a su bebé en las noches, mientras está durmiendo. Es mejor disponer de una iluminación que le permita entrar tranquila a la habitación, sin perturbar el sueño del bebé. Una perilla para atenuar la luz central le permitirá graduar la intensidad de la misma de modo de no despertar abruptamente al bebé. Si utiliza una lámpara o velador, debe tener cuidado de no extender cables por la habitación.

PISOS Y PAREDES

El piso de la habitación del bebé debe ser antideslizante, cálido y fácil de limpiar. No coloque pequeñas alfombras que puedan provocar tropiezos y resbalones. Si es posible, coloque un revestimiento vinílico o de linoleoum en el piso —son resistentes y fáciles de limpiar. Los alfombramientos son cálidos, pero debe ascgurarse de que sean resistentes a las manchas. Las paredes deben pintarse con una pintura no-tóxica y lavable. Si empapela, use un papel lavable.

VENTANAS Y CORTINAS

La habitación debe estar bien ventilada, pero las ventanas deben resistir las corrientes de aire y estar fuera del alcance del bebé. Las persianas y las cortinas evitarán que penetre la luz del sol cuando el bebé duerme durante el día. Tenga la precaución de escoger materiales que no sean inflamables.

QUE ES BUENO PARA EL BEBE

Un bebé muy pequeño se sentirá estimulado si el entorno es colorido y sonoro.

Un móvil musical para la cuna le proporcionará muchos momentos de placer, si lo coloca lo suficientemente bajo. Coloque otro móvil sobre el cambiador. Cuelgue fotografías plastificadas o un pequeño espejo en la cuna. Al bebé le gusta mirar rostros. Ofrézcale sonajeros y otros juguetes que produzcan ruidos al sacudirlos, arrojarlos, apretarlos o chuparlos. Los patitos de goma son buenos para chupar.

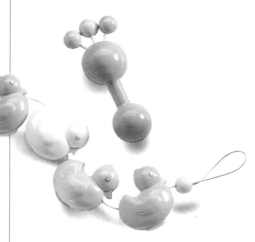

Juguetes para el recién nacido
Escoja juguetes coloridos y livianos, que el bebé no pueda tragarse y que no le atrapen los dedos.

MEDIDAS DE SEGURIDAD

- *Será necesario colocar cierres de seguridad en las ventanas y también barrotes, si están cerca del piso.*

- *Utilice materiales no inflamables para la ropa de cama, tapicería y cortinas.*

- *Coloque protecciones sobre todos los tomacorrientes.*

- *Asegúrese de que la cuna cumpla con todas las normas de seguridad.*

- *Las paredes y los muebles deben estar pintados con pinturas y barnices no-tóxicos.*

CUBRIR SUS NECESIDADES

Inicialmente, usted sólo necesitará algunos elementos -algo donde transportarlo, algún lugar para que él duerma, y un elemento donde bañarlo.

Escoja un cochecito o una silla de paseo reclinable, que resulte fácil de empujar si tiene la manija a una altura apropiada. De no ser así, usted tendrá que forzar su espalda. Es fundamental que tenga buenos frenos, que usted pueda aplicar sin necesidad de soltar la manija.

Transporte convertible
Comprar un cochecito que más tarde se pueda convertir en silla de paseo le ahorrará dinero, y permitirá dar más uso al equipamiento.

Una cuna será pequeña rápidamente para su hijo, de modo que es preferible escoger entre aquellas que se convierten en una cama juvenil. La altura debe ser ajustable, de modo que no deba inclinarse demasiado para levantar al bebé.

ELECCION DEL EQUIPAMIENTO

Los bebés crecen muy rápido, y ciertos elementos del equipamiento son malas inversiones. Trate de elegir un equipamiento durable —por ejemplo, una cuna que pueda transformarse en cama de niño. Los útiles del bebé raras veces llegan a gastarse; simplemente en algún momento quedan chicos, y no hay necesidad de gastar mucho dinero en elementos caros. Trate de buscar objetos de segunda mano en el periódico local. Pida consejo a amigas y familiares. Es posible que puedan prestarle o regalarle algunas cosas.

TRANSPORTE

Ni bien su bebé llegue, necesitará de algún medio de transporte. Antes de comprar uno, piense con cuidado de cuánto espacio dispone para guardarlo y piense también en el tipo de vida que lleva. Podrá llevar a su bebé a cualquier parte en una mochila que le deje las manos libres.

Cochecitos y sillas de paseo Un bebé recién nacido necesita un cochecito en el cual pueda viajar acostado. También será adecuada una silla de paseo en la que pueda acostarse. Si bien los cochecitos son cómodos y firmes, usted puede tener dificultades de espacio para guardarlo, problemas para transportarlo o para subir peldaños con él. Algunos tienen el moisés desmontable, y es posible utilizarlo como cama para el bebé y el armazón como sostén para la bañera. Más tarde, cuando su bebé sea capaz de sentarse erguido, una silla de paseo le resultará más manuable. La mayor parte tienen el asiento reclinable y el bebé puede viajar mirando hacia adelante o hacia atrás.

Asiento para el automóvil La ley exige que los bebés viajen en automóvil en un asiento seguro. Por lo tanto, debe comprar un asiento de seguridad antes de que su bebé salga del hospital, y controlar que esté bien amarrado. No debe comprarlo de segunda mano y debe conformar todas las normas de seguridad.

Porta-bebé
Su bebé disfrutará del calor de su cuerpo y del sonido de los latidos de su corazón cuando lo lleve cerca de su pecho.

224

Silla portátil para bebés Permitirá a su bebé observar lo que sucede a su alrededor. Una silla mecedora le dará placer cuando mueva las piernas. Estas son fáciles de transportar. Asegúrese de que tengan base ancha y sean estables.

DORMIR Y BAÑARSE

Al comienzo, su bebé se acomodará perfectamente en una cesta (moisés), un bacinete o ¡Hasta un cajón! No tiene mucha importancia qué elija usted, mientras sea de un tamaño adecuado y resulte cómodo. Escoja una manta fina e impermeable y sábanas de algodón.

La primera cama
Un moisés será una cómoda primera cama para su bebé.

No debe usar almohada. Puede colocar una chichonera en el interior de su cama, pero asegúrese de no poner cintas, lazos o moños que el niño se pueda llevar a la boca (podría atorarse) o que puedan atraparle los dedos. Probablemente la mejor opción sean las mantas térmicas de algodón. Recuerde que, si su bebé se enfría mientras duerme, no bastará con agregar una manta extra, ya que esta se impregnará del aire frío exterior, y le hará sentir aun más frío. Es mejor alzarlo y acunarlo hasta que se caliente, y luego agregar la manta extra.

La cuna Una vez que a su bebé le quede chico su primer moisés, escoja una cuna nueva o de segunda mano. Asegúrese de que sea suficientemente fuerte y estable, y de que esté pintada con un barniz no tóxico. Los barrotes deben estar suficientemente separados como para permitir al bebé ver el exterior, pero bastante cerca uno de otro, como para que el niño no pueda introducir la cabeza entre ellos. Los laterales deben ser suficientemente altos como para que no pueda treparlos, y debe tener cierres de seguridad sobre el lado que se abre, como para evitar que el niño los abra accidentalmente. Al igual que antes, el cobertor debe ser a prueba de agua y del tamaño adecuado, y no deben quedar espacios libres entre los bordes del cobertor y el armazón de la cuna. La chichonera evitará que golpee su cabeza contra los barrotes, una vez que pueda desplazarse.

Cambiado No es necesario tener una mesa cambiadora, si dispone de una mesa o una cómoda suficientemente firmes y de un cambiador plástico. Sin embargo, si desea disponer de un lugar especial donde cambiarlo, escoja un cambiador estable y con mucho lugar para guardar elementos. Puede bañar fácilmente a su bebé en una pileta, pero si escoge un catre de baño con patas, debe asegurarse de que sea estable y tenga la altura apropiada.

El momento del baño
Escoja un equipo firme para bañar a su bebé. Los patitos amarillos serán divertidos para usted y estimularán su vista.

CUBRIR LAS NECESIDADES DE SU BEBE

La seguridad debe ser el punto más importante a tener en cuenta cuando se elige el equipamiento, ya que con pocos elementos usted podrá cubrir sus necesidades.

- *Las ataduras de las chichoneras no deben ser demasiado largas, ya que el bebé puede tratar de tragarlas y atorarse. Atelas con firmeza, y luego corte lo sobrante.*

- *Los cobertores, frazadas y chichoneras no deben tener flecos u otros elementos con los que el bebé pueda atorarse.*

- *Las frazadas deben ser de un tramado fino, para que el bebé no pueda engancharse los dedos.*

- *Una silla de paseo para bebé debe tener un sostén para el cuello. Las ataduras deben ser suficientemente fuertes para sostener al bebé.*

- *Los cochecitos, cunas y sillas de paseo no deben tener puntas o tornillos sobresalientes.*

- *Si compra una silla de paseo, asegúrese de que tenga una protección adecuada para la cabeza del niño.*

- *No debe haber nada en la silla que pueda atrapar los dedos al niño.*

- *Los cobertores deben ser de colores brillantes y diseños atractivos, para estimular a su bebé.*

INDICACIONES PARA LA MAMA

PREPARACION DEL AJUAR

No espere hasta último minuto para comprar el ajuar. Vaya de compras cuando aun esté lo suficientemente cómoda como para disfrutarlo.

- *Salga de compras en más de una ocasión, y pida a su pareja o a una amiga que la ayuden a transportar las compras.*

- *El color y la moda son irrelevantes. Escoja prendas que puedan lavarse en la lavadora, con colores que no destiñan.*

- *No compre de antemano demasiada ropa, ya que no podrá predecir la velocidad con que va a crecer su bebé ni las condiciones del clima.*

- *Opte por prendas de un precio intermedio, de tiendas reconocidas. Las ropas baratas para bebé se descosen, sus telas se tornan ásperas e irritantes y muchas veces deben descartarse luego de unos pocos lavados.*

- *Sin embargo, no escatime la cantidad en las prendas más importantes. Siempre necesitará más de las que usted piensa.*

Muchas mujeres solemos prepararnos demasiado para la llegada de un nuevo bebé, especialmente si es el primero. Los bebés, no obstante, crecen muy rápido y las vestimentas muy pequeñas rápidamente quedan fuera de uso. En general, siempre es preferible comprarlas un poco más grandes, ya que las ropas demasiado ajustadas causan irritaciones y acaloran al bebé. Como los bebés no tienen idea de lo que llevan, la regla de oro es que la ropa sea sencilla y cómoda y que cree la menor cantidad de problemas posibles a la madre y al niño.

Elección de la ropa y los accesorios La ropa infantil va mejorando continuamente en cuanto a materiales, diseño y lavabilidad, así que es mejor recorrer tiendas para hacerse una idea de lo que se ofrece, antes de tomar una decisión final. Probablemente usted nunca utilizará muchos de los elementos que están a la venta; trate de no desperdiciar su dinero. Una amiga o pariente que tenga un bebé podrá aconsejarla y darle algunas de las ropas o elementos que su bebé ya no usa. No sea reacia a aceptar ese tipo de regalos.

Necesitará sábanas, enterizos, camisetas y mantillas suficientes como para que, mientras algunas se estén lavando, usted siga disponiendo de lo que necesita. Para evitar que se observen manchas, prefiera los estampados a los colores pastel lisos. Las fibras naturales son las mejores, ya que permiten la evaporación de la transpiración, pero tenga en cuenta de que las telas que contienen mucho algodón suelen encoger después del lavado, así que debe comprar al menos una medida más grande de la que necesita el bebé. Escoja camisetas que tengan una buena abertura en el cuello, ya que los bebés odian que pasen por sus cabezas cosas apretadas. Evite cualquier vestimenta que lleve botones o cremalleras cerca del cuello. También piense en lo que es conveniente para usted. Aun cuando prefiera pañales de tela, disponga de algunos descartables. Podrá utilizarlos cuando deba cambiar al bebé rápidamente y sin engorros.

ELEMENTOS FUNDAMENTALES PARA EL BEBE

1 gorro: el tipo dependerá de la estación

6 camisetas de algodón con abertura delantera o en forma de sobre

2 cardigans o sueters amplios

2 pares de medias o botitas de algodón

2 mantillas

6 enteritos

mitones

6 bombachas plásticas

1 caja de pañales descartables de la medida más pequeña, o dos docenas de pañales de tela y una caja de chiripás

2 baldes para pañales

2 toallas nuevas y suaves

8 pañales comunes

pompones de algodón

Loción para bebé

tijeras de puntas redondeadas

crema para paspaduras

ELECCION DE LA ROPA DEL BEBE

LAS NECESIDADES DE SU BEBE

Cuando usted entre por primera vez en una tienda para elegir ropa para el bebé, la tarea puede parecerle muy complicada, debido a la gran cantidad de elementos que encontrará a su disposición. Sólo recuerde que debe ser práctica en sus elecciones, tomando en cuenta los puntos que acabo de señalar.

Cuando usted elija la ropa para su bebé, debe poner como prioridades la comodidad y la seguridad, antes que la moda.

- *Las telas deben ser suaves y lavables. El algodón es ideal. Las fibras sintéticas no siempre absorben la transpiración y la lana puede irritar la piel del recién nacido.*

- *Cuando el clima es cálido, bastará con dos capas de ropa. Durante el invierno, puede agregar más pero no lo abrigue demasiado con prendas ceñidas.*

- *Los gestos del bebé son exagerados y expansivos, por eso debe vestirlo con ropa amplia y flexible.*

Las ropas no deben tener cintas o moños en los cuales el bebé pueda engancharse los dedos

Ropa para salir
Cuando escoja ropa para salir, la prioridad debe ser el abrigo. Que los colores o la moda no la distraigan. Tenga en cuenta que la cabeza, los pies y las manos son sensibles al frío, y manténgalos cubiertos.

Los enteritos son ideales para mantener al bebé abrigado durante todo el día. Los broches en la entrepierna y las piernas harán sencillo el cambio de pañales.

Las camisetas con abertura en forma de sobre deben estar confeccionadas en algodón suave o tela térmica.

La ropa de dormir debe ser suficientemente larga para mantener al bebé abrigado, y debe tener una buena abertura.

A dormir
Los bebés se mueven mientras duermen —no tanto como los adultos, pero de todos modos debe tenerlo en cuenta. Elija ropas que le den libertad de movimientos y que no le aprieten los miembros.

Las medias y escarpines deben ser suaves y amplios.

LA EXPERIENCIA DE LA MADRE

Excepto que existan buenas razones, siempre es preferible amamantar a dar el biberón.

Amamantamiento Le asegura que el bebé estará recibiendo el alimento ideal; la leche materna está siempre a disposición cuando la necesita, y no requiere de un equipamiento especial ni de preparación. Además, el amamantamiento la beneficia físicamente: por ejemplo, la ayuda a que su útero vuelva rápidamente al tamaño normal –y como sucede a muchas mujeres– puede resultarle enormemente placentero.

Aunque el amamantamiento tiene unos pocos inconvenientes, estos pueden superarse con facilidad. La cantidad y calidad de la leche depende de su estado general de salud, de modo que debe comer bien y cuidar su estado físico. El amamantamiento puede producir irritaciones en los pezones o infecciones en los pechos (ver pág. 334), que deben ser tratadas rápidamente. Además, puede resultar agotador, por eso es importante descansar lo suficiente.

Biberón Las leches para bebés son muy nutritivas, pero de todas maneras no son tan buenas como la leche materna. Pueden resultar costosas y, si sale con su bebé, deberá llevar con usted los elementos para alimentarlo y la leche.

LISTA PARA RECIBIR AL BEBE

¿PECHO O BIBERON?

Para su bebé es mejor el pecho que el biberón. La elección entre alimentarlo de uno u otro modo puede no resultar sencilla. Ambas formas tienen sus ventajas.

La mejor preparación para alimentar al bebé consiste en familiarizarse con los beneficios reales que ofrece esta forma de alimentación (ver debajo). Luego, usted debe asegurarse de estar al tanto de lo que implica, y de que está física y mentalmente preparada para hacerlo. La preparación física que usted puede llevar a cabo es muy simple, y consiste principalmente en estar bien alimentada, evitar los riesgos que puedan afectar su producción de leche, y cuidar apropiadamente sus pechos. Su médico, partera, obstetra o el profesor de las clases de pre-parto responderán a las preguntas que usted desee formular al respecto.

Si se decide por el biberón (ver págs. 308 y 310), deberá comprar alimento especial, mamaderas y tetinas, y un equipo de esterilización, antes del parto.

AMAMANTAMIENTO

La leche materna es el alimento perfecto para un bebé. Contiene todos los nutrientes esenciales (grasas, proteínas, hidratos de carbono, vitaminas y hierro) que el bebé necesita, y además nunca está demasiado concentrada o demasiado aguada. Es limpia, está siempre preparada y a la temperatura adecuada. Además, tal como sucede con el calostro que usted produce antes de que descienda la leche (ver **Producción de leche**, pág. 304), contiene anticuerpos que ayudan a proteger al bebé contra infecciones frecuentes, tales como la gastroenteritis.

El amamantamiento es una actividad gratificante, que puede disfrutar y que la ayudará a intensificar la relación amorosa entre usted y su bebé. Pese a algunas dificultades ocasionales, tales como irritaciones de los pezones o hinchazón de los pechos, en general le resultará físicamente benéfica. Las calorías extra que insume para producir leche la ayudarán a volver al peso que tenía antes del parto. Cuando usted amamanta, la oxitocina, que es la hormona que hace contraerse a sus glándulas mamarias cuando el bebé succiona (ver pág. 304), también provoca contracciones en su útero, ayudándolo a volver a su tamaño normal más rápidamente.

También existen algunas evidencias de que las mujeres que amamantan tienen menos posibilidades de contraer cáncer de mama y osteoporosis. Desde un punto de vista puramente práctico, el amamantamiento es rápido, sencillo y conveniente. Es virtualmente gratis, y no requiere de ningún equipamiento especial.

Sin embargo, tiene también algunos inconvenientes. En tanto usted no tenga una producción estable de leche, que le permita extraer y guardar una parte, para alimentar al bebé con biberón (ver pág. 305), será la única persona en condiciones de alimentar al bebé. Si desea mantener la privacidad cuando amamanta, puede no resultar sencillo hacerlo fuera de su casa.

228

El amamantamiento puede llevar a irritaciones y grietas en los pezones y a otros problemas de los pechos (ver pág. 334). Las enfermedades, el cansancio, las preocupaciones y la menstruación, pueden reducir su producción de leche. Si está tomando algún tipo de medicación, o ingiere drogas mientras amamanta, estas pueden pasar a su leche y dañar al bebé. Además, si ingiere ciertas comidas (por ejemplo, naranjas) puede causar molestias estomacales al bebé.

La mayor parte de los problemas que usted puede tener para hacer que su bebé mame, son propios del primer par de semanas de vida. Si hace el intento de amamantar, mántengase firme durante algún tiempo. Una vez que supere las dificultades iniciales, seguramente lo encontrará sencillo y muy gratificante.

EL BIBERON

Si bien las nuevas fórmulas de alimentos para bebés proveen una adecuada alimentación (como puede verse en el cuadro de abajo), no le proveen los anticuerpos protectores que se encuentran en el calostro y la leche materna. Además, resultan más difíciles de digerir que la leche materna (y por esto el bebé necesitará que lo alimenten con menos frecuencia). Además el bebé defecará heces más formadas y con un olor más fuerte que las de un bebé alimentado con leche materna; pueden sentar las bases de una posterior alergia a la leche; prepararlas lleva tiempo; y a usted puede resultarle más difícil perder peso, porque no está consumiendo calorías en la producción de leche. Para este tipo de alimentación, deberá comprar equipamiento y la leche y, si sale de su casa, deberá llevar consigo el alimento.

COMPARACION DE LECHES

Nutrientes (cada 100 mililitros)	Leche humana	A base de leche de vaca	A base de soja
Energía (kcal)	68	66	65
Grasas (g)	3,8	3,7	3,6
Proteínas (g)	1,25	1,45	1,8
Carbohidratos (g)	7,2	7,22	6,9
Vitamina A (mg)	60	80	60
Vitamina D (mg)	0,025	1,0	1,0
Vitamina C (mg)	3,7	6,8	5,5
Hierro (mg)	0,07	0,58	0,67

LA EXPERIENCIA DEL BEBE

Su bebé obtendrá un gran placer del amamantamiento. La leche materna está especialmente diseñada para brindarle el mejor comienzo en la vida.

Leche materna Desde el punto de vista nutricional, es superior a las leches para bebés, es fácil de digerir y, al igual que el calostro, proporciona una protección útil contra muchas infecciones comunes, particularmente las del aparato digestivo y respiratorio. Aun cuando usted amamante sólo durante las primeras semanas, los anticuerpos de su calostro y su leche serán muy benéficos para su bebé, y el contacto estrecho con el niño hará más firme su relación con él.

Leches para bebés. Si usted no puede amamantar, su bebé, por supuesto, se alimentará y crecerá en base a un alimento preparado. Cuando le dé el biberón, provéale mucho contacto de piel y contacto visual. Háblele y cántele para intensificar el vínculo entre ustedes.

Crear intimidad
Mientras dé el biberón a su bebé, mantenga su atención centrada en él. Sostenga el contacto visual, sonríale y háblele.

LA TRADICION Y LOS NOMBRES

En todo el mundo, los nombres que se dan a los niños reflejan la herencia y las tradiciones del país en el que han nacido. Los padres de los países orientales suelen combinar elementos verbales para inventar nombres con significado para sus hijos, o utilizan sustantivos y adjetivos como nombres.

En China. *Los niños llevan típicamente tres nombres, el primero es el nombre de familia, el segundo es un "nombre generacional", que comparten todos los hijos de una familia, y el tercero es el nombre individual. El segundo y el tercer nombre, típicamente son palabras con connotaciones positivas, como Quiong o Chiang (fuerte), Tai (pacífico, sano) y Wen (estudiante), en los casos de varones; y Mei (bella), Shu (buena) y Ying (flor) para las niñas.*

Los musulmanes *Usan como nombres palabras descriptivas. Para varones, por ejemplo Bakr (camello joven), Ghayth (lluvia) y Salim (seguro). Para niñas, Fatin (encantadora), Nahla (un sorbo de agua) y Sabah (mañana). También son populares los nombres relacionados con el Profeta Mahoma, por ejemplo Abd-Allah (sirviente de Alá), Mahmud y Ahmad (bendito), y para las niñas, Aisha (la esposa favorita del Profeta) y Fátima (su hija favorita). Debido a las influencias literarias, también siguen siendo populares nombres pre-islámicos, tales como Adnan para los varones y Lubna para las niñas.*

En la India *tanto los niños hindúes como los Sikhs, a menudo llevan nombres que tienen significados o connotaciones religiosas, tales como el nombre femenino Gita (cantando alabanzas), o el nombre masculino Indra (nombre de la deidad védica del cielo y la atmósfera). También se utilizan combinaciones de palabras como nombres.*

EL REGALO DE UN NOMBRE

Darle un nombre a su bebé puede llegar a resultarle sorprendentemente difícil. Sucede que hay muchos factores a tener en cuenta –¿combina el nombre elegido con el apellido? ¿quedan bien las iniciales? ¿pasará de moda el nombre que usted ha escogido, y entonces indicará la edad de su hijo?– Usted puede sentirse influído por muchas asociaciones y consideraciones, pero debe tener en cuenta siempre que el nombre que está eligiendo es para su bebé, y que es de esperar que lo satisfaga durante toda la vida.

LA MODA

Es algo que influye en muchos padres, sea consciente o inconscientemente. Puede preocuparle que el nombre que escoja para su hijo sea demasiado popular, lo cual podría significar que su hijo llegase a conocer a muchos otros que también llevan ese nombre, y que se viese obligado a utilizar siempre el apellido para identificarse. También puede suceder que usted quiera darle un nombre notable, que lo haga destacar.

Popularidad. Cuando un nombre se torna súbitamente muy popular, como ha sucedido recientemente en los Estados Unidos con Tracy y Jason, se corre el riesgo de que pase de moda con la misma rapidez, y que indique entonces la edad de quien lo lleva. Es muy difícil predecir cuáles serán los nombres de moda en un momento determinado, aunque algunos seguirán siendo favoritos por siempre, y hay padres que, de acuerdo con su entorno social, pueden definir lo que está o no de moda. El Registro Civil, la iglesia o la sinagoga pueden proveerle listas de nombres. El Libro Guiness de nombres provee listas de los nombres más populares en los Estados Unidos, Gran Bretaña y Australia durante todo el siglo. El libro también hace referencia a un inventario de los 100 nombres entre los cuales se han elegido la gran mayoría de ellos (aproximadamente el 90 por ciento) para los niños nacidos cada año (ver también pág. 234)

¿Tradicional o moderno? El hecho de que usted prefiera nombres antiguos o modernos, dependerá de la clase de persona que sea. Algunas personas prefieren los nombres que son antiguos, conocidos y, de alguna manera, respetables, mientras que detestan los nuevos, inventados o importados. Otros, en cambio, no ven razones para seguir utilizando nombres fosilizados en el pasado, y escogen aquellos que resultan significativos para ellos y para la época en que viven. Ambos puntos de vista son igualmente respetables, si bien, en general, a la gente le resulta más sencillo escribir y pronunciar los nombres tradicionales. Algunos padres tratan de buscar más allá de los nombres actualmente populares, y se inclinan por otros bien conocidos, aunque un poco pasados de moda. Así están reapareciendo nombres como Enrique, Arturo o Alicia.

ASOCIACIONES

A menudo, los nombres se eligen más como resultado de asociaciones que por su significado. En Occidente, los significados juegan un papel mucho menor que en otras partes del mundo (columna de la izquierda)

Asociaciones personales. Habitualmente son privadas y pueden ejercer una influencia positiva o negativa. Un familiar, un amigo, o alguien a quien usted respeta, pueden ser la fuente de un nombre. Alguien que le desagrada, un niño caprichoso, o alguien que se identifica mucho con un nombre, pueden ser fuente de rechazo hacia él . A veces se honra a un familiar poniendo un determinado nombre, y, en ocasiones, los padres eligen nombres de personalidades públicas, tales como personajes de la televisión (en los Estados Unidos, Krystle, Brenda, Michael o Brandon), cantantes populares (La Toya, Madonna, Harry), o de estrellas de cine (Julia, Meg, Kevin o Ryan).

Asociaciones que provienen de la ficción. Los personajes de libros y películas suelen ser fuentes importantes de inspiración para algunos padres. La película *Alta Sociedad*, de 1956, que protagonizaba Grace Kelly, en el papel de Tracy Samantha Lord, popularizó en los Estados Unidos el nombre Grace para las niñas, como así también los nombres Tracy, Samanthe y Kelly.

Otro espectacular ascenso fue el del nombre Jennifer, que de la nada pasó a ser el segundo en popularidad entre las niñas, en 1970, luego del éxito de la película *Love Story*, a comienzos de ese mismo año. Algunas canciones de gran repercusión, como por ejemplo, *Sweet Caroline*, popularizaron los nombres de cada una de ellas.

Asociaciones verbales. Algunos nombres llevan a asociaciones verbales indeseables, o resultan muy semejantes a palabras que pueden hacer que el niño sea objeto de bromas, y por eso son dejados de lado.

Asociaciones de carácter. La mayor parte de las personas tienen en mente una idea o una imagen de cada nombre. El nombre Fred, por ejemplo, seguramente evoca una imagen muy diferente de la que evoca el nombre Barnabas, y muchas veces las personas, consciente o inconscientemente, esperan que los niños se adecuen a los nombres que llevan. Como es posible que su nombre incida en la manera en que se trata al niño, y de allí también en la respuesta de los niños, en ocasiones, un niño se acerca bastante a lo que su nombre indica.

Otros nombres, por ejemplo Paciencia o Gracia, pueden reflejar el deseo de que el niño (habitualmente niña), manifieste alguna virtud en particular. Este tipo de nombres fueron introducidos por los Puritanos (ver columna de la derecha) y a menudo se equivocan —por ejemplo, Paciencia nunca puede esperar, o Gracia es bastante torpe.

Asociaciones incidentales. Algunos nombres se basan en incidentes acaecidos durante la concepción, o para el momento del nacimiento. Puede tratarse del lugar donde se concibió al niño, del momento del nacimiento (por ejemplo, Noel o Natalia, para un niño nacido en Navidad, o nombres de meses tales como Abril, Julio o, a veces, Octa-

LA MODA Y LOS NOMBRES

Tal como en otras cuestiones, existen tendencias referidas a los nombres. Muchos de los actuales han sido utilizados durante siglos.

Normandos Después de conquistar Inglaterra, en el año 1066, introdujeron un sistema establecido de nombres. Eran, por ejemplo, Alan, Henry, Hugh, Ralph, Roger, Richard, Oliver, William, Alice, Emma, Laura, Rosamund e Yvonne. Estos eran recibidos por los niños de la aristocracia. Más tarde, los usaron aquellos que ocupaban un lugar más bajo en la escala social. Remplazaron a la mayor parte de los antiguos nombres ingleses. Sin embargo, algunos de estos, tales como Edith y Edward, han sobrevivido.

Bíblicos Durante el siglo XVI, muchos nombres fueron utilizados primordialmente por los católicos en Inglaterra. Así sucedió con María y Sebastián, Benedict y Agnes. Los protestantes buscaron inspiración en la Biblia, y así se hicieron populares Adam, Benjamín, David, Jonathan, Joshua, Michael, Samuel, Abigail, Dinah, Hannah, Rachel, Ruth y Sarah. Durante el siglo XVII, los puritanos idearon nombres de virtudes –Caridad, Gracia, Esperanza, Paciencia, Prudencia.

Victorianos Hacia fines del siglo XIX, se usaba dar a las niñas nombres de piedras preciosas o de flores, como Amber (Ambar), Pearl (Perla), Ruby (Rubí), Daisy (Margarita), y Rose (Rosa). Todas las niñas de una familia solían llevar el nombre de una piedra o de una flor.

Contemporáneos Durante este siglo surgieron nombres con ortografías exóticas, tales como Jayne, Nikki, Debra, y los de combinaciones, tales como Raelene y Charlene. A partir de los años 60, comenzaron a usarse como nombres algunas palabras descriptivas, tales como Sky (cielo), Free (Libre), Rainbow (arco iris) y River (río).

NOMBRES PARA MELLIZOS

Esiste una tradición según la cual se dan a los mellizos nombres relacionados entre sí. Estos nombres pueden reflejar cualquier tipo de asociación: pueden comenzar con la misma inicial (Pablo, Patricia); sonar de una manera semejante (Susana y Ana) o tener un ritmo parecido (Benjamín, Jonatán).

Sin embargo, existen muchas razones por las cuales seguramente los mellizos no estarán muy conformes con tener nombres demasiado parecidos.

Lo primero y lo más importante es que muchas personas tenderán a confundirlos si la relación entre los nombres es muy fuerte. Los nombres son etiquetas y los mellizos, tal vez más que todos los demás niños, necesitan que esas etiquetas sean individuales y les pertenezcan a ellos solos.

En segundo término, los formularios oficiales, las hojas de examen y las cartas se pueden confundir fácilmente, especialmente cuando comparten las iniciales.

En tercer lugar, si los nombres tienen asociaciones fuertes entre sí, es probable que den lugar a bromas y burlas.

via para una niña nacida en Octubre). También el clima (Nieves o Primavera), una canción preferida durante el embarazo, durante o después del parto; al aspecto del bebé (Sofía = Sabia) o las características de su llegada (a veces se da el nombre de Margarita después de un parto particularmente difícil, ya que Santa Margarita es la patrona de los partos. El nombre Zoe, que quiere decir vida, se puede utilizar en circunstancias semejantes).

TRADICIONES FAMILIARES

Los nombres que en una familia han ido pasando de generación en generación, muchas veces son una elección automática, (especialmente cuando se trata del primogénito). Recientemente, no obstante, estas costumbres se han relajado, y muchos nombres tradicionales se han dejado de lado, aunque muchas veces los niños los llevan como segundo nombre.

Apellidos de soltera. Muchas familias, especialmente de la aristocracia Inglesa, escocesas y del sur de los Estados Unidos, solían utilizar el apellido de soltera de la madre como nombre del primer hijo varón. Aparentemente esta costumbre está desapareciendo, aunque a veces se coloca el apellido de soltera como segundo nombre. Esto ha dado origen a que ciertos apellidos (Rusell, Howard, Cameron) se hayan transformado en nombres de uso frecuente en los varones.

Hermanos. Muchos padres escogen los nombres de todos sus hijos de modo que combinen entre sí, aunque son pocos los que en este sentido van tan lejos como iban los victorianos (ver La moda y los nombres, pág. 231). A algunos padres les agrada que los nombres de todos sus hijos comiencen con la misma inicial, aunque esto puede causar ciertas confusiones en la documentación oficial y la correspondencia.

INICIALES

Es posible que le preocupe si las iniciales de los nombres de su hijo constituyen o no una palabra. En algunas culturas, los padres desean que las iniciales conformen una palabra. Sin embargo, si se forma una palabra, es posible que ésta se transforme en un mote, lo cual puede resultar desagradable.

NACIONALIDAD

Muchos padres, cuando están alejados de su lugar de origen, escogen nombres que revelan su nacionalidad. Esto puede acarrear problemas de ortografía y pronunciación, por lo cual es preferible retringir el uso a los segundos nombres o simplificar la ortografía. En otros casos, los nombres "nacionales" no se usan en el lugar de origen. Colleen, por ejemplo, viene de la palabra celta caitlín, que significa "niña" o "criada". Es popular en los Estados Unidos y en Australia, pero en Irlanda no se lo utiliza como nombre.

SIGNIFICADOS

El significado u origen de un nombre tiende a ser un factor secundario para la mayor parte de los padres occidentales. Muchos nombres occidentales tienen una historia más compleja que

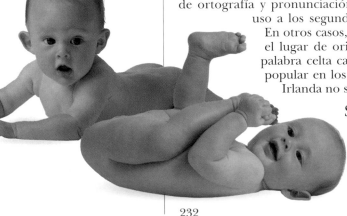

la de los utilizados en otras culturas. Esto sucede porque esos nombres, como otras tradiciones y costumbres, se fueron transfiriendo de una sociedad a otra, cuando se produjeron invasiones seguidas de integración, migraciones u otros contactos interculturales. En consecuencia, muchos nombres, particularmente aquellos provenientes de lenguas muertas o desconocidas, se disociaron de sus significados originales. Pese a todo esto, algunos padres occidentales siguen escogiendo nombres de acuerdo con sus significados.

LA FORMA DE UN NOMBRE

La manera como se pronuncian y se escriben los nombres y los diminutivos a los que dan origen, suelen ser factores muy importantes para nosotros. Que un nombre sea continuamente mal pronunciado o mal escrito, puede resultar muy irritante. También resulta molesto que utilicen un diminutivo que no nos agrade.

Diminutivos. A veces no sólo se utilizan, sino que hasta se registran como nombres (por ejemplo Kate en lugar de Katerine). Sin embargo, aun cuando usted tenga la intención de utilizar siempre el diminutivo, suele ser preferible registrar el nombre completo, ya que existen ocasiones en las cuales resulta más adecuado un nombre más formal. Por otra parte, aunque usted piense utilizar siempre el nombre completo, debe tener en cuenta cuáles son los apodos que de él se derivan (Pat, Patsy, Ed, Ted o Ned) ya que los amigos de sus hijos, seguramente tenderán a acortar los nombres. Si le desagradan los diminutivos frecuentes para ese nombre, es preferible que haga una nueva elección. o que trate de que su hijo escoja el diminutivo que a usted más le agrada.

Sonido. Es posible que le agrade un nombre por el modo como suena. Algunos nombres son inherentemente armoniosos, mientras que otros resultan divertidos para la mayor parte de las personas. Otra cosa que debe tenerse en cuenta es cómo suena junto con el segundo nombre que lo acompaña y el apellido. La mayor parte de los padres cuidan que la combinación de nombres sea feliz. Algunos hasta colocan los nombres del modo que consideran que suena mejor, aun cuando tengan la intención de usar siempre el que va en segundo término.

Ortografía y pronunciación. Para evitar confusiones y molestias, es mejor colocar un nombre que todos puedan escribir y pronunciar bien. En la segunda mitad del siglo veinte, se han puesto de moda las ortografías exóticas para nombres corrientes (Jayne, Kathryn, Jonothon), que no ofrecen ninguna ventaja apreciable. Algunos tienen más de una pronunciación posible en inglés (Helena) y otros resultan confusos (Phoebe), en tanto que hay ciertos nombres que tienen más de una ortografía posible (Clare, Claire; Jeffrey, Geoffrey).

EL NOMBRE DE SU HIJO

He aquí algunos puntos que usted debe tener en cuenta cuando escoja un nombre para su bebé.

- *¿Será ese nombre adecuado para su hijo durante toda la vida?*

- *¿Son claras su pronunciación y su ortografía?*

- *¿Suena bien al combinarlo con el segundo nombre y el apellido?*

- *¿Las iniciales forman en conjunto alguna palabra?*

- *¿Le gustan las asociaciones a las que puede dar lugar?*

- *¿Puede el nombre que usted ha elegido dar lugar a algún tipo de burla?*

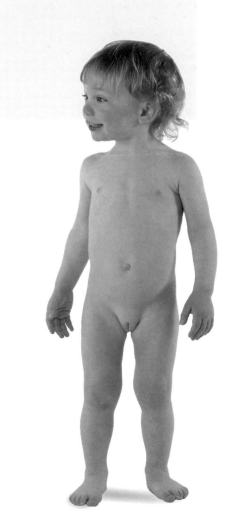

LOS DIEZ NOMBRES DE NIÑA MAS USADOS EN 1990*

NOMBRES, NOMBRES Y MAS NOMBRES

Parecería ser que cada año, en los países occidentales, existe un cierto inventario de nombres entre los cuales se eligen los nombres de la

Muchos nombres se usan en más de un país, pero su popularidad varía. Es más frecuente que los nombres de niña sean escogidos fuera del inventario más usual.

ESTADOS UNIDOS

1	Ashley	6	Megan
2	Jessica	7	Jennifer
3	Amanda	8	Nicole
4	Sarah	9	Stephanie
5	Britany	10	Katherine

REINO UNIDO

1	Emma	6	Rebecca
2	Sarah	7	Gemma
3	Laura	8	Katherine
4	Charlotte	9	Lauren
5	Amy	10	Hayley

AUSTRALIA

1	Jessica	6	Ashleigh
2	Sarah	7	Amy
3	Emma	8	Emily
4	Lauren	9	Kate
5	Rebecca	10	Katherine

NOMBRE	ORIGEN
Amanda	Latino, significa "la que debe ser amada"
Amy	Francés antiguo, significa "amada". El original francés es Aimée
Ashley	Antiguo apellido inglés, significa "claro en un bosque de fresnos"
Charlotte	Fem. francés del nombre Charles "un hombre", en alemán antiguo
Cla(i)re	Latino, significa "clara, luminosa"
Danielle	Femenino francés de Daniel - "Dios ha juzgado"
Elizabeth	Hebreo, significa "Dios es mi verdad"
Emily	Latino, del nombre de la familia noble romana Aemilius
Emma	Alemán antiguo, significa "íntegro, universal"
Gemma	Italiano, significa gema. A veces se escribe Jemma
Hannah	Hebreo. Significa "El me ha favorecido"
Hayley	Viejo apellido inglés que significa "pradera de heno"
Helena	Griego. Significa "la brillante"
Jennifer	Cornuallés antiguo. Forma de Guinevere –blanca, suave (galés)
Jessica	Hebreo. Significa "Dios observa"
Katherine	Griego. Significa "pura". Catherine es la forma francesa.
Kelly	Viene del apellido irlandés que significa "belicoso"
Laura/en	Forma femenina de Lawrence– "laurel" (latín)
Louise/a	Forma femenina de Louis– "famoso guerrero" (antiguo germano)
Lucy	Forma inglesa de Lucía –luz (latín)
Margaret	Griego. Significa "una perla". Megan es un diminutivo (Galés)
Michelle	Forma femenina de Michael – ¿Quién es como el Señor? (hebreo)
Natalie	Del latín. Significa "el cumpleaños de Cristo".
Nichole/a	Formas femeninas de Nicolás –"victoria del pueblo" (griego)
Rebecca	Hebreo. Significa "esposa fiel"
Ruth	Hebreo. Posiblemente significa "esposa fiel"
Samantha	Forma femenina de Samuel –"oído por Dios" (hebreo)
Sara(h)	Hebreo. Significa "princesa"
Sophie	Griego. Significa "sabia". Sophia es otra forma
Stephanie	Forma femenina francesa de Esteban –"corona" (griego)
Victoria	Forma femenina de Víctor. Significa "victoria" en latín
Zoë	Griego. Significa "vida"

mayoría de los niños que nacen. Aunque es imposible prever cuáles serán los cien nombres más usados, algunos parecen ser perennes, ya que mantienen su popularidad a lo largo de muchos años, mientras que otros tienen un período de intensa popularidad y luego caen en desuso. Debajo, mostramos una selección de los nombres qe han sido más populares en los países de habla inglesa durante 1990.

LOS DIEZ NOMBRES DE VARON MAS USADOS EN 1990*

NOMBRE	ORIGEN
Adam	Hebreo. Significa "tierra roja"
Adrian	Latino. Significa "hombre de Adria"
Alexander	Griego. Significa "defensor de los hombres"
Andrew	Griego. Significa "masculino"
Ant(h)ony	Latino. Del nombre de la familia romana Antonius
Benjamin	Hebreo. Significa "hijo de la mano derecha"
Christopher	Griego. Significa "sostiene a Cristo"
Daniel	Hebreo. Significa "Dios ha juzgado"
David	Hebreo. Significa "amado"
Edward	Inglés antiguo. Significa "rico guardián"
James	Origen hebreo. Significado poco claro. Jamie es una forma familiar
Jason	Griego. Significa "curar"
John/Jack	Hebreo. Significa "Dios es bondadoso"
Jonathan	Hebreo. Significa "Dios ha dado"
Joseph	Hebreo. Significa "Dios agregará (otro hijo)"
Joshua	Hebreo. Significa "Dios es generoso/saludo"
Luke	Inglés. Significa "hombre de Lucania"
Mark	Latino. Posiblemente viene de Marte, el dios romano de la guerra.
Matthew	Hebreo. Significa "regalo de Dios"
Michael	Hebreo. Significa "¿quién es como Dios?"
Nathan	Hebreo. Significa "regalo"
Nicholas	Griego. Significa "victoria del pueblo"
Oliver	Viene de Olaf – "herencia de sus ancestros"
Paul	Latino. Significa "pequeño"
Richard	Germánico antiguo. Significa "gobernador fuerte"
Robert	Germánico antiguo. Significa "brillo de la fama"
Ryan	Apellido irlandés. Posiblemente significa "rojo" o "rey"
Samuel	Hebreo. Significa "escuchado por Dios"
Scott	Apellido inglés antiguo. Significa "escocés"
Stephen	Griego. Significa "corona"
Thomas	Arameo. Significa "mellizo"
William	Germánico antiguo. Significa "voluntad/deseo, escudo/protección"

La popularidad de los nombres de varón es bastante semejante en uno y otro país. Los nombres de varón se seleccionan más frecuentemente entre el inventario de los más usuales

ESTADOS UNIDOS

1	Michael	6	Daniel
2	Christopher	7	Justin
3	Matthew	8	David
4	Joshua	9	Ryan
5	Andrew	10	John

REINO UNIDO

1	Daniel	6	Thomas
2	Matthew	7	David
3	James	8	Luke
4	Christopher	9	Jamie
5	Adam	10	Robert

AUSTRALIA

1	Matthew	6	James
2	Daniel	7	Samuel
3	Michael	8	Nicholas
4	Thomas	9	Joshua
5	Benjamin	10	Christopher

* Tomados del Libro Guiness de Nombres de Leslie Dunkling

CONTRATAR CUIDADORES PARA LOS NIÑOS

En muchos hogares, el padre se convierte en el principal ayudante cuando su pareja retorna con el nuevo bebé. Algunos hombres de inmediato se comprometen en el cuidado de su pareja y del nuevo bebé, pero otros necesitan que los insten a participar.

Lo que usted necesita más que nada de su pareja en este momento es comprensión y una actitud más relajada respecto de su rutina, que le permita participar de su vida y la de su bebé. Es necesario que esto se converse con seriedad antes del nacimiento del bebé. De no ser así, a su pareja le puede resultar difícil adaptarse y puede sentirse relegado, inútil y privado del afecto y la atención de su mujer.

Es posible que les resulte útil dividirse las tareas. "Por ejemplo, su pareja puede hacerse cargo de la limpieza, las compras y el lavado, dejándole a usted tiempo para cuidar del bebé y de usted misma. También pueden elegir compartir las tareas domésticas y el cuidado del bebé.

Ayuda en la alimentación
Si usted está amamantando, extraiga leche y colóquela en un biberón (ver pág. 305), para que su pareja también pueda disfrutar del placer de alimentar al bebé.

Sería una buena idea que, durante las últimas semanas del embarazo, usted y su pareja discutiesen y planeasen cómo hacerse cargo de la rutina doméstica una vez que estén instalados en su hogar con el nuevo bebé. Si su pareja está dispuesta a tomar un papel activo, posiblemente usted podrá arreglárselas sin muchas dificultades. De lo contrario, usted deberá conseguir alguien que la ayude, especialmente durante las primeras semanas.

Los primeros días de maternidad pueden llegar a ser más duros de lo que usted cree. El parto es agotador, tanto desde el punto de vista físico como desde el emocional. Usted sentirá que cuenta con escasas reservas y se sentirá sumamente cansada. Una vez que esté en su casa, con su bebé, se dará cuenta de que las actividades se suceden sin un respiro, y de que, en medio de todas estas actividades, usted aun está aprendiendo a ser madre. Aunque haya leído todos los libros sobre bebés en boga, verá que su bebé no se atiene a ninguna rutina preestablecida y que usted debe adecuar toda su vida a las demandas del niño. Tratar de imponer una rutina al bebé es un error, y solo le servirá para trabajar aun más. Usted debe seguir al niño en sus necesidades. En lo que se refiere al sueño, usted deberá dormir cuando pueda —los bebés recién nacidos no diferencian la noche del día y requieren la misma atención de día y de noche.

FUENTES DE AYUDA

A menos que desee llegar a estar muy cansada, deprimida y llorosa, será necesario que se procure un poco de ayuda, al menos para los primeros días y, en lo posible para las primeras semanas. No sea demasiado orgullosa respecto de aceptar o pedir ayuda —si se muestra reticente, luego puede llegar a lamentarlo. Que usted necesite ayuda externa no significa que no sirva como madre. La mejor solución es tener alguien con cama adentro, de modo que la pueda remplazar por momentos. De esa manera, se asegurará el descanso suficiente y podrá prestar atención a su alimentación.

La familia y los amigos. Probablemente su madre y su suegra sean las personas en quienes usted más confíe respecto del cuidado del niño. Ellas han tenido hijos y tienen experiencia en cuidar bebés. Podrán darle ayuda, consejo y apoyo. Posiblemente sea bueno que usted invite a vivir en su casa a alguna de ellas, a una hermana o a una amiga, cuando la fecha de parto esté próxima. De esta manera, ella podrá adaptarse a su casa y a su familia y estar preparada para recibirla cuando usted vuelva a su casa con el niño. Una ayuda de este tipo resulta invalorable. Usted podrá confiar en que su casa seguirá funcionando normalmente. Ella podrá hacerse cargo de toda la administración, liberándola a usted de ese peso, ocuparse de las comidas, el lavado, las compras y demás. De esta manera, su pareja también se liberará de parte del peso y usted podrá dedicarse de lleno al bebé. Además, si la persona en cuestión tiene hijos, será una fuente de información y consejo.

Au pairs. Se trata de una joven (en algunas ocasiones es un varón), a menudo extranjera, que trabaja a cambio de hospedaje y una pequeña remuneración. Si bien esta opción resulta más económica que la contratación de una niñera experimentada, recuerde que la mayor parte de los au pairs no tienen formación respecto del cuidado de bebés. Asegúrese de contratarla a través de un programa serio, y solicítela bastante tiempo antes del nacimiento del niño. La mayor parte de las agencias cobran un derecho y puede existir un límite para el tiempo que el au pair está autorizado a residir en el país.

Niñeras. Si decide contratar una niñera, trate de que esté instalada en su casa antes del nacimiento del bebé. Tener un bebé recién nacido en la casa es, de por sí, un hecho traumático, y puede ser mucho más difícil si comienza con una niñera molesta, antipática o que no está preparada para hacerse cargo de su rutina.

En este caso también deberá dirigirse a una agencia confiable, y piense que deberá pagar un derecho (las recomendaciones pueden ser también una forma de encontrar la persona adecuada, especialmente si usted tiene alguna amiga cuyos hijos ya no necesitan niñera) Las niñeras experimentadas son más costosas que las au pairs, pero tienen más capacitación para hacerse cargo del cuidado de bebés y niños pequeños. Antes de concretar la contratación, tenga al menos dos entrevistas con las postulantes.

Una buena niñera suele tener fuertes convicciones respecto de la crianza de los niños, pero debe estar dispuesta a adecuarse a las ideas de quien la contrata. Sería inútil contratar a alguien muy estricto, por ejemplo, si usted desea educar a sus hijos de una manera liberal. Si usted desea esto, hay muchas niñeras muy flexibles, que serán capaces de hallar el equilibrio justo entre la disciplina y la libertad. Si lo desea, puede redactar una especie de contrato de empleo en el cual explicite los criterios, actitudes y tareas de una manera clara. Deje constancia de que el empleo cesará en caso de que no se cumplan estos requerimientos.

Guarderías. Una opción cada vez más popular son las guarderías que suelen aceptar a los bebés desde las seis semanas. La realidad económica hace que cada vez sean más las mujeres que deben retomar el trabajo al poco tiempo del parto. El hecho de que muchas personas vivan lejos de sus familias hace que el apoyo familiar sea menor. Si usted debe buscar una guardería para su bebé, trate de que sea en las mejores condiciones posibles. Hay lugares excelentes donde el bebé será cuidado y atendido. Lo mejor es buscar un lugar recomendado por otras madres conocidas suyas. Busque una política de puertas abiertas, con personal capacitado y una buena cantidad de personal para la cantidad de niños que se atienden. También es importante que se trate de un lugar limpio, luminoso y alegre. Trate de encontrar un lugar donde le gustaría pasar el tiempo. Solicite recomendaciones y verifíquelas personalmente.

LAS NIÑERAS

Si usted desea una ayuda temporaria, con cama adentro, puede contratar una niñera especializada. Ella se instalará en su hogar antes o después del parto y la ayudará en todo el cuidado del niño.

Además de proveerle el deseado cuidado para su bebé, una niñera especializada puede ser una maestra invalorable. Le mostrará cómo dar a su bebé los cuidados necesarios: cómo cambiarle los pañales; cómo amamantarlo o darle el biberón, darse cuenta cuándo está satisfecho y apartarlo suavemente de su pecho de modo de evitar irritaciones y grietas en los pezones, por ejemplo.

Sin embargo, usted y su niñera son las que deben decidir el tipo de rutina que desean. Usted puede decidir, por ejemplo, que desea dormir durante la noche sin interrupción. La niñera, entonces, se hará cargo durante toda la noche, y usted la relevará, por ejemplo, a las siete de la mañana, para que ella pueda descansar. Más tarde, ella se encargará del lavado de las prendas del bebé, de la preparación de la leche y la limpieza de la habitación, y también de cuidar de todas las necesidades del bebé y de algunas de las suyas.

Por regla general, estas niñeras especializadas no permanecen durante más de cuatro semanas, pero usted puede arreglar un lapso mayor, si sus finanzas se lo permiten. Las niñeras especializadas son costosas, pero le asegurarán un buen comienzo en caso de que usted no cuente con otra clase de ayuda.

DORMIR LO BASTANTE

En las últimas etapas del embarazo, dormir bien durante las noches es una prioridad.

Usted puede tener por objetivo dormir ocho horas por noche, y no poder lograrlo por sufrir de insomnio. Esto ocurre debido a que, si bien su metabolismo se sigue enlenteciendo durante las noches, el del bebé no lo hace.. El continúa golpeando durante todo el tiempo. Si usted tiene dificultades para dormir, hay muchas formas para aliviar el problema.

● Un baño caliente antes de dormir resulta muy relajante y hará que usted duerma toda la noche tranquilamente.

● Un vaso de leche, a la hora de ir a dormir, la ayudará a conciliar el sueño. Puede también leer un libro que la tranquilice, escuchar música o radio o mirar televisión.

● La respiración profunda y la relajación son excelentes tratamientos para el insomnio. Adopte una rutina para la hora de ir a dormir.

● En lugar de afligirse por no poder dormir, levántese en medio de la noche y haga algo –tal vez una tarea que ha estado posponiendo durante mucho tiempo– o diríjase a la habitación del bebé, mire y toque sus cosas, reordénelas y siéntase feliz ante la perspectiva de su hijo por venir.

● Si tiene preocupaciones que no la dejan dormir, visualícelas como si estuviesen escritas en una hoja de papel. Luego arrúguelo y tírelo mentalmente.

ULTIMAS ETAPAS DEL EMBARAZO

Son pocos los problemas que suelen aparecer en las últimas semanas del embarazo. A partir de la 32a semana, la preocupación principal de su médico será el crecimiento continuo del bebé y el mantenimiento de su salud. Su salud puede correr riesgos en caso de que aparezca un aumento en la presión sanguínea, que puede estar anunciando una preeclampsia (ver pág. 204), o si se produce una detención del aumento de peso, que sugiera que su bebé ha dejado de crecer. Su médico o su partera querrán examinarla cada dos semanas entre la 32a y la 36a semana, y semanalmente entre las semanas 36a y 40a.

Una de las principales preocupaciones que usted puede tener durante las últimas etapas de su embarazo es la comodidad. A medida que su abdomen se va agrandando, estar sentada o acostada en las posiciones habituales puede resultarle incómodo. Si usted yace sobre su espalda, el peso de su bebé en crecimiento presionará los principales vasos sanguíneos y los nervios cercanos a la columna, causándole entumecimientos y dolores, y hasta mareos o falta de aliento. Cuide su posición para dormir y asegúrese de estar cómoda. A veces necesitará almohadas o almohadones para sostener el cuerpo (ver debajo).

TECNICA DE TENSION Y RELAJACION

Las buenas técnicas de relajación combinan la liberación de tensiones en el cuerpo y en la mente con una respiración profunda y regular. Es útil practicar estas técnicas de modo tal que, para las etapas finales del embarazo, estén completamente incorporadas.

Una buena manera de relajar el cuerpo consiste en utilizar la técnica de tensión y relajación. Esta es una agradable ayuda para relajarse durante el embarazo, y es además una buena preparación para el parto, momento en que resulta sumamente útil ser capaz de relajar la mayor parte de los músculos del cuerpo, de modo que el útero pueda contraerse sin que se tensione el resto de su cuerpo.

Descansar boca arriba.
Si no logra descansar echada de lado, sosténgase con muchos almohadones o almohadas.

La técnica implica la tensión y relajación en secuencia de diferentes partes del cuerpo. Su pareja puede ayudarla, tocando aquellas partes que ve que están tensionadas, y la respuesta a su contacto será la relajación de esa zona. Lo mejor es practicar esta técnica dos veces por día entre 15 y 20 minutos cada vez. Practíquela antes de las comidas o una hora después de comer.

Sentarse en el piso
Esta posición, con la espalda derecha y las piernas separadas, es buena para su columna, la parte interna de los muslos y las ingles.

Busque una posición cómoda, acostada boca arriba o sostenida por almohadones. Cierre los ojos. Trate de eliminar de su mente cualquier tensión o ansiedad, respirando lenta y regularmente y concentrando toda su atención en la respiración. Deje que la invadan pensamientos placenteros, y si algún pensamiento que la aflige trata de invadirla, impídaselo diciendo "no". Vuelva a concentrarse en la respiración profunda. Cuando su mente esté tranquila y su respiración sea profunda y regular, comience con la rutina de contraer y relajar. Piense en su mano derecha: ténsela durante unos instantes, con la palma hacia arriba, y hágala sentir pesada y cálida. Vaya procediendo del mismo modo con todo el lado derecho, tensando y relajando el antebrazo, el brazo y el hombro. Luego repita el mismo procedimiento con la parte izquierda de su cuerpo. Separe las rodillas y contraiga y relaje las nalgas, los muslos, las piernas y los pies. Apoye la cintura contra el piso o los almohadones, y luego relájela.

Finalmente, relaje los músculos del cuello y la cabeza. Mantenga relajados los músculos del rostro, los ojos y las piernas y no frunza la frente.

Sentarse en una silla
Cuando se siente en una silla, hacerlo derecha, la ayudará a fortalecer los músculos de la espalda. Si necesita un sostén extra, coloque un almohadón detrás de la espalda.

LA POSICION DE SU BEBE

Cuando el bebé alcanza la madurez completa, alrededor de las 37 semanas, se torna más pesado y se vuelve cabeza abajo. Algunos bebés, no obstante, permanecen de nalgas (ver pág. 281) hasta el parto.

Si un bebé está de nalgas para la fecha de parto, es posible que nazca por cesárea (ver pág. 284). Sin embargo, si su bebé está de nalgas durante las últimas semanas, usted puede confiar en que se vuelva antes de que comience el trabajo de parto:

• *30 % de los bebés están de nalgas hacia la semana 30. Más de la mitad se vuelven espontáneamente en las dos semanas siguientes.*

• *14 % de los bebés todavía están de nalgas a las 32 semanas. Existe un 60 % de probabilidades de que un bebé que está de nalgas se vuelva por sus propios medios antes del parto.*

• *Menos del 5 % de los bebés están de nalgas para la semana 37. La cuarta parte de estos se volverán por sí mismos. La probabilidad es menor si están con las piernas extendidas o si no hay mucho espacio en el útero –por ejemplo, si el embarazo es múlitple o si el bebé es grande.*

• *Unos pocos bebés, si hay espacio, se vuelven en el momento del parto.*

SU LISTA

PREPARANDOSE PARA UN PARTO DOMICILIARIO

Aunque usted puede efectuar sus preparativos con mucha anticipación, seguirá teniendo algunas cosas de las que ocuparse a último momento.

Cuando comience con el trabajo de parto (ver pág. 250), deberá:

- *Llamar al profesional (médico o partera)*

- *Ponerse en contacto con su pareja o su acompañante*

- *Ponerse en contacto con quien se vaya a hacer cargo de cuidar a sus otros hijos, si no es su pareja.*

- *Controlar que la habitación esté preparada*

- *Controlar que los elementos para el parto estén a mano*

- *Prepararse una bebida caliente y dulce*

Si usted se decide por un parto domiciliario, su partera le dará instrucciones precisas respecto de los preparativos que debe hacer. Piense en todo lo que necesita para un parto domiciliario con cuatro semanas de anticipación, de modo de no tener que correr detrás de todos los detalles a último minuto, y de estar preparada en caso de que la llegada del bebé se anticipe.

PREPARATIVOS ANTICIPADOS

Su habitación, o el lugar en que usted decida dar a luz, debe ser acondicionado de modo que resulte cómodo. Coloque la cama en ángulo recto respecto de la pared, dejando espacios amplios a ambos lados, de modo que el médico o la partera tengan fácil acceso.

Protección. Sea que usted dé a luz en la cama o en el piso, deberá proteger la zona que está por debajo y la que está inmediatamente alrededor. Asegúrese de tener algunas sábanas y toallas limpias, como así también una tela plástica de la que pueda disponer cuando llegue el momento.

Puede comprar la tela plástica en cualquier bazar, o bien utilizar una cortina de baño o un mantel plástico.

Preparativos anticipados
Trate de preparar con mucha anticipación todo lo que va a necesitar.

240

Comodidades para la partera. Lo ideal es que la partera disponga de una mesilla o un carrito ubicado al lado de la cama, para poder poner allí sus instrumentos, pero, en caso de no ser posible esto, bastará con una bandeja. También necesitará una lámpara ajustable, de modo que ella pueda dirigir la luz hacia su perineo. Es una buena idea disponer de una linterna con batería y foco en condiciones, por la eventualidad de un apagón.

También debe asegurarse de tener almacenados suficiente comida y bebida en los días anteriores a su fecha de parto. Tenga en cuenta que no sólo necesitará comida para usted, su pareja y sus otros hijos (si es que los tiene), sino también para el equipo que la atienda y las visitas.

CUANDO COMIENZA EL TRABAJO DE PARTO

Usted deberá telefonear a su partera cuando tenga contracciones de aproximadamente un minuto de duración en intervalos de 15 minutos y estas no se disipen cuando usted se mueva de un lado a otro. Es frecuente en las primerizas que el parto tome un tiempo hasta dar comienzo efectivamente. Por eso es posible que su partera le aconseje que trate de descansar y relajarse, ya que es importante que usted conserve sus energías.

Preparativos finales. Asegúrese de que todos los elementos que usted y su partera pueden necesitar para el parto y los momentos posteriores estén preparados y a mano. Esto incluye los elementos para su mayor comodidad (ver pág. 244), tinas para el lavado, una chata o un balde limpio, toallas limpias, bolsas plásticas para colocar las sábanas sucias, apósitos y ropa. Prepare un camisón para usted, la ropa para su bebé y la cuna.

La partera. Su equipamiento de parto incluye un esfingomanómetro para medir la presión sanguínea, un estetoscopio de Pinnard o un estetoscopio ustrasónico (ver columna pág. 161), material para análisis de orina, anestésicos locales y jeringas, tijeras, material de sutura, extractor de mucus, equipo de resucitación, equipamiento endovenoso para un caso de hemorragia, y medicamentos. Si usted desea utilizar calmantes para el dolor, ella le dará una prescripción por anticipado.

Hospitalización inesperada. Habitualmente, con la ayuda de una partera o un médico experimentados, el parto domiciliario es perfectamente seguro para la madre y el niño. Sin embargo, tal como sucede en los partos en un hospital, pueden surgir complicaciones. Si se produce algún problema serio, es posible que usted deba trasladarse al hospital en lugar de tener su parto en casa. Si esto ocurre, su médico o su partera la acompañarán, y su pareja deberá empacar rápidamente un bolso con los elementos para el parto y otro con camisones y otras cosas que necesitará en el hospital. El hecho de no poder dar a luz en su casa, luego de tantos preparativos, puede representar una amarga decepción, pero si usted y su pareja tienen en cuenta y conversan acerca de esta posibilidad por anticipado, será para ustedes más sencillo sobrellevar lo que ocurra. Quizá sea mejor que usted se plantee que va a comenzar su trabajo de parto en casa y ver qué sucede antes de decidir dónde va a nacer en realidad el niño.

CUANDO NO CORRESPONDE UN PARTO DOMICILIARIO

La creencia de que el parto en el domicilio es tan seguro como en el hospital está actualmente muy difundida. Sin embargo, existen ciertas circunstancias en las cuales el parto en el hospital es la única opción.

Hay algunos factores que pueden tornar esencial un parto en el hospital. Algunos de ellos, como la diabetes, hacen que la madre deba planificar desde el comienzo un parto hospitalario. Otros, como el desprendimiento de la placenta, hacen que deban abandonarse los planes de un parto domiciliario y dirigirse de inmediato al hospital. Los factores que descartan la posibilidad de un parto domiciliario son entre otros:

- *Haber tenido complicaciones en partos anteriores.*

- *Tener una pelvis demasiado pequeña como para que la cabeza del bebé pase por allí.*

- *Que el bebé presente una posición que no sea cabeza abajo (vertex).*

- *Tener un problema médico que ponga en riesgo a la madre, al bebé o a ambos, tal como: alta presión arterial; anemia; diabetes; exceso de líquido amniótico; herpes activo; placenta previa, desprendimiento de la placenta; preeclampsia o eclampsia*

- *Que el embarazo sea múltiple*

- *Que el bebé sea prematuro*

- *Cuando el embarazo continúa mucho tiempo después de la FEP (ver pág. 170)*

SU LISTA

Cuando comiencen las contracciones, manténgase tranquila y no corra. El trabajo de parto suele durar entre 12 y 14 horas, cuando se trata del primer bebé, y aproximadamente 8 en los partos subsiguientes.

Cuando comience el trabajo de parto usted debe:

- *Llamar a su médico*

- *Llamar un taxi, si es que no van a llevarla al hospital ni su pareja, ni uno de los profesionales, ni algún amigo o familiar.*

- *Contactar a su pareja o acompañante para el parto.*

- *Dé las indicaciones a quien vaya a hacerse cargo de sus otros hijos, si no es su pareja.*

- *Controle que su bolso, el bolso de su bebé y el de los elementos de comodidad para el parto estén bien empacados.*

- *Siéntese y espere con tranquilidad hasta que llegue el transporte.*

- *Prepárese una bebida caliente y dulce.*

CAMINO AL HOSPITAL

Si usted tiene todo preparado y empacado con anticipación, no deberá preocuparse porque el momento de la partida la sorprenda desprevenida.

QUE LLEVAR

Usted necesitará tres tipos de cosas en el hospital: ropa y efectos personales para usted; ropa para su bebé y elementos para hacer más cómodo su trabajo de parto (ver pag 244). Póngase en contacto con el hospital para averiguar los elementos que debe llevar y los elementos que ellos le proveerán, como por ejemplo, pañales y ropa para su bebé.

Para usted. Usted necesitará dos o tres corpiños para amamantar, apósitos para los pechos, una salida de baño y pantuflas, bragas y una buena cantidad de apósitos auto-adhesivos super absorbentes (es posible que estos últimos le sean provistos por el hospital). Empaque en un bolso su cepillo para el cabello, champú, un par de toallitas, un espejo, maquillaje, crema para el rostro, crema para las manos y una caja de pañuelos de papel. Si ha escrito un plan de parto (ver pág. 106), recuerde que debe llevarlo con usted.

Para su bebé. Si el hospital no le provee pañales y ropa para el bebé, deberá llevar ambas cosas. También necesitará un osito o enterito, un gorro y una manta en la cual envolver al bebé cuando regrese a su casa.

Preparativos
Asegúrese de tener todo listo y empacado con suficiente anticipación

¿YA ES EL MOMENTO?

A medida que se acerque a la fecha de parto, su cuerpo comenzará a darle indicios de que se está preparando para el parto. Usted puede experimentar los síntomas del pre-parto (ver pág. 250) y, en algunos casos, del parto.

Aunque usted no deberá correr hacia el hospital cada vez que alguna de las siguientes cosas ocurra, sí deberá estar preparada para realizar los preparativos finales en cuanto ocurran. En general, lo primero que ocurre es la pérdida del tapón mucoso, y a esta siguen o bien la ruptura de la bolsa de las aguas, o bien las contracciones. Sin embargo, a veces se producen primero las contracciones. En la pág. 250 usted encontrará una explicación más detallada de cada uno de estos eventos.

El tapón Un tapón de moco mezclado con sangre ha estado sellando su cérvix. Habitualmente, este se desprende en la primera etapa del trabajo de parto, o antes. Se lo suele reconocer fácilmente.

La bolsa de las aguas La presión debida a las contracciones o a la cabeza del bebé sobre las membranas del saco amniótico, puede hacer que ésta se rompa antes del parto. Saldrá entonces el líquido amniótico, ya sea goteando o a chorros

Contracciones regulares Sea que usted ya haya tenido o no algunas contracciones, antes del parto comenzará a experimentarlas como dolores fuertes semejantes a calambres, que aparecerán a intervalos regulares y durarán cada vez más.

CUANDO IR

Si usted nota que, durante más de una hora, las contracciones aparecen cada 15 minutos, persisten durante un minuto y no se disipan cuando usted se moviliza, llame a su médico o a su partera según los arreglos que haya hecho anticipadamente. En este momento, su primer nivel de respiración (pág. 266) ya puede no resultarle adecuado, y es posible que necesite pasar a la segunda etapa. Su cérvix estará dilatado alrededor de cuatro o seis centímetros. Todavía tendrá tiempo más que suficiente para llegar al hospital. La primera etapa, cuando se trata de una primeriza, suele durar aproximadamente ocho horas. Suele ser más cómodo pasar ese tiempo en casa, especialmente si usted no está segura de que en el hospital le darán la libertad de conducirse como quiera. Sin embargo, si vive muy lejos del hospital, o está muy preocupada por llegar a tiempo, vaya tan pronto como le parezca.

Transporte Es probable que viaje al hospital en taxi o en ambulancia, o también en un automóvil. Si llama un taxi o una ambulancia, asegúrese de dar la dirección completa y, de ser necesario, las indicaciones apropiadas para llegar hasta su casa, de modo que no se produzcan demoras innecesarias. Si planca viajar en automóvil, usted o el conductor deben controlar anticipadamente que la batería esté en condiciones, las gomas bien infladas y en buen estado, y el tanque lleno de combustible. No conduzca usted misma excepto que no haya otra alternativa.

SU VIAJE HASTA EL HOSPITAL

Si usted viaja al hospital en automóvil, trate de asegurarse de que el viaje sea seguro y cómodo.

En las semanas anteriores al nacimiento, tanto usted como el que vaya a llevarla al hospital deberán estar bien familiarizados con el camino que van a tomar. Averigüe el tiempo que le llevará el viaje en diferentes momentos del día, y busque rutas alternativas para el caso de que, en el día en que usted deba internarse, el tráfico sea particularmente pesado o exista otro tipo de demoras. Controle para asegurarse el dinero que va a necesitar para el aparcamiento y asegúrese de tener apartada la cantidad exacta de dinero. También debe tener conocidas las distintas entradas del hospital y saber cómo encontrar, a partir de ellas, el servicio de maternidad, especialmente durante la noche.

El automóvil Cuanto más grande sea el automóvil en que usted viaje, más cómoda se sentirá. Probablemente se sentirá más cómoda y segura en el asiento trasero, y, si es lo suficientemente amplio, puede recostarse en lugar de sentarse. Si posee una rural, puede resultarle más cómodo ubicarse en la parte posterior, de rodillas, sosteniéndose del asiento trasero.

Parto repentino Si su bebé se presenta cuando usted está aun camino al hospital, trate de permanecer tranquila. Si está cerca del hospital, tiene buenas oportunidades de llegar antes de que realmente nazca, pero si se encuentra más lejos, es mejor detener el automóvil en el teléfono más cercano, llamar una ambulancia y prepararse para un parto de emergencia (ver también pag. 282)

SU ALIMENTACION

Durante la primera etapa es importante conservar la energía, especialmente si el trabajo de parto es largo y agotador.

Verifique si la política del Hospital le permitirá comer y beber durante el trabajo de parto. De ser así, empaque algunos bocadillos, tales como barras de chocolate, que le darán energía al instante. Su pareja necesitará también algún alimento, y no querrá dejarla sola para ir a buscar comida. Asegúrese de empacar unos emparedados y fruta para él, y también para usted. Enseguida después del parto, disminuye la capacidad del estómago para absorber comida. Por esa razón debe escoger alimentos de fácil digestión.

Por otra parte, es posible que después del parto se sienta famélica y desee comer algo enseguida. Lleve comida para esa ocasión.

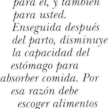

También necesitará algo para beber. Resultará ideal un termo con jugo de frutas sin azúcar y diluído, o agua mineral, aunque también puede llevar unas gaseosas enlatadas para su pareja.

COMODIDADES PARA EL PARTO

Cuando organice las cosas que necesitará para el parto, aliste también aquellos elementos que tornarán más cómodo su parto. Es una buena idea preparar esas comodidades con anticipación, para no olvidar nada debido a la emoción del comienzo del parto, o no ser tomada de improviso en caso de que se adelante.

ELEMENTOS PARA UNA MAYOR COMODIDAD

Su profesor de las clases de pre-parto la aconsejará respecto de cuáles son los elementos más útiles para proveerle comodidades durante el parto. Si usted va a tener su parto en casa, mantenga juntos los elementos en la habitación donde se proponga dar a luz. Si opta por un parto hospitalario, empáquelas y colóquelas cerca de su maleta. Asegúrese de que su acompañante sepa donde están, y no las olvide por causa de la emoción.

Distracciones Muchas mujeres sienten que las incomodidades del parto pueden aliviarse con masajes (ver pág. 267) Su pareja puede ser quien efectúe la presión con sus propias manos, o bien puede utilizar un rodillo para masajes ¡o hasta una bola de tenis! Una pequeña cantidad de talco o de aciete vegetal para masajes evitarán que su piel se irrite. Una bolsa de agua caliente o una almohadilla colocadas sobre la base de la espalda pueden actuar como compresas para aliviar el dolor de espalda.

En las primeras etapas del parto, antes de que este verdaderamente se establezca, es posible que usted sienta que nada muy importante está sucediendo. Es probable que las distracciones la ayuden a pasar el tiempo: puede leer libros o revistas, jugar una partida de naipes o un juego de mesa con su pareja, o ver una película en video.

PARA UN PARTO MAS COMODO

Talco   *Pelota de tenis*   *Aceite para masajes*   *Bolsa de agua caliente*

Rodillo para masajes

COMODIDADES GENERALES

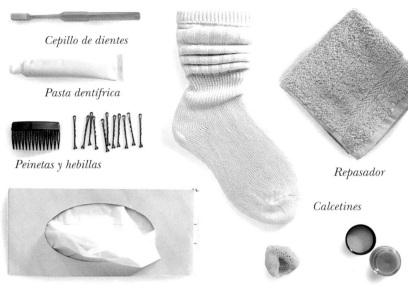

Cepillo de dientes

Pasta dentífrica

Peinetas y hebillas

Repasador

Calcetines

Pañuelos de papel

Esponja natural

Barrita para labios

Su pareja podrá disfrutar más del parto, si cuenta con ciertos elementos de uso personal: He aquí algunas sugerencias:

- *Una caja de toallitas para refrescar la cara y las manos*
- *Bocadillos y bebidas*
- *Distracciones para sus otros hijos, si es que están presentes.*
- *Ropa para cambiarse*
- *Cámara y película, o una video cámara, si es que está permitido*
- *Monedas y una tarjeta telefónica, con los números de la familia y los amigos*

Mantenerse fresca Probablemente habrá momentos en que usted no deseará beber nada, pero le gustaría tener en la boca algo húmedo y fresco. Puede resultarle reconfortante chupar un trozo de hielo, o hielo molido, cosas que habitualmente podrá encontrar en el hospital.

También es posible que le resulte más agradable humedecer los labios en una esponja natural que su pareja habrá introducido en agua fría.

Su rostro puede tornarse caliente y sudoroso, y probablemente le resultará reconfortante mojarlo con un paño húmedo. Además, su acompañante puede refrescarla con un ventilador de mano suave.

Mantenerse caliente Durante las primeras etapas del trabajo de parto, y en particular inmediatamente después del nacimiento, algunas mujeres comienzan a temblar visiblemente a causa de frío. Asegúrese de tener a mano polainas o calcetines abrigados, por si esto ocurre.

Comodidad general Si su cabello es largo, o si cae sobre su rostro, unos pocos clips, hebillas o sujetadores pueden evitar que le cause molestias. Es posible que sus labios se tornen muy secos, debido a que estará respirando por la boca: Incluya una crema para labios para evitar que se agrieten.

Si siente náuseas y vomita, indudablemente se sentirá mucho mejor si puede lavarse los dientes. No olvide llevar el cepillo y la pasta de dientes.

Una caja de pañuelos de papel o toallitas perfumadas puede servirle para limpiarse el rostro, el cuello y las manos. Para refrescarse, también puede utilizar agua de colonia.

SU LISTA

Cuando reúna los elementos, utilice esta lista como ayuda memoria

- *Comida y bebida*
- *Rodillo para la columna o pelota de tenis*
- *Aceite para masajes o talco*
- *Bolsa de agua caliente*
- *Revistas, juegos de mesa, etc.*
- *Hielo y provisiones*
- *Una pequeña esponja natural*
- *Repasador y ventilador de mano*
- *Polainas o calcetines gruesos*
- *Peinetas, hebillas o sujetadores de cabello*
- *Crema para labios*
- *Cepillo y pasta de dientes*
- *Pañuelos de papel*
- *Agua de colonia*

EL PADRE MAYOR

NOMBRE *Patrick Bade*

EDAD *47 años*

ANTECEDENTES MEDICOS *Nada anormal*

ANTECEDENTES OBSTETRICOS DE SU PAREJA *Este es el primer embarazo de su esposa. Ella tiene 35 años y está embarazada de 5 meses.*

Patrick es un padre bastante reticente. El y su esposa Diane han estado casados durante 12 años y han tenido una vida cómoda y agradable. Patrick admite que él se acostumbró a que Diane lo cuidase y que posiblemente está un poco "malcriado". La relación entre ellos ya ha experimentado algunos sutiles cambios: hace pocas semanas Diane sintió por primera vez los movimientos del bebé y ambos tomaron mayor conciencia de su presencia.

Patrick no está muy entusiasmado con su futura paternidad. Nunca le gustaron mucho los niños, ni los deseaba demasiado, y ha confesado que aceptó intentar tener un bebé debido a los deseos de Diane. No se siente seguro acerca de los sentimientos hacia el bebé y hacia los cambios que experimentará su vida, ya que le agradan las cosas tal como están.

UN PADRE BASTANTE REACIO

Diane es una profesora de música que enseña cello en el conservatorio. Ella y Patrick son apasionados de la música y les gusta salir para asistir a conciertos, recitales y a la ópera. También les gusta ir a cenar y al teatro con sus amigos. Patrick es Director de una compañía que posee oficinas en Nueva York, Los Angeles, San Francisco y Europa, y Diane lo acompaña en sus viajes de negocios o salidas de fin de semana, siempre que puede.

Patrick se siente desdichado ante la perspectiva de tener que dejar o restringir la vida social y los viajes al exterior, pero no ve la manera como podrán incorporar al bebé a ese estilo de vida. Es bastante anticuado en sus concepciones y se siente mejor siendo el principal proveedor que pensando en compartir las tareas de cuidado del bebé. Ha sugerido a Diane que deberían contratar una niñera.

Sin embargo, Diane piensa dejar de trabajar y no cree que necesite una ayuda de tiempo completo. Los efectos que la llegada del bebé puedan tener sobre su vida social no le importan demasiado, al menos pensando en los primeros meses.

Sugerí a Patrick que conversara sobre esta situación en profundidad con Diane, ya que me parecía que existían algunas cuestiones no resueltas que podrían causar problemas después del nacimiento del bebé. Señalé que él iba a sentirse muy resentido si percibía que el bebé pasaba a ocupar todo su espacio en el afecto de Diane, y si modificaba su estilo de vida.

Hacer ajustes Patrick admitió que él estaba muy asustado frente a la idea de que el bebé lo desplazase. Estaba habituado a ser atendido y protegido por Diane, y confesó que se sentía un tanto celoso ante la perspectiva de tener que compartir su atención.

Le dije que debía ser realista, y darse cuenta de que las necesidades del bebé serían prioritarias sobre las suyas, al menos durante un tiempo, pero que no existían razones para pensar que él y Diane no podrían arreglárselas para tener un tiempo para ellos, aunque esto requiriese más planificación que antes.

SER UN BUEN APOYO

Patrick descartó la idea de asistir a las clases de preparto, pero Diane lo convenció para que la acompañase al hospital en el momento del parto. Esto le causó un poco de consternación, ya que él siente un profundo desagrado y hasta temor a los hospitales. Le dije que debía tratar de superar estos sentimientos, ya que eran tan negativos que, si no los manejaba bien, podían llegar a interferir tanto con los aspectos físicos como con los afectivos del parto.

Le sugerí que lo mejor sería que él y Diane visitasen juntos varias veces el hospital antes de la fecha de parto, y que, al visitar la maternidad, él podría disociar esa idea fija por la cual igualaba hospitales con enfermedad y temor. Al comienzo, Patrick se mostró escéptico, pero yo le aseguré que el método de familiarizarse daría buenos resultados.

Pregunté a Patrick cuáles eran las preferencias de Diane respecto del parto, y si ella había pensado en un plan de parto (ver pág. 106). El respondió que, aunque Diane estaba pensando en un plan de parto, él no lo había conversado con ella. Le dije que lo más importante para ser un buen acompañante en el parto, era tener conciencia de las preferencias de la madre, de las situaciones que podían producirse y de qué elegiría ella en cada caso. Le sugerí que asistiese a las clases de pre-parto, a fin de estar preparado, tal como él lo hacía antes de una reunión de negocios importante. Le expliqué que las parejas solían ir juntas a estas clases, y que esto era más frecuente que la concurrencia de mujeres solas, por lo que no debía sentirse incómodo.

LUEGO DEL PARTO

Expliqué a Patrick que sería inevitable que, en los primeros meses posteriores al parto, ambos se sintiesen muy cansados, así fue que les sugerí que estableciesen una rutina de dormir juntos una siesta en las tardes, luego del trabajo, mientras el niño dormía. Esto les daría una sensación de cercanía e intimidad, y les conferiría nuevas energías. También le sugerí que estableciesen momentos para ellos y pidiesen a un familiar, una baby sitter o una amiga que cuidase al bebé. Tal vez podrían usar ese tiempo para asistir a la ópera o a un concierto. También le expliqué que podrían seguir viendo a sus amigos con regularidad si los invitaban a su casa. Además hablé de que los bebés pequeños son extremadamente portátiles, por lo cual ellos podrían mantener gran parte de su vida social.

Patrick prácticamente no había tenido contacto con bebés y me dijo que pensaba que se llevaría mucho mejor con su hijo una vez que creciese un poco y pudiese sostener con él una verdadera conversación. Le expliqué que un bebé recién nacido no es una hoja en blanco, sino que tiene una personalidad definida que puede escuchar y ver, aun estando dentro del útero. El bebé podría, pues, reconocer obras musicales que le ejecutasen antes de nacer, y también la voz de su padre, en cuanto naciese. Patrick se sintió fascinado, ya que nunca había pensado que el bebé fuese capaz de cosas así. Se fue sintiéndose muy intrigado y esperando establecer contacto con su bebé lo más pronto posible.

EL BEBE DE PATRICK

El bebé de Patrick comenzará a relacionarse con él antes de nacer —¡tenga él o no conciencia de esto!

- *El será una persona extremadamente importante en la vida del niño. En cuanto nazca, el bebé reconocerá su voz.*

- *Es posible que el padre desee paz y tranquilidad, pero el bebé hará caso omiso de estos deseos, en particular durante los primeros meses.*

- *Le encantará que lo acunen mientras escuchan música clásica y ópera. Si la música es tranquila, probablemente se quede dormido, especialmente si se trata de una obra que ha escuchado muchas veces antes de nacer.*

- *La rutina del bebé prevalecerá sobre la rutina del padre*

- *Cuando tenga 10 años, su padre tendrá 57, y quizá no tenga energías suficientes para juegos activos.*

- *Al crecer a su lado, recibirá los beneficios de su madurez y su experiencia.*

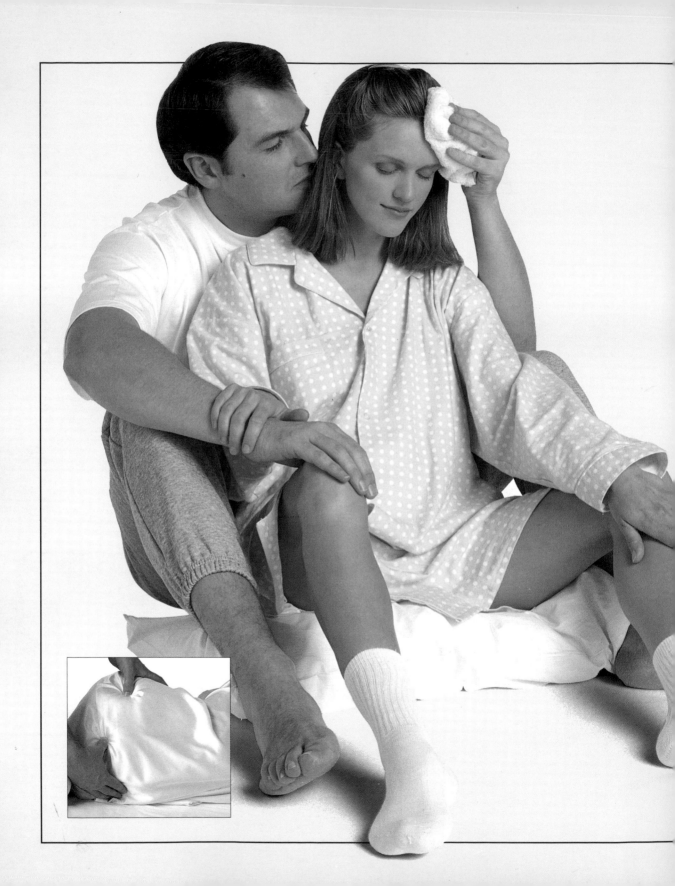

12

El trabajo de

PARTO

El trabajo de parto es la culminación del embarazo. Pocas veces transcurre sin dolor, pero existen muchas maneras de aliviarlo. La ayuda y el apoyo de su pareja pueden ser invalorables para tornar más suave y tranquilo el trabajo de parto.

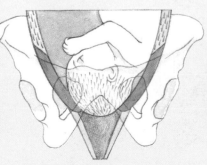

Mientras usted espera que le digan que su bebé está listo para nacer, puede experimentar una serie de emociones diversas.

Satisfacción *Mientras su cuerpo va cambiando y preparándose para el parto, usted puede reaccionar de una manera sensual frente a la maduración de su útero. Especialmente si se trata de su primer embarazo, es posible que sienta deseos de disfrutar de estos últimos días, permitiéndose sus propios caprichos, compartiendo momentos de intimidad con su pareja o dedicando su tiempo tan sólo a soñar despierta. Consiéntase estos deseos y permita que sus sentimientos fluyan libremente.*

Júbilo *Es posible que, cuando su cuerpo comience a advertirle que se está acercando el momento que ha esperado con tanta ansiedad, usted experimente una sensación de júbilo. No trate de morigerar este sentimiento. Compártalo con otros, ya que le ayudará a aliviar cualquier tensión que pueda aparecer.*

Ansiedad *Los signos de pre-parto también pueden causarle aprehensión. Puede ser que le preocupe el dolor que sentirá durante el parto y cómo este afectará a su bebé, y también es posible que le preocupe saber si podrá sobrellevarlo. Quizá se sienta ansiosa pensando que la bolsa de las aguas puede romperse en una situación incómoda.*

Impaciencia *Si la fecha pasa sin que usted experimente ningún signo de inminencia del parto, no se deprima. Recuerde que la fecha es sólo aproximada, y que la mayor parte de los bebés llegan antes o después, no en la fecha precisa. Esto es aun más probable si usted nació antes o después de la fecha prevista.*

PREPARTO Y PARTO

Las definiciones médicas lo dividen en tres etapas diferentes. Durante la primera etapa, el cérvix se dilata completamente para permitir el paso del bebé. En la segunda etapa, el bebé nace. En la tercera, se produce la expulsión de la placenta. Todas estas etapas se discuten detalladamente en las siguientes páginas. Sin embargo, además, de todas estas etapas del parto, la mayor parte de las mujeres experimentarán el pre-parto. Su experiencia de parto será mucho más interesante y emocionante que las definiciones dadas. Acérquese a ella con la convicción de que no sucederán cosas desagradables.

PREPARTO

Antes de que comience el verdadero trabajo de parto, las hormonas segregadas por su útero y por el bebé prepararán de varias maneras su cuerpo para dar a luz . Durante las últimas semanas, usted seguramente notará algunos signos de que su parto es inminente. Sin embargo, así como la experiencia de cada mujer en el parto es diferente, del mismo modo, la intensidad con que los signos de pre-parto afectan a cada mujer será diferente. Estos signos le mostrarán que el parto está por producirse.

Ubicación Para ubicarse adecuadamente como para poder atravesar el canal de parto, el bebé descenderá de modo tal, que la parte de su cuerpo que saldrá primero (habitualmente la cabeza), se ubique entre los huesos de su pelvis (ver página opuesta). Usted experimentará en ese momento como un relampagueo. Si se trata de su primer embarazo, el bebé se encajará entre dos y tres semanas antes de que se produzca el parto. Si ya ha tenido partos anteriores, la cabeza del bebé puede permanecer alta hasta el comienzo del parto, ya que sus músculos uterinos pueden haberse estirado y estar ejerciendo menor presión sobre su bebé. Usted puede saber cuando el bebé se encaja, porque se aliviará la presión que el bebé estaba ejerciendo sobre el diafragma y, por lo tanto, podrá respirar con mayor facilidad. Por otra parte, es posible que orine con más frecuencia, ya que su bebé estará presionando su vejiga.

Contracciones de Braxton Hicks Su útero practica para las contracciones fuertes que necesitará realizar durante el parto, a través de contracciones débiles e irregulares, Estas contracciones, que llevan el nombre del médico que las describió por primera vez, son experimentadas por la mayor parte de las mujeres durante los últimos meses del embarazo. Si se coloca la mano sobre el abdomen, podrá sentir un endurecimiento y tirantez en el útero que dura alrededor de 25 segundos. A diferencia de las verdaderas contracciones, éstas habitualmente son indoloras, aunque algunas mujeres las encuentran incómodas. Si usted siente alguna incomodidad, sentarse tranquila la ayudará a atenuarla. Las series de contracciones de Braxton Hicks pueden tornarse más frecuentes e intensas a medida que se acerca el parto, para ayudar a la dilatación del cérvix y para aumentar la circulación de sangre hacia la placenta. Cuando sienta una serie de contracciones de Braxton Hicks, practique las técnicas de relajación que piensa implementar en el parto. El endurecimiento y la relajación del útero le darán una buena aproximación a la manera como se siente una contracción, cómo aparece y se disipa.

Algunas madres malinterpretan las contraciones de Braxton Hicks, tomándolas como contracciones de parto. Así es como llegan al hospital y allí les dicen que deben regresar a casa. (ver ¿Falsa alarma?, pág. 254)

"Instinto de anidamiento" Es posible que, en el momento de la llegada del bebé, sienta que la invade una gran energía para efectuar los preparativos. Si siente el impulso de correr a limpiar o decorar la casa, o de preparar complicadas comidas, trate de refrenarse. Necesitará esta cuota extra de energía para encarar el trabajo de parto y el parto en sí.

Pérdida del tapón Un signo evidente de que el parto es inminente lo constituye la pérdida del tapón mucoso que sella el cérvix durante el embarazo, proveyéndole de protección contra infecciones. Aunque la pérdida del tapón a veces no se produce hasta que el parto está ya instalado, el cérvix se abre lo suficiente como para que el tapón se pierda hasta 12 días antes. Esta sustancia pegajosa puede ser ligeramente amarronada, rosada o estar teñida de rojo por la sangre de los vasos que la adhieren al cérvix. La pérdida del tapón es una señal de la dilatación del cérvix.

Sensaciones premenstruales Pueden producirse cambios físicos y emocionales semejantes a los que usted experimenta antes de menstruar. También puede sentirse acalambrada, sentir una presión en el recto, y necesitar evacuar los intestinos y la vejiga con más frecuencia.

DESCENSO DEL BEBE

El profesional que la atienda controlará el descenso del bebé a través de un examen ginecológico. El descenso se describe en "estaciones". Estas son líneas imaginarias, que se miden en centímetros, desde -5 hasta +5, de acuerdo con la relación entre los isquiones y la cabeza del bebé. Cuando el bebé recién entra en la pelvis, esta es la estación -5. Cuando la parte superior de su cabeza está al nivel de los isquiones, es la estación 0 (encajado). Las estaciones más bajas describen la posición de la cabeza cuando va pasando a través del canal de parto hacia la apertura vaginal, que es la estación +5.

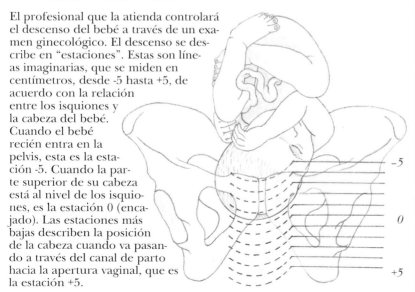

Aunque nadie sabe en realidad por qué se desencadena el parto, hay cada vez más evidencia de que el bebé juega un papel preponderante.

Secreción de hormonas El parto se desencadena a partir de la secreción de hormonas. El nivel de algunas hormonas del embarazo aumenta, y el de otras, disminuye. Se segregan nuevas hormonas, y el bebé es el encargado de producir una de ellas.

Encajamiento Durante el embarazo, el bebé estará todo el tiempo flotando dentro del saco amniótico, por encima de la pelvis. Luego, a medida que se aproxime el nacimiento, su cabeza o sus nalgas –si es que se presenta de nalgas– descenderá hacia su pelvis y se encajará allí.

Menos puntapiés Usted notará que él está más tranquilo que en los meses anteriores. De tanto en tanto, sentirá sus movimientos. Si percibe que han cesado por completo, póngase en contacto con el médico o la partera.

LA INDUCCION DEL PARTO

Mediante la ruptura de membranas y la oxitocina o la prostaglandina, la inducción desencadena el parto en forma artificial. Estas mismas técnicas se utilizan también para acelerar el parto si las contracciones son débiles y la evolución es lenta.

Si la inducción no se practica por las razones médicas detalladas abajo (ver recuadro) o por razones de emergencia, se puede efectuar por elección. En ese caso, se concertará una fecha determinada de internación en el hospital y su pareja podrá estar con usted en todo momento. Si tiene dudas acerca de los motivos por los cuales le van a practicar una inducción, pida una explicación detallada, que contemple todas las alternativas. La decisión final, por supuesto, la tendrá usted.

LA HISTORIA DE LA INDUCCION

Hace sesenta años, cuando por primera vez se dispuso de las drogas para este propósito, la inducción solía utilizarse con frecuencia por conveniencia del hospital o por razones sociales. Se solía planear una inducción para que el parto se produjese en horas de trabajo o para que no coincidiese con los cambio de turno del hospital. Una mujer podía pedir una inducción del parto para que el niño naciese en la fecha de cumpleaños de su esposo, o dentro del año impositivo, ¡o para que el niño naciese con la edad apropiada para iniciar un año escolar! Este tipo de razones ya no se consideran válidas.

Cuando la inducción se puso de moda, no existían todavía las técnicas de control que hay ahora, como por ejemplo las ecografías o la amniocentesis, que permiten a los médicos constatar la madurez del bebé. Podía suceder que se hiciese nacer a los bebés demasiado pronto, y que tuviesen problemas respiratorios. También ascendió el porcentaje de cesáreas. Hoy en día, en cambio, el porcentaje de partos inducidos es de tan sólo uno cada cinco.

Sin embargo, sólo el 5 por ciento de los bebés nace en la fecha estimada y, a veces, resulta muy difícil para las madres y para los médicos pemanecer en una actitud filosófica cuando la fecha de parto se demora. Puede existir la preocupación de que la placenta ya no esté en condiciones de alimentar al bebé y de que crezca demasiado para el lugar de que dispone.

Si usted experimenta ansiedad al saber que su parto va a ser inducido, debe tener en cuenta que la inducción es una buena cosa, siempre que se practique por razones estrictamente médicas. No debe afligirse innecesariamente, ya que se la practica por su bienestar, o por el del bebé. No se enoje con usted misma si el parto no se desarrolla como lo imaginó o lo planeó.

COMO SE PRACTICA

La mayor parte de los médicos utilizan para las inducciones una combinación de tres métodos.

Supositorios de prostaglandina Uno de los métodos más modernos de inducción consiste en el uso de supositorios de prostaglandina, que actúan sobre el útero, haciendo que el parto se desencadene. Los supositorios se introducen en la vagina durante la noche y puede tener la suerte de que el parto se produzca en la mañana. Es un método de inducción muy bueno, ya que permite a la mujer deambular libremente por la sala de partos.

LA MADRE AÑOSA

Hacia el final del embarazo, los obstetras siempre están alertas a la presencia de signos de insuficiencia placentaria, ya que es posible que el bebé necesite más alimentos de los cuales dispone. El examen es especialmente cuidadoso cuando se trata de madres añosas.

Algunos médicos, ya en la primera visita prenatal manifiestan su intención de inducir el parto, cuando se trata de una madre añosa. Lo harán alrededor de la fecha estimada de parto, sin esperar a que éste se produzca espontáneamente. Esta es una de las cuestiones acerca de las cuales usted debe preguntar, en caso de que el tema no surja espontáneamente. Por supuesto, la inducción no siempre es necesaria. Si una madre y su bebé son perfectamente normales, cuando llega la fecha de parto, se debe permitir que este se desencadene naturalmente. Sin embargo, estoy convencida de que la madre debe colaborar para que, una vez que ha pasado la FEP, se le practiquen monitoreos frecuentes, para controlar su estado y el de su bebé. Si se observan signos de sufrimiento fetal, la madre debe aceptar la intervención médica que corresponda.

MOTIVOS PARA INDUCIR EL PARTO

Cualquier factor que torne el medio uterino insalubre para el bebé es un motivo para inducir el parto. Es posible que induzcan su parto si:

• *Usted sufre de hipertensión, preeclampsia, enfermedad cardíaca, diabetes o si se produce algún sangrado preparto.*

• *Hay signos de insuficiencia placentaria (de modo que el bebé esté corriendo riesgo de no obtener suficiente cantidad de nutrientes y oxígeno de la placenta)*

• *Su embarazo se ha prolongado por más de 42 semanas.*

Ruptura artificial de las membranas También es conocida como amniotomía. Este método, que a menudo también implica el goteo de oxitocina (ver debajo) consiste en la inserción de un instrumento, no muy diferente de una aguja de crochet, dentro del útero, para practicar una pequeña inscisión en la membrana, de modo que el agua salga. Para la mayor parte de las mujeres este procedimiento es indoloro, ya que las membranas son completamente insensibles. Habitualmente el trabajo de parto alcanza su mayor intensidad después de la ruptura de las membranas, ya que la cabeza del bebé ya no está amortiguada y presiona fuertemente contra el cérvix, haciendo que el útero se contraiga y el cérvix se dilate. La amniotomía es actualmente casi una práctica de rutina en la preparación de casi todos los partos. Libradas a sí mismas, las membranas no suelen romperse hasta bien avanzada la primera etapa. Una vez rotas, el trabajo de parto se torna más rápido y más intenso.

La amniotomía no es sólo un método de inducción. También se practica cuando es necesario colocar un electrodo en la cabeza del bebé para controlar los latidos cardíacos (ver pág. 263). Del mismo modo, se realiza cuando desciende el ritmo cardíaco del bebé a causa de sufrimiento fetal. En este caso, se observan rastros de meconio (la primera deposición del bebé) en el líquido amniótico (Esta es una de las razones por las cuales debe llamar al médico o la partera inmediatamente después de la ruptura de las membranas. Esto es especialmente importante si el líquido amniótico está manchado de marrón o verde, o si huele mal).

Parto inducido con oxitocina La hormona natural de la parte posterior de la pituitaria, llamada oxitocina, sirve para estimular el parto. Su forma sintética se utiliza también para estimularlo. Como se aplica a través de goteo, pida que la aguja le sea insertada en el brazo que menos utiliza, y controle que la cánula que une la aguja con el frasco sea larga. De esta manera tendrá más margen para moverse, aun cuando esté en cama.

Es posible disminuir el goteo si usted entra rápidamente en trabajo de parto y su cérvix alcanza la mitad de la dilatación necesaria. No quitarán la aguja hasta que el bebé nazca, ya que las contracciones uterinas ayudan a expulsar la placenta.

Las contracciones provocadas por el goteo de oxitocina suelen ser más fuertes, más largas y más dolorosas que las normales, y hay entre ellas un período de relajación menor, lo cual puede llevar a la necesidad de calmantes. Como la afluencia de sangre al útero se corta temporariamente durante cada contracción fuerte, se piensa que esto puede ser dañino para el bebé. Hoy los obstetras piensan que sólo un pequeño porcentaje de los partos requiere de una inducción con oxitocina.

EXPECTATIVAS DE UN PARTO INDUCIDO

Si se lo maneja adecuadamente, un parto inducido no tiene porqué ser más doloroso o difícil que un parto natural; utilizando oxitocina, su médico puede llevarla hasta la etapa en que sea posible tener un parto normal. Podrá poner en práctica todos los ejercicios de relajación y pujar a su ritmo, si prefiere un nacimiento natural. Si el parto inducido se torna demasiado doloroso, lo que quizá ocurra, usted puede solicitar anestesia peridural o alguna otra forma de calmante (ver pág. 264).

LA AMNIOTOMIA Y SU BEBE

Las membranas suelen romperse espontáneamente hacia el final de la primera etapa del trabajo de parto.

Membranas intactas
El saco de agua funciona como un almohadón para la cabeza del bebé que está presionando el cérvix.

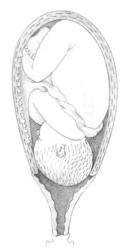

Membranas rotas
Las contracciones aumentan en intensidad y presionan la cabeza del bebé contra el cérvix, ayudándolo a abrirse.

¿UNA FALSA ALARMA?

Si se trata de su primer embarazo, no siempre es sencillo distinguir entre una falsa alarma y el verdadero inicio del trabajo de parto. Como regla general, si tiene dudas, significa que no se trata del verdadero trabajo de parto.

Si bien una falsa alarma es tan sólo un ensayo, no hay motivos para que se sienta decepcionada. Una falsa alarma precede al verdadero trabajo de parto, y seguramente ya no tendrá que esperar demasiado.

He aquí algunas distinciones sencillas entre las contracciones propias de una falsa alarma y las de un trabajo de parto verdadero.

Regularidad *las contracciones falsas no se instalan realmente y nunca alcanzan una verdadera regularidad.*

Frecuencia *Las contracciones son esporádicas. El tiempo que las separa puede variar de 15 a 20 minutos, y luego a 10, sin un patrón fijo.*

Efecto del movimiento *Las contracciones falsas a menudo se debilitan o desaparecen si usted deambula. Las verdaderas, en cambio, aumentan.*

Intensidad *Las contracciones falsas no se tornan cada vez más fuertes. Incluso pueden debilitarse de tanto en tanto y luego desaparecer por completo.*

Algunas mujeres, especialmente si están trabajando, se sienten muy cansadas o excitadas , unos pocos días antes del parto tienen continuas falsas alarmas.

Informe a su médico o a su partera acerca de las contracciones. Vaya al hospital si lo desea, deambule y manténgase levantada para ayudar a la evolución del trabajo de parto.

LA PRIMERA ETAPA

En el momento en que usted comience su trabajo de parto, los meses de preparación para la llegada de su hijo habrán llegado al clímax. En términos médicos, la primera etapa comienza cuando las contracciones producen la dilatación y el afinamiento del cérvix y termina cuando la dilatación y el borramiento son completos. En este momento, el médico, la partera, o la enfermera le comunicarán que la dilatación es completa.

LO QUE SUCEDE EN EL TRABAJO DE PARTO

Resulta difícil establecer cuándo comienza el trabajo de parto, ya que es diferente en cada mujer. Sin embargo, suelen tenerse en cuenta ciertos signos, tales como las contracciones uterinas intensas, la dilatación y el borramiento del cérvix, y la ruptura de las membranas, para dar por sentado el comienzo del trabajo de parto.

Contracciones Cuando comienza el verdadero trabajo de parto, la naturaleza de las contracciones se modifica. Se tornan más rítmicas, dolorosas y se producen a intervalos regulares. Usted no puede controlar estas contracciones y, una vez que han comenzado, no se detendrán hasta el nacimiento del bebé.

Usted puede medir el tiempo de las contracciones, desde el comienzo de una hasta el comienzo de la siguiente. Al empezar el trabajo de parto, habitualmente duran entre 30 y 60 segundos, y se producen a intervalos de entre 5 y 20 minutos. Esta no es una regla general, ya que algunas mujeres no perciben las contracciones hasta que no son bastante seguidas, por ejemplo cada 5 minutos; en la fase activa, las contracciones habitualmente duran entre 60 y 90 segundos y se producen a intervalos de 2 a 4 minutos.

Cuando los músculos de su útero se contraigan, sentirá un dolor semejante a los menstruales, que se difunde por la parte inferior de su abdomen, como si fuese una cinta apretada. Esto sucede porque, cuando los vasos sanguíneos de las paredes sufren una compresión, disminuye la oxigenación del músculo uterino. El útero es un músculo gigante, y necesita de mucha enegía durante las contracciones.

Cada mujer siente los dolores de las contracciones de una manera diferente, pero al comienzo del trabajo de parto, suelen ser semejantes a los propios de una dismenorrea (dolores menstruales) o se pueden limitar a un leve dolor de espalda. Algunas mujeres experimentan un dolor de espalda severo y persistente. (ver pág. 256). Muy a menudo, las contracciones se perciben como una ola de incomodidad que atraviesa el abdomen y que durante unos segundos alcanza un clímax, para luego atenuarse. Al mismo tiempo, sentirá el endurecimiento y la contracción del músculo uterino, que alcanza una máxima intensidad durante algunos segundos y luego decrece.

Las mujeres suelen creer que las contracciones se tornan incesantemente más largas, más frecuentes y más fuertes. Esto no es así. Por eso, no se inquiete si sus contracciones varían. Es tan normal que a una contracción fuerte le siga una más suave y más breve, como que se produzcan de manera creciente.

El cérvix se dilata y se afina El cérvix es un canal de paredes gruesas, de aproximadamente dos centímetros de largo, y se encuentra bien cerrado. Durante las últimas semanas, las hormonas del embarazo pueden haber provocado el ablandamiento del cérvix. Sin embargo, para lograr la dilatación y el afinamiento, es necesario que se produzcan las contracciones intensas de la primera etapa. La dilatación se mide en centímetros, de 0 a 10. Su cérvix se dilatará tan sólo alrededor de cuatro centímetros durante la fase latente, para luego llegar hasta los ocho centímetros durante la fase activa (ver debajo). A medida que se dilata completamente, durante la transición, el dolor se hace más intenso. En un momento, el cérvix se abre completamente y se hace uno con el cuerpo del útero creando, de este modo, un canal continuo a través del cual puede salir su bebé.

Ruptura de la bolsa de las aguas Las membranas del saco amniótico pueden romperse sin dolor durante cualquier momento del trabajo de parto, aunque habitualmente ocurre hacia el final de la primera etapa. El líquido puede filtrarse o salir abruptamente. El caudal de líquido dependerá del tamaño y la ubicación del orificio y de si la cabeza del bebé está o no sobre él.

Por lo general, cuando las membranas se rompen espontáneamente cerca de la fecha de parto, el trabajo de parto se produce enseguida, aunque algunas veces se demora —si la parte con que se presenta el bebé no está encajada, o si el bebé llega de una manera anormal. La demora también se produce en muchos casos normales, sin que haya una razón determinada para ello.

¿Cuanto dura el trabajo de parto?

La experiencia de cada mujer durante el trabajo de parto es diferente, y el tiempo que puede tomarle a cada una es imprevisible. Un trabajo de parto promedio, en una mujer primeriza, dura entre 12 y 14 horas, y alrededor de 7 horas en los partos siguientes. Si el trabajo de parto en una primeriza se prolonga durante más de 12 horas, o en un parto subsiguiente dura más de 9 horas, el médico investigará el porqué de la lentitud. Es posible que intervenga.

La primera etapa del trabajo de parto puede dividirse en tres fases. La fase latente es la más prolongada, y dura aproximadamente ocho horas en las madres primerizas. Usted sentirá que las contracciones van aumentando en frecuencia y duración, pero que no son demasiado molestas. En esta etapa, debe tratar de conservar su energía, ya que el cuerpo se está preparando para las fases que siguen, que serán más exigentes. La siguiente, llamada fase activa, será más breve, y durará entre tres y cinco horas. Las contracciones se harán más intensas, y quizá necesite calmantes (ver pág. 264). La fase final, llamada transicional, es la más breve y la más intensa, suele durar menos de una hora y precede inmediatamente al parto.

Transición Es la fase más intensa de la primer etapa. Sus contracciones durarán entre 60 y 90 segundos, con intervalos de apenas 30 a 90 segundos. Como las contracciones serán más fuertes, quizá le resulte difícil relajarse. Este es el momento en que sentirá la mayor incomodidad. Puede sentir una fuerte necesidad de pujar, pero no debe hacerlo, a menos que ya esté completamente dilatada. El dolor intenso quizá la torne muy irritable, hasta el punto de mostrarse malhumorada con su acompañante. Esto es natural, y no debe sentir que está fracasando si le parece que no tiene energías suficientes como para seguir adelante. Encontrará recursos ocultos en su interior que le permitirán sobrellevar la situación. Trate de tener en mente que esta fase significa que faltan pocos minutos para que nazca su bebé.

Su cervix se dilata

El cérvix, normalmente duro, se estira y se dilata antes del pasaje de la cabeza del bebé.

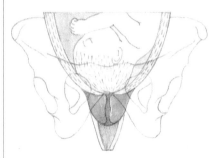

Fase latente
Su cérvix mantiene una longitud de unos 2 cm antes de que las contracciones comiencen a estirarlo (borrarlo)

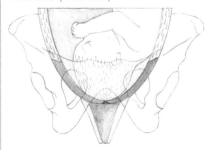

Fase activa
Cuando el canal cervical esté completamente borrado, las contracciones subsiguientes lo ensancharán (dilatarán).

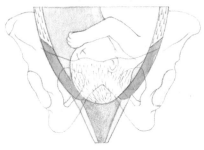

Fase transicional
Cuando la dilatación sea completa, la parte superior de su cérvix medirá unos 10 cm

TIPOS ESPECIALES DE TRABAJO DE PARTO

La mayoría de los trabajos de parto son sencillos pero, en algunas ocasiones, surge alguna complicación que necesita de un tratamiento especial. Si se tiene una buena atención prenatal, muchos problemas pueden ser anticipados y son fácilmente tratables. A veces los problemas sólo se pueden detectar cuando la primera etapa está en curso.

TRABAJO DE PARTO CON DOLOR DE ESPALDA

A veces, la incomodidad que provocan las contracciones uterinas puede aparecer con la forma de dolor en la parte baja de la espalda. Esto se debe habitualmente al estiramiento que sufre el cérvix cuando se dilata. También puede ocurrir si su bebé está ubicado en posición posterior, con la parte trasera de la cabeza apoyada contra su columna (uno de cada diez bebés está en esta posición. Esto no es anormal). En esta posición, el cuello de su bebé no puede flexionarse adecuadamente, y la salida se produce con una proporción mayor de su cabeza por delante, lo cual puede prolongar el trabajo de parto. La mayor parte de las veces, el bebé rota 180 grados, ubicándose en posición anterior, y el parto se desarrolla suavemente. Si, como a veces sucede, el bebé no puede rotar hacia la posición anterior, no hay que alarmarse, aunque quizás el médico lo extraiga con fórceps o, menos frecuentemente, por aspiración.

Este tipo de parto suele comenzar muy lentamente, y luego retrotraerse, lo cual puede resultar muy cansador. Su acompañante será capaz de ayudarla a aliviar el dolor de espalda de varias maneras:

Masaje Es la manera más efectiva de aliviar el dolor de espalda (ver pág. 267). Sin embargo, si el hecho de que otra persona la toque le resulta irritante, por ejemplo durante la transición, quizá prefiera valerse de sus propios nudillos, colocando una mano detrás de cada una de sus nalgas.

Cambio de posición Cuando usted yace acostada boca arriba, su bebé ejerce presión sobre su columna y sus nervios. Trate de mantenerse incorporada y de caminar todo lo que pueda.

También puede aliviar la presión que su bebé está ejerciendo sobre su columna sentándose en la posición de sastre (ver pág. 132), inclinándose hacia adelante o balanceando su pelvis. Si está más cómoda acostada, recuéstese sobre el costado hacia el cual el bebé está rotando (el profesional que la atiende le indicará qué lado es).

Aplicación de calor Durante o entre las contracciones, quizá sea útil que su acompañante coloque una almohadilla eléctrica, o bolsa de agua caliente, contra la parte inferior de la espalda. Una ducha caliente, dirigida hacia ese sector, también le proporcionará alivio.

PARTO PROLONGADO

Se dice que un parto es prolongado cuando las contracciones uterinas fuertes no logran provocarlo. Puede suceder porque el cérvix no logra dilatarse, o porque el bebé no logra descender a través del canal de

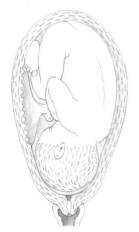

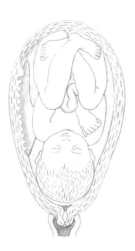

La presentación de su bebé
La manera como su bebé se presenta puede afectar el trabajo de parto. Habitualmente la columna del bebé se ubica hacia afuera (arriba). Si, en cambio, la cabeza del bebé se ubica hacia afuera (abajo), el parto posiblemente se demore. La mayoría de los bebés rotan hacia la posición correcta antes de atravesar el canal de parto.

parto. Los médicos vigilan cuidadosamente la duración de cada etapa del trabajo de parto. Cuando se observa que la evolución es más lenta de lo normal, se puede sospechar la presencia de una obstrucción y tomar la decisión de intervenir —con fórceps o, si este procedimiento no es adecuado, con una cesárea.

No se permite que ninguna mujer continúe con un parto difícil mucho más allá de los límites de tiempo aceptables (ver pág. 255), ya que puede llevar al agotamiento de la madre y al sufrimiento fetal.

La obstrucción puede ser detectada más fácilmente en una mujer que ya ha tenido varios hijos. De todos modos, su médico o su partera controlarán su estado general durante todo el trabajo de parto y estarán atentos a cualquier posible obstrucción, en caso de que su estado empeore o de que se muestre cansada y ansiosa.

Cuando el trabajo de parto se prolonga demasiado, y usted se ve privada de alimentación y descanso, es posible que se sienta demasiado molesta y agotada como para poder pujar adecuadamente. Su médico o su partera no permitirán que esto ocurra.

Falta de dilatación Cuando las contracciones son débiles e infrecuentes y el cérvix se dilata lentamente, el útero puede ser incapaz de coordinar la actividad muscular. El partograma (ver debajo) es un medio para observar cómo evoluciona su trabajo de parto.

Si el único motivo determinante de la falta de evolución es la incapacidad del útero para contraerse, el médico aplicará procedimientos destinados a apresurar el borramiento y la dilatación. Se pueden romper las membranas en forma artificial y luego, si es necesario, administrar oxitocina. Se irá aumentando cuidadosamente la dosis hasta que se produzcan contracciones fuertes aproximadamente cada tres minutos. Su médico estará muy atento, para asegurarse de que no se pro-

CAUSAS DE OBSTRUCCION FETAL

El feto puede presentar ciertas condiciones que produzcan una obstrucción del parto. Afortunadamente, la mayor parte de los problemas se detectan de antemano, de modo tal que todos estén bien preparados.

- *Su bebé es grande en relación con su pelvis.*

- *Su bebé está ubicado en una posición transversa u oblicua.*

- *Su bebé se presenta de nalgas, con el rostro o la frente hacia arriba*

- *Su bebé está ubicado en una posición posterior.*

- *Sus bebés mellizos están entrelazados.*

- *Su bebé tiene una anormalidad congénita, tal como la hidrocefalia.*

LA EVOLUCION DEL PARTO

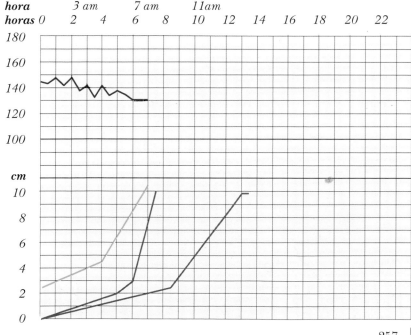

Dibujando su partograma
El partograma registra el ritmo cardíaco del bebé y la dilatación cervical de la madre. Las otras líneas del gráfico representan la dilatación esperada para una mujer multípara (M) (más de un embarazo) y para una mujer primípara (P) (primer embarazo) Estas líneas se comparan con la evolución de la madre que está por dar a luz. Esta tarjeta representa a una madre multípara, cuyo trabajo de parto comenzó con una evolución muy lenta, aunque luego el trabajo de parto se hizo normal.

—————— *ritmo cardíaco fetal latidos/minuto*

—————— *dilatación cervical de la madre*
—————— *dilatación cervical esperada*

CAUSAS MATERNAS DE OBSTRUCCION

Si su trabajo de parto no evoluciona normalmente, quizá se deba a que su pelvis o su útero estén obstruyendo el descenso del bebé. Estas son algunas de las razones por las que puede producirse

- *Deformidad o desproporción de la pelvis ósea.*

- *Tumores pelvianos, tales como fibromas o quistes ováricos.*

- *Anormalidades del útero, el cérvix o la vagina.*

- *Un anillo de contracción en el útero. Esto se produce cuando el útero se contrae excesivamente y se forma una banda muscular dura. Ésta banda puede impedir que las contracciones se extiendan hacia abajo y hacer que el útero o el cérvix se constriñan. Se trata de casos muy raros, excepto que el útero sea sobreestimulado con oxitocina o prostaglandina durante una inducción (ver pag 252) En estos casos, casi siempre, se hace necesaria una cesárea.*

duzca un aumento peligroso en la fuerza o la frecuencia de las contracciones.

Dificultad en el descenso Ya he mencionado que las presentaciones de nalgas y posterior son causas de obstrucción. Otra razón para la obstrucción es la desproporción, que consiste en la falta de concordancia entre el tamaño de la cabeza de su bebé y de su pelvis. Cuando su pelvis es demasiado estrecha, en relación con la cabeza de su bebé, se produce una desproporción. Es fácil comprender que, en circunstancias como esas, su bebé tendrá dificultades en el descenso (ver también pág. 158).

Si usted es una madre primeriza, y durante las últimas semanas de embarazo su bebé aun está alto y no está encajado (ver columna pág. 171), su médico puede sospechar que existe una desproporción. También se pensará en este problema si, durante el trabajo de parto, la cabeza del bebé permanece alta, pese a la presencia de contracciones fuertes.

Si la desproporción es leve, su médico puede permitirle hacer la prueba de dar a luz (recuerde que es su útero y no usted quien está sometido a prueba), siempre y cuando no existan otras irregularidades y se perciba que la cabeza del bebé está descendiendo. Una vez que la cabeza del bebé ha entrado en la cavidad pelviana, habitualmente se produce un parto vaginal. Si la desproporción es severa, los médicos practicarán una cesárea.

Confíe en que la mayor parte de las anormalidades que causan obstrucciones y partos prolongados (ver columna de la izquierda y pág. 156) pueden ser detectadas durante el embarazo, de modo de practicar un tratamiento temprano y trazar un plan de acción antes de que comience el trabajo de parto.

PARTO PREMATURO

Un parto prematuro es aquel que se produce antes de las 37 semanas de gestación. En aproximadamente el 40 por ciento de los casos, las causas son un misterio. Sin embargo, se sabe que esto ocurre en las siguientes circunstancias: ruptura prematura de las membranas; embarazo múltiple; preeclampsia; incompetencia cervical y anormalidades uterinas. El exceso de trabajo, el estrés y algunas enfermedades de la madre, tales como la anemia o la mala nutrición, también pueden ejercer un efecto en este sentido. Saber si usted realmente ha comenzado un trabajo de parto prematuro suele ser tan difícil de determinar para los médicos como para usted misma (ver columna de la derecha). El diagnóstico es difícil y los criterios son diferentes en distintos hospitales, lo cual desmuestra que se trata de algo bastante arbitrario. Como regla general, puede decirse que un trabajo de parto prematuro comienza sin ninguna advertencia. El primer signo puede ser la ruptura de las membranas, el comienzo de las contracciones uterinas o un sangrado vaginal. Si las membranas se rompieron y el trabajo de parto comenzó, ya no se puede detener. Sin embargo, los médicos pueden tomar algunas precauciones cuando las membranas aun están intactas y el trabajo de parto no está verdaderamente instalado.

Lo que usted puede hacer Si las membranas se han roto, comuníqueselo a su médico (ver pág. 255) Si el trabajo de parto no comienza dentro de las 48 horas, deberá hacer reposo la mayor parte del día, esté en su casa o en el hospital. No debe mantener relaciones sexuales. Aparte de tomar estas precauciones, no es recomendable intentar detener el trabajo de parto una vez que las membranas se han roto espontáneamente, dado que existen riesgos de infección. Si las contracciones no comienzan solas dentro del día, habitualmente se suministra una inyección de oxitocina para estimularlas.

Lo que harán en el hospital Si usted inicia un trabajo de parto en forma prematura, el principal propósito de la hospitalización será suministrarle un tratamiento para demorar o impedir el trabajo de parto, de modo que su hijo permanezca en el útero durante el mayor tiempo posible, para que usted pueda continuar alimentándolo. El motivo para demorar un trabajo de parto prematuro es el mayor riesgo que (ver también págs. 320 y 321) tiene el bebé de padecer un síndrome de insuficiencia respiratoria; cuanto menor sea el tiempo de gestación, mayor es el riesgo.

Si su embarazo tiene menos de 34 semanas de gestación, su bebé pesa menos de un kilo y medio y su cérvix está dilatado menos de cinco centímetros, con las membranas intactas, el hospital le puede ofrecer reposo para mejorar la afluencia de sangre al útero y, en ocasiones menos frecuentes, drogas para detener el parto.

El hecho de que usted permanezca internada permitirá que el médico efectúe controles frecuentes para detectar signos de infección, en caso de ruptura prematura de las membranas, y monitorear el estado de su bebé. También le asegurará que, en cuanto nazca, su bebé prematuro contará con los cuidados que le puede proporcionar una unidad de cuidados intensivos.

Todas las drogas tienen efectos colaterales y, por ese motivo, sólo están indicadas en algunos casos. El principal punto de partida para efectuar un tratamiento es que usted tenga un buen estado de salud, no padezca de enfermedad cardíaca, diabetes, hipertensión arterial, no tenga una placenta ubicada de manera anormal y, por supuesto, que su bebé esté vivo y no presente evidencia de defectos congénitos.

Si está muy ansiosa o nerviosa, le darán un sedante suave, pero no le administrarán calmantes a menos que el dolor sea extremadamente fuerte, ya que estas drogas pueden irritar más los músculos uterinos, en lugar de calmarlos.

El trabajo de parto Una vez que las membranas se han roto, el trabajo de parto evolucionará de manera normal (ver pág. 250) Por regla general, un trabajo de parto prematuro tiende a ser más corto y más fácil que uno en término, porque la cabeza del bebé es más pequeña y más blanda. Sin embargo, habitualmente se practica una episiotomía para proteger la cabeza del bebé de los cambios de presión dentro del canal de parto. Tomarán ciertas precauciones, tales como inyectarle vitamina K, a intervalos de seis horas, durante todo el trabajo de parto, ya que un bebé prematuro tiene solamente un mecanismo primitivo de coagulación sanguínea. Probablemente le ofrecerán anestesia peridural en lugar de suministrarle drogas analgésicas que puedan deprimir el sistema respiratorio fetal. Los médicos tendrán cuidados especiales para evitar la hipoxia (falta de oxígeno en los tejidos) durante todo el trabajo de parto y el parto.

Una vez que se hayan roto las membranas, la principal preocupación de los médicos es la posibilidad de una infección. Por eso, le suministrarán antibióticos en cuanto aparezca cualquier signo de infección, por ejemplo fiebre. En algunas situaciones se apela a un parto por cesárea, sobre todo si se produce sufrimiento fetal.

¿ESTA USTED EN TRABAJO DE PARTO PREMATURO?

He aquí algunos indicadores útiles para determinar si usted está en trabajo de parto prematuro.

- *Usted tiene un embarazo de menos de 37 semanas.*

- *Ha experimentado contracciones uterinas durante una hora por lo menos.*

- *Las contracciones se producen cada 5-10 minutos.*

- *Las contracciones duran 30 segundos y persisten durante un período de una hora.*

- *Un examen ginecológico, practicado por su médico o partera, evidencia una dilatación mayor de 2.5 cm y un borramiento de más de tres cuartos.*

Si se siguen estos criterios, dos tercios de las pacientes que se cree que están en trabajo de parto prematuro, en realidad no lo están, y no necesitan tratamiento. Si usted se dirige al hospital y los profesionales pueden observar cuidadosamente la actividad uterina, confirmarán rápidamente esta situación .

UN PARTO DE NALGAS

NOMBRE *Joanna Rolfe*

EDAD *33 años*

ANTECEDENTES MEDICOS *Nada anormal*

ANTECEDENTES OBSTETRICOS *Dos hijos, de 7 y 4 años, ambos nacidos de embarazos y partos normales, ambos en posición cefálica (cabeza abajo).*

Joanna es norteamericana, está casada con un inglés, David, y viven en Gran Bretaña. Cuando se supo que el bebé de Joanna venía de nalgas, ella se alegró de haber decidido tenerlo en Inglaterra, ya que allí los obstetras no son tan propensos como en los Estados Unidos a practicar cesáreas cuando los bebés están en esta posición. Existen evidencias de que la mayor parte de las madres dan a luz a los bebés que vienen de nalgas por vía vaginal, sin grandes dificultades.

Sin embargo, parece ser que los bebés que nacen por cesárea en esta situación tienen un índice de supervivencia ligeramente más alto.

Joanna era una ferviente defensora del parto domiciliario, pero cuando se diagnosticó que su bebé venía de nalgas, le aconsejé tenerlo en el hospital. Si bien la mayor parte de los partos de nalgas se desarrollan tranquilamente, ella desearía que tanto su obstetra como un anestesista y un pediatra estuviesen presentes en el parto, por si se presentaba alguna complicación.

EXPECTATIVAS PARA EL PARTO

La mayor parte de los bebés están ubicados en posición de nalgas hasta aproximadamente la 32a semana de embarazo, momento en que se vuelven por sí mismos; pero el bebé de Joanna seguía estando de nalgas en la 36a semana.

Informé a Joanna acerca de hallazgos recientes, que dicen que el riesgo de mortalidad es levemente menor cuando se practica una cesárea(ver pág. 284), pero ella prefería un parto vaginal y su obstetra quería complacerla. De todas maneras, le aconsejé que tomara previsiones especiales. Como el trasero de su bebé sería más pequeño, más blando y más escurridizo, era posible que los tejidos vaginales y pelvianos de Joanna no se estiraran lo suficiente como para permitir que la cabeza, que es la parte más grande del bebé, pasase a través del canal de parto. En ese caso, se harían necesarios los fórceps para proteger la cabeza del bebé dentro de un canal estrecho, y se practicaría una episiotomía para facilitar el uso de los fórceps. También le dije que el obstetra debería prestar especial atención a la posición del cordón, ya que éste podría aparecer antes que el bebé y resultar oprimido. Habría que practicar un monitoreo fetal al comienzo del trabajo de parto, y este podría continuarse a través del cráneo del bebé (ver pág. 263) en cuanto las membranas estuviesen rotas.

Le advertí además, que la primera etapa podría prolongarse, porque las nalgas no son tan eficientes como la cabeza para dilatar el cérvix. Sin embargo, Joanna tuvo una evolución excelente.

UN BUEN COMIENZO

El trabajo de parto de Joanna comenzó con un simple dolor de espalda, que se prolongó durante más de cuatro horas, momento en que comenzaron las contracciones. Al llegar al hospital, una partera la examinó y observó que las nalgas del bebé estaban presionando contra el cérvix, que se había dilatado hasta cinco centímetros. Poco después, el dolor de espalda de Joanna se tornó muy severo, pero pudo aliviarlo un poco poniéndose en cuatro patas. Sin embargo, cuando las contracciones se hicieron más dolorosas de lo que ella podía soportar, pidió anestesia peridural.

Como el trasero del bebé es más pequeño que la cabeza, la segunda etapa del trabajo de parto puede ser más breve en un parto de nalgas. Los médicos, en cuanto entró en el período de transición, esperaban que el bebé naciese de inmediato. Para el alumbramiento, Joanna se sentó. Justo antes del nacimiento, el obstetra aplicó a Joanna un anestésico local en el perineo (en lugar de aumentar su anestesia peridural, cuyo efecto se estaba disipando) y le practicó una amplia episotomía, para ayudar al pasaje de la cabeza. Luego de examinarla otra vez, le dijo que un pie estaba apareciendo antes que las nalgas, y que ya podía sentir un talón. En la siguiente contracción, aparecieron ambos pies y piernas, y el médico las fue sacando gradualmente. Enseguida comenzaron a aparecer las nalgas, primero una, y luego la otra, que estaba detrás. El médico aconsejó a Joanna que no pujase, sino que más bien dejase que la fuerza de las contracciones fuese haciendo salir las nalgas muy suavemente. Se encargó de darle confianza, explicándole que aun tenía mucho tiempo y que podría dar a luz fácilmente. En la siguiente contracción, el bebé fue expulsado hasta la altura de los hombros.

Para ayudar a que saliesen los hombros, el obstetra rotó muy suavemente el cuerpo del bebé 180 grados, colocando la espalda hacia arriba. Un brazo apareció por debajo del arco pubiano de Joanna, y fue fácil extraerlo. Lo mismo ocurrió con el otro brazo, luego de efectuar otra rotación de 180 grados en sentido opuesto.

UN PROBLEMA

Extraer la cabeza no se hizo tan sencillo. Fue bastante lento, demasiado para el obstetra, especialmente cuando se dio cuenta que el ritmo cardíaco del bebé se estaba enlenteciendo, lo cual es un signo de sufrimiento fetal leve. El pecho del bebé estaba fuera, y estaba intentando su primera respiración.

El obstetra introdujo su mano dentro de la vagina de Joanna y la colocó sobre el rostro del bebé. Ubicando dos dedos, uno a cada lado de la nariz del bebé, trató de flexionar la cabeza y sacarla por sobre el perineo. Como la maniobra fracasó, tuvo que utilizar fórceps. Un asistente sostuvo los pies del bebé para que no molestasen, mientras el obstetra aplicaba las hojas del fórceps a ambos lados de la cabeza, justo por delante de las orejas. La cabeza salió en pocos segundos, y el bebé inmediatamente lanzó un fuerte y saludable llanto.

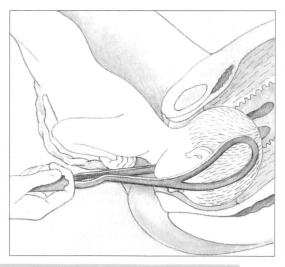

Parto con fórceps
Los fórceps se deslizan dentro de la vagina, uno a cada lado de la cabeza del bebé. Así se la protege mientras la hacen salir a través de la pelvis. Una vez que la nariz y la boca están fuera, a menudo las aspiran para eliminar la mucosidad, ya que los bebés que nacen de nalgas suelen tratar de respirar cuando la cabeza está aun en el canal de parto.

Existen tres formas principales de presentación de nalgas. La de Grace, la bebé de Joanna, fue diagnosticada como completa —se presentaba de nalgas y sus pies estaban bajos en la pelvis de Joanna.

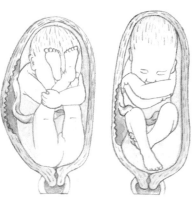

Posiciones de nalgas
En la posición completa o flexionada (arriba), los muslos están flexionados contra el cuerpo y las rodillas dobladas. Así se encontraba el bebé de Joanna. En la posición de nalgas franca (abajo, a la izquierda), los muslos están flexionados, las piernas extendidas hacia arriba. Los brazos suelen tomar las piernas. En la posición de nalgas flotante (abajo, a la derecha), las piernas están apenas flexionadas y los pies están por encima del cervix.

261

Cuando llegue al hospital, los profesionales la prepararán para el parto. Usted deberá ser sometida a algunos exámenes de rutina.

• *Mientras consulta sus notas, el médico o la partera le harán algunas preguntas acerca de la evolución de su trabajo de parto –si se ha roto la bolsa de las aguas y con qué frecuencia está experimentando contracciones.*

• *Le pedirán que se desvista y se coloque una bata de hospital.*

• *Luego la examinarán. El profesional palpará su abdomen para determinar la posición del bebé. Escuchará los latidos fetales, le tomará la presión, el pulso y la temperatura, y le practicará un examen ginecológico para ver cuánto se ha dilatado su cérvix.*

• *Le pedirán que provea una muestra de orina para detectar la presencia de proteínas y azúcar.*

• *Le preguntarán cuándo ha evacuado por última vez los intestinos y es posible que le sugieran que se coloque una enema o un supositorio. Esté preparada para esto, y diga si lo desea o no.*

• *La llevarán a la sala de preparto (es posible que antes pueda darse un baño o una ducha). Si tiene preguntas para hacer, o quiere manifestar algún sentimiento, este es el momento para recordarle al personal cuáles son sus preferencias.*

EL TRABAJO DE PARTO

PROCEDIMIENTOS HOSPITALARIOS

Cada hospital tiene su propia rutina de procedimientos para el trabajo de parto. Si usted ha visitado el hospital de antemano, conoce a los profesionales que la atenderán, ha visto las salas de preparto y parto y se ha informado acerca de esa rutina, seguramente estará bastante familiarizada con las reglas que el personal seguirá. Los hospitales pueden resultar un poco intimidantes, pero cuando se los conoce, ya no lo son tanto.

La admisión en el hospital Cuando llegue al hospital, la sentarán en una silla de ruedas para llevarla desde la entrada hasta la sala de preparto. Si su trabajo de parto ya está muy avanzado, recibirá con agrado la silla de ruedas, pero de no ser así, podrá ir caminando, y debe asegurarse de que se lo permitan.

En su plan de parto (ver pág. 106), usted ya habrá detallado cómo desea que se desarrolle su parto. Una vez que se encuentre con su partera o su médico, será el momento de verificar que ellos tengan una copia a mano, para poder revisarla juntos. Ellos efectuarán algunos controles y le harán preguntas acerca de su trabajo de parto (ver columna de la izquierda y pág. 98).

Si no está satisfecha con alguno de los procedimientos; si el equipamiento, las luces o las agujas la atemorizan, o si alguno de los miembros del equipo le desagrada, actúe rápidamente. No espere a que los temores y las ansiedades crezcan. Si usted no se siente suficientemente fuerte como para ser asertiva, su acompañante podrá ser el vocero de sus sentimientos.

Exámenes El corazón de su bebé va a ser monitoreado con un fetoscopio, un estetoscopio ultrasónico o un monitor fetal electrónico (ver a la derecha). Probablemente, durante la primera etapa le efectuarán un examen ginecológico cada dos a cuatro horas, para controlar la dilatación del cérvix, pero no existe una regla fija al respecto. Este examen normalmente se efectúa estando acostada boca arriba.

Cada vez que le practiquen un examen ginecológico, pregunte cómo es su evolución. Resulta muy reconfortante saber cuánto se ha dilatado el cérvix entre los últimos controles.

Si le hacen una pregunta mientras usted está teniendo una contracción, concéntrese en las técnicas de relajación y conteste la pregunta cuando la contracción haya finalizado.

Calmantes Si ha optado por recibir algún tipo de calmantes para el dolor, el anestesista la visitará enseguida después de la admisión (ver pág. 264). Si ha elegido anestesia peridural, comenzarán enseguida con ese procedimiento, que normalmente toma entre 10 y 20 minutos. Es posible que el anestesista la deje entonces con su acompañante y su partera, pero regresará más tarde para controlar si el anestésico necesita un refuerzo. Si ha decidido no recibir ayuda médica para calmar el dolor, la dejarán con su acompañante y una partera o una enfermera, que se quedarán con usted durante todo el trabajo de parto.

MONITOREO FETAL ELECTRONICO

Este remplazante de alta tecnología de la corneta, se utiliza para controlar los latidos cardíacos del bebé. El monitoreo fetal electrónico se utiliza como rutina en todos los embarazos de alto riesgo, pero la mayor parte de las madres y los bebés no lo necesitan. Lo utilizarán si van a practicarle una inducción, si van a estimular el parto por alguna razón, o si usted ha optado por la anestesia peridural. Su principal función es advertir acerca del sufrimiento fetal.

Qué es Hay dos clases de monitores electrónicos: el externo y el interno. El monitoreo externo se practica durante la primera parte del trabajo de parto y también se realiza a veces durante el embarazo, para controlar el bienestar del bebé (ver pág. 166). El monitoreo interno es un poco más preciso. Le sujetarán correas alrededor del cuerpo y colocarán un diminuto electrodo en la cabeza de su bebé. Así registrarán sus contracciones y los latidos de su bebé en una tira de papel. También hay pantallas de video que registran las contracciones y los latidos en forma de ondas visibles, puntuadas por destellos luminosos. Durante una contracción, disminuye brevemente el flujo sanguíneo a la placenta, y el ritmo cardíaco del bebé desciende. Esto es normal, y cuando la contracción pasa, el ritmo cardíaco regresa a su línea de base (ver pág. 167). Si el retorno se demora, su bebé puede sufrir, y hay que actuar rápidamente para protegerlo. El tipo más moderno de monitoreo fetal electrónico, conocido como telemetría, se vale de ondas de radio y le permite deambular, ya que el monitor del bebé está unido a un trasmisor sujeto al muslo de la madre. Los equipos más antiguos la obligan a permanecer en la cama o en una silla.

Cómo se realiza Rompen sus membranas cuando el cérvix se ha dilatado al menos dos o tres centímetros y colocan un electrodo en la cabeza de su bebé. Además del monitor del bebé, que registra sus latidos, se coloca un segundo monitor entre el bebé y la pared del útero, para medir la presión y el ritmo de las contracciones.

Cómo ayuda a los médicos El MFE da a los médicos un registro, segundo a segundo, del estado de su bebé. Les advierte si está sufriendo, para que puedan intervenir antes de que algún daño se produzca. Si su médico considera que usted y su bebé estarán mejor con el MFE, trate de verlo como un procedimiento que le dará la seguridad de que todo está bien.

Desventajas El MFE aumenta la cantidad de equipamiento electrónico en la sala de parto, haciendo que esta tenga una atmósfera muy médica, y es posible que los profesionales se concentren más en la máquina que en usted. Como conocen todos los pequeños cambios que se van produciendo, es más probable que intervengan, en lugar de dejar que las cosas sigan su curso natural.

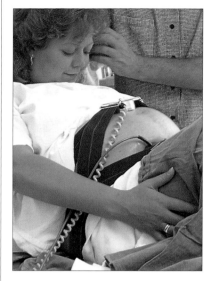

El monitoreo durante el trabajo de parto
Las contracciones se registran a través de un monitor externo fijado a su abdomen. Un monitor interno ha sido fijado a la cabeza de su bebé.

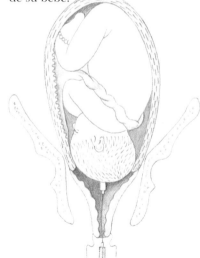

El monitoreo de su bebé
El electrodo se fija en la parte de su bebé que se está presentando, habitualmente la cabeza, pinchándolo en la piel, y tiene un contacto eléctrico que capta los latidos. Algunas veces la cabeza del bebé presenta alguna marca en el lugar donde el electrodo fue fijado. Muchas madres encuentran tranquilizador el uso del MFE, ya que se pueden controlar los latidos del bebé durante todo el parto.

EL EFECTO DE LAS DROGAS SOBRE UD.

Además de ofrecer alivio para el dolor, las drogas modifican de varias maneras su experiencia de dar a luz. Asegúrese de elegir la opción que la ayude a acrecentar, y no a disminuir el placer que le proporcionará el nacimiento de su hijo.

Somnolencia Es un efecto colateral frecuente en los gases anestésicos, los tranquilizantes y los narcóticos. Algunas mujeres disfrutan de esta sensación de adormecimiento, pero a veces la somnolencia hace sentir a las madres que están perdiendo el control. Después de la aplicación de narcóticos, algunas mujeres se han sentido tan adormiladas que no tenían conciencia de lo que estaba sucediendo alrededor de ellas, y dieron a luz sin darse cuenta de que esto había ocurrido.

Trastornos en la conciencia El Demerol y otros narcóticos pueden llevar a sensaciones de confusión, desorientación y algunas madres hasta han llegado a experimentar alucinaciones.

Náuseas La sensación de náusea suele ser muy leve cuando se aplican gas y oxígeno, pero es bastante frecuente, en cambio, cuando se aplican Demerol y otros narcóticos, y algunas madres pueden hasta sufrir ataques de vómitos.

Su estado mental puede tener un efecto importante sobre la intensidad del dolor que usted experimente durante el trabajo de parto. Por lo tanto, si el uso de drogas la hace sentirse menos ansiosa, no existen razones para que se prive de ellas. La tensión excesiva puede afectar al útero, enlentecer el trabajo de parto, y afectar de manera adversa a su bebé. (ver columna opuesta).

CALMAR EL DOLOR

Para muchas mujeres, especialmente cuando son madres primerizas, los preparativos para el nacimiento de su bebé se ven ensombrecidos por el temor al dolor. El trabajo de parto inevitablemente implica dolor, pero usted podrá sentirse más confiada si se prepara para la intensidad de las contracciones, comprendiendo sus propios límites para tolerar el dolor e informándose acerca de distintos métodos para aliviarlo. Si es posible, trate de ver el dolor como algo positivo, ya que cada contracción hace más cercano el momento del nacimiento de su hijo.

TOLERAR EL DOLOR

El tipo de dolor que puede experimentar durante las contracciones es variable. A menudo lo sentirá como una banda ancha que oprime su abdomen, en el momento en que los músculos uterinos se endurecen y se contraen durante varios segundos, antes de relajarse. Algunas mujeres describen su sensación como semejante a la de los dolores menstruales severos, pero cuando la contracción alcanza su punto más álgido, pueden producirse sensaciones mezcladas, que culminan en una ola de incomodidad que finalmente desaparece.

La respuesta individual Usted puede preferir no hacer uso de drogas durante el trabajo de parto, ya que estas pueden disminuir su conciencia de lo que está sucediendo y privarla de la sensación de dar a luz. Sin embargo, es muy difícil saber el grado de dolor que puede soportar sin calmantes, especialmente si se trata de su primer bebé. Algunas mujeres se sorprenden de lo poderosa que es la intensidad de sus contracciones; en otras, el dolor se agrava debido a la ansiedad y el miedo. La analgesia durante el parto puede ofrecer el alivio completo del dolor, por ejemplo a través del uso de la anestesia peridural, o la reducción hasta niveles tolerables, por ejemplo utilizando gas combinado con oxígeno o narcóticos. Muchas personas optan por no recibir drogas durante la primera etapa y luego, en la transición, recibir una dosis baja de gas. No se autocritique si opta por recibir drogas; no es un signo de cobardía. Recuerde que el parto no es una prueba que usted debe pasar, y que su uso puede resultarle esencial.

Si usted no se ha decidido por el uso de drogas para calmar el dolor, intente tratar de pasarse sin ellas el mayor tiempo posible. Si decide hacer esto, un truco útil consiste en prescindir hasta 15 minutos después del momento en que sienta que las necesita. Quizá, durante ese tiempo, su trabajo de parto evolucione bien y usted y su acompañante podrán tomarse el tiempo para discutir si bastará con el aliento y apoyo, o si el dolor sigue aumentando y siente que los calmantes son necesarios.

Si desea tener una participación plena en el nacimiento de su hijo, sin ninguna disminución de la conciencia de las sensaciones físicas y emocionales, existen algunas alternativas para aliviar el dolor sin acudir a las drogas. Su cuerpo tiene también su propia marca de calmantes y relajantes, que son las endorfinas (ver columna, pág. 89) Cuanto más natural sea su parto, más rápidamente se pondrán en acción las endorfinas, pero esto no será antes de media hora después que haya comenzado la etapa de la transición.

Una opción clara   Averigüe todo lo posible acerca de los calmantes de los que podrá disponer. Converse al respecto con su médico, su partera y demás profesionales, y resuma lo que ha elegido en su plan de parto (ver pág. 106) estableciendo alguna alternativa, por si se presentara una complicación.

Muchos médicos y parteras tratan de que el parto sea lo más indoloro posible valiéndose de drogas. A menos que usted especifique claramente su elección, probablemente se encuentre con que ciertos analgésicos son utilizados automáticamente, los quiera o no. No dude en cuestionar su uso, o en pedir una dosis menor.

Drogas calmantes

Algunos tipos de calmantes sólo están disponibles en los hospitales grandes, o en los hospitales universitarios, pero la mayor parte lo están en todos los sanatorios. Su partera también podrá ofrecerle algunos tipos de calmantes en un parto domiciliario.

Anestésicos regionales   Eliminan las sensaciones dolorosas en alguna parte de su cuerpo, bloqueando la trasmisión del dolor a partir de ciertas fibras nerviosas. La anestesia caudal se administra a través de una inyección que se aplica en el área espinal, cerca del sacro. Adormece la vagina y el perineo. Se utiliza para aliviar momentáneamente, en caso de que el parto implique una extracción por aspiración o el uso de fórceps.

Para provocar un bloqueo pudendo se inyecta anestesia directamente en la vagina, cerca de la región pelviana. De este modo, se bloquea el nervio pudendo. Así se adormece la parte baja de la vagina. Se puede utilizar cuando se practica una episiotomía, aunque su aplicación no es muy frecuente. La forma más utilizada de este tipo de anestesia es el bloqueo peridural. Esta anestesia evita que el dolor se irradie desde el útero, produciendo un bloqueo nervioso en la médula. Una peri-

La mayor parte de las drogas, una vez que entran en su torrente sanguíneo, atraviesan la placenta y afectan a su bebé. En el torrente sanguíneo de su bebé alcanzarán un nivel de concentración mayor que en el suyo.

Somnolencia Las dosis altas de sedantes y tranquilizantes tendrán un efecto sedante en su bebé. Esto puede afectar su capacidad para succionar y para responder a sus estímulos durante el tiempo inmediato al nacimiento.

Dificultades respiratorias y de succión Los narcóticos pueden deprimir la respiración de su bebé y hacer que su succión sea ineficiente. Si usted recibe narcóticos, cuando el trabajo de parto ya está avanzado, permanecerán durante más tiempo en el torrente sanguíneo de su bebé. Las drogas que se utilizan para la anestesia peridural no pueden penetrar en el torrente sanguíneo de su bebé. Por lo tanto, un bebé que nace después de la aplicación de anestesia peridural, tiene muy buenas posibilidades de estar alerta y de respirar bien.

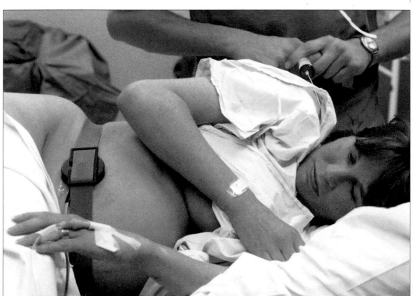

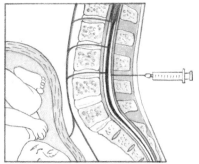

Anestesia peridural
Una vez que le hayan aplicado un anestésico local en la espalda (para adormecerla), el anestesista insertará una aguja fina y hueca en el espacio peridural —la región que rodea la médula espinal dentro de la columna vertebral (ver figura arriba).

FORMAS DE RESPIRACION

Relajar el cuerpo y centrarse en la respiración la ayudará a calmar la ansiedad y a manejar las contracciones. Practique técnicas de respiración de antemano, junto con su acompañante, de modo que él o ella pueda guiarla durante el trabajo de parto, si es necesario.

Respiración lenta En las primeras etapas, expire lenta y deliberadamente por la boca cuando la contracción comience. Luego inspire lentamente por la nariz. Mantenga firme el patrón durante toda la contracción, que puede durar entre 45 y 60 segundos.

Jadeo: Cuando las contracciones se hagan más intensas y frecuentes, puede resultarle más sencillo respirar más rápido. Efectúe repiraciones breves que parezcan involucrar solamente a la parte superior de su cuerpo y no al abdomen, donde se está produciendo la contracción.

Posiblemente deberá apelar a distintas técnicas de respiración en distintos momentos del trabajo de parto.

dural bien aplicada elimina todas las sensaciones, desde la cintura hasta las rodillas, pero usted permanece consciente. Se recomienda especialmente en caso de un parto difícil, una preeclampsia o asma severo, y también en casos de aplicación de fórceps. La mayor parte de las mujeres que tiene un hijo por cesárea recibe anestesia peridural en lugar de anestesia general, lo que les permite permanecer despiertas durante el parto. En primer término se le aplicará un anestésico local en la espalda, para adormecer la zona donde se aplicará la inyección. Luego se inserta cuidadosamente una aguja fina y hueca dentro del espacio peridural (ver página anterior), y se inserta un tubo llamado catéter en la aguja. Se quita la aguja, dejando el catéter en la posición indicada y se introduce el anestésico a través de este tubo. El catéter se sella entonces aunque, en caso necesario, se puede reforzar el anestésico cuando se desee.

Es necesario que, si desea que le apliquen anestesia peridural, lo comunique a los profesionales con anticipación, ya que este procedimiento debe ser practicado por un anestesista experto, y habitualmente toma entre 15 y 20 minutos. Una vez que ha sido administrado, el anestésico surte efecto en pocos minutos.

Analgésicos inhalatorios Se trata de una mezcla de gas y oxígeno que usted se puede administrar a sí misma, utilizando una mascarilla. Usted inhala profundamente cuando comienza la contracción, y sigue aspirando hasta que la contracción llega a su pico, o hasta que ha recibido suficiente. Entonces deja de lado la mascarilla y respira normalmente. El gas opera adormeciendo el centro del dolor ubicado en el cerebro, y puede hacerla sentirse como si estuviese flotando. Este procedimiento puede practicarse en las clases de preparto.

Narcóticos El narcótico que se usa más frecuentemente es la meperidina (Demerol), que es un derivado de la morfina. Se administra en forma de una inyección, que se aplica en el muslo o en la nalga, en dosis variables, durante la primera etapa. El Demerol y otros narcóticos morigeran la sensación de dolor, actuando sobre las células nerviosas del cerebro y la médula. Si elige que le apliquen un narcótico, es preferible que pida que le administren primero una pequeña dosis, para ver cómo la afecta. Los narcóticos tardan aproximadamente 20 minutos en surtir efecto.

Sedantes y tranquilizantes La ayudan a mantenerse en calma y en estado de somnolencia. En dosis bajas, la ayudarán a reducir la ansiedad y a descansar entre las contracciones. Los tranquilizantes también la ayudarán a controlar las náuseas y a bajar la presión sanguínea.

CALMARSE SIN DROGAS

Es importante que usted haya aprendido el método elegido para manejar el dolor con anterioridad, que su acompañante esté familiarizado con el tema, y que, en caso de requerirse algún equipamiento especial, se haya asegurado de que éste se encuentre a su disposición en el hospital o en su casa. Es posible que, llegado el momento, se dé cuenta de que con un método no basta —puede necesitar una combinación de varios para lograr un alivio más completo.

Posiciones Caminar, recostarse contra su pareja o contra la pared y balancear su pelvis, probablemente la harán sentirse mucho más cómoda que estar acostada boca arriba. Ciertas posiciones aliviarán la presión que pueda sentir en la espalda (ver pág. 270)

Masaje Es una excelente manera de que su pareja la reconforte mientras la ayuda a aliviar la incomodidad, sea que esté acostada, de pie o en cuclillas. Puede resultar particularmente efectivo si experimenta dolor de espalda durante el trabajo de parto, como sucede aproximadamente al 90 por ciento de las mujeres (ver columna, a la derecha) o si éste es el síntoma de sus contracciones (ver pág. 256).

Agua Estar sumergida en agua tibia puede ser muy relajante y calmante. La inmersión en el agua hace que virtualmente pese menos, lo que le proporciona alivio entre las contracciones. Por este motivo, algunas mujeres utilizan piscinas de parto, bajo la supervisión de un profesional (ver pág. 88).

Visualización Formarse imágenes en su mente puede ser una manera muy efectiva de disipar el miedo y reducir el dolor. Cuando su contracción comience, imagine algo que le resulte particularmente tranquilizador —por ejemplo, un sol cálido y brillante. Las contracciones de la primera etapa están abriendo su cérvix; puede resultarle útil imaginar un capullo de su flor preferida abriéndose muy lentamente, pétalo por pétalo. A muchas mujeres les resulta reconfortante pensar en olas, haciendo coincidir el flujo de las olas con sus propias contracciones.

Sonidos Puede ayudar a disminuir el dolor y la ansiedad del trabajo de parto, vocalizando del modo que le resulte más útil. Suspirar, gemir y gruñir son modos de relajar las tensiones. No debe sentirse inhibida, ni preocuparse por molestar a los demás.

A muchas mujeres les resulta efectivo escuchar música. Su acompañante puede pasarle grabaciones de diferentes piezas musicales, según cómo se sienta usted. Una composición ligera y alegre quizá ayude a superar una contracción. Cuando las contracciones se intensifiquen, las piezas más dramáticas, que vayan hacia un crescendo, la ayudarán a soportar el dolor.

Hipnosis No es algo que pueda tomarse a la ligera, ya que quizá usted responda a la hipnosis muy fácilmente. Se sabe de mujeres que, bajo los efectos de la hipnosis, pudieron pasar por un parto con fórceps, ser suturadas o tener una cesárea sin experimentar dolor. Es aconsejable tener previamente un período de práctica, y tanto usted como el experto en hipnosis deben estar muy familiarizados con lo que conviene hacer durante el trabajo de parto y el parto.

Acupuntura Debe optar por este método sólo si le ha permitido aliviar el dolor en otras situaciones. Además, el acupunturista debe estar familiarizado con el trabajo de parto y el parto. Es posible que este método no la libere completamente del dolor, aunque ayuda a reducirlo y también a detener las náuseas.

ENET (estimulación Nerviosa Eléctrica transcutánea) Bloquea los impulsos dolorosos trasmitidos por los nervios a través de una corriente eléctrica, que también estimula la producción de endorfinas. Un estimulador a batería está conectado a través de cables con electrodos colocados a ambos lados de la columna. Usted puede utilizar un dispositivo que regula el grado de estimulación, permitiéndole graduar el alivio que necesita.

ALIVIAR EL DOLOR DE ESPALDA

Muchas mujeres sufren de dolor de espalda durante el parto, a veces porque la cabeza del bebé está presionando contra el sacro. Si su acompañante le da masajes, quizá ayude a aliviarlo.

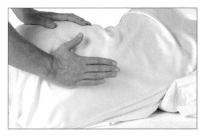

Masajear el sacro
Con el talón de la mano, masajee en torno al sacro de la madre, y también la parte inferior de la espalda.

Presión circular
Haga presión sobre el sacro con los pulgares y muévalos suavemente en círculo. Coloque las manos sobre las caderas de la madre para darle apoyo.

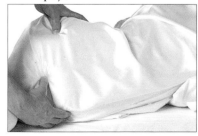

Presión profunda
Haga presión con los pulgares en el centro de ambas nalgas. Asegúrese de que ella se concentre en la respiración, para relajarse mejor.

EL PAPEL DE LA PAREJA

Cuanto más cómoda y relajada se sienta una mujer durante el trabajo de parto, mejor podrá sobrellevar el dolor. Esta seguridad puede encontrarla en el apoyo que le brinde un afectuoso acompañante. La pareja es la elección natural, ya que posiblemente haya estado muy comprometido durante todo el embarazo y esté ansioso por compartir la experiencia del nacimiento de su hijo. Actualmente, muchos hospitales reciben con agrado a los esposos, amigas o familiares que acompañan y apoyan a las madres durante el parto.

COMPRENDER SU PAPEL

Como sucede a muchos hombres, es posible que esté nervioso; tema acobardarse o no ser capaz de brindar apoyo. Puede combatir estos sentimientos preparándose con anticipación. Es importante que se interiorice para ayudar a la madre a cumplir con las demandas que le impone el trabajo de parto. En las clases de preparto habrá demostraciones que describan el efecto de las contracciones, y aprenderá técnicas para que la ayude a relajarse.

Si el parto va a tener lugar en un hospital, visite las salas de parto y pre-parto y preséntese al personal, de modo de no sentirse extraño. Si el parto va a desarrollarse en su casa, asegúrese de que conoce el camino al hospital, por si se produjera una emergencia y averigüe qué esperan de usted. La confianza colaborará para crear una atmósfera más tranquila.

COMO AYUDAR DURANTE EL TRABAJO DE PARTO

Usted puede tener un papel muy activo durante todo el trabajo de parto y el parto. Sin embargo, a veces, lo único que la madre necesita es su presencia. Asegúrese de conocer bien el plan de parto y la versión alternativa (ver pág. 106). Debe conocer sus deseos para poder proporcionarle los mejores cuidados y la atención que ella pueda necesitar.

Utilice su intuición Usted debe ser capaz de juzgar la situación observando la actitud y el ánimo de la madre. Ellla puede desear permanecer tranquila, y pasar sola la etapa de las contracciones, sin que nadie la toque. También puede suceder que necesite que le den mucho aliento, tanto verbal como físicamente, o que desee que la distraigan.

Brinde apoyo a su pareja
Sosténgala, ayude a que se recueste sobre usted y háblele con voz dulce y suave.

Dar apoyo emocional Esté lo más cerca posible de ella, diciéndole palabras cariñosas, y muévase con lentitud, tranquilidad y firmeza. Siempre sea positivo: elógiela, nunca la critique. Si ella desea escuchar su voz, dígale lo bien que lo está haciendo (cuánto se ha dilatado), cómo puede relajarse, lo que otras personas, por ejemplo la partera o la enfermera, están haciendo por ella, y lo que está por suceder.

También ayúdela a a ver cuánto ha hecho hasta el momento - muchas veces la mujer se siente abrumada porque siente que aun le falta hacer mucho. Masajéela y abrácela suavemente, pero si ella desea que tan sólo le sostenga la mano, aliéntela con las expresiones del rostro y el contacto visual. A veces la sola expresión de amor en el rostro de su pareja puede ayudar a una mujer a tolerar el dolor de las contracciones.

Combatir la fatiga Antes del trabajo de parto, aconséjele que descanse lo más que pueda, especialmente si nota que gasta mucha energías limpiando durante el período de anidamiento. Si el trabajo de parto es largo y cansador, trate de ayudarla a relajarse entre las contracciones, para que pueda conservar energías. Si no experimenta náuseas, procure que se alimente todo lo que desee (ver pág. 244).

Ayudarla a sobrellevar el dolor Resulta difícil ver a alguien que a uno le importa padeciendo dolores, pero trate de no demostrar su ansiedad, ya que eso la hará sentirse desalentada. Por otra parte, tampoco minimice el sufrimiento de ella. Tómelo como algo positivo, diciéndole que cada contracción está haciendo más próximo el momento del nacimiento del bebé, y hágale sugerencias respecto de cómo calmar el dolor. No deje que ella se sienta incómoda al expresar su malestar. Aliéntela para que se muestre lo más desinhibida que pueda.

Si ella se siente particularmente ansiosa durante una contracción, trate de calmar sus temores conversando acerca de cómo se sintió, antes de que la siguiente contracción comience. Trate de no molestarse si ella se torna crítica o agresiva, ya que esto suele suceder cuando el dolor es muy intenso.

Ayudar con la respiración Probablemente, durante las clases prenatales, usted habrá practicado el método que ella prefiere. Sin embargo, es preferible que permita que ella siga su propio ritmo. Si parece perder el control, permanezca cerca y guíela para que vaya retomando la rutina, hasta que se sienta suficientemente segura como para continuar sola. Esté preparado para adaptarse -son muy pocas las personas que pueden hacer exactamente las rutinas de la manera como las practicaron en las clases.

Ofrecer comodidades Usted puede ser de gran ayuda para aliviar las molestias de ella. Sugiérale distintas posiciones (ver pág. 270) y sosténgala con almohadones o mantas, o bien haga que se recueste sobre usted y balancéense abrazados. Fíjese si hay signos de tensión en el cuello, los hombros o la frente y masajee suavemente esas zonas. El masaje también le proporcionará alivio y, si ella está utilizando alguna técnica de visualización, usted puede ayudarla hablándole en voz suave y dulce. Quizás a ella le resulte tranquilizador que le acaricien las manos y el rostro. Ofrézcale trocitos de hielo para chupar. Si siente frío, ayúdela a colocarse calcetines o polainas. A medida que el trabajo de parto vaya avanzando, es posible que ella desee hablar menos, pero usted puede comunicarse con ella tocándola o acariciándola, o bien a través del contacto visual.

CÓMO PUEDE AYUDAR SU ACOMPAÑANTE

Un acompañante puede hacer muchas cosas para ayudar durante el parto, no sólo dándole comodidad y confianza, sino también tratando con los profesionales en su nombre. Recuerde que, aunque los uniformes y los equipos quizá resulten intimidantes, el equipo médico está allí para darles su apoyo.

Su acompañante puede:

- *Responder a las preguntas por usted (si el equipo lo permite), lo cual le permitirá evitar que perturben su concentración.*

- *Sostenerla en las posiciones que usted escoja para aliviar el dolor y/o para dar a luz.*

- *Acariciarla y masajearla, si le resulta reconfortante.*

- *Cambiar la atmósfera (atenuar las luces, poner música).*

- *Pedirle a la gente que se vaya, si demasiadas personas se concentran donde usted está, en caso de un parto en su casa.*

- *Ser la persona en quien verdaderamente se apoye para relacionarse con el equipo médico y para sostener sus decisiones con respecto a los calmantes –si aceptarlos o no y, en caso de que así sea, cuándo y en qué medida. Si decide pedirlos, él deberá alentarla para que realice una práctica de respiración durante 15 minutos antes de que se los administren, ya que las cosas pueden cambiar muy rápido y darse cuenta de que en realidad no los necesita.*

POSICIONES PARA LA PRIMERA ETAPA

Estas son varias posiciones diferentes que usted puede adoptar para aliviar su incomodidad. Algunas mujeres prefieren estar de pie y deambular, ya que esto ayuda a hacer más fuertes las contracciones, que a su vez aceleran el trabajo de parto. A medida que las contracciones avanzan, quizás elija instintivamente una posición sentada o de rodillas. En caso contrario, pruebe utilizar almohadones, sillas o a su pareja como apoyo.

SUS POSICIONES PARA EL TRABAJO DE PARTO

Su pareja puede masajear su espalda y sostenerla mientras se apoya sobre él

De pie
Inclínese hacia adelante y apóyese contra su acompañante o contra una pared. Así quitará de su columna el peso del bebé y las contracciones serán más eficientes. Rote sus caderas. Su acompañante la podrá ayudar a respirar correctamente.

Deje caer los hombros. Durante las contracciones puede descansar sobre un almohadón.

Asegúrese de mantener la espalda derecha.

Sentada
Si le resulta más cómodo sentarse, pruebe inclinada hacia adelante con las piernas bien separadas. Puede sentarse de frente al respaldo de la silla, apoyada sobre una almohada o almohadón. Otra alternativa es que se recueste sobre su acompañante, para que él sostenga su cuerpo. También puede masajearle la espalda.

270

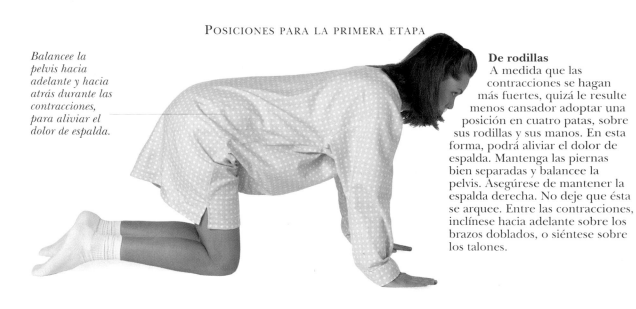

Balancee la pelvis hacia adelante y hacia atrás durante las contracciones, para aliviar el dolor de espalda.

De rodillas

A medida que las contracciones se hagan más fuertes, quizá le resulte menos cansador adoptar una posición en cuatro patas, sobre sus rodillas y sus manos. En esta forma, podrá aliviar el dolor de espalda. Mantenga las piernas bien separadas y balancee la pelvis. Asegúrese de mantener la espalda derecha. No deje que ésta se arquee. Entre las contracciones, inclínese hacia adelante sobre los brazos doblados, o siéntese sobre los talones.

Durante la transición

Si su cérvix no está comple-tamente dilatado hacia el final de la primera etapa, justo antes de dar a luz, vál-gase de la gravedad para enlentecer el descenso del bebé, mientras el cérvix se sigue dilatando. Recuéstese sobre una pila de almohado-nes, con las piernas bien separadas, o arrodíllese con la cabeza hacia abajo y los glúteos levantados.

Alivie la presión que sufre la parte baja de su espalda reclinándose hacia adelan-te con la cabeza sobre una almohada.

Arrodillarse en el piso con los glúteos levantados y la cabeza sobre el piso puede aliviar su dolor de espalda.

Acostada

Quizá le resulte más cómo-do estar acostada durante el trabajo de parto. Si es así, pruebe acostarse de lado, y coloque almohadones deba-jo de su cabeza y la parte superior de los muslos. Mantenga las piernas separadas.

Relaje los hombros y concéntrese en la respiración, con los ojos cerrados.

271

13

El
NACIMIENTO
de su bebé

Durante la segunda etapa del trabajo de parto, usted puede sentir una necesidad irrefrenable de pujar. Esto sucede debido a la presión que ejerce la cabeza de su bebé sobre el piso de la pelvis y el recto. El sentimiento de alivio que experimentará cuando su bebé finalmente nazca, será seguido por un sentimiento de embeleso y regocijo, cuando usted se encuentre con su hijo por primera vez.

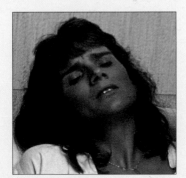

EL PARTO: LA SEGUNDA ETAPA

El parto es el principal acontecimiento: usted se ha estado preparando para eso durante los últimos nueve meses. Sus expectativas son realistas: un parto tranquilo, no necesariamente doloroso, sino más bien feliz y calmo, con un acompañante de su elección, profesionales médicos a quienes conoce bien y un equipamiento y ambiente familiares. El factor más importante para mantenerse relajada es sentir que todos los que la rodean son amigos.

LAS CONTRACCIONES Y LOS PUJOS

La segunda etapa es la etapa expulsiva, en la cual usted empuja a su bebé hacia afuera, a través del canal de parto. Se extiende desde la dilatación completa del cérvix hasta que el bebé nace y, en el caso de un primer bebé, no toma en general más de dos horas (el promedio es de alrededor de una hora). Con los bebés subsiguentes puede durar tan sólo de 15 a 20 minutos. Las contracciones uterinas, en esta etapa, duran entre 60 y 90 segundos y se producen a intervalos de entre dos y cuatro minutos.

Seguramente usted va a sentir la imperiosa necesidad de pujar. Esto ocurre porque la cabeza de su bebé presiona el piso de su pelvis y el recto, y se produce un reflejo involuntario. Sus pujos deben ser suaves y continuos. Todo el esfuerzo muscular debe ser suave y continuo, de modo que los tejidos y músculos del perineo y la vagina tengan tiempo suficiente como para distenderse y acomodar la cabeza de su bebé.

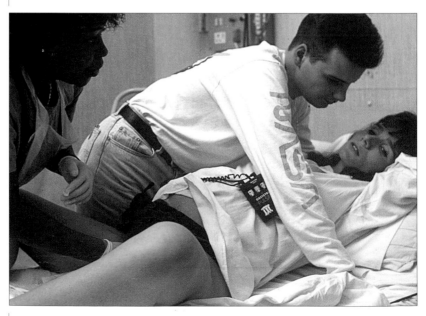

LA RESPIRACION EN LA SEGUNDA ETAPA

En las clases de preparto le enseñarán técnicas de respiración. No se debe subestimar la importancia de las buenas técnicas de respiración durante la segunda etapa. La buena respiración le da la sensación de tener el cuerpo bajo control, y esto resulta muy positivo.

Cuando comience la segunda etapa, quizás usted desee acelerar la respiración. Esta es la forma más superficial de respiración que usted usará durante el trabajo de parto. En lugar de utilizar el pecho y la garganta, trate de respirar solamente por la boca. Respire bocanadas pequeñas, inhalando y exhalando a través de los labios. Hágalo primero lentamente y luego vaya acelerando el ritmo. Tenga cuidado de no exhalar demasiado profundamente, porque si lo hace puede comenzar a hiperventilar. Si se siente mareada, coloque sus manos suavemente sobre la boca y la nariz mientras respira.

Hacia la segunda etapa

La dilatación completa se produce al final de la etapa de transición. El primer indicio de que esto ha ocurrido es una tremenda necesidad de pujar. Pida siempre a un profesional que controle su cérvix. No trate de combatir este deseo sin controlar, por más que la hayan revisado hace poco tiempo, ya que es posible alcanzar los últimos centímetros de dilatación en pocos segundos. Una vez que le hayan confirmado que ha alcanzado una dilatación completa, podrá pujar con fuerza. Su estado de ánimo cambiará y probablemente sentirá nuevas energías, ya que estará trabajando duro para dar a luz a su bebé, y ya se hallará muy cerca de ese momento.

Mientras está pujando, la posición más eficiente es la vertical, sea que usted esté sentada en un sillón de parto, de pie, con sus brazos rodeando el cuello de su pareja, o en cuclillas. De esta manera, la fuerza de sus músculos empujando hacia abajo trabajará conjuntamente con la fuerza de gravedad para expulsar a su bebé.

Evite que el parto se produzca mientras usted está acostada boca arriba ya que, de esta manera, estará empujando a su bebé hacia arriba, contra la fuerza de gravedad. Esto requiere de mucho más esfuerzo y, por lo tanto, el parto será más lento (ver pág. 90).

Durante los pujos, el piso de la pelvis y la zona anal deben estar relajados. Haga un esfuerzo consciente para aflojar estas partes del cuerpo. Quizás orine o defeque, pero no debe sentirse avergonzada por eso. Es muy frecuente y los profesionales que la atienden ya lo han visto antes. Cuando haya concluido con un pujo, un par de respiraciones profundas le resultarán útiles. Sin embargo, no debe relajarse demasiado rápido después de las contracciones. Si se relaja despacio, el bebé seguirá avanzando. Si consideran que la evolución de esta segunda etapa es demasiado lenta, pueden utilizar fórceps (ver pág. 280).

PARTO NORMAL

El primer signo de que su bebé está llegando es que su ano y su perineo se han combado. Con cada contracción, la cabeza de su bebé va apareciendo cada vez más en la apertura de su vagina, hasta que, en un momento, ya no retrocede más entre las contracciones. Esto se conoce con el nombre de coronación.

Quizás experimente una sensación de ardor en el momento en que el bebé está estirando la salida de su vagina. En cuanto lo sienta, trate de dejar de pujar, jadee y espere a que las contracciones de su útero expulsen al bebé. Esto puede resultarle difícil, ya que quizá siga experimentando deseos de pujar, pero si continúa, corre riesgos de desgarrarse o de necesitar una episiotomía. Cuando deje de pujar, recuéstese e intente aflojarse. Haga un esfuerzo consciente por relajar los músculos del perineo. La sensación de ardor dura poco tiempo, y es seguida por una de adormecimiento, ya que la cabeza del bebé estira los tejidos vaginales hasta que están tan finos que los nervios se bloquean, produciéndose un estado natural de anestesia.

Si el equipo médico teme que usted se desgarre, este es el momento en que pueden practicar una episiotomía (ver pág. 92). También controlarán que el cordón umbilical no esté rodeando el cuello del bebé. Si esto sucede, lo levantarán suavemente por sobre la cabeza, haciendo un rulo a través del cual el niño pueda salir. Si está demasiado apretado, pueden cliparlo y cortarlo.

Cuando salga la cabeza, el bebé estará mirando hacia abajo, pero casi inmediatamente volverá la cabeza y quedará mirando su muslo izquierdo o su muslo derecho. La partera, la enfermera u otro profesional, limpiarán los ojos, la nariz y la boca del bebé y extraerán cualquier líquido que pueda haber en su nariz y las vías respiratorias superiores.

Después de la salida de la cabeza, sus contracciones uterinas se detendrán durante uno o dos minutos. Cuando recomiencen, la primera contracción habitualmente provocará la salida de un hombro, y la siguiente hará salir el otro. Una vez que hayan salido ambos hombros, el resto de su bebé se deslizará hacia afuera rápida y fácilmente. El equipo médico lo sostendrá con firmeza, ya que los recién nacidos son muy resbalosos a causa de la sangre, el líquido amniótico y la vernix caseosa.

LO QUE HACE SU BEBE

Su cuerpo se retuerce y se vuelve varias veces mientras desciende por el canal de parto. Todos esos movimientos tienen por objeto un nacimiento suave y sano.

Su bebé tiene un cuerpo plegable, pero, en cambio, una cabeza fuerte y oval. Ambas partes deben adaptarse a un canal de parto curvo, conformado por la parte baja del útero, el cérvix dilatado y la vagina distendida. El bebé debe realizar varias adaptaciones mientras se desarrolla el trabajo de parto.

- *Bajará el mentón hacia el pecho mientras desciende a través de la pelvis.*

- *Rotará la cabeza.*

- *Llevará la cabeza hacia atrás, de modo tal que la parte posterior de la cabeza toque la espalda mientras está saliendo del canal de parto y la vagina.*

- *Hará pequeños movimientos hacia los costados, de modo que su cabeza se vuelva hacia uno u otro lado. El hombro de ese lado podrá entonces salir por la vagina.*

- *Efectuará otro movimiento para llevar la cabeza hacia el lado opuesto, para que pueda salir el otro hombro. (Si usted imagina estos movimientos en sucesión rápida, es como un encogimiento de un hombro y luego el otro. Durante el parto esto se produce tan rápido que casi no se puede percibir)*

- *El tronco, las nalgas y las piernas siguen a la cabeza en su salida a través del canal de parto.*

DAR A LUZ

El pasaje de su bebé a través del canal de parto dura como promedio aproximadamente una hora, si se trata de un primer parto. Probablemente usted experimente unas ansias de pujar y expulsar a su bebé increíblemente fuertes. Sin embargo, algunas mujeres, especialmente si ya han tenido un bebé, no experimentan esta necesidad de pujar.

La necesidad de pujar y expulsar al bebé suele ser una sensación muy fuerte e irresistible

Los profesionales estarán todo el tiempo cerca para ofrecerle apoyo y aliento. También estarán preparados para actuar rápidamente si surge cualquier complicación

Pujar

En el momento en que una contracción aparece, y hasta que alcanza su punto máximo, usted experimentará una fuerte necesidad de pujar y expulsar a su bebé mientras desciende. El acto de pujar no es algo que usted decide, es una reacción instintiva a la que no puede resistirse.

La cabeza corona

Llega un momento en que la cabeza de su bebé ya no vuelve atrás entre las contracciones, sino que se mantiene visible en la salida de la vagina. En este momento se dice que la cabeza ha coronado. Usted sentirá una sensación de pinchazo o de ardor cuando la cabeza estire su vagina. Es importante que en este momento deje de pujar, para dar a los tejidos de su perineo la posibilidad de afinarse y estirarse. Quizás esto le resulte difícil, ya que es posible que siga experimentando la necesidad de pujar, pero debe tratar de resistirla. Si sigue pujando, pondrá al área perineal bajo la presión de un esfuerzo indebido, lo que puede dar como resultado un desgarramiento o la necesidad de una episiotomía. Aflojarse es una buena manera de tratar de controlar sus deseos de hacer fuerza.

Salida de la cabeza

Una vez que salga la cabeza, el bebé la volverá inmediatamente hacia un lado. Sus contracciones posiblemente se detengan durante unos momentos, y los profesionales palparán alrededor del cuello del bebé para asegurarse de que el cordón umbilical no esté enroscado. Si lo está, o bien lo levantarán por sobre la cabeza, o bien lo curvarán de modo tal que el bebé pueda pasar a través de él. En pocos minutos saldrán los hombros.

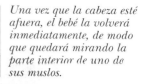

Una vez que la cabeza esté afuera, el bebé la volverá inmediatamente, de modo que quedará mirando la parte interior de uno de sus muslos.

La salida de los hombros se produce a partir de un par de movimientos casi imperceptibles. Es entonces que se desliza hasta las manos que lo están esperando.

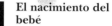

El nacimiento del bebé

En cuanto los hombros están libres, el resto del cuerpo sale de inmediato. Probablemente, apenas su cuerpo se deslice a través de su vagina, inmediatamente saldrá un gran chorro de líquido amniótico. Los profesionales sostendrán firmemente al bebé, ya que los recién nacidos son muy resbalosos. Es posible que respire y llore enseguida.

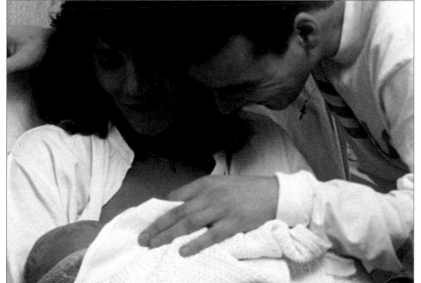

El primer abrazo

Los profesionales suelen envolver o cubrir al bebé con una manta para mantenerlo caliente, y luego se lo entregan a usted para que lo tenga en sus brazos durante los primeros minutos de vida. Quizá comience a succionar espontáneamente.

REGISTRAR EL PARTO

Las fotografías del parto de su bebé pueden proporcionar mucha alegría a todos los que están cerca, como ser la familia y los amigos. Sin embargo, es importante tener en cuenta algunas cosas.

• *Recuerde pedir un permiso especial del médico, la partera y la enfermera antes de que comience el trabajo de parto.*

• *Si desea tomar muchas fotografías o filmar en video el acontecimiento, será mejor que un amigo o pariente se encargue de eso. La madre lo necesitará a usted para que se ocupe de sus necesidades, no para que corra de un lado a otro disparando su cámara fotográfica o enfocando la próxima toma. Si está constantemente detrás de un equipo, es posible que se aparte de ella y del equipo médico.*

• *La atmósfera del lugar ejercerá un efecto importante sobre el trabajo de parto. La iluminación debe ser suficientemente tenue como para que ella se relaje. Por este motivo, usted deberá usar película de alta velocidad (400 ASA) en lugar de intensificar las luces de la habitación. En muchos hospitales no se permite el uso de flashes, ya que estos pueden molestar a la madre e irritar los ojos del bebé.*

LA PAREJA PUEDE AYUDAR

Durante esta segunda etapa, su papel de alentar amorosamente a la madre ya estará consolidado. Usted ya habrá pasado por la fase más dolorosa y habrá llegado al momento culminante del parto.

SUS TAREAS DURANTE LA SEGUNDA ETAPA

Muchas de las tareas que llevó a cabo durante la primera etapa —brindarle comodidades, sostenerla en distintas posiciones, hacer que se refresque, darle apoyo moral— también serán necesarias en esta segunda etapa. Además, en este momento, deberá alentarla para que puje. Todas estas cosas hacen que el trabajo de la madre sea mucho más sencillo y la ayudan a sentirse relajada y emocionalmente segura.

Si está en un hospital y le piden que se vaya de la sala de partos, hágalo sin discutir. Tal vez haya surgido alguna emergencia médica y el equipo deba moverse con más rapidez. Usted no puede asegurar que no va a estorbar, de modo que debe irse, pero permanecer cerca.

Ayudarla a encontrar la posición Su pareja, que ya ha pasado por la primera etapa del parto, seguramente sabrá cuál es la posición que le resulta más cómoda. Usted puede ofrecerle un valioso apoyo, ayudándola a atravesar la etapa expulsiva, pero no dude en pedir consejo si

Ayúdela a semi recostarse
Su pareja se sentirá más reconfortada si puede apoyarse en usted. Ayúdela a acomodarse sobre una almohada, sosteniendo su espalda contra su tórax para que pueda relajarse entre dos contracciones

no está seguro de lo que debe hacer. Si ella no desea que usted la sostenga, puede hacerle sugerencias de otras posiciones que quizá le resulten cómodas y colocar almohadas y almohadones debajo y detrás de ella para sostenerla.

Trate de practicar distintas maneras de sentarse y agacharse antes del parto, de modo que ambos estén familiarizados con ellas. Si usted se siente incómodo, puede poner nerviosa a su pareja. Si ella se siente bien sentada en la cama o en el piso, sugiérale probar la posición rodilla-pecho, que resulta cómoda a muchas mujeres durante esta segunda etapa. Ella debe dejar caer el mentón sobre el pecho y sostener las rodillas con los brazos. Entre las contracciones, sugiérale que se relaje contra la almohada para conservar su energía.

Ayudarla en la respiración y los pujos Para ayudarla durante las últimas contracciones, marque ritmos para las diferentes clases de respiración, utilizando palabras tales como: respira, respira, aflójate, aflójate, sopla. Mientras puja, recuérdele amablemente que debe relajar el piso de la pelvis.

Cuando llegue al punto culminante de la contracción, sugiérale que haga dos o tres respiraciones profundas y que puje todo lo que pueda. Debe pujar fuerte y continuamente, y usted puede recordarle que con cada pujo se acerca más el nacimiento del bebé.

Alentarla a relajarse Entre las contracciones, asegúrese de que ella se relaje completamente, ya que debe conservar sus energías para empujar al bebé a través del canal de parto.

Estar a su lado Una vez que la cabeza del bebé haya coronado, es posible que adquiera un papel más pasivo y se transforme en un observador. La partera, el médico o la enfermera guiarán a su pareja en esta etapa expulsiva. No se sienta decepcionado si durante este período ella no se comunica con usted y parece depender más del profesional. Es posible que ella esté muy preocupada y durante este tiempo no se fije en usted.

Mostrarle el bebé Cuando la cabeza del bebé esté coronando, sostenga un espejo cerca, de modo que ella pueda ver la cabeza asomando y luego la salida de todo el bebé. Muchos hospitales tienen grandes espejos sobre la cama o mesa de parto, de modo tal que las parturientas puedan ver lo que está sucediendo. Si la sala donde está no cuenta con un espejo apropiado, el acompañante puede solicitar un espejo grande de pie. Es mejor pedirlo con la mayor anticipación posible. No espere hasta último minuto.

Un recibimiento amoroso Con la ayuda del médico o la partera, puede tomar en brazos a su bebé en cuanto salga. Luego de recibirlo, colóquelo sobre el pecho de su pareja. Puede entonces abrazar a ambos para darles calor y hacerles saber que usted está allí.

Esté preparado para sus propias reacciones y para las de su pareja - lágrimas, silencios, gritos de alegría. Es posible que se sienta hasta acobardado frente a ese cuerpo diminuto y grasoso. Todo eso es perfectamente comprensible.

Agacharse sostenida
Si su compañera quiere dar a luz de pie, usted puede ayudar a sostenerla, tomando el peso de ella en sus brazos. Si la sostienen en esta posición, la pelvis de ella estará completamente abierta y podrá aprovechar la gravedad. Deberá mantener las piernas bien abiertas.

PARTOS "ESPECIALES"

Los fórceps son como grandes pinzas de azúcar y están diseñados para adaptarse a los lados de la cabeza del bebé, cubriendo las orejas. Como una jaula, ellos protegen la cabeza de las presiones que pueden producirse dentro del canal de parto.

La decisión de usar fórceps es un juicio médico que debe emitir el obstetra. Los fórceps se aplican únicamente cuando se ha completado la primera etapa, el cérvix está completamente dilatado y la cabeza está en el canal de parto.

Por qué se practica *Los fórceps se aplican cuando la cabeza del bebé ha descendido dentro de la pelvis de la madre pero no logra bajar más; cuando el bebé se presenta en posición posterior; en un parto de nalgas (ver texto principal); cuando no se mantienen las contracciones uterinas, y cuando la madre no tiene fuerzas suficientes como para seguir pujando. Hoy en día, los bebés prematuros son extraídos con fórceps para proteger los huesos del cráneo de cualquier presión que puedan sufrir en el canal de parto.*

Cómo se practica *Si se van a aplicar fórceps en su parto, le pedirán que se acueste boca arriba y colocarán sus pies en estribos. Le inyectarán un anestésico local en el perineo y le practicarán una episiotomía (ver pag. 92). Entonces insertarán los fórceps dentro de la vagina, uno por vez. Unos pocos suaves tirones de los fórceps (30 a 40 segundos por vez), extraerán la cabeza de su bebé del perineo. Usted no debe sentir dolor. Una vez que sale la cabeza, se quitan los fórceps y el resto del cuerpo sale normalmente.*

En las páginas anteriores explicamos la evolución normal de un parto. Ciertos factores, sin embargo, pueden complicar un parto y es posible que se requieran procedimientos especiales A veces un parto es complicado porque no se pudo anticipar el factor causante de la complicación, y se hace necesario el uso de fórceps o de un aspirador. En cambio, los partos múltiples o de nalgas se diagnostican habitualmente de antemano.

PARTO ASISTIDO

A veces el trabajo de parto y el parto no resultan tan sencillos como se esperaba, y el obstetra necesita de alguna ayuda para completar un parto vaginal. Los fórceps (ver columna de la izquierda) pueden utilizarse para proteger la cabeza del bebé o, junto con la extracción por aspiración pueden servir para acelerar el pasaje del bebé a través del canal de parto.

Extracción por aspiración La extracción por aspiración es una alternativa más suave que los fórceps. Consiste en una placa metálica o un recipiente de material sintético. Esta placa o recipiente se coloca sobre el cráneo del bebé y, por medio de una bomba, se provoca una aspiración que adhiere este implemento a la cabeza del bebé. El instrumento se tranforma así en una "manija", con la cual el obstetra puede rotar la cabeza del bebé y efectuar una tracción. Aunque deja una marca importante (pero transitoria) en la cabeza del bebé, tiene muchas ventajas (ver columna de la derecha).

PARTOS MULTIPLES

El parto de mellizos se aborda siempre como si se tratase de dos bebés individuales. Que uno de ellos nazca por parto vaginal, no significa que el otro también lo hará. Es casi seguro que le aconsejarán tenerlos en un hospital, por si surge alguna complicación. Sin embargo, lo más frecuente es que ambos mellizos se presenten cabeza abajo. El segundo habitualmente nace entre ocho y diez minutos después del primero.

Su obstetra probablemente le recomendará el uso de anestesia peridural (ver pág. 265) ya que el trabajo de parto de mellizos suele ser prolongado o, a veces, hay que dar vuelta al segundo. Esto se hace rompiendo la membrana del segundo bebé, si es necesario, y colocándolo manualmente en la posición adecuada para el parto.

Los partos de mellizos se han tornado mucho más seguros en los últimos años, ya que, a través de las ecografías y los monitoreos fetales, se puede conocer exactamente la posición del segundo bebé y su estado. Si se trata de trillizos o de más bebés, lo más probable es que se le practique una cesárea, aunque algunos obstetras con mucha experiencia se inclinan por partos vaginales en los casos de trillizos.

Entre las contracciones Encienda la calefacción de la habitación, si fuera posible por completo. Lávese las manos cuidadosamente con agua y jabón y busque todas las toallas y sábanas limpias que tenga, dejándolas a mano. Doble una y colóquela sobre el piso, para tener un lugar mullido donde depositar al bebé.

Llene varios recipientes con agua templada, y acumule todas las toallas de mano, repasadores, y trapos suaves y limpios de que disponga, para sumergirlos dentro del agua y utilizarlos para limpiar al bebé y a la madre durante y después del parto.

El parto Su pareja sabrá que el bebé está por nacer porque sentirá un pinchazo o ardor cuando la cabeza del bebé estire su vagina. Después de lavarse nuevamente las manos, observe si puede ver la parte superior de la cabeza del bebé en la salida de la vagina (esto se conoce como coronación –ver pág. 275). Recuerde a su pareja que debe distenderse o jadear, para que su vagina y su perineo tengan tiempo de afinarse y estirarse y evitar de esta manera los desgarramientos.

La cabeza del bebé seguramente aparecerá durante una contracción, y el cuerpo en la contracción posterior. Cuando la cabeza haya salido, limpie cada ojo del bebé desde adentro hacia afuera, con trozos distintos de tela suave y palpe alrededor de su cuello para ver si allí se encuentra el cordón. En caso de que así sea, introduzca su dedo meñique por debajo de él y empújelo muy suavemente por sobre la cabeza, levántelo de modo tal que el cuerpo pueda salir atravesando el rulo formado por el cordón.

En ninguna circunstancia usted debe interferir con el cordón, ya que podría provocar un espasmo y privar al bebé de oxígeno. Si las membranas aun se encuentran sobre la cabeza del bebé (tradicionalmente esto se conoce como redaña) debe romperlas muy suavemente con su uña, de modo que el bebé pueda respirar.

Tenga cuidado de sostener con firmeza al recién nacido. Será muy resbaloso debido a la sangre, el moco y la vernix caseosa. Nunca empuje su cabeza, su cuerpo o el cordón. Una vez que haya nacido, probablemente emitirá un par de sollozos y un grito, y luego comenzará a llorar realmente.

Si no comienza a llorar de inmediato, colóquelo sobre el muslo o el abdomen de su pareja, con la cabeza más baja que los pies, y masajee suavemente su espalda. Esto ayuda a eliminar el moco remanente y por lo general provoca un cambio en la presión sanguínea, que provoca la aparición de la primera respiración. Hablarle amorosamente también puede ser útil.

Luego del nacimiento Una vez que haya comenzado a respirar, alcánceselo a su pareja, de modo que ella lo pueda poner en el pecho y mantenerlo tibio junto a su piel. Es posible que el bebé no esté interesado en comer, pero si lo está, la estimulación del pezón liberará oxitocina, que estimulará al útero de su pareja para que se contraiga y expulse la placenta.

Coloque mantas o toallas sobre su pareja (que puede estar tiritando en este momento), de modo tal que tanto ella como el bebé estén bien cubiertos. Ocúpese especialmente de la cabeza del bebé, ya que la mayor parte del calor se pierde por allí. Recuerde que el color normal de un recién nacido es blanco azulado. Gradualmente se irá tornando rosado, a medida que el oxígeno llegue a su cuerpo. Sus manos y sus pies tardarán un poco más en cambiar de color. No trate de quitar el vernix de su bebé, y nunca corte el cordón umbilical.

LA EXPULSION DE LA PLACENTA

Si la placenta es expulsada antes de que llegue un profesional:

- *Nunca tire del cordón.*

- *No corte el cordón.*

- *Después de la expulsión de la placenta, masajee con firmeza el útero de la madre, con un profundo movimiento circular y empujando suavemente hacia abajo, a unos 5 ó 7 cm. debajo del ombligo. Es importante constatar que el útero se contraiga y se mantenga duro después del parto, de modo que no se produzcan hemorragias.*

- *Es normal que, cuando se expulsa la placenta, se pierdan un par de tazas de sangre.*

- *Amamantar al niño inmediatamente ayudará a contraer el útero y minimizará la pérdida de sangre.*

- *Si el bebé no quiere succionar, la madre deberá masajearse suavemente los pezones, como una manera alternativa de lograr que su cuerpo libere oxitocina.*

CESAREA

Cuando un parto vaginal normal se considera peligroso o hasta imposible, practican a la madre una cesárea. Esta consiste en hacer incisiones pequeñas en el abdomen y el útero, y extraer al bebé a través de ellas.

El porcentaje de bebés nacidos por cesárea ha aumentado mucho y, en los Estados Unidos, es habitualmente de entre un 15 y un 20 por ciento. Esto se debe, en parte, a que los médicos temen ser responsables si un parto difícil que causa complicaciones, podría haber sido evitado con una cesárea y, en parte, a que esta operación es ahora tan segura, que puede resultar inclusive menos riesgosa que otros tipos de parto.

Muchas veces cuando una cesárea es necesaria, se hace evidente antes de que comience el trabajo de parto, con lo cual usted, su pareja y el médico tienen tiempo de discutirlo y planificarlo. Este tipo de cesárea planificada, conocida como electiva, se diferencia de una cesárea de emergencia, donde la necesidad de la operación recién se hace evidente cuando el trabajo de parto está teniendo lugar.

CESAREA ELECTIVA

Algunas de las razones por las cuales se opta por una cesárea son las siguientes: la cabeza del bebé es demasiado grande como para pasar por su pelvis; el bebé está en posición de nalgas (ver pág. 281) o atravesado en su pelvis; la placenta previa (ver pág. 202) y ciertas enfermedades, tales como la diabetes o la infección por herpes tipo II en su fase activa. También puede hacerse necesaria en caso de que usted ya haya tenido antes una cesárea. En una época se creía que resultaba esencial, ya que se temía que la cicatriz de la cesárea anterior se abriese durante el parto. Sin embargo, la experiencia ha demostrado que no ocurre en los casos en que se ha practicado el corte horizontal o "bikini". Por este motivo los hospitales permiten que se comience con un trabajo de parto normal y, si no aparecen problemas, se continúa con el procedimiento habitual —un "intento de parto".

Las cesáreas electivas suelen practicarse con anestesia peridural (ver pág. 265). Esta tiene varias ventajas sobre un anestésico general: es más seguro para el bebé; usted no sufrirá de náuseas o vómitos después del parto y, al estar consciente, podrá abrazar a su bebé en cuanto nazca. Además, su pareja podrá estar presente durante el parto, tal como lo hubiese estado durante un parto vaginal. Habitualmente alentarán a su pareja a que se siente cerca de usted, del mismo lado de la pantalla. El tendrá apenas una vista un poco mejor que la de usted de lo que está sucediendo.

Quizas, si tiene una cesárea, se sienta defraudada por no haber tenido un parto vaginal. Estos sentimientos son naturales y, lo mejor que puede hacer es conversarlo con su pareja. Probablemente, si él es capaz de describirle el parto detalladamente, esto la ayudará a visualizarlo y a aceptarlo.

También es útil, por supuesto, prepararse con anticipación para esta alternativa. Pregunte a su obstetra, delante de su pareja, qué entraña esta operación, qué procedimientos se utilizan y si permitirán a su pareja presenciarla. Pregunte si es posible ver una película, o un video, para saber lo que le va a suceder. Si es posible, converse tam-

LO QUE LE SUCEDE A USTED

Habitualmente una cesárea toma entre 45 y 60 minutos, pero el bebé nace en los primeros 5-10 minutos. El resto del tiempo se emplea en suturarla a usted.

Preparación: Antes de que comience la operación, rasurarán el vello de su pubis, le suministrarán anestesia peridural y le colocarán un goteo para proveerle líquidos durante la operación. Luego introducirán una sonda (tubo fino y flexible), a través de la uretra dentro de su vejiga, a fin de drenar la orina. Se colocará una pequeña pantalla frente a su rostro para que usted no observe la operación y limpiarán su abdomen para evitar infecciones.

La operación: El obstetra practicará una incisión horizontal a lo largo de su "línea de bikini", en la base del abdomen, y otra semejante en su útero. Drenarán el líquido amniótico por succión, y sacarán delicadamente al bebé. Luego cortarán el cordón, extraerán la placenta y suturarán su útero y su abdomen.

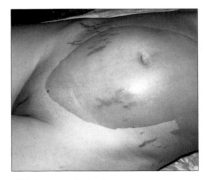

Higiene quirúrgica
El abdomen de esta mujer ha sido limpiado con antiséptico, con el objeto de limpiar todas las bacterias de la piel que pueden penetrar a través de la incisión. El antiséptico coloreado en la figura de arriba muestra la zona que ha sido tratada.

bién con otras mujeres que tuvieron cesáreas. Ellas no sólo le darán informaciones útiles, sino también apoyo emocional.

CESAREA DE EMERGENCIA

Se hace necesaria cuando surge algún problema durante el trabajo de parto, por ejemplo un prolapso del cordón umbilical o una hemorragia a partir de una placenta previa, o si se produce sufrimiento fetal. Las cesáreas de emergencia se pueden llevar a cabo con anestesia peridural y el hospital puede impedir que su pareja presencie la operación.

DESPUES DE UNA CESAREA

Como sucede con todas las cirugías mayores, recuperarse de una cesárea toma un tiempo. Sin embargo, pocas horas después la alentarán a que se levante y camine para estimular su circulación sanguínea. Si la necesita, le darán medicación para aliviar el dolor, y le quitarán los vendajes al cabo de tres o cuatro días. Sus suturas internas habrán sido efectuadas con hilo reabsorbible, que se disuelve en forma natural. Le quitarán las puntadas externas en aproximadamente una semana.

CESAREA CON PERIDURAL

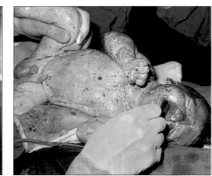

La operación
Una vez que se han practicado las incisiones, el obstetra comienza a extraer al bebé (arriba) en algunas ocasiones con la ayuda de fórceps. Dentro de los 5 ó 10 minutos después de haber practicado la incisión, se extrae al bebé (arriba, a la derecha), y se clipa y se corta el cordón umbilical. Podrá tener a su bebé con usted mientras extraen la placenta y suturan las incisiones.

LOS EFECTOS SOBRE SU BEBE

El hecho de no pasar por el canal de parto es, al mismo tiempo, un beneficio y un inconveniente para el bebé que nace a través de una cesárea.

A diferencia de un bebé que nace a través de un parto vaginal, que al comienzo está un poco edematizado por haber sufrido la opresión que implica el pasaje por el canal de parto, un bebé nacido a través de una cesárea tiene los rasgos suaves y la cabeza redondeada. No obstante, los bebés nacidos por cesárea suelen necesitar más tiempo para adaptarse al mundo exterior, ya que su entrada en el mismo ha sido muy abrupta y no han experimentado ese viaje a través del canal de parto, que los ayuda a eliminar el líquido amniótico de los pulmones y les estimula la circulación.

Enseguida después de extraer la placenta, el obstetra sutura las incisiones.

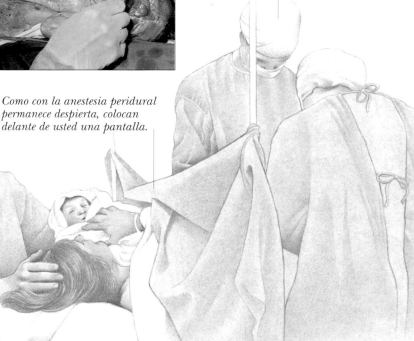

Como con la anestesia peridural permanece despierta, colocan delante de usted una pantalla.

UN PARTO DE EMERGENCIA

NOMBRE	*Frances Ward*
EDAD	*27 años*
ANTECEDENTES MEDICOS	*Nada anormal*
ANTECEDENTES OBSTETRICOS	*Un hijo de tres años nacido de embarazo y parto normales.*

El segundo embarazo de Fran se presentó sin inconvenientes. Ella y el bebé evolucionaban bien. Tan sólo tres días antes de la fecha estimada de parto, ella comenzó con el trabajo de parto, que evolucionó normalmente hasta el final de la primera etapa, momento en que comunicaron a Fran que le debían practicar una cesárea.

En los Estados Unidos, entre el 15 y el 20 por ciento de los partos son por cesárea, ya sean planificados o por emergencias. Fran se alegró de haberse tomado la molestia de informarse al respecto.

PADRES BIEN INFORMADOS

Fran se sorprendió cuando le conté lo frecuentes que eran las cesáreas. Sus clases prenatales no habían abordado este tema, y por eso ella y su esposo Jonathan habían decidido averiguar por su cuenta. Ellos son personas a quienes les agrada estar bien informados respecto de cualquier cosa que vayan a hacer, se trate de visitar un país extranjero o de tener un bebé. Hicieron preguntas a los profesionales, leyeron libros y miraron videos de todo tipo de partos, inclusive partos por cesárea.

UNA EMERGENCIA INESPERADA

La bolsa de las aguas de Fran se rompió en la primera etapa, cuando su cérvix tenía solamente cuatro centímetros de dilatación. Siguiendo la regla de que toda mujer debe ser examinada en cuanto se rompen las membranas, la partera le practicó un examen enseguida. Allí descubrió un prolapso en el cordón umbilical —un rulo de cordón descendía hacia la vagina, por delante del bebé. Esta es una situación extremadamente peligrosa. Cuando la cabeza del bebé presiona sobre el cérvix, que aun no se ha dilatado, aprieta cada vez más la parte colapsada del cordón, cortando la provisión de sangre y oxígeno al bebé.

La partera sintió las pulsaciones del cordón, lo que significaba que el bebé estaba aun recibiendo una adecuada provisión de sangre. Sin embargo, dos minutos después, el estetoscopio electrónico registró que los latidos disminuían y se observaban signos considerables de sufrimiento fetal. El obstetra comunicó a Fran que era indispensable para el bebé que se practicase una cesárea.

EVITAR UN DESASTRE

Mientras preparaban el quirófano, pidieron a Fran que se acostase y colocase sus pies sobre estribos, de modo que el bebé pudiese deslizarse hacia atrás, hasta la pelvis, aliviando de este modo la presión que estaba ejerciendo sobre el cordón. Mientras tanto, la enfermera introdujo tres dedos dentro de la vagina de Fran, para mantener la cabeza del bebé por encima del cérvix.

Afortunadamente, Fran había decidido que le aplicasen anestesia peridural al comienzo del trabajo de parto, de modo que no necesitó la aplicación de un anestésico general ni una aspiración gástrica para evitar los vómitos. Además, de esta manera se lograba el beneficio extra de que ella estuvise consciente durante todo el proceso.

LA OPERACION

Fran había elegido ese hospital, porque allí se estimulaba a los padres a participar en los partos. A ella le agradó que se permitiese a su esposo estar presente durante la operación, ya que, si bien ella no podría ver el nacimiento de su hijo, al menos él podría presenciar la llegada del bebé al mundo.

El cirujano practicó una incisión standard transversal (ver columna, pág. 284) a través de la cual extrajeron suavemente al bebé de Fran. Tan pronto como salió la cabeza, el anestesista dio a Fran una inyección de oxitocina. Con ella estimuló las contracciones uterinas, haciendo más fácil la separación de la placenta de la pared del útero y logrando que esta siguiese al bebé a través de la incisión.

Mientras suturaban a Fran, entregaron el bebé a Jonathan para que él lo sostuviese hasta llevárselo a la madre para que lo viese por primera vez. Aunque ella estaba decepcionada por no haber tenido un parto vaginal normal, Fran y Jonathan pudieron, de todos modos, compartir la experiencia del nacimiento de Ella y su madre pudo abrazarla y relacionarse con la niña a los pocos minutos de su nacimiento.

RECUPERACION DE LA CESAREA

Fran se dio cuenta de que recuperarse, para volver a llegar a su estado normal, era la parte más difícil. Le sugerí que se acercara a un grupo de auto-ayuda para madres que habían sufrido una cesárea, donde podría recibir consejos útiles acerca de cómo manejarse durante el período de posparto. Fran estaba preocupada pensando si su próximo hijo también debería nacer con cesárea. La tranquilicé, diciéndole que la mayor parte de las madres tienen partos vaginales después de haber tenido una cesárea, aunque a veces existen razones muy claras por las cuales se debe practicar una nueva cesárea.

Reposo y restablecimiento Fran había sido sometida a una cirugía abdominal, por lo cual necesitaba mucho descanso y tiempo para que la cicatriz se curase. Cuando le quitaron los puntos, una semana después del parto, le dijeron que la cicatriz estaría completamente curada en tres semanas y que la marca se habría borrado después de seis meses. Fran se sorprendió mucho al ver que perdía sangre por la vagina, tal como le había sucedido después de su primer parto, que había sido vaginal. La tranquilicé explicando que era perfectamente normal.

Amamantamiento Aconsejé a Fran que, si pensaba amamantar sentada, era importante que se sentase bien derecha. Su pared abdominal estaba debilitada, de modo que debería utilizar almohadas para llevar a Ella hasta el nivel de sus pechos. También le resultaba cómodo amamantar acostada de lado, apoyada sobre un codo, con Ella ubicada cerca de su pecho, sobre una almohada.

Movimiento A Fran le resultaba difícil ponerse de pie, porque le dolía el abdomen. Sin embargo, le aconsejé que tratase de pararse bien derecha en cuanto se levantase de la cama y que ubicase la manos sobre la herida, como para sostenerla, cada vez que fuese a toser o a reír. Cuanto más deambulase, más pronta sería su recuperación. Después de que le quitaron los puntos, le permitieron irse a su casa, pero le aconsejaron que hiciese reposo y que tuviese mucho cuidado al levantar objetos, inclusive al levantar al bebé, o al llevar cualquier cosa pesada. También debía evitar los ejercicios cansadores al menos durante seis semanas.

EL BEBE DE FRAN

El nacimiento de Ella fue muy diferente del de un bebé que es empujado a través del canal de parto.

- *Una vez que practicaron la incisión, el cirujano deslizó una mano por debajo de la cabeza y aplicó los fórceps.*

- *Jalaron suavemente la cabeza del bebé con los fórceps.*

- *Sacaron suavemente los hombros a través de la incisión.*

- *Extrajeron delicadamente el cuerpo, y así nació.*

- *La sostuvieron cabeza abajo mientras limpiaban su boca y su faringe con una sonda conectada con una aparato de succión.*

- *Respiró por primera vez.*

- *Cliparon y cortaron el cordón.*

- *La revisaron para asegurarse de que sus distintos órganos funcionaban bien. (Ver **Puntaje Apgar**, pag. 290)*

- *Tan pronto estuvo respirando normalmente, se la entregaron a su padre para que la sostuviese.*

EL ASPECTO DE LA PLACENTA

La mayor parte de las madres primerizas están muy interesadas en ver la placenta de su bebé.

La placenta mide entre 20 y 25 centímetros de diámetro, y pesa aproximadamente medio kilo. Tiene la forma de un disco y sus superficies tienen un aspecto muy diferente.

El lado fetal está a continuación de la pared uterina y recubierto por membranas. Es chato y suave, de color gris azulado y presenta los vasos sanguíneos irradiados por el cordón umbilical. El lado materno está adherido a la pared uterina y compuesto por partes (cotiledones) para que su superficie sea mayor, en beneficio del intercambio gaseoso. Este lado es de color rojo oscuro y semeja varios trozos unidos de hígado crudo.

El lado fetal
El lado de la placenta que miraba hacia su bebé es chato y suave. Note el cordón umbilical que emerge del centro y los prominentes vasos sanguíneos.

LA TERCERA ETAPA

Una vez que su bebé haya nacido, su útero descansará durante aproximadamente 15 minutos. Luego comenzará a experimentar contracciones nuevamente para expulsar la placenta. Esta es la tercera etapa del parto y es comparativamente indolora. Probablemente ni la note.

LA TERCERA ETAPA

En la tercera etapa, la placenta se desprende de la pared uterina y es expulsada por el canal de parto. Los grandes vasos sanguíneos, aproximadamente del grosor de un lápiz, que entran y salen de la placenta, simplemente se arrancan. Sin embargo, es raro que se produzca un sangrado, ya que las fibras musculares del útero están dispuestas de manera entrecruzada, lo que hace que, cuando el útero se contrae, los músculos se aprieten alrededor de los vasos sanguíneos e impidan que estos sangren. Por esto es esencial que el útero se contraiga como una bola dura una vez que la placenta haya sido expulsada. Se puede mantener contraído el útero masajeándolo intermitentemente durante aproximadamente una hora, hasta una hora después de que se haya completado la tercera etapa. Normalmente esta etapa dura entre 10 y 20 minutos, pero el trabajo activo puede durar mucho menos.

LA PLACENTA ES EXPULSADA

Tradicionalmente no se hace ningún intento de expulsar la placenta mientras no haya signos de que esta se está separando de la pared uterina y está descendiendo por la vagina. Los signos que buscarán los profesionales que la atienden son la nueva aparición de contracciones, unos pocos minutos después del nacimiento de su bebé, lo que evidencia que la placenta está por separarse, y un deseo de pujar, que indica que la placenta se ha separado y que está presionando el piso de su pelvis.

Una vez que hayan aparecido estos signos, se ayuda a la expulsión de la placenta sosteniendo suavemente el cordón y presionando sobre el borde de la pelvis para controlar el descenso. La placenta es expulsada a través de la vagina, seguida por las membranas y lo que se denomina un coágulo retro-placentario.

Expulsión La placenta puede pasar a través de la vulva de dos maneras. La primera ocurre cuando el centro de la placenta pasa primero, arrastrando las membranas detrás de él. En la segunda forma, la placenta se presenta de costado y se desliza oblicuamente a través de la vulva. La mayor parte de las mujeres desean ver la placenta —esto es muy comprensible, ya que se trata de un órgano extraordinario, que ha sido el sistema de alimentación de su bebé durante nueve meses (ver columna de la izquierda).

Después de la expulsión: Una vez que se ha expulsado la placenta, el equipo médico la examina cuidadosamente, para asegurarse de que esté completa y de que no haya quedado ninguna parte adentro. Si alguna parte de la placenta queda dentro del útero, puede causar una hemorragia más tarde, de modo que, en caso de que se haga este diagnóstico, hay que extraerla enseguida. Si existe alguna duda, una ecografía podrá mostrar si el útero se encuentra completamente vacío. Las membranas deben conformar una bolsa entera, excepto por el agujero a través del cual ha pasado el bebé. Examinarán el extremo del cordón que se ha cortado, para comprobar que los vasos sanguíneos sean normales. Después de que la placenta sea expulsada, revisarán cuidadosamente la vulva, para ver si existen desgarramientos y, de ser así, excepto que sean diminutos, estos serán suturados.

MANEJO ACTIVO DE LA TERCERA ETAPA

Actualmente, muchos hospitales y obstetras manejan activamente la tercera etapa a través de una droga llamada maleato de ergonovina. Esta droga, que se administra en el momento del nacimiento o inmediatamente después, puede reducir el número de casos de sangrado excesivo (más de medio litro de sangre perdida durante el parto).

Esta droga provoca una contracción prolongada del útero sin un período de relajación y, mientras el útero está contraído, no es probable que se produzca un sangrado.

La placenta se separará rápidamente de la pared uterina una vez que el útero comience a contraerse y, de esta manera, se acortará la tercera etapa del parto. Actualmente la mayor parte de los profesionales utilizan una combinación de ergonovina y oxitocina. Se hace esto porque la ergonovina provoca náuseas; al mezclarla con la oxitocina, que actúa rápidamente estimulando las contracciones uterinas, los resultados son mejores.

Estas drogas se administran por medio de una inyección intramuscular que se aplica cuando la cabeza del bebé está coronando, o cuando sale el primer hombro. La oxitocina es una hormona que su cuerpo produce naturalmente como una respuesta al ver y tocar el bebé y al ponerlo en el pecho. Hace el mismo trabajo que la ergonovina, pero es menos confiable.

COMO SE SENTIRA USTED

Luego de la expulsión de la placenta, es posible que usted tirite y tiemble fuertemente. Después del nacimiento de mi segundo hijo, yo estaba tiritando tanto, que mis dientes castañeteaban de tal modo que me impedían hablar y respirar correctamente.

Mi explicación para este fenómeno fue que, durante nueve meses, yo había tenido dentro de mí una pequeña hornalla que producía mucho calor, y que mi organismo se había adaptado a ese calor bajando un poco mi termostato. Cuando el bebé salió de mi cuerpo, me vi privada de su calor y, probablemente, la temperatura de mi cuerpo descendió algunos grados —una caída significativa ¡especialmente cuando uno se ha sentido acalorada durante varios meses! La única manera como el cuerpo puede elevar su temperatura es a través del trabajo muscular, y esto es exactamente lo que hacen los temblores. A través de la rápida contracción y relajación de los músculos, el cuerpo produce calor. Afortunadamente los temblores suelen ceder en aproximadamente media hora. En ese tiempo la temperatura del cuerpo ha llegado a su nivel normal y el termostato está nuevamente graduado. A partir de ese momento, usted puede disfrutar de su bebé sin la distracción que ocasionan escalofríos y temblores.

HEMORRAGIA POSPARTO

Es poco frecuente, ya que el útero cuenta con un mecanismo protector propio para evitar el sangrado.

Una vez que el útero está completamente vacío, se contrae hasta adquirir el tamaño aproximado de una pelota de tenis. La contracción de los músculos uterinos sujeta las arterias del útero, de modo tal que estas no pueden sangrar. En circunstancias normales, por lo tanto, es poco el sangrado que se produce después del parto. El pequeño sangrado que se produce se conoce con el nombre de loquios, la pérdida vaginal normal del postparto, que es roja durante 2 ó 3 días, luego se torna marrón y desaparece en 2 semanas.

Si un útero conserva restos de placenta sangrará. Este sangrado se llama hemorragia posparto. Si un pequeño trozo de placenta quedó dentro del útero, se lo suele detectar al examinar la placenta y ver que falta una parte. Se administra a la madre un anestésico general y se saca suavemente la placenta de dentro del útero.

Si el sangrado se produce más de 24 horas después del parto, los loquios pueden tornarse nuevamente de color rojo brillante. Esto puede suceder como consecuencia de haber desplegado demasiada energía. Consulte a su médico, quien probablemente le aconsejará hacer reposo durante varios días. Si el sangrado se vuelve a producir, o se torna más profuso, puede estar indicando una infección o la retención de un pequeño trozo de placenta. Póngase en contacto con su médico de inmediato.

EL PUNTAJE DE APGAR

Una vez que el bebé haya nacido, lo controlarán para saber si está sano. Al minuto de haber nacido se le practican 5 pruebas sencillas. Estas pruebas se evalúan según el puntaje de Apgar (denominada así por el nombre de su creadora, la Dra. Virginia Apgar) El puntaje de Apgar incluye los siguientes controles:

Pulso/ Ritmo cardíaco Mide la fuerza y la regularidad de los latidos cardíacos. 100 latidos por minuto tienen un puntaje de 2; menos de 100 tienen un puntaje de 1 y si no hay latidos, el puntaje es 0.

Respiración Revela la madurez y la salud de los pulmones del bebé. Una respiración regular tiene un puntaje de 2. Para la respiración irregular, el puntaje es de 1. Ausencia de respiración: 0

Movimientos Son un indicio del tono muscular del bebé. Los movimientos activos tienen un puntaje de 2; algunos movimientos, 1; la flaccidez, 0.

Color de la piel Muestra cómo están trabajando los pulmones para oxigenar la sangre. La piel rosada tiene un puntaje de 2; las extremidades azuladas, 1 y la piel totalmente azul, 0.

Reflejos Llorar y hacer muecas puede mostrar que el bebé responde a los estímulos. Llorar tiene un puntaje de 2; sollozar, 1 y el silencio, 0.

La mayor parte de los bebés tienen un puntaje de entre 7 y 10. Cinco minutos más tarde, se practica un segundo examen.

Su nuevo bebé

Cuando lo tenga en sus brazos, experimentará la dicha de la maternidad —mezcla de amor, orgullo, reverencia y fascinación, con el cansancio que nos invade luego de haber concluido satisfactoriamente un trabajo duro.

LAS PRIMERAS HORAS DEL BEBE

Una vez que su bebé haya nacido, será a él y no a usted a quien le presten la mayor atención, y así debe ser. Es posbile que llore en cuanto nazca y que continúe llorando vehementemente durante varios segundos. Probablemente, al comienzo, tendrá un color blanco azulado y estará recubierto por vernix caseosa. Tendrá manchones de sangre sobre la cabeza y el cuerpo y, según el tipo de parto que haya tenido, su cabeza puede tener una forma ligeramente puntiaguda, debido al pasaje por el canal de parto.

LOS PRIMEROS INSTANTES

Si está respirando normalmente, no hay razones para no alzarlo inmediatamente. Si hay peligro de que se enfríe, usted puede cubrirse con una sábana o una toalla grande. Sus suaves abrazos y el sonido de su corazón y de su voz tranquilizarán al bebé. Seguramente la mirada del recién nacido estará fija en su rostro, y parecerá que está haciendo movimientos como para nadar hacia usted.

Cortar el cordón El primer procedimiento consiste en clipar el cordón. Actualmente se cree que el bebé se beneficia con el retorno de sangre de la placenta y que el cordón no debe ser clipado hasta que deja de pulsar. La sangre puede fluir desde la placenta hacia el bebé

solamente si el bebé está a un nivel más bajo que el del útero. En el momento apropiado, se colocan dos clips en el cordón, uno a poca distancia del ombligo, y otro unos dos centímetros más lejos. Estos clips evitan que el cordón sangre. El que está más cerca del bebé es el más importante. El cordón se corta entre los dos clips. Es posible que lo hayan clipado y cortado durante la expulsión, si estaba enrollado alrededor del cuello del bebé. Esto es muy frecuente.

El estado general del bebé La partera, la enfermera, o el médico, controlarán el estado general de su bebé. El profesional de que se trate extraerá el líquido remanente de la boca, la nariz o las vías respiratorias, succionándolo con una bomba de goma. Si el bebé no comienza a respirar de inmediato, le suministrarán oxígeno.

DAR LA BIENVENIDA AL BEBE

Una vez que hayan determinado el buen estado de salud de su bebé, pida sin dudar al equipo médico que se vaya, si desea que la dejen sola con su pareja y su hijo en la calidez de su hogar o en la Sala de Parto del Hospital. Después de tanto esfuerzo puede descansar y disfrutar de esta experiencia asombrosa. Sería una buena idea que pusiese al bebé al pecho inmediatamente, porque esto estimula la expulsión de la placenta, aun cuando el bebé, al comienzo, no tenga hambre.

Usted pasará estos primeros momentos pendiente de su bebé, tratando de conocerlo, aprendiendo a reconocer su rostro, susurrándole para que se familiarice con el sonido de su voz. Debe sostenerlo a 20 ó 25 cm de su rostro, porque a esta distancia podrá distinguirlo mejor. Sonríale y háblele suavemente, con voz cantarina, ya que los bebés recién nacidos son sensibles a los tonos agudos de voz.

A la media hora del nacimiento, le darán por primera vez el bebé a su pareja para que lo sostenga. Los hombres pueden relacionarse tan profunda y rápidamente con sus hijos recién nacidos como las mujeres.

Después de este proceso inicial de relación, la limpiarán, la suturarán, de ser necesario, y le pedirán que orine para corroborar que todo esté en orden. Podrá entonces cambiarse mientras los profesionales examinan minuciosamente al bebé.

EL EXAMEN MINUCIOSO

Poco después del nacimiento, (aparte del puntaje de Apgar, ver columna de la izquierda), el médico o la partera revisarán a su bebé para practicarle algunos exámenes específicos. El médico controlará que sus rasgos faciales y sus proporciones corporales sean normales. Lo darán vuelta para asegurarse de que la espalda sea normal y de que no aparezcan indicios de espina bífida. Controlarán el ano, para ver que esté perforado y revisarán los dedos de manos y pies. También contarán el número de vasos sanguíneos que hay en el cordón umbilical. Habitualmente hay dos arterias y una vena. Lo pesarán y medirán la circunferencia de la cabeza y el largo del cuerpo. Este examen preliminar sólo toma unos segundos a un médico o a una partera experimentados.

LA IDENTIFICACION DE SU BEBE

Antes de que su bebé deje la sala de parto, le habrán colocado alguna forma de identificación, de modo tal que todo el personal del hospital sepa que se trata de él.

Frecuentemente colocan un brazalete de plástico alrededor de la muñeca y el tobillo del bebé. Los brazaletes identificatorios lo acompañarán todo el tiempo mientras esté en el hospital. Estos brazaletes habitualmente contienen:

- *Su apellido (el personal se referirá a él como "el bebé Brown" por ejemplo).*
- *La fecha de nacimiento.*
- *Un número de identificación (en la mayoría de los hospitales se utiliza un número de identificación tanto para usted como para el bebé).*

Además de lo dicho:

- *Pueden tomar sus huellas plantares*
- *Pueden marcar su cuna con el nombre y el número.*

Guardar los brazaletes
Como muchas madres, usted puede desear guardar, como recuerdo, los brazaletes de identificación de su bebé. Como los bebés van creciendo día a día, le resultará asombroso que sus muñecas y sus tobillos hayan sido tan diminutos.

SI UN BEBÉ MUERE

La muerte de un niño es siempre un acontecimiento trágico, pero la muerte de un bebé antes, durante o inmediatamente después del parto puede ser especialmente perturbadora. Hoy en día, la cantidad de neonatos muertos después de las 28 semanas de gestación, o que mueren en las primeras semanas de vida, ha caído hasta llegar a ser en Occidente menos del uno por ciento. Esto se debe, en gran medida, al mejoramiento de los servicios obstétricos y pediátricos.

POR QUE MUEREN LOS BEBES

Las muertes perinatales se pueden dividir en tres grandes grupos: los partos de neonato muerto (bebés que mueren después de las 28 semanas de gestación, pero antes de que comience el trabajo de parto) las muertes intra-parto (bebés que mueren durante el parto) y las muertes neonatales (bebés que mueren dentro de las cuatro semanas posteriores al parto).

Parto de neonato muerto El 45 por ciento de las muertes perinatales suelen ser partos de neonatos muertos y, en un tercio de estos casos, no se conocen las causas precisas. Dentro del resto, las causas más importantes son los defectos fetales severos (ver también pág. 178) y una placenta que no es completamente sana. La placenta quizá no se haya desarrollado en forma adecuada, se haya enfermado, o se haya tornado incapaz de seguir nutriendo al bebé (ver pág. 170). Cualquiera haya sido la causa de la muerte, la placenta no pudo alimentar adecuadamente al bebé. También es posible que la placenta incluso haya comenzado a separarse de la pared del útero antes de que comenzase el trabajo de parto. Otras causas menos frecuentes son la incompatibilidad Rhesus (ver pág. 184) y la diabetes materna no controlada.

Lo primero que sucede cuando un bebé muere dentro del útero, es la desaparición casi completa de las hormonas del embarazo, el estrógeno y la progesterona en la sangre de la madre. En consecuencia, muchos de los síntomas de estar embarazada desaparecen rápidamente y hasta puede disminuir el tamaño del abdomen debido a la reabsorción del líquido amniótico. Esto puede dar como resultado una rápida pérdida de peso. Por esta razón se presta siempre mucha atención a la falta de aumento de peso en una embarazada. Si su médico o su partera sospechan que su bebé ha muerto, realizarán una ecografía para detectar los latidos cardíacos del bebé. El trabajo de parto habitualmente comienza a los dos o tres días de la muerte del bebé, aunque muchas mujeres desean que extraigan al bebé ni bien saben que ha muerto. Si usted pasa por esta desafortunada situación, sus deseos deben ser respetados. Si quiere evitar el trabajo de parto, puede elegir que le practiquen una cesárea (ver pág. 284) y también pedir que lo hagan lo antes posible.

Si opta por un parto natural, no habrá ninguna diferencia física entre éste y uno normal. Necesitará mucho apoyo y comprensión y probablemente se requieran mayor dosis de analgésicos, ya que quizás el dolor sea más agudo. Todos los que la rodean entenderán que su actitud hacia el parto se verá muy afectada por el hecho de que no va a dar a luz a un bebé vivo.

Muerte durante el parto Es muy poco frecuente, pero la muerte de un bebé durante el parto se debe generalmente a la falta de oxígeno, que se da, por ejemplo, en un parto detenido. Otra causa posible es que el bebé sufra un traumatismo durante el parto; afortunadamente esto es mucho menos frecuente que antes, gracias a los altos niveles de la atención obstétrica actual.

Muerte neonatal La muerte de un recién nacido suele deberse a problemas respiratorios, especialmente en los bebés nacidos en forma prematura (ver págs. 320 y 322), en los posmaduros o en los que tienen severos defectos fetales. Las infecciones neonatales fatales, que en una época eran una causa significativa de muerte en los recién nacidos, ahora son mucho menos frecuentes debido a que las condiciones de higiene han mejorado, y a la existencia de antibióticos.

Sobrellevar una muerte

Es muy importante que los padres asuman su dolor, sean sinceros respecto de los sentimientos que les causa la muerte de su bebé, la acepten y pasen un proceso de duelo.

Frecuentemente los padres que han sufrido esta pérdida se sienten solos, enojados con ellos mismos, con el otro, con los profesionales, con la injusticia de la vida. A menudo se sienten culpables de algo que hicieron o que no hicieron. Estas emociones son completamente normales. Sin embargo, el hecho de aceptar que todos los que la rodean hicieron todo lo que pudieron y que nadie tiene la culpa, la ayudará a recuperarse más rápido.

Tener una fotografía del bebé puede ayudarla, y a veces hasta tenerlo en sus brazos después de que haya nacido sirve de consuelo. También puede ser bueno darle un nombre, hacer un funeral formal y estar presente en el entierro. Otra importante forma de consuelo es ponerse en contacto con otros padres que han perdido a sus bebés. En el hospital podrán darle detalles acerca de grupos de ayuda. No tema pedir apoyo de un profesional si lo necesita.

Efectos emocionales Los efectos físicos y emocionales que padece la madre no se deben solamente al golpe y al dolor de haber perdido a su bebé, sino también a la desaparición repentina de las hormonas del embarazo. Esto puede afectar en gran medida el estado de ánimo, y acarrear estados de llanto, depresión, insomnio, pérdida de apetito y aislamiento. El consuelo y la generosidad de la pareja, la familia y los amigos son absolutamente vitales.

También es importante que ambos miembros de la pareja traten de ser abiertos el uno con el otro, y que compartan el dolor de modo tal que se puedan ofrecer apoyo y consuelo mutuo. El hospital puede ofrecer asesoramiento a ambos padres.

Embarazarse nuevamente

Es importante que, antes de pensar en un nuevo embarazo, hayan superado el dolor de la muerte del bebé. Esto toma por lo menos seis meses y, a veces, un año o más. Muchas mujeres, sin embargo, encuentran la llave de la normalidad y la felicidad cuando conciben nuevamente. Una vez que la pareja decidió intentar tener un nuevo bebé, puede darse cuenta de que le resulta difícil desprenderse de la preocupación de que les vuelva a suceder lo mismo, pero el riesgo de que así sea es muy bajo. Cuando se determina la existencia de una predisposición, los embarazos subsiguientes se manejan con mucho cuidado.

PERDER UN MELLIZO

La pérdida de un mellizo o un trillizo es tan trágica para los padres como la muerte de un bebé único, y tiene problemas adicionales.

La muerte de un mellizo o un trillizo tiene como resultado una situación psicológica compleja: los padres deben hacer el duelo por la muerte de un bebé mientras celebran el nacimiento de otro. Al tener que enfrentarse con esta combinación de emociones, muchos padres posponen el duelo, aunque muchos se dan cuenta de que no pueden satisfacer adecuadamente las necesidades de su nuevo bebé, debido a la intensidad del dolor por el que ha muerto.

La muerte de un mellizo puede también transformarse en una sombra sobre la vida del que sobrevive. Los cumpleaños quizá sean muy difíciles al comienzo.

Hay que enfatizar que la madre que ha tenido un embarazo múltiple sigue pensándose a sí misma como madre de más de un bebé, pese a que uno o más hayan muerto.

14

Conociendo al

RECIEN NACIDO

La relación con el bebé comienza a establecerse en el momento del nacimiento. A medida que ambos padres vayan aprendiendo a cuidar al niño, la relación se profundizará y crecerá y ustedes se asombrarán de las cosas que el bebé es capaz de hacer.

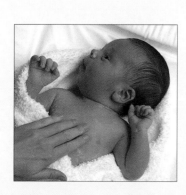  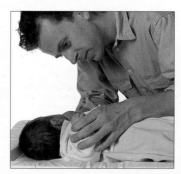

SU NUEVO BEBE

Enseguida después del parto usted debe tener en sus brazos al nuevo bebé para establecer con él un lazo emocional fuerte. Su bebé comenzará a conocerla y a saber cuánto lo ama a partir de escuchar su voz, oler y tocar su piel; ser acunado y amamantado.

El cuerpo diminuto y vulnerable de un recién nacido y su completa dependencia respecto de usted, harán surgir nuevas emociones. Sus primeras respuestas y comportamientos posiblemente sean las interacciones más importantes de la vida entre usted y su hijo. Distintas investigaciones han demostrado que aquellos padres a quienes se les permite establecer un contacto irrestricto con sus hijos inmediatamente después del parto tienden a ser más tarde más comprensivos respecto de las necesidades de sus niños que aquellos a quienes los separan de los hijos después del parto. La falta de contacto inicial puede hacer que algunas madres se sientan apartadas de sus niños y, por lo tanto, estén menos atentas a ellos.

LA APARIENCIA DE SU BEBE

Existen enormes variaciones respecto de lo que se considera normal en cuanto al peso y la talla de un recién nacido. El peso promedio está entre 2 kg y 250 gramos y 4 kg y 300 gramos; el largo promedio varía entre 46,7 y 50 centímetros.

La cabeza Sigue siendo grande en comparación con el resto del cuerpo. Por lo general, suele tener una forma un poco extraña, porque ha sido moldeada en su viaje a través del canal de parto. Esta conformación se debe a que los huesos del cráneo se han superpuesto. A veces la presión también causa hinchazón, en uno o ambos lados de la cabeza. Esta hinchazón no afecta al cerebro y cede en unas pocas semanas. Pueden existir pequeños hematomas en el caso de que su bebé haya sido extraído con fórceps. Usted podrá sentir una zona blanda, en la parte superior del cráneo, llamada fontanela, que es una parte del cráneo, en la cual los huesos aun no se han unido. No lo harán hasta que su bebé tenga 18 meses. Casi todos los bebés nacen con ojos azules, y el verdadero color no se define hasta los seis meses aproximadamente.

La piel Algunos bebés nacen con la piel completamente cubierta por una sustancia de color blanco grisáceo, llamada vernix caseosa, mientras que otros sólo la presentan en la cara y las manos. Esta sustancia ayuda a la salida del niño y lo protege de infecciones menores de la piel. En algunos hospitales la quitan inmediatamente, mientras que en otros dejan que desaparezca de la piel naturalmente, lo cual sucede en dos o tres días.

La circulación del bebé tarda un tiempo en estabilizarse. Esto puede hacer que la parte superior del cuerpo luzca más pálida que la parte inferior. No hay razones para preocuparse por esto.

Quizá note la presencia de un vello suave recubriendo su cuerpo. Este vello se conoce con el nombre de lanugo y cubría el cuerpo del bebé cuando estaba dentro del útero (ver pág. 62). Algunos bebés sólo lo tienen en la cabeza, mientras que otros también en los hombros. Ambas cosas son normales y habitualmente ese vello desaparece en un par de

---

El aspecto de su bebé recién nacido puede asombrarle al comienzo. Con su piel arrugada, es posible que parezca más un anciano que un bebé.

Algunos padres se preocupan por los sentimientos que experimentan cuando llega el bebé: él no parece acomodarse a las expectativas que tenían.

A menos que haya nacido por una cesárea, su cabeza puede estar ligeramente deformada y con algunas magulladuras. Sus párpados pueden estar hinchados, debido a las presiones sufridas durante el pasaje por el canal de parto.

Puede tener un aspecto desprolijo, ya que está recubierto por una sustancia grisácea (ver a la derecha), posiblemente mezclada con un poco de sangre materna, y tener parches de vello en el cuerpo. Quizá sus miembros tengan un tinte ligeramente azulado y sus genitales pueden parecer enormes.

No se sienta decepcionada si al comienzo su apariencia no le inspira de manera inmediata o automática sentimientos de amor y ternura. Estos se desarrollarán a medida que se vayan conociendo.

Genitales agrandados
A menudo los genitales, tanto de las niñas como de los varones, están hinchados debido a las hormonas del embarazo que atraviesan la placenta.

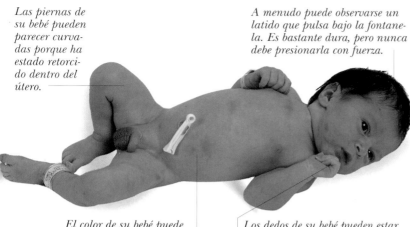

Las piernas de su bebé pueden parecer curvadas porque ha estado retorcido dentro del útero.

A menudo puede observarse un latido que pulsa bajo la fontanela. Es bastante dura, pero nunca debe presionarla con fuerza.

El color de su bebé puede cambiar con frecuencia y no es raro que tenga manchas.

Los dedos de su bebé pueden estar enroscados en su puño cerrado y pueden presentar un tinte azulado.

LAS MARCAS DE NACIMIENTO DE SU BEBE

Algunos vasos sanguíneos que están debajo de la piel del bebé pueden conformar marcas. Habitualmente éstas no requieren de ningún tratamiento.

Mordeduras de la cigüeña *Son leves manchas rosadas. Son muy frecuentes y suelen presentarse en la nariz, los párpados y el cuello. Tardan aproximadamente un año en desaparecer.*

Marcas en forma de fresa *Aparecen al comienzo como diminutos puntos rojos y pueden aumentar de tamaño hacia el fin del primer año. Casi siempre desaparecen hacia los 5 años de edad.*

Marca mongoloide *Son azules y aparecen en la parte baja de la espalda de los bebés de piel oscura (casi todos los bebés negros y asiáticos y algunos mediterráneos las tienen)*

Marcas de vino oporto *Son marcas grandes y chatas, de color rojo o púrpura que se presentan en la piel de algunos bebés. A menudo se ubican en la cara y el cuello. Son permanentes, de modo que si le preocupan, debe consultar a su médico.*

semanas. Más tarde aparece un cabello más permanente. De todos modos, el cabello que su bebé tiene en la cabeza en el momento de nacer puede no ser del color que tendrá permanentemente.

Manos y pies Siempre son de un color ligeramente más azulado que el resto del cuerpo, debido a lo primitivo de la circulación. Pueden presentar manchas de piel descamada, que desaparecerán en pocos días. Las uñas pueden ser largas y afiladas. Usted puede limar suavemente las puntas de las mismas si nota que se rasguña, pero no las corte.

Ombligo El cordón umbilical, que se ha cortado, no se separa del ombligo hasta aproximadamente diez días después del parto. Algunos bebés tienen hernias umbilicales (pequeñas hinchazones cerca del ombligo), que suelen desaparecer dentro del año. Si persisten o se agrandan, debe consultar al médico.

Pechos Tanto en los bebés varones como en las niñas los pechos pueden estar algo agrandados y secretar un poco de leche, debido a las hormonas del embarazo. Esto es normal y desaparece en un par de días.

Párpados hinchados
Los párpados de su bebé pueden estar hinchados por la compresión sufrida en el canal de parto, pero esta hinchazón se irá en un par de días.

Piel manchada
Puede presentar manchas blancas, llamadas milia, que se originan en un bloqueo de las glándulas sebáceas que lubrican la piel. Pronto desaparecerán.

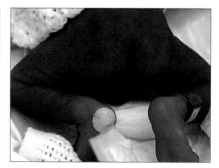

Manchas oscuras
Su circulación aun no se ha estabilizado. Quizá note manchas rojas y blancas en la piel, y las piernas pueden ser de un color diferente.

QUE HACE SU BEBE

ESTABLEZCA UNA BUENA COMUNICACION

Hágase un tiempo para jugar con su bebé, ya que esto es fundamental para su desarrollo

Trate de reconocer sus necesidades
El tendrá muchas expresiones que pronto le resultarán fáciles de comprender. Cuando esté satisfecho, se mostrará tranquilo y apacible y cuando se sienta mal o incómodo se tornará rojo y aturdido.

Jugar juntos *No sea rígida. Cuando juegue con él haga muecas graciosas y utilice tonos agudos y cómicos para decirle lo mucho que lo quiere. El responderá asintiendo, moviendo la boca y tal vez sacando la lengua y sacudiendo el cuerpo.*

Su bebé recién nacido tiene una personalidad propia y puede sorprenderla con su comportamiento. Dedique todo el tiempo que pueda a estudiarlo, y descubrirá y comprenderá sus expresiones y respuestas particulares.

POSTURA Y SENTIDOS

La cabeza de su bebé es demasiado pesada como para que los músculos de su espalda y su cuello la puedan sostener, de modo que, cuando no esté acostado, todas sus posturas están gobernadas por su gradual habilidad para controlar la cabeza. Si su bebé está apoyado sobre la espalda, probablemente volverá la cabeza a un lado, extenderá el brazo de ese mismo lado y flexionará el brazo opuesto en dirección al pecho. Para cuando tenga una semana de edad, levantará la cabeza en forma de pequeñas sacudidas cuando usted la esté sosteniendo sobre su hombro, y a las seis semanas será capaz de sostener la cabeza durante más de un minuto.

Al nacer, sus sentidos del oído, el olfato y el gusto son bastante agudos. Pronto la reconocerá a usted por el olor, y en dos semanas lo hará visualmente. Al comienzo, su boca es su principal instrumento para tocar. Cuando usted sostenga a su bebé cerca por primera vez, él se fijará en su rostro y la mirará a los ojos. A los bebés lo que más les gusta es mirar rostros. Escuchar voces humanas hablando en tonos agudos les provoca gran placer, y preferirá la suya y la de su pareja, más grave, a ninguna otra. También responderá a los sonidos con cambios en su respiración y se sorprenderá ante los ruidos fuertes.

ACCIONES REFLEJAS

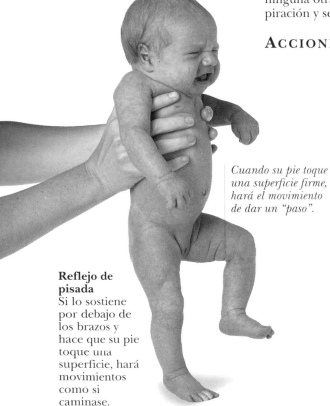

Cuando su pie toque una superficie firme, hará el movimiento de dar un "paso".

Reflejo de pisada
Si lo sostiene por debajo de los brazos y hace que su pie toque una superficie, hará movimientos como si caminase.

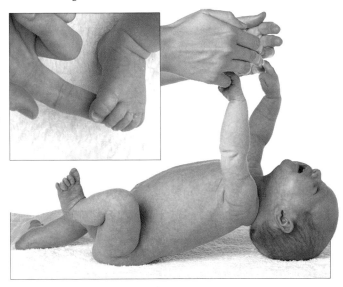

Reflejo de prensión
Los dedos de su bebé aferrarán cualquier cosa que coloque en la palma de su mano. La prensión es tan fuerte que, si se toma de sus dedos con ambas manos, puede sostener su propio peso. Las plantas de sus pies se arquearán hacia abajo si las tocan.

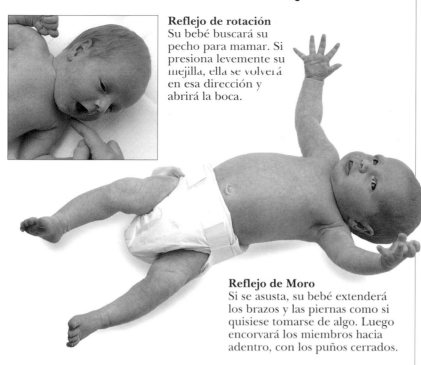

Reflejo de rotación
Su bebé buscará su pecho para mamar. Si presiona levemente su mejilla, ella se volverá en esa dirección y abrirá la boca.

Reflejo de Moro
Si se asusta, su bebé extenderá los brazos y las piernas como si quisiese tomarse de algo. Luego encorvará los miembros hacia adentro, con los puños cerrados.

Todos los bebés se valen de algunos movimientos reflejos para protegerse. Estos reflejos suelen durar aproximadamente tres meses y, al cabo de ese lapso, el bebé los va perdiendo gradualmente. Si usted le toca los párpados, el bebé cerrará los ojos por reflejo. Todos los bebés presentan un reflejo de succión cuando se ejerce una presión sobre el paladar, dentro de la boca. El reflejo de succión es más fuerte y dura más tiempo. El reflejo de deglución es inherente a todos los bebés y ya lo han utilizado dentro del útero para tragar líquidos. Les permite tragar el calostro o la leche al instante de nacer. Si un bebé traga demasiado líquido, su reflejo de arcada se pondrá en juego inmediatamente para dejar libres las vías respiratorias.

POR QUE LLORA SU BEBE

Llorar es su única manera de hacerse notar frente a usted. Pronto aprenderá a reconocer todos los tipos diferentes de llanto y a responder a ellos.

- *El primer llanto de su bebé puede al principio sonar como un sollozo o como un quejido, antes de llegar a ser fuerte y franco. Antes de lanzarlo, respirará hondo, su cuerpo se pondrá en tensión, su rostro adoptará una mueca y se tornará rojo. Entonces abrirá ampliamente la boca y gritará. Aunque a usted le resulte molesto, esto indica que está bien sano.*

- *Llorará cada vez que tenga hambre y habitualmente no dejará de hacerlo hasta que lo ponga al pecho o le dé una mamadera. Algunos bebés lloran más rápido que otros cuando tienen hambre.*

- *El cansancio, la ropa incómoda, demasiado calor o demasiado frío, o el hecho de estar desvestido, son cosas que lo pueden hacer llorar.*

- *Una de las principales causas por las que se puede sentir molesto es la soledad. Los bebés necesitan el contacto corporal y, si se sienten abandonados, llorarán hasta que los levanten y los acunen.*

LOS SONIDOS QUE PRODUCIRA SU BEBE

RESPIRACION
La respiración de su bebé parecerá muy leve comparada con la suya. En algunos momentos puede ser rápida y ruidosa. Puede resoplar cuando el aire pasa por sus pequeños conductos nasales. No se alarme si al comienzo no logra detectar su respiración. Se hará cada vez más fuerte.

ESTORNUDOS
La sensibilidad que tiene a las luces intensas lo hace estornudar, porque la luz estimula los nervios que van hacia la nariz y hacia los ojos. Un estornudo limpiará sus conductos nasales, evitando que el polvo pase a sus pulmones. Los estornudos son frecuentes y no significan resfrío.

HIPO
Su bebé tendrá hipo a menudo; esto es normal. El hipo suele originarse en súbitas e irregulares contracciones del diafragma. Muestran que los músculos que intervienen en la respiración se están fortaleciendo y están intentando trabajar armónicamente.

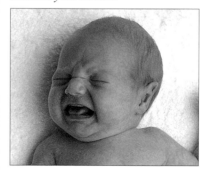

Una llamada de atención
Los movimientos súbitos, las luces muy intensas, las sensaciones de mucho calor o mucho frío, pueden hacer que su bebé comience a llorar.

IRSE A CASA

Asegúrese de que el hospital esté al tanto de cuánto tiempo piensa usted permanecer allí. El procedimiento para el alta puede variar de hospital a hospital. Algunas mujeres se van muy pronto después del parto; otras, permanecen por más de una semana. El tiempo habitual de internación es de 1 a 2 días. Antes de que le den el alta:

● Un médico la examinará. Este examen incluirá un control para ver si su útero está volviendo al tamaño que tenía antes del embarazo, si sus suturas (si las tiene) se están curando, y si sus pechos están en buenas condiciones. Controlarán también el color y la cantidad de los loquios, y observarán si ha expulsado coágulos. Los coágulos acompañados de sangrado persistente pueden estar indicando que usted ha retenido algo de tejido de la placenta.

● Si ha tenido una cesárea, controlarán la herida y quitarán las suturas que no sean reabsorbibles.

● Le preguntarán respecto de la anticoncepción y, de ser necesario, le harán recetas para las píldoras.

● Si usted no era inmune a la rubeola durante el embarazo, la inmunizarán.

● Una enfermera o una partera le enseñarán cómo debe limpiar el cordón umbilical de su bebé.

● Le darán una fecha para realizar el primer control posparto y le aconsejarán que lleve a su bebé a un pediatra para controlarlo.

● Cuando se vaya, vista a su bebé abrigado. Aun no es capaz de regular su temperatura. Usted necesitará ropa suelta, ya que sus pechos se agrandarán cuando baje la leche y su vientre no volverá a su chatura anterior sino varios meses después del parto.

SU ESTANCIA EN EL HOSPITAL

La rutina de cuidados que el hospital le brinda variará según haya tenido un parto vaginal o una cesárea (ver pág. 280), la clase de hospital de que se trate, cuánto tiempo permanezca y su estado y el de su bebé recién nacido.

LA ATENCION DE SU BEBE

Sea que usted deje el hospital en 12 horas, o que permanezca allí durante varios días, cuando se vaya, un pediatra habrá examinado ya cuidadosamente a su bebé para asegurarse de que todo va bien y no hay problemas. Su médico o su partera también querrán controlar que el bebé se esté alimentando y que sus heces sean normales. Se efectuará un análisis de sangre que sirve para detectar la fenilcetonuria, una enfermedad metabólica poco frecuente y la baja actividad de la glándula tiroides.

SU ATENCION

Inmediatamente después del parto le tomarán la temperatura, el pulso y la presión sanguínea. Durante el primer día seguirán tomando estos registros aproximadamente cada cuatro horas y luego lo harán dos veces al día durante el resto de su permanencia en el hospital, o en la primera semana o diez días en su casa. Puede haber pequeños cambios en estos registros, pero no debe preocuparse por eso.

El equipo médico también controlará que cualquier sutura o desgarramiento se esté curando bien y que no existan infecciones. También puede aconsejarle la aplicación de hielo en la zona para evitar la hinchazón y recetarle calmantes para los dolores que pueda tener los primeros días.

Los profesionales también controlarán la cantidad y el aspecto de los loquios. Querrán asegurarse de que no existen coágulos anormales ni sangrado excesivo. Examinarán también el estado de su útero y su cérvix, para corroborar que estén retornando a su estado anterior al embarazo. Su médico también le revisará las piernas para ver si existen signos de trombosis y controlará su estado emocional general.

Retomar el movimiento Las nuevas mamás deben moverse lo más posible enseguida después del parto. El movimiento temprano la ayudará a recuperar sus fuerzas más pronto y estimulará el funcionamiento de los intestinos y de la vejiga (ver también pág. 332).

Probablemente usted permanezca en cama durante las primeras seis horas y luego le permitan levantarse para ir al toilet, ducharse o deambular. Es mejor pedir ayuda la primera vez que se levante de la cama, ya que puede sentirse un poco mareada o débil. A menudo se practican análisis de sangre de rutina antes de que usted se vaya del hospital para asegurarse de que la hemoglobina está volviendo a los niveles normales.

Partos por cesáres En los Estado Unidos, entre el 15 y el 20 por ciento de las mujeres tienen partos por cesárea. Si le han suministrado un anéstésico general, es posible que se sienta nauseosa o tenga temblores. La incisión será dolorosa y las suturas permanecerán cubiertas por un vendaje suave. Probablemente le coloquen un goteo en el brazo y por este medio le administren analgésicos para ayudarla a dormir. Si su bebé está sano, no hay motivos por los cuales no pueda permanecer con usted todo el tiempo.

Si las suturas no son reabsorbibles, se las quitarán cinco o seis días después del parto. Esto le causará tan sólo una leve incomodidad. Lo habitual es que, después de una cesárea, usted permanezca en el hospital entre una semana y diez días (ver también páginas 280 y 284).

PROCEDIMIENTOS HOSPITALARIOS

Puede parecer que el servicio de maternidad funciona para la comodidad del personal y no para la de las madres y los bebés y esto, hasta un cierto punto, es verdad. No permita que el personal del hospital tenga actitudes negativas hacia usted, en particular en lo que se refiere al amamantamiento. Insista en que deben darle tiempo suficiente para alimentarlo. Los procedimientos varían de hospital en hospital, pero lo habitual es poner el bebé en el pecho cuatro veces el primer día y entre cinco y seis veces el segundo día. Se debe comenzar lentamente, colocando al niño sólo dos o tres minutos en cada pecho, de modo que los pezones puedan fortalecerse, y se eviten las irritaciones y las grietas.

También puede parecer que la rutina del hospital está programada especialmente para interrumpir su sueño. ¡Es frustrante ver que hay que tomar un té en el momento en que justo acababa de dormirse! La comida del hospital puede ser liviana e insípida, y además resultar poco nutritiva y con bajo contenido de fibras. Haga que las visitas le lleven provisiones, o pida a una amiga que la visite a las horas de las comidas y le lleve lo que usted desca comer. La mayor parte de sus visitas estarán encantadas de llevarle algo que usted verdaderamente necesita.

Visitas Aunque sean bienvenidas, recuerde que la cansarán más de lo que usted imagina. Trate pues de limitar la duración de cada visita a no más de media hora. Constate con el hospital cuántas personas pueden visitarla al mismo tiempo y asegúrese de que vengan dentro del horario de visitas.

Contacto social También hay muchas cosas para disfrutar mientras usted está en el hospital. Tendrá compañía y podrá compartir sus experiencias, apreciaciones y preocupaciones con otras madres. Las nuevas madres pueden desarrollar una agradable vida social entre ellas. Compartiendo los aprendizajes y los planes, se puede dar lugar a amistades duraderas.

Sentirse triste Si usted se siente incómoda con la rutina del hospital, existen enfermeras y un Servicio Social que son más flexibles y harán todo lo que puedan para amoldarse a sus necesidades. Si esto no funciona, tal vez lo mejor sea que usted pida que le den de alta. Sería muy triste que los primeros días de vida con su bebé se viesen ensombrecidos por las frustraciones de la vida del hospital.

EL CERTIFICADO DE NACIMIENTO DE SU BEBE

Por ley, todos los nacimientos deben ser registrados por medio de un certificado de nacimiento.

En los Estados Unidos, después del parto, el personal del hospital recaba informaciones tales como: el apellido del bebé, el sexo, la fecha y la hora de nacimiento, el peso al nacer, el tipo de parto, los nombres de los profesionales, los nombres y ocupaciones del padre y la madre, la fecha de matrimonio (si corresponde), y la cantidad de hijos que usted ha tenido antes que éste.

Luego dan a la madre una copia de este registro. Aunque los diferentes estados tienen leyes y procedimientos distintos, en general la madre recibe por correo una copia del certificado de nacimiento a las pocas semanas.

SOSTENERLO Y MANEJARLO

Un bebé recién nacido puede parecer muy frágil y, al comienzo, muchos padres se asustan al levantarlo y manejarlo porque tienen la sensación de que quizá le hagan daño. Sin embargo, la realidad es que su bebé es muy resistente y que, si usted lo sostiene con firmeza, no tiene de qué preocuparse.

SOSTENERLO FIRMEMENTE

Aun cuando esté llorando para que lo levante, no utilice movimientos torpes ni apresurados cuando lo alce: hágalo tan suave, lenta y tranquilamente como pueda. A la mayor parte de los bebés les gusta que los manejen con firmeza. Esto los hace sentirse más seguros. Como durante algunas semanas él no podrá sostener la cabeza, usted tendrá que hacerlo, para evitar que caiga. Sostenga siempre al bebé cerca de usted, manteniendo los brazos cerca de su cuerpo e inclinándose hacia el lugar desde donde lo va a levantar o donde lo va a dejar. Pronto se sentirá segura.

Para depositarlo en un lugar, simplemente debe hacer el proceso inverso que para levantarlo, cuidando siempre de mantener su cabeza sostenida. Cuando acueste al bebé, es más seguro ponerlo boca arriba o de lado.

LEVANTAR AL BEBE

Levantar al bebé
Deslice una mano por debajo de su cuello y su cabeza, y la otra por debajo de la parte inferior de la espalda (izquierda). Levántelo suavemente de modo que su cabeza no caiga. Recuerde sostener su cabeza en el hueco de su brazo (arriba) de modo que no cuelgue.

Acúnelo en sus brazos
Su bebé se sentirá seguro si usted lo acuna en el hueco de su brazo, sosteniendo bien su cabeza y sus miembros.

Cada vez que usted acaricia a su bebé y le habla, el lazo entre ustedes se torna más fuerte.

BENEFICIOS PARA SU BEBE

Investigaciones recientes han demostrado que, cuanto más contacto corporal tienen los bebés, más sanos y más felices llegan a ser.

Usted puede apelar al sentido del ritmo de su bebé cuando lo mece y lo acuna. El contacto de piel a piel estimula sus sentidos del tacto y del olfato y lo ayuda a crecer. La piel humana envía y recibe calor, lo cual tiene un efecto positivo sobre la piel de otro ser humano. Retozar juntos les producirá una sensación de satisfacción.

Un apoyo amoroso La madre a menudo siente que ella es la principal responsable del bebé recién nacido. Sin embargo, muchos hombres desean comprometerse con el cuidado del niño lo más pronto posible. El bebé y su padre desarrollarán una mejor comprensión entre ellos si el padre lo tiene en sus brazos, lo acuna y lo lleva con él. Cuanto más contacto físico exista entre ellos, más amorosa será la relación.

Durante todo el día, y especialmente cuando lo cambia, usted puede explorar maneras de acariciar suavemente su cuerpo. La mejor manera de estar en contacto es recostados en la cama. Allí el bebé podrá oler su piel, sentir su tacto y su calidez y escuchar claramente el latido de su corazón.

Su bebé se sentirá reconfortado escuchando el familiar latido de su corazón.

Sostenga sobre su hombro
Sostenido así, verticalmente, su bebé se sentirá seguro. Coloque una mano bajo sus nalgas y sostenga la cabeza con la otra.

Sosténgalo cabeza abajo
Es posible que a su bebé le guste que lo sostenga en sus brazos cabeza abajo, con la mejilla apoyada en su brazo.

PRODUCCION DE LECHE

Los cambios que sus pechos sufren durante el embarazo los preparan para la producción de leche, que comienza pocos días después de haber dado a luz.

Cada pecho femenino contiene de 15 a 20 grupos de glándulas secretoras de leche, conectadas con el pezón a través de los conductos galactóforos. Durante el embarazo, la placenta y los ovarios secretan grandes dosis de estrógeno y progestrona, que estimulan las glándulas para que produzcan calostro. El calostro provee a su bebé agua, proteínas, azúcar, vitaminas, minerales y anticuerpos que lo protegen de las infecciones. De 3 a 5 días después del nacimiento del bebé cesa la producción de calostro y comienza la de leche.

Estimulación de la producción
La succión que realiza su bebé estimula las terminaciones nerviosas de las areolas, que envían mensajes al cerebro para que produzca prolactina y oxitocina.

Glándula pituitaria

Hipotálamo

COMENZAR A AMAMANTAR

Las mujeres embarazadas que están planeando amamantar por primera vez, muchas veces se preocupan pensando que no producirán suficiente leche, o que la leche no será bastante nutritiva. Estos temores, si bien son comprensibles, habitualmente no tienen ningún fundamento. Recuerde que todas las mujeres están equipadas como para alimentar a su bebé. No existen pechos demasiado pequeños para esto y generalmente la producción automáticamente satisface la demanda.

ALIMENTAR A LIBRE DEMANDA
Un bebé puede digerir una mamada completa en aproximadamente una hora y media o dos horas (la mitad del tiempo que le lleva a un niño alimentado con biberón digerir una comida de leche para bebé). Amamantar a libre demanda, pues, significa alimentarlo con frecuencia, con la seguridad de que esto no agotará su provisión de leche —las investigaciones han demostrado que las mujeres que amamantan a sus bebés a libre demanda producen más leche que aquellas que lo hacen a intervalos regulares pero más prolongados.

Un estudio realizado comparó bebés amamantados a libre demanda con bebés amamantados a intervalos de tres a cuatro horas. Los bebés alimentados a libre demanda recibían un promedio de aproximadamente diez mamadas por día, frente a un promedio de un poco más de siete en los otros niños. Sin embargo, la alimentación más frecuente no significaba que la misma cantidad diaria de leche se dividía en porciones más pequeñas, sino todo lo contrario.

Mejor alimentación Los bebés alimentados a libre demanda recibían un promedio de 45 gramos por mamada (735 g. de líquido por día), mientras que los alimentados a intervalos fijos recibían tan sólo 39 ó 40 gramos por mamada (690 g. por día). Como resultado, al cabo de dos semanas, los bebés alimentados a libre demanda habían aumentado más de peso que los otros: un promedio de 453 gramos contra un promedio de 300 gramos.

MANTENER LA PROVISION DE LECHE
La producción de leche es una cuestión bastante compleja, y pueden afectarla muchos factores, tales como las emociones, la salud y la alimentación.

La producción de leche La transformación del calostro en leche es disparada inicialmente por cambios hormonales que siguen al parto, pero la continuidad de la producción de leche depende de la acción de la succión del niño que está siendo amamantado. Cuando succiona, el bebé estimula las terminaciones nerviosas de los pechos y las señales emitidas por estos nervios van hacia una parte del cerebro llamada hipotálamo. Cuando el hipotálamo recibe estas señales, envía a su vez otras hacia la glándula pituitaria, ordenándole que libere una hormona, la prolactina, que estimula la producción de leche. En consecuencia, esta respuesta a la succión del bebé se conoce con el nombre de reflejo de la prolactina. La pituitaria también libera otra hormona, llamada oxitocina, que hace que las fibras musculares que rodean a las glándulas productoras de leche se contraigan, impulsando a la leche a pasar desde la glándula hasta los conductos mamarios. Esto se denomina eyección de la leche o reflejo de bajada y, cuando sus pechos están llenos, puede ser provocado no sólo por la succión, sino también por el llanto o simplemente la proximidad del bebé.

Una buena provisión de leche El factor más importante para mantener una buena producción de leche es alimentar al bebé con frecuencia, de modo que el reflejo de la prolactina y el de la eyección de la leche se den a menudo y se evite la ingurgitación (hinchazón de las glándulas productoras de leche).

Si una glándula se hincha no puede producir leche con eficiencia. Usted tenderá a evitar el amamantamiento porque le resultará doloroso; el reflejo que promueve la liberación de prolactina disminuye y la producción de leche se enlentece. Usted puede aliviar la ingurgitación ordeñando su leche (ver columna de la derecha), y evitar que esto suceda alimentando al bebé con frecuencia.

Además de alimentar al bebé con regularidad, en cada mamada, usted debe esperar a que haya vaciado uno de sus pechos antes de cambiarlo al otro. Esto le garantizará que él reciba no sólo la primera leche que libera el pecho, que alivia la sed pero es baja en grasas, sino también la que viene después, que es más nutritiva y rica en grasas.

Es importante que, durante este tiempo, usted se alimente bien, ya que su cuerpo estará bajo una presión aun mayor que durante el embarazo. No necesita ninguna comida especial mientras está amamantando, pero trate de ingerir una dieta balanceada, con muchas proteínas, hierro y calcio, muchos líquidos, frutas frescas y verduras. Tres buenas comidas y algunos bocadillos de fruta, queso y bebidas lácteas entremedio, la ayudarán a mantener el nivel de energía y evitar la fatiga. Puede ser buena idea seguir tomando un suplemento diario de hierro. Cuidar de un bebé puede ser extenuante, de modo que, además de alimentarse bien, debe tratar de descansar todo lo que pueda y aun de dormir durante el día. Si usted es diabética, su médico controlará cuidadosamente su dieta y sus niveles de glucosa e insulina. Cuando retome la vida sexual, no use anticonceptivos orales hasta después de haber dejado de amamantar (ver pág. 338).

RECHAZO A COMER

Algunas veces, un bebé rechaza que lo amamanten. Esto puede suceder en los primeros días, si él se siente soñoliento como para interesarse en la alimentación. No se dé por vencida. Simplemente, ordeñe la leche que su bebé hubiese ingerido, y espere a que él quiera comer —los bebés se alimentan mucho mejor cuando tienen hambre. Sin embargo, si él tiende a quedarse dormido ni bien usted ha comenzado a alimentarlo, pruebe acostándose de lado, con el bebé junto a usted, de modo tal que alimentarse sea una actividad menos cansadora para él.

El rechazo a mamar puede deberse a una dificultad del bebé para prenderse al pecho (ver pág. 306), porque sus pechos estén ingurgitados —la hinchazón que esto provoca torna casi imposible que el bebé se prenda. Si ordeña un poco de leche él podrá prenderse con mayor facilidad.

ORDEÑAR SU LECHE

En algunas ocasiones, usted puede desear extraer leche de sus pechos sin alimentar al bebé -tal vez para que puedan alimentar a su bebé con un biberón si usted sale una noche, o si sus mamas se ingurgitan (ver pág. 334). La leche se puede ordeñar manualmente, pero es más rápido utilizar una bomba.

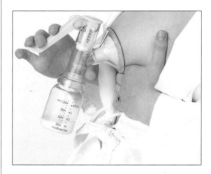

Uso de una bomba manual
Coloque la ventosa de la bomba sobre la areola, haciendo que cierre herméticamente. Luego accione la manija o el émbolo para ordeñar la leche.

Almacenamiento de la leche
Una vez que haya ordeñado la leche, tape bien el biberón. Refrigere la leche hasta el momento en que la necesite. Se puede mantener 48 horas en el refrigerador o hasta 6 meses en el freezer. Cada vez que ordeñe leche, lávese las manos, y asegúrese de que todo el equipamiento esté previamente esterilizado.

PRENDERSE

AMAMANTAR AL BEBE

La clave para lograr un amamantamiento feliz y sin problemas consiste en saber cómo lograr que la boca de su bebé se fije o se prenda correctamente a sus senos. Si su bebé se prende correctamente al pecho, logrará obtener leche suficiente y usted se evitará problemas en los senos y problemas de lactancia.

Cuando su bebé está bien prendido, sus mandíbulas están adheridas más a la piel de sus senos que al pezón mismo, que en realidad está completamente dentro de la boca del bebé.

Que el bebé se prenda correctamente es importante tanto para usted como para él por dos razones. En primer término, porque se evita que succione directamente del pezón, lo cual podría causar irritaciones y grietas. En segundo término, permite que el bebé estimule la producción de un buen flujo de leche, asegurándole que obtenga, no sólo la primera leche, que calma la sed pero es menos nutritiva, sino también la más nutritiva, que viene después (ver pág. 305). Un buen flujo de leche evita, además, que sus pechos se ingurgiten (ver pág. 334) porque no se han vaciado completamente.

Amamantar al bebé es una experiencia rica y amorosa que fortalece el vínculo entre la madre y el bebé. Es una continuación de la relación fisiológica que comenzó cuando el bebé estaba en el útero. Como el bebé puede confiar en que la leche estará allí cada vez que la necesite y en que será pura y buena, se ha dicho que el amamantamiento es el primer modo de decirle la verdad a un niño y de mantener una promesa.

Háblele, cántele o susúrrele mientras lo alimenta

Encontrar el pezón
Hasta que el bebé aprenda a buscar el pezón, estimule su reflejo de rotación tocándole suavemente la mejilla que esté más cerca de usted. El volverá entonces suavemente la cabeza hacia el lugar donde lo están tocando y, por lo tanto, hacia el pezón.

Posiciones para amamantar
Sostenga al bebé de modo que su estómago esté enfrentando al suyo. Sosténgalo con la cabeza más alta que el cuerpo y, si está sentada, mantenga la espalda derecha. Será más cómodo ubicarlo sobre una almohada colocada sobre su falda, de modo de no tener que soportar el peso.

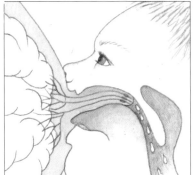

El efecto de la succión
El bebé primero estimula el flujo de la leche hacia el pezón presionando el ápice de la lengua contra la areola, en la base del pezón. Luego presiona el dorso de la lengua hacia arriba, en dirección a su paladar para extraer la leche del pezón, y poder tragarla.

Alimentación correcta

Cuando está mamando correctamente, la boca del bebé se mantiene bien abierta y, mientras la lengua y los músculos de las mandíbulas estén trabajando para succionar, usted verá que las orejas y las sienes se mueven.

Quitarlo del pecho

Cuando ha terminado de mamar, o cuando se ha acabado toda la leche de un seno y usted quiere colocarlo en el otro, deslice su dedo suavemente entre las mandíbulas del bebé.

CUIDADO DE LOS SENOS

Cambie los apósitos de sus senos después de cada mamada.

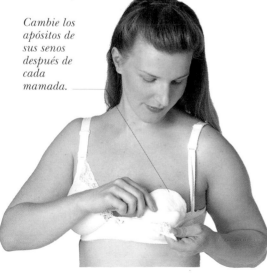

Pezones irritados

Utilice una loción para la irritación y las grietas de los pezones. Aplíquela con frecuencia, especialmente después de cada mamada.

Apósitos para los senos

La pérdida de leche de sus senos puede resultar molesta e incómoda, provocar grietas en los pezones y manchar su ropa. Los apósitos para senos colocados en las tazas de su corpiño son de fácil utilización. Los hay lavables y descartables.

TRUCOS PARA AMAMANTAR

Amamantar es simple –si no lo fuese, no habría tantos millones de madres y bebés que lo lograron con éxito. Sin embargo, puede llegar a resultar un desafío. Por eso, no deje de pedir ayuda a sus amigas, a las enfermeras, parteras o a la Liga de la Leche, si la necesita.

* *Amamantar es más sencillo si usted pone el niño al pecho a los pocos minutos del parto. Una vez que usted ha logrado que el bebé succione, en medio de la atmósfera jubilosa que rodea al nacimiento, se sentirá más confiada respecto del amamantamiento en el futuro.*

* *Si su bebé tiene problemas para localizar su pezón, porque este es pequeño y blando, coloque sobre él un paño húmedo y frío durante unos instantes, para hacer que sobresalga y se afirme.*

* *La leche siempre fluye hacia ambos pechos y es mejor utilizar ambos en cada mamada. Comience con el que esté más pesado.*

* *Deje que su bebé succione durante todo el tiempo que quiera en el primer pecho, de modo que obtenga la primera y la segunda leche (la primera calma la sed y es más liviana; la segunda es más rica y cremosa). Luego puede cambiar al otro pecho, y permanecer allí todo el tiempo que desee.*

CON BIBERON

Alimentar a su bebé con una leche preparada para lactantes es perfectamente sano y seguro, siempre y cuando usted siga al pie de la letra las instrucciones del envase. Dé además a su hijo mucha calidez, atención cariñosa y contacto visual.

PREPARAR LA LECHE

Los productos para lactantes van desde leches en polvo muy económicas hasta productos líquidos, que vienen ya preparados pero son muy costosos. Suelen estar enriquecidos con vitaminas y hierro, y están cuidadosamente pensados para parecerse lo más posible a la leche humana. Generalmente tienen como base la leche de vaca, pero también los hay a base de leche de soja, para aquellos bebés que no pueden digerir la leche, o que tienen alergia a la leche común. Si usted no está segura de qué producto usar, pida a su médico que le recomiende uno.

Cualquiera sea la fórmula que usted utilice, es esencial la absoluta limpieza de los biberones, los recipientes para mezclar y las tetinas, ya que los recién nacidos son muy vulnerables a las infecciones. Además, usted siempre debe lavarse las manos antes de alimentarlo.

EQUIPO PARA ALIMENTAR CON BIBERON

Cepillo para biberón

Cuchillo plástico

Tijeras

Cuchara plástica

Tapa

Rosca

Tetina

Biberón

Jarra medidora

Líquido o tabletas esterilizadores

Esterilizador

Embudo plástico

Sal de mesa

MANTENER TODO LIMPIO

Pronto desarrollará su propia rutina para lavar y esterilizar los biberones, pero probablemente le resultará más cómodo tener su equipo de esterilización en la cocina.

Algunos pediatras creen que la esterilización no es necesaria, especialmente si usted lava el equipo en el lavavajillas. Otros recomiendan esterilizarlo durante los primeros meses.

El lavado y el enjuague
Ponga todo el equipo en agua jabonosa caliente. Friegue los interiores de los biberones con un cepillo para biberones y eche sal dentro de las tetinas para quitar todo vestigio de leche. Enjuague cuidadosamente los biberones y las tetinas bajo agua tibia corriente.

Si tiene lavavajillas, puede colocar los biberones, la jarra y el cuchillo dentro de la lavadora, con el programa normal. En cambio, debe lavar separadamente las tetinas.

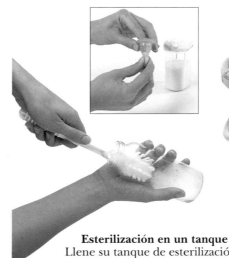

Esterilización en un tanque
Llene su tanque de esterilización hasta la mitad con agua fría. Agregue una tableta de esterilante, si su médico se las ha recomendado, y deje que se disuelva. Introduzca el equipo, llenando los biberones con agua, para que permanezcan sumergidos. Llene el tanque con agua fría.

Utilice el flotador del esterilizador para mantener todo por debajo del agua

MEDIR Y MEZCLAR

La lata o envase le dará instrucciones acerca de cómo preparar el alimento, y usted debe seguirlas lo más estrictamente posible. Nunca trate de hacer el alimento "más nutritivo" agregándole más polvo del que se especifica en las instrucciones — su bebé recibirá demasiadas proteínas y grasas y no recibirá el agua suficiente. Si usted, en cambio, agrega poco polvo al agua, para lograr que calme mejor la sed, corre el riesgo de subalimentar a su bebé.

Medir
Utilice la medida que viene con el alimento y mida cuidadosamente las cantidades. Utilice un cuchillo plástico para quitar el excedente de polvo de la medida. No colme la medida ni presione el polvo.

Mezclar
Utilice sólo agua recién hervida, que ha dejado enfriar un poco, y mídala cuando esté tibia. Si mide el agua antes de hervirla, el alimento estará muy concentrado por el agua que se habrá perdido en la evaporación.

309

PASAR DEL PECHO AL BIBERON

Si usted ha estado amamantando a su bebé y por alguna razón, desea cambiar por el biberón con alimento preparado, debe hacerlo gradualmente.

Se debe pasar del pecho al biberón muy lentamente, de modo que su bebé se acostumbre al biberón y al sabor del alimento. Su flujo de leche se irá entonces reduciendo gradualmente debido a la disminución de la demanda.

Antes de comenzar con este cambio es importante que consulte a su pediatra para que la aconseje en detalle respecto de la mejor manera de introducir el biberón.

DAR EL BIBERON

Cuando usted alimenta al bebé con un biberón, sea con alimento preparado o con su propia leche ordeñada, debe ser tan paciente y cariñosa como si estuviese amamantando. No lo apure. Déjelo tomarse un descanso, si así lo desea, y permítale que decida cuándo ha comido suficiente. Mientras le da el biberón, estréchelo cerca de usted (especialmente contra su piel desnuda), háblele o cántele y mantenga el contacto visual. Aliente a su pareja para que haga lo mismo.

Calentar el alimento
Para calentarlo, coloque el biberón vertical en agua tibia. No utilice un horno de microondas, ya que puede producir zonas calientes. Estará a la temperatura correcta cuando sienta que unas gotas vertidas sobre su muñeca se sienten templadas. Antes de alimentarlo, desenrosque un poco la virola, de modo que entre un poco de aire cuando el bebé succione. Esto evita que la tetina se tapone e interrumpa el flujo.

Prepararse para alimentarlo
Cuando alimente al bebé, sosténgalo en ángulo, con la cabeza levemente levantada, para que pueda tragar con facilidad. Hasta los diez días de edad, es posible que necesite estimular el reflejo de succión del bebé tocando suavemente la mejilla que esté más cerca de usted (izquierda). Cuando introduzca la tetina en su boca, tenga cuidado de no empujarla mucho. Puede preparar varios biberones y guardarlos en el refrigerador, pero nunca los conserve durante más de 24 horas.

Dar el biberón
Encuentre un lugar cómodo y tranquilo donde sentarse con su bebé. Probablemente le resultará más cómodo sentarse en el piso, o utilizar una silla suficientemente baja como para poder tenerlo en la falda. Apoye la cabeza del bebé en el hueco del codo y sostenga su espalda con el brazo. Tome las nalgas con firmeza. Asegúrese de que no esté en posición horizontal. Debe estar semisentado para que pueda respirar y tragar sin riesgos de atorarse. Cuando comience a succionar, incline el biberón para que la tetina se llene de alimento o de leche, y no se filtre aire.

Sostenga siempre el biberón en un ángulo tal que la tetina se llene de leche. En caso contrario, su bebé tragará aire junto con el alimento.

Retirar la tetina

A veces un bebé continúa succionando satisfecho aun cuando el biberón esté vacío. Si quiere retirar la tetina, deslice suavemente un dedo entre las encías.

Si el bebé se duerme

Si su bebé se queda dormido mientras está comiendo, puede ser que tenga gases que lo hagan sentirse somnoliento. Incorpórelo y hágalo eructar.

HACER ERUCTAR AL BEBE

Sostenga la cabeza del bebé con la mano, de modo que no caiga hacia adelante.

Posiciones para eructar

Si su bebé tiene gases, una de las mejores maneras para hacerlo eructar es colocarlo contra su hombro y masajear suavemente su espalda (arriba). Proteja su ropa con una toalla limpia, porque puede vomitar un poco de leche (regurgitar).

Otra manera efectiva de hacerlo eructar consiste en inclinarlo hacia adelante sobre su falda (derecha), sin doblar su cintura.

GASES Y ERUCTOS

El objetivo de hacer eructar a un bebé es lograr que salga el aire que tragó durante la alimentación, o durante el llanto que la precedió, para evitar que le cause incomodidades. Sin embargo, los bebés varían mucho en cuanto a su reacción frente a los gases y, en mi experiencia, la mayor parte no se sienten más satisfechos por el hecho de haber eructado.

Los bebés varían mucho en cuanto a la cantidad de aire que tragan mientras se alimentan. Algunos tragan muy poco, entre ellos la mayoría de los alimentados con el pecho materno. Una vez que el bebé se prende al pecho, se crea virtualmente un cierre hermético contra el aire, por eso es casi imposible que un bebé trague aire mientras está en el pecho.

En cambio es mucho más frecuente que los bebés alimentados con biberón traguen aire; aun así, esto no parece ser un verdadero problema.

El punto a favor de hacer eructar al bebé, es que usted se relaja, toma las cosas con calma, toma a su bebé con firmeza y lo golpetea de un modo que le da la confianza. Esto es bueno para ambos. Mi actitud respecto a hacer eructar a los bebés es aconsejar que se haga, pero que no se transforme en un fanatismo.

No lo masajee ni lo golpee demasiado fuerte, ya que así puede lograr que vomite parte de lo que ha comido. Un movimiento suave y ascendente es preferible antes que las palmadas fuertes. No hace falta detenerse en mitad de una comida para hacer eructar al bebé. Espere a que él haga naturalmente una pausa y póngalo entonces sobre su hombro.

DIVERTIRSE CAMBIANDOLO

El cambio de pañales no tiene porqué ser una rutina aburrida. Ambos padres pueden obtener mucho placer divirtiendo al niño, y ver esta situación como un momento para estar juntos.

- *Bese sus nalgas y su cuerpo, haciéndole cosquillas con la boca y emitiendo ruidos.*

- *Converse con él o cántele –los bebés suelen responder mejor a las voces humanas con tonos agudos.*

- *Mantenga su rostro cerca y adopte expresiones exageradas y animadas.*

- *Tenga a mano un juguete de goma que él pueda tomar.*

- *Coloque un móvil musical, fotografías en color, plastificadas, o un espejo para bebés colgando sobre el lugar donde lo cambia, a una altura suficientemente baja como para que él pueda visualizarlos bien.*

- *Mientras ventile su trasero, flexione y estire sus piernas. De ese modo logrará que rápidamente adopte posiciones diferentes de la fetal.*

Ambos pueden divertirse mientras cambian los pañales.

ELECCION DE LOS PAÑALES

Su bebé recién nacido necesitará usar pañales día y noche, y los seguirá usando durante dos o tres años, hasta que esté entrenado para ir solo al toilet. Es importante que usted escoja el tipo de pañales que sean más adecuados para su estilo de vida y su presupuesto.

TIPOS DE PAÑALES

Hay gran variedad de formas y tamaños, pero la elección básica debe hacerse entre los de tela y los descartables. Piense cuál es el tipo que será cómodo para su bebé, posible de costear y manejable para usted.

Pañales descartables Son cómodos, pero a largo plazo pueden resultar costosos. Son fáciles de usar porque el diseño es simple y no requieren alfileres ni bombachas plásticas. Los más comunes tienen una cobertura plástica y una capa absorbente en el interior, y se aseguran con bandas autoadhesivas. Los pañales descartables son ajustables en las piernas para evitar las filtraciones, vienen modelos especiales para varón y para niña, y sus tamaños van desde los adecuados para recién nacidos hasta para los gateadores. Es raro que los niños noten los coloridos o las guardas de dibujos hasta que no son más grandes, por lo tanto, no tiene sentido pagar más caro por estos.

Pañales de tela Los pañales de tela pueden parecer al comienzo más costosos, ya que usted debe comprar por lo menos 24 de buena calidad, para poder cambiarlo las veces que sea necesario, y debe comprar además alfileres o clips y bombachas plásticas. Sin embargo, a largo plazo, pueden resultar más baratos. Su uso es más trabajoso, ya que hay que lavarlos y secarlos cada vez que se usan y no suelen ser tan absorbentes como los descartables. Los servicios de pañalera los hacen más convenientes, pero también más costosos. Los pañales que vienen predoblados tienen un panel central absorbente y son fáciles de colocar. Los servicios de pañalera suelen proveer un tamaño para recién nacidos y otro más grande para los bebés más crecidos. Si decide lavar los pañales usted misma, tendrá que plegar en torno a su bebé los de mayor tamaño. Los pañales de gasa son ideales para los recién nacidos. Son suaves para la piel y se pueden plegar fácilmente. Como contrapartida, no son muy absorbentes y, por lo tanto, se deben cambiar con frecuencia. Si puede hallarlos, los antiguos pañales ingleses hechos en tela de toalla son los más absorbentes. Sin

VARIEDADES DISPONIBLES

Forros para pañales

Pañal tipo Terry

Pañal en forma de T

Pañal de gasa

Descartable

Bombacha plástica

DESCARTABLES

Ventajas *No hay que lavarlos ni secarlos. No hacen falta alfileres ni bombachas. No se corre el riesgo de lastimar al bebé con un alfiler. Son más prácticos para viajar, ya que se necesitan menos accesorios y menos espacio.*

Desventajas *Sólo se pueden usar una vez. Son más caros a largo plazo. Se transforman en desperdicios –nunca los arroje en el inodoro.*

DE TELA

Ventajas *Sólo se necesita una cantidad y no es necesario estar comprando constantemente. A la larga son un poco más baratos. Se pueden utilizar para otro bebé.*

Desventajas *Necesitan lavado y secado, o un servicio de pañalera. Necesitan accesorios. El bebé puede pincharse con un alfiler.*

LOS EXCREMENTOS DE SU BEBE

Si su bebé está sano, usted debe prestar poca atención al contenido de sus pañales.

Las deposiciones varían, pero hay unos pocos signos a los que usted debe estar atenta. (ver La Salud del Recién Nacido, pág. 316). Por ejemplo, los vestigios de sangre en las heces no son normales. Comuníqueselo inmediatamente a su pediatra.

Después del nacimiento, la orina de su bebé contiene uratos que pueden manchar el pañal de color rosa fuerte o rojo. Esto es normal y no debe alarmarse. Orinará frecuentemente, tal vez cada media hora, porque su vejiga no puede retener la orina ni siquiera por unos minutos. No debe preocuparse excepto que deje de orinar durante varias horas –en ese caso debe consultar a su médico por si hay alguna anormalidad en su aparato urinario, o porque puede estar deshidratado.

Probablemente será necesario que le cambie los pañales después de cada comida.

embargo, hay que plegarlos y pueden resultar muy voluminosos para el recién nacido. Los pañales de toalla en forma de T resultan muy prácticos. Los forros para pañales son útiles con cualquier tipo de pañal. Se trata de papeles absorbentes que se pueden colocar dentro del pañal.

EL CONTENIDO DE LOS PAÑALES

En los primeros días posteriores al nacimiento del bebé, usted notará un cambio en el color y la consistencia de sus heces. Durante los primeros dos días, el bebé defecará meconio, que es una sustancia pegajosa de color verde oscuro. Después de que comience a comer, las heces se tornarán de un color marrón verdoso, de una consistencia más blanda y luego serán de un marrón amarillento. Los bebés alimentados con leche materna defecan heces más blandas y de un amarillo brillante. Los bebés alimentados a biberón evacúan heces más firmes, de color marrón pálido y olor más penetrante. El número de evacuaciones también puede variar. Algunos bebés ensucian los pañales después de cada comida, mientras que otros lo hacen con menos frecuencia

EL LAVADO DE LOS PAÑALES

CAMBIO DE PAÑALES

Todo rastro de orina y materia fecal debe ser eliminado de los pañales de tela, ya que, de lo contrario, la piel del bebé se paspará.

Llene todas las mañanas un recipiente para pañales con agua y desinfectante. Los pañales sucios de orina pueden ser introducidos directamente. El exceso de materia fecal debe ser arrojado en el inodoro. Al día siguiente, lave los pañales con agua caliente, jabón en polvo y blanqueador. Dé otra lavada a los pañales, solamente con agua, para quitar el exceso de jabón. Si lo desea, puede probar con detergente –dejará más limpios los pañales, pero puede irritar la piel del bebé. Por ese motivo, debe proceder con cuidado.

Usted deberá cambiar los pañales a su bebé cada vez que estén mojados o sucios, y, mientras sea un recién nacido, esto ocurrirá muchas veces por día. Para evitar incomodidades y paspaduras, cámbiele los pañales en cuanto se despierte por las mañanas, cuando se vaya a dormir en las noches y después de cada comida. Tenga un lugar apropiado para cambiarlo, con todas las cosas al alcance de la mano, incluyendo un cesto de desperdicios con tapa para los pañales descartables sucios.

LIMPIAR AL BEBE

Limpiar los pliegues de las piernas
Quítele los restos de materia fecal con un papel tissue. Levántele las piernas y coloque el pañal por debajo. Utilizando cada vez una zona distinta del tissue, humedecido con agua o loción, limpie todos los pliegues de la parte superior de las piernas, en dirección hacia abajo y hacia afuera del cuerpo.

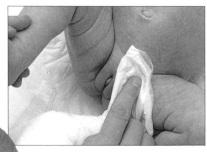

Airear las nalgas ayuda a evitar que se paspen

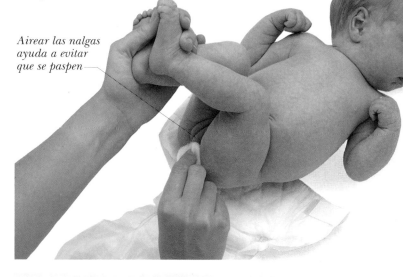

Limpie la zona de los pañales
Sosteniendo ambos tobillos con una mano, límpiele la zona genital. Limpie la vagina hacia atrás, en dirección al recto para evitar ensuciar los labios. Nunca separe los labios para limpiar el interior. Limpie las caderas y las nalgas en dirección hacia el recto. Quite el pañal sucio

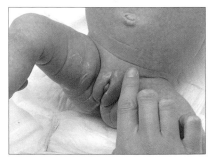

Limpie el trasero
Si ha utilizado agua, seque la zona con un tissue y luego déjelo agitar las piernas durante un rato. Aplique suavemente aceite en los genitales y el trasero para evitar paspaduras.

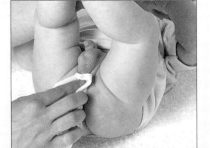

LA LIMPIEZA DE UN VARON

Coloque loción para bebés en un pompón de algodón y limpie suavemente debajo de los testículos y del pene, en dirección hacia afuera del cuerpo. No lleve hacia atrás el prepucio. Limpie el trasero sosteniendo ambos tobillos con una mano, tal como se muestra en el cuadro de la derecha. No aplique loción contra las paspaduras en el pene. Utilice jalea de petróleo.

COLOCAR UN PAÑAL DE TELA

PASPADURAS

Doble y ubique el pañal

Doble el pañal formando un triángulo, llevando la parte de abajo a la derecha hacia el extremo superior izquierdo. Levante las piernas del bebé y deslice el pañal por debajo. Coloque la cintura del bebé sobre la línea superior del pañal.

Las bacterias de la piel hacen que, a partir de la orina, se forme amoníaco, que es una sustancia tóxica y quemante. Así es como la piel del bebé se paspa, y esta irritación puede ir desde un ligero enrojecimiento hasta la aparición de piel inflamada, agrietada y ulcerada.

Para disminuir el riesgo, trate de cambiar siempre los pañales en cuanto se mojen o se ensucien. Limpie los pliegues de la piel cuidadosamente y airee las nalgas del bebé todas las veces que pueda.

Asegure el pañal

Levante el pañal entre las piernas (baje el pene, si se trata de un varón). Sosteniendo el pañal en su lugar y mientras tanto pliegue un lado por sobre el panel central y tire de él suavemente para mantenerlo firme. Luego, pliegue el otro lado. Si se trata de un bebé pequeño, asegure el pañal con un alfiler en medio. Más adelante, utilice dos alfileres, uno a cada lado.

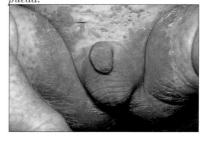

Irritación

Se produce con frecuencia. Si aparece, no lave la piel del bebé con agua y jabón: utilice loción para bebés. También puede tratar la piel con Desitina o un producto semejante. Si la paspadura no desaparece en un par de días, consulte a su médico.

COLOCAR UN PAÑAL DESCARTABLE

Abra el pañal descartable, con la parte que tiene las tiras adhesivas en la parte superior. Levante las piernas del bebé, deslice el pañal por debajo y ubique la cintura del bebé sobre la línea superior. Levante el panel del frente por entre las piernas, alisando los laterales alrededor del trasero, de modo que queden bien plegados hacia atrás. Si la parte superior del pañal no es elastizada, pliegue hacia adentro los bordes más finos. Quite los protectores de las tiras adhesivas. Empuje uno de los lados hacia el frente y pegue la tira. Haga lo mismo con el otro lado, manteniendo siempre ajustado el pañal.

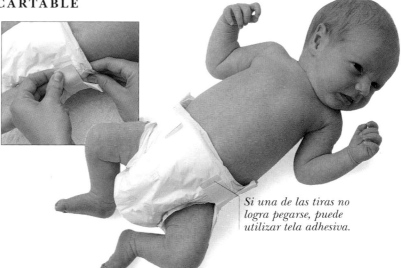

Si una de las tiras no logra pegarse, puede utilizar tela adhesiva.

EL BAÑO DEL BEBE

Su bebé recién nacido necesitará que lo bañen dos o tres veces por semana, aunque obviamente, si ambos los disfrutan, puede bañarlo con más frecuencia. Puede bañarlo en cualquier habitación de su casa, siempre y cuando esté lo suficientemente caldeada. Recuerde probar primero el agua, introduciendo el codo o la parte interior de la muñeca, para asegurarse de que no esté demasiado caliente.

Muchos padres se ponen nerviosos cuando deben bañar por primera vez a su bebé. Una vez que establezca una rutina, ambos podrán distenderse y disfrutar de un tiempo de contacto cercano.

LAVADO PARCIAL

Este es un método breve para limpiarle el rostro, el cuello, las manos y el trasero sin meterlo en el baño ni quitarle toda la ropa. En lugar de un trapo, utilice trozos de algodón embebidos en agua hervida tibia y escurridos. Utilice un nuevo pompón cada vez. Limpie desde la parte interna del ojo en dirección hacia afuera. Luego limpie detrás de las orejas, sobre la cara y el mentón, y alrededor del cuello. Séquelo con una toalla suave.

- *Entibie el cuarto a una temperatura de por lo menos 20° C y trate de que el tiempo que el bebé esté desvestido sea el mínimo posible.*

- *Asegúrese de que la bañera esté a una altura que le resulte cómoda.*

- *Use un delantal impermeable y tenga una toalla alrededor de su cintura, para poder secar al bebé en su falda.*

- *Tenga al alcance de la mano todos los elementos que va a necesitar para lavarlo, secarlo y vestirlo.*

- *Pruebe siempre la temperatura del agua antes de introducir al bebé y nunca agregue más agua caliente durante el baño. Agregue líquido de baño para bebé en el agua. Es más sencillo que utilizar jabón.*

- *Convérsele y sonríale constantemente y establezca todo el contacto corporal que pueda. La mayor parte de los bebés disfruta chapoteando.*

Lavado de la cara y el cuello
Limpiéle el rostro y el mentón, como así también los pliegues del cuello con el algodón embebido para quitar todo rastro de leche o saliva

Limpie los pliegues por dentro, en dirección hacia abajo y hacia afuera

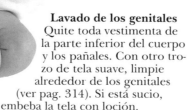

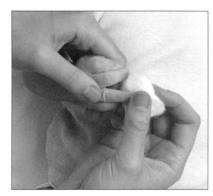

Lavado de los genitales
Quite toda vestimenta de la parte inferior del cuerpo y los pañales. Con otro trozo de tela suave, limpie alrededor de los genitales (ver pag. 314). Si está sucio, embeba la tela con loción.

Lavado de las manos
Enderécele suavemente los dedos. Utilizando un pompón de algodón embebido o un trozo de tela limpia, límpiele las palmas y los dorsos de las manos y los huecos de entre los dedos. Con un trozo nuevo de algodón, límpiele los brazos. Seque con una toalla suave.

EL BAÑO

Antes de introducirlo en el baño, desvístalo dejándolo con camiseta y pañal. Límpiele los ojos y el rostro con pompones de algodón embebido. Luego, desvístalo completamente y envuélvalo en una toalla suave y limpia.

Lávele la cabeza

Sosténgalo justo sobre la bañera, de modo que el cuerpo esté apoyado sobre su brazo y usted pueda sostenerle la cabeza con la mano. Estire los dedos para tomarla bien. Con la otra mano, lávele cuidadosamente el cabello con el agua de la bañera. Luego séquele el cabello con una toalla suave.

Extienda los dedos para sostenerle la cabeza.

LIMPIEZA DEL CORDON UMBILICAL

El cordón umbilical del bebé suele secarse y caerse dentro de la semana del nacimiento. Limpie diariamente la zona para evitar infecciones.

Limpie suavemente los pliegues de la piel que están en torno al ombligo con paños quirúrgicos para bebés, que contienen alcohol puro. Pídale a su médico que se los provea. Continúe con este tipo de limpieza cuando el cordón ya ha caído, para que la zona cicatrice rápidamente. Si nota un enrojecimiento u otro signo de infección, pídale consejo a su pediatra.

Evitar las infecciones

Seque la zona con cuidado después de cada baño y expóngala al aire siempre que pueda.

Introdúzcalo en la bañera

Sosténgale los hombros y el cuello con el brazo, tomando con la mano el hombro más distante. Tome las nalgas con la otra mano.

Lávelo todo

Sosténgalo semi-incorporado y derrame agua suavemente sobre todo el cuerpo con la mano. Al mismo tiempo, sonríale y háblele. Cuando termine, levántelo sosteniendo las nalgas con su mano libre y envuélvalo suavemente en la toalla.

Sosténgalo siempre con firmeza.

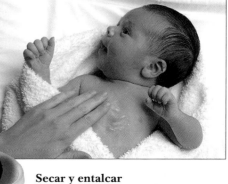

Secar y entalcar

Séquelo con suaves golpecitos, prestando atención a los pliegues de la piel. Entálquelo, pero no en la zona de los pañales, ya que el talco se apelmaza al humedecerse

LA SALUD DEL RECIEN NACIDO

A medida que su bebé vaya creciendo, usted aprenderá a reconocer y a afrontar las dolencias leves y frecuentes. Sin embargo, hay situaciones en las que debe llamar al médico.

Cuando su bebé se enferma usted se puede debatir entre el deseo de no molestar al médico innecesariamente y su preocupación cada vez mayor respecto del bienestar de su bebé. Si esto ocurre, usted no debe correr riesgos con la salud de su bebé —llame al médico rápidamente, en especial si el bebé tiene uno o más de los síntomas que abajo enumeramos. Hágalo lo antes que pueda si:

- *Tiene convulsiones*

- *Es difícil despertarlo*

- *Tiene dificultades para respirar, presenta un silbido y tiene una tos fuerte y seca.*

- *Tiene temperatura muy alta o anormalmente baja.*

- *Defeca frecuentemente y sus heces son blandas, verdes y aguachentas.*

- *Vomita una cantidad singificativa (no se trata del vómito que se produce frecuentemente después de comer)*

- *Ha rechazado varias comidas seguidas.*

- *Tiene síntomas de deshidratación (ver texto principal)*

- *Está molesto y llora sin motivo aparente.*

- *Parece tener molestias en los oídos, la cabeza o el cuello.*

- *Tiene una erupción no habitual.*

- *Usted tiene alguna otra razón para preocuparse por su salud.*

Los bebés recién nacidos, especialmente los que son amamantados, generalmente son sanos durante las primeras semanas de vida. Sin embargo, como el sistema inmunitario y los órganos internos aun no están completamente desarrollados, pueden padecer algunos trastornos.

ICTERICIA DEL RECIÉN NACIDO

Es frecuente que los bebés sufran de ictericia —una coloración amarillenta de la piel y el blanco del ojo debido a un exceso de bilirrubina en la sangre. La bilirrubina es un pigmento amarillo, subproducto de la destrucción de glóbulos rojos primitivos, que se produce a menudo después del nacimiento.

La ictericia infantil suele hacerse evidente en el segundo o tercer día de vida y dura entre siete y diez días, momento para el cual el exceso de glóbulos rojos ha desaparecido y el hígado del bebé ha madurado lo suficiente como para eliminar el exceso de bilirrubina. La ictericia suele desaparecer sin tratamiento, pero cuando los niveles de bilirrubina son muy altos se puede administrar al bebé fototerapia. Esta consiste en una exposición cuidadosa a una cantidad controlada de luz ultravioleta, que elimina la pigmentación amarilla de la piel.

Enfermedad hemolítica del recién nacido Esta enfermedad, que es más seria, es la consecuencia de un exceso de bilis en la sangre del bebé. Se puede producir por la destrucción de grandes cantidades de glóbulos rojos debido a la acción de los anticuerpos de una madre con incompatibilidad Rhesus (ver pág. 184). Los síntomas principales son ictericia, palidez, agrandamiento del hígado y el bazo y anormalidades en la sangre. Suele tratarse con transfusiones de sangre.

DIARREA Y VOMITOS

Los casos leves de malestares estomacales y diarrea suelen ceder rápidamente, pero el aparato digestivo de un bebé es muy vulnerable. Los bebés alimentados con leche materna son menos propensos a este tipo de infecciones gastrointestinales que los alimentados con biberón, ya que la leche materna contiene anticuerpos. Sin embargo, todos los bebés pueden padecerlas de tanto en tanto.

En caso de que su bebé vomite todas sus comidas durante un período de más de seis horas, o que defeque con frecuencia heces blandas, verdosas y aguachentas, usted debe consultar inmediatamente al médico.

Deshidratación El mayor peligro para los bebés que sufren de diarreas y vómitos es la deshidratación, debido a la pérdida de líquido.

Los síntomas de la deshidratación son sequedad de boca, ojos hundidos, depresión anormal de la fontanela, irritabilidad, letargo y rechazo de la comida. Nunca deje pasar estos síntomas: busque de inmediato ayuda médica.

CONSTIPACION

Los bebés que son amamantados no se constipan, ya que la composición y digestibilidad de la leche materna mantiene el tracto digestivo en permanente movimiento. Los alimentados con biberón, por el contrario, suelen constiparse, habitualmente debido a la falta de líquido. Si usted está alimentando a su bebé con biberón y nota que no defeca durante uno o dos días y luego evacúa una hez dura, déle agua entre las comidas para aumentar la ingesta de líquidos. Si esto no hace que sus heces se tornen más blandas, déle una pequeña cantidad de jugo de fruta diluído dos veces al día, lo cual probablemente ayudará a ablandar la materia fecal. Si esto también falla, consulte a su pediatra.

Problemas urinarios Los problemas de constipación se tratan fácilmente y habitualmente no hay que preocuparse por ellos. En cambio, si su bebé comienza a orinar con poca frecuencia, puede tratarse de un signo de fiebre o de bloqueo o infección del aparato urinario. Si pasan un par de horas sin que moje los pañales, déle mucha agua para beber. Si el pañal sigue seco dos horas después, póngase en contacto con su médico.

Si la orina de su bebé se torna fuerte y de color intenso, es posible que no esté ingiriendo la cantidad necesaria de líquido. Esto hace que la orina se concentre y la solución radica en aumentar la ingesta de líquido, dándole agua entre las comidas. Si esto no logra modificar la situación, puede ser que el bebé esté padeciendo de una infección urinaria y necesite un tratamiento médico. Haga, pues, la consulta correspondiente.

FIEBRE

Cuando su bebé tiene fiebre, esto indica que su cuerpo está luchando contra una infección —el aumento de la temperatura corporal actúa aumentando la actividad del sistema de defensa. Si usted sospecha que su bebé tiene fiebre, tómele la temperatura y luego contrólelo nuevamente en 20 minutos, para ver si se ha modificado. Anote cada toma. Si la temperatura del bebé se eleva ligeramente, pero él parece estar como siempre y no tiene otros síntomas de enfermedad, esto suele indicar que la infección es leve y habitualmente cederá en un par de días. Pese a todo, debe consultar al médico. Hágalo sin demora en caso de que la temperatura se eleve en más de un grado, si lo encuentra muy caliente o molesto o si tiene otros síntomas, tales como decaimiento, vómitos o diarrea.

OTITIS

Los bebés a menudo se resfrían y esto puede llevar a una infección del oído llamada otitis media. Esto sucede cuando las bacterias atraviesan una o ambas trompas de Eustaquio (que unen el oído medio con la parte posterior de la garganta, y que son necesarias para igualar la presión de los oídos) dirigiéndose hacia el oído medio. Como los bebés pasan la mayor parte del tiempo acostados, esta posición facilita el pasaje de las bacterias. La inflamación de la membrana mucosa de la trompa de Eustaquio hace que las bacterias queden atrapadas en el oído medio, donde se multiplican. Los síntomas son alta temperatura, diarrea, llanto sin motivo aparente o cualquier tipo de secreción del oído. Llame enseguida al médico. El examinará al bebé para confirmar el diagnóstico y para descartar la posibilidad de una meningitis, una enfermedad potencialmente más grave, que presenta síntomas similares. Las infecciones del oído se curan fácilmente con antibióticos.

LOS COLICOS DEL BEBE

Los cólicos afectan más frecuentemente a los bebés varones, y aun no se conocen las causas precisas de esta exasperante mezcla de indigestión y llanto inconsolable.

Algunas investigaciones acerca de las causas de los cólicos han llevado a muchos científicos a pensar que pueden deberse a una inmadurez en el aparato digestivo del bebé. Otros trabajos sugieren que los bebés que, dentro del vientre materno, se han visto expuestos a estados de ansiedad de la madre, son más propensos a experimentar cólicos (ver pág. 175)

En un típico bebé con cólicos, el problema comienza aproximadamente a las dos semanas de edad y desaparece alrededor de los tres meses. Los ataques de cólicos suelen sobrevenir en las noches. El bebé flexiona las piernas o las estira, en un intento de aliviar los calambres de estómago y los gases y llora porque se siente molesto y dolorido.

Usted no puede hacer demasiado por él, más que esperar a que crezca y lo supere. Sin embargo, muchas veces los masajes en el estómago alivian la incomodidad, y también resulta útil acostarlo boca abajo sobre su falda, con una bolsa de agua caliente llena a medias con agua tibia ubicada debajo de su abdomen. Otros recursos que pueden funcionar son llevar al bebé a dar un paseo en coche, acostado boca abajo sobre su falda, masajearle la espalda y darle un chupete para que succione.

Los cólicos no constituyen una amenaza para la salud de su bebé (aunque pueden ser muy frustrantes para usted) pero si comienzan, debe consultar al médico para asegurarse de que no se trata de nada más serio.

Como puede usted ayudar a su bebe

Además de todo el cuidado y atención que su bebé recibirá del personal especializado, hay cosas que usted y su pareja pueden hacer para ayudarlo a crecer.

- *Trate de pasar con él la mayor cantidad de tiempo que pueda. El bebé necesita la misma cantidad de amor y atención que requiere un bebé nacido a término.*

- *Toque y acaricie a su bebé, tanto dentro como fuera de la incubadora, siempre que pueda y tan pronto como pueda hacerlo.*

- *Ordeñe su leche en forma regular, en los horarios de la comida, para dársela a su bebé. Esto no solamente servirá para que él reciba el mejor alimento, sino que además usted asegurará la producción de leche para cuando él pueda succionar solo.*

- *Hágase cargo de los cuidados de su bebé. Pídales a las enfermeras que le enseñen cómo ayudar con la alimentación, la higiene y el cambiado. Esto la ayudará a vincularse con él y a ganar confianza en relación con su atención.*

- *No se complique con sentimientos de ansiedad, ignorancia o preocupación. Busque información en el equipo médico y apoyo en su pareja.*

Un bebe que necesita cuidados especiales

Uno de cada diez recién nacidos necesita pasar, aunque sea un período muy breve, en una unidad de cuidados especiales. La mayor parte han nacido antes de tiempo o no han crecido lo suficiente antes de nacer y sólo un pequeño número han nacido enfermos. El objetivo de una unidad de cuidados especiales es proteger al bebé de todo riesgo que pueda atentar contra su salud y alimentarlo hasta que ya no necesite de estos cuidados.

Bebes de bajo peso

En general, todo bebé que nace con menos de 2 kg y medio es más pequeño de lo que debería y puede necesitar cuidados eszpeciales. Entre el 6 y el 8 por ciento de los bebés tienen bajo peso al nacer. Entre estos, dos tercios son prematuros y un tercio es pequeño para su tiempo de gestación.

Bebés prematuros El ritmo del desarrollo de un bebé está relacionado con el hecho de que nazca a término. Por eso, si el bebé nace unas pocas semanas antes de término, puede no estar preparado para la vida en el mundo exterior. Se dice que un bebé nacido antes de la semana 37, es un bebé pretérmino o prematuro y necesitará la ayuda de una unidad de cuidados especiales para mantenerlo y protegerlo mientras se pone al día con el crecimiento.

Bebés pequeños para el tiempo de gestación Son bebés que pesan menos de los esperado para la cantidad de semanas que pasaron desde el momento de la concepción. Un bebé pequeño para el tiempo de gestación puede ser un bebé nacido a término, que es muy pequeño al nacer, o un bebé prematuro que no es tan grande como debería para el tiempo que ha pasado dentro del útero.

Riesgos para la salud Los bebés de bajo peso, especialmente si son prematuros, deben luchar contra una cantidad de riesgos que raras veces afectan a los bebés nacidos a término, además de aquellos que son frecuentes en todos los recién nacidos, tales como la ictericia. Por ejemplo, si los órganos internos no están completamente desarrollados, probablemente tendrá dificultades para respirar, pera regular la temperatura de su cuerpo y para alimentarse. También será muy propenso a las infecciones. Quizá presente además bajo nivel de azúcar en la sangre (hipoglucemia), que puede provocar daño cerebral en caso de no ser tratada o necesitar suplementos de calcio y hierro para compensar la falta de estos minerales esenciales.

Cuidado de los bebes con necesidades especiales

Hoy en día , un bebé prematuro o pequeño para su tiempo de gestación, o uno que presente una enfermedad o discapacidad, tiene una perspectiva mucho mejor que la que hubiese tenido 20 o aun diez años atrás. Esto se debe al enorme avance en el conocimiento de cómo debe cuidarse a un recién nacido y a la aplicación de estos conocimientos en las unidades de cuidados especiales.

Una unidad de cuidados especiales se dedica a aquellos bebés que necesitan una atención pediátrica especializada. Son sitios acogedores para los padres además de prestar la atención necesaria a los bebés. La mayor parte de estas unidades alientan a los padres a participar en el cuidado de los bebés, ayudando, por ejemplo, en la alimentación, la higiene y el cambio de pañales. Muchas tienen comodidades para que los padres puedan permanecer con su bebé en el hospital durante el mayor tiempo posible, a fin de que establezcan un contacto de piel , ya que esto colabora con el desarrollo más rápido del recién nacido.

Incubadoras En la unidad de cuidados especiales, ubican al bebé en una incubadora, un gabinete cerrado dentro del cual recibe calor y aire humidificado (u oxígeno, si lo necesita). Aberturas circulares ubicadas en la parte plástica superior permiten que las enfermeras y los padres lo tengan al alcance para atenderlo, y que puedan colocar monitores, sondas para alimentarlo o sondas endovenosas si las necesita.

Una unidad construida sobre la base de incubadoras, proveerá lo que el bebé necesite, como pañales, ropa de cama y tinas de baño. Cuando el bebé está lo bastante fuerte como para mantener la temperatura corporal, lo cambian de la incubadora a una cuna calefaccionada.

Alimentación Inicialmente, un bebé que necesita cuidados especiales recibe comidas pequeñas y frecuentes, comenzando con una por hora, hasta llegar progresivamente hasta una cada tres horas. Si el bebé está enfermo o es muy prematuro, le darán una mezcla de agua y azúcar porque no estará en condiciones de digerir la leche. Cuando pueda recibir leche, le darán un alimento especial, o leche ordeñada de su madre —que es el alimento ideal.

Diversas investigaciones han demostrado que la leche de las madres cuyos bebés nacen prematuros contiene mayor cantidad de ciertos nutrientes que la de aquellas cuyos bebés nacen a término. Esto ayuda a subsanar la falta de los nutrientes que hubiese recibido dentro del útero materno, si no nacía anticipadamente. Un bebé prematuro alimentado con la leche de su madre crece aproximadamente a la misma velocidad que lo hubiese hecho si aun estuviese dentro del útero.

LAS NECESIDADES DE SU BEBÉ

Un bebé que necesita cuidados especiales requiere atención médica especializada, pero también necesita a su madre y a su padre.

Mientras su bebé está en la unidad de cuidados especiales, el equipo médico le presta atención las 24 horas, haciendo uso de muchos elementos tecnológicos para darle los cuidados necesarios. Los monitores, unidos a su piel por medio de cables y contactos controlan constantemente su respiración, su ritmo cardíaco y su temperatura sin molestarlo. Hasta que está suficientemente fuerte para recibir el biberón o ser amamantado, recibe alimentos y medicación a través de diminutas sondas insertadas en las venas adecuadas, o de sondas nasogástricas.

No obstante, además de estos cuidados y atenciones, él necesita sentir el amor de sus padres. El contacto físico con usted y con su pareja le dará seguridad y aliento y, además, la ayudará a usted a desarrollar un vínculo de calidez, confianza y amor con él.

El bebé necesita escuchar sus voces. Háblenle y cántenle todo el tiempo. También es importante que aprenda a reconocer sus olores, por eso deben tenerlo en brazos siempre que puedan.

Un bebé que necesita cuidados especiales
La mayor parte de los bebés que necesitan cuidados especiales, como este, nacido prematuramente, deben pasar algún tiempo en la incubadora. Allí mantienen estable la temperatura y pueden controlar su respiración.

NOMBRE *Carol Scott*

EDAD *24 años*

ANTECEDENTES MEDICOS *Nada anormal*

ANTECEDENTES OBSTETRICOS *Este es el primer embarazo de Carol*

A las 30 semanas de gestación, Carol notó que sus manos y sus pies estaban hinchados y que no podía quitarse su sortija de casamiento. En la siguiente visita prenatal observaron que tenía alta presión arterial, de modo que le prescribieron reposo y le pidieron que regresase la semana siguiente.En esa visita, la presión era aun más elevada y se observaba albúmina en la orina. Se hizo un diagnóstico de preeclampsia y fue hospitalizada inmediatamente.

UN BEBE PREMATURO

Los bebés prematuros tienen dificultades al comienzo, pero la mayor parte evoluciona bien y cuando crecen son niños normales y sanos, gracias a los cuidados del equipo médico y la avanzada tecnología de las unidades de cuidados especiales.

UN BEBE EN PELIGRO

Aunque Carol recibió sedantes y estuvo en reposo absoluto, su presión arterial no volvió a la normalidad y seguía apareciendo albúmina en su orina. Al comienzo de la semana 35 aparecieron signos de sufrimiento fetal y se observó que Carol había dejado de aumentar de peso. Su obstetra decidió que habría que inducir el parto. Así se hizo, y luego de un trabajo de parto sencillo, Carol dio a luz a su bebé, Alice, que pesaba 1 kg 800 grs.

El obstetra de Carol presumió que la placenta había comenzado a fallar durante el tercer trimestre y que, por lo tanto, a partir de allí el bebé no había recibido una alimentación adecuada. Cuando esto sucede en un embarazo avanzado, la cabeza es desproporcionadamente grande, porque el cerebro sigue creciendo a expensas del resto del cuerpo. El médico les explicó que este tipo de bebés prematuros de bajo peso nacen con una cantidad de energía insuficiente y no tienen la grasa necesaria para mantener la temperatura corporal. Por este motivo, son más propensos a la hipotermia, a la hipoxia (falta de oxígeno en los tejidos) y a la hipoglucemia (nivel anormalmente bajo de azúcar en la sangre), por lo cual es imprescindible que se los mantenga calientes. Alice fue colocada directamente en una incubadora y ayudaron a sus pulmones inmaduros por medio de un respirador. Dieron a Carol una habitación contigua, de modo que pudiese estar con Alice el mayor tiempo posible.

REACCIONES POSPARTO

Carol y Mark se sintieron bastante abatidos cuando vieron por primera vez a Alice (ver columna de la derecha), aun cuando habían tenido tiempo para hacerse a la idea de que nacería prematura. Durante todo el embarazo, Alice había soñado con un querubín de cabellos rizados. Alice, en cambio, estaba roja y arrugada y su cabeza parecía enorme en relación con el resto del cuerpo, que era muy delgado. Dentro de la incubadora, con un respirador y llena de cables y tubos para controlarla y alimentarla, Alice parecía lejana y aislada. Carol rompió a llorar ante la vista de su diminuta hija, aun cuando sabía que se trataba de su bebé tan deseado. Mark alentó a Carol a que explicase sus dificultades al psiquiatra del hospital, quien la tranquilizó diciéndole que sus sentimientos eran comunes y normales. El personal de la unidad de cuidados especiales se mostró muy comprensivo. Alentaron a Carol y a Mark para que se pusiesen en contacto con Alice, acariciándola a través de las aberturas de la incubadora. Estudios recientes demuestran que esto ayuda a un bebé prematuro a normalizar su respiración más rápidamente. El equipo explicó a Carol que su amor era más importante para la supervivencia del bebé que toda la tecnología que ellos podían ofrecerle. Alenté a Carol y a Mark a que expresasen sus sentimientos y a que olvidasen al bebé perfecto que habían soñado. Era importante que fuesen sinceros respecto de sus sentimientos y que supiesen que muchos padres de bebés prematuros sienten las mismas cosas.

COMPROMETERSE

A medida que Carol se comprometió en los cuidados de Alice, se dio cuenta de que la amaba y de que deseaba desesperadamente que sobreviviese. Las enfermeras le enseñaron cómo extraer el calostro (ver pág. 305) de modo de poder administrárselo a Alice a través de la sonda. El calostro de las madres de bebés prematuros es extra-rico en aquellos minerales que el bebé estaría recibiendo de estar aun en el útero y la leche contiene proteínas extra que ayudan al bebé a crecer. Mientras tanto, Mark se interesó especialmente en los aparatos de la unidad de cuidados especiales. Quería saber qué era lo que cada uno de ellos estaba haciendo por su hija. Pese a estar todos muy ocupados, el equipo encontró el tiempo necesario para responder a sus preguntas.

Contacto de piel Una vez que Alice aumentó de peso y mejoró la respiración, le quitaron el respirador y las sondas para alimentarla. El personal de la unidad de posparto alentó a Carol para que colocara a Alice bajo su blusa, en posición vertical, entre sus pechos. Alice estaba desnuda, excepto por el pañal y esto hacía que la madre y su bebé establecieran un contacto de piel durante prolongados períodos. Esto ayuda a evolucionar a los bebés prematuros. El cuerpo de una madre mantiene mejor el calor del bebé que una incubadora, ya que si el bebé está frío, la temperatura de la madre aumenta, y cuando la temperatura del bebé aumenta, la de la madre baja. Las enfermeras llaman a esto "los cuidados del canguro", ya que es semejante al modo como las madres canguro mantienen a sus hijos dentro de una bolsa cálida y protectora. Este contacto de piel además fortalece el vínculo entre la madre y el bebé y es importante para la supervivencia. Alice comenzó a succionar espontáneamente. El personal de la unidad estaba encantado con su evolución y Carol y Mark ya estaban ansiosos por llevar a Alice a su casa. El obstetra les explicó que no era cuestión de que Alice alcanzase algún peso determinado. Cada bebé era considerado como un caso particular, y se le permitía irse a su casa cuando su estado de salud y su peso se consideraban satisfactorios, aunque habitualmente se mantenía internados a los bebés hasta que alcanzaban un peso de aproximadamente 2 Kg, 800 grs.

DE NUEVO EN CASA

Cuando Carol y Mark pudieron llevarse a Alice a su casa, se encontraron con nuevos problemas. La mayor parte de la ropa era grande para Alice. Los familiares tejieron y cosieron ropa diminuta, mientras Mark investigaba si había negocios que vendiesen ropa tan pequeña. Los pañales comunes llegaban hasta las axilas de Alice, de modo que Carol tuvo que fabricarle más pequeños, cortando pañales descartables y sujetándolos con tela adhesiva. Alice siguió evolucionando en su casa y muy pronto alcanzó a los bebés de su misma edad.

EL BEBE DE CAROL

Nacida 5 semanas antes de tiempo, Alice no tenía nada de la grasa que los bebés suelen acumular durante las últimas semanas de gestación, de modo que parecía muy pequeña para su propia piel, que estaba arrugada y roja. Era un cuadro patético.

- *La cabeza era muy grande en comparación con el cuerpo, que era delgado y diminuto.*

- *La piel era floja, bastante seca.*

- *Tenía lanugo (vello) en la espalda y los costados del rostro.*

- *El tórax era pequeño, con las costillas muy prominentes.*

- *Cuando respiraba, el pecho subía y bajaba dramáticamente.*

- *El trasero era huesudo y puntiagudo debido a la falta de grasa.*

- *Su sistema nervioso inmaduro hacía que sus movimientos fuesen torpes.*

- *Parecía tener que hacer un gran esfuerzo para respirar cada vez. A veces su respiración se detenía durante algunos segundos, pero eso no es anormal en un bebé prematuro.*

15

Adaptarse a la

PATERNIDAD

Las responsabilidades de la paternidad pueden resultarle muy pesadas, especialmente si implican cambios muy importantes en su estilo de vida. Mirar cómo va creciendo y desarrollándose el bebé les dará una gran alegría, ya que comenzarán a experimentar el calor que sólo puede brindar una familia.

Un tiempo juntos

Planifique tomarse algún tiempo inmediatamente después del nacimiento de su bebé. No sienta que debe retomar inmediatamente su vida normal. Si intenta hacerlo, se agotará y se perderá de disfrutar a su nuevo bebé.

Provisiones Asegúrese de estar bien provista antes del parto y de tener todas las cosas que pueda necesitar: sus comidas nutritivas preferidas, bebidas (necesitará mucho líquido si está amamantando), ropa, apósitos, repasadores suaves y pañales.

Cuidarse Usted y su pareja cuidarán del recién nacido y su pareja la cuidará a usted. ¡Malcríense!.

Vincularse Dense el tiempo y el espacio para conocerse y relacionarse con el nuevo bebé.

Retozar Haga de su cama el centro de su hogar: converse, diviértase, retoce y coma allí.

Visitas Restrinja los horarios de visita. No se sienta obligada a hacer de anfitriona y coloque en la puerta de entrada un letrero que diga que está descansando si siente que no desea ver a nadie en ese momento –siempre pueden regresar en otra ocasión.

Llamadas Si tiene un contestador telefónico puede cambiar el mensaje e incluir el anuncio del nacimiento de su bebé. Quizás también pueda agregar que en ese momento está descansando, pero que estará encantada de conversar dentro de unos días.

LAS PRIMERAS SEMANAS

Tradicionalmente, no se esperaba que las mujeres reaparecieran en sociedad hasta algunas semanas después del nacimiento de sus hijos. Dedicaban ese tiempo a recuperar fuerzas. Actualmente se considera fundamental que existan unos días de paz y descanso inmediatamente después del nacimiento de un bebé. Esto les da a ambos padres la posibilidad de celebrar el nacimiento, dar la bienvenida al nuevo bebé y vincularse con él, como así también la de adaptarse al nuevo papel de padres.

SER PADRES

Los padres primerizos necesitan algún tiempo para adaptarse a ser padres. Muchos relatan la existencia de un cierto grado de pánico ante la gran responsabilidad que repentinamente deben asumir respecto de este nuevo ser humano, diminuto y dependiente. Como sucede siempre con los grandes cambios, aceptar un nuevo papel y sentirse cómodo en él puede tomar un tiempo. Usted puede sorprenderse deseando que venga algún otro y se haga cargo.

La solución es darse tiempo y espacio para conocer y sentirse cómodo con su bebé. Las primeras semanas también son importantes para adaptarse al amamantamiento. Un amamantamiento con éxito requiere que usted esté lo más descansada y relajada posible y que se alimente bien.

Dar la bienvenida a su bebé Todas las futuras madres sueñan despiertas con el bebé que está por llegar. Acomodar la imagen de este "niño de los sueños" a la realidad del recién nacido que tienen en los brazos, puede resultar difícil, especialmente si es del sexo opuesto al que usted soñó, si no es lo bastante "perfecto" o si simplemente es diferente de lo que usted esperaba.

Lleva tiempo enamorarse del bebé de uno y aprender cómo ser madre o padre. El tiempo que pasen juntos les dará el espacio que necesitan para adaptarse y les permitirá hacer una suave transición hacia la paternidad.

Quizá prefiera tener, al comienzo, a su bebé en su habitación, aun cuando tenga un cuarto preparado para él. El tenerlo con usted puede facilitarle la alimentación y proporcionarle noches más tranquilas.

DESCANSAR Y RELAJARSE

Las primeras semanas pueden parecer un círculo interminable de alimentar y cambiar pañales, con breves momentos de descanso cuando el bebé duerme. Si usted está todo el tiempo exhausta, esta situación puede privarla de la mayor parte del placer de cuidar a su bebé y puede hacer que se sienta resentida e irritable.

Estar unida con su familia, apoyarse unos en los otros y maravillarse ante la presencia de una nueva vida, mientras retozan y comen en su cama, puede ayudarlos a asumir la paternidad y a que usted recupere fuerzas antes de retomar su modo de vida normal.

Los amigos y la familia Una amiga íntima o algún familiar puede transformarse en alguien muy especial para usted en este período haciéndose cargo de las tareas domésticas, la preparación de la comida, etc. Usted puede encontrar un invalorable apoyo en una persona así, especialmente si tiene experiencia en los cuidados y el comportamiento de los bebés. Sin embargo, como nuevos padres, a veces los consejos que les den pueden resultarles confusos o contrarios a sus ideas. En estos casos, no dude en discutir estos asuntos con su partera o su pediatra, que podrá aclararle cualquier confusión.

Es posible que se les acerquen muchas personas amistosas, sea personalmente o por teléfono. Hable acerca de esto con su pareja y decidan juntos cómo manejar estas situaciones. No se sienta obligada a ser sociable. Debe conservar sus fuerzas, y ser una buena anfitriona todas las noches durante la primera semana la agotará. Por lo tanto, no debe sentirse culpable si restringe los horarios de visita. Coloque en la puerta de entrada un letrero que diga: "La madre y el bebé están descansando. Por favor, no moleste." También puede colocar un anuncio de este tipo: "Matthew Joseph nació el 20 de Julio a las 11.35 pm y pesaba 3,500 kgs. Tanto la madre como el bebé se encuentran muy bien." o puede dejar un mensaje en el contestador telefónico (ver columna de la izquierda).

LOS OTROS HIJOS

Si usted ya tiene uno o varios hijos, puede estructurar este período de modo de incluirlos. Si ha tenido a su bebé en el hospital y ha estado fuera de su casa, sus otros hijos desearán que les preste atención también a ellos. Disfrutarán retozando con usted, hablándole o leyéndole al nuevo bebé y jugando en su cama. Todo esto ayudará a disipar sus sentimientos de celos. Sin embargo, es muy probable que no quieran quedarse mucho tiempo sentados quietecitos, y agradecerá que alguien que les agrade a ellos y en quien usted confíe esté allí para darles un poco de atención individual extra.

LA
EXPERIENCIA
DE SU BEBE

El ha llegado a un mundo nuevo en un entorno cálido, íntimo y amoroso.

La rutina diaria *Al comienzo él no se acomodará a ninguna rutina reconocible. Pasarán entre 3 y 6 semanas hasta que tenga una rutina establecida de alimentación y sueño.*

Sensaciones *El bebé preferirá mirar su rostro antes que cosas y personas desconocidas. Se sentirá seguro sintiendo el olor de su piel y de la de su padre. Escuchará sonidos nuevos y se sorprenderá si son fuertes o inesperados. Disfrutará del sabor de su leche y le gustará que lo acunen, lo toquen y lo acaricien.*

Comunicación *Su principal medio de comunicación es el llanto. Llorará si tiene hambre, si está cansado, molesto, aburrido o si se siente solo. También llorará si siente que sus padres están tensos o cansados.*

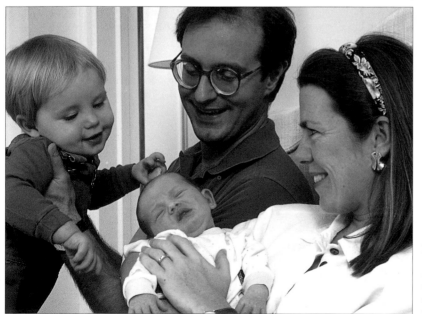

La unión familiar
El tiempo que pasen acunándolo, conversando y simplemente estando juntos les dará a todos la oportunidad de adaptarse a los cambios familiares.

El cambio súbito en los niveles de hormonas que sigue al nacimiento es, según se cree, el motivo principal de las tristezas posparto y de la depresión posparto.

Al poco tiempo de concebir, los niveles de ciertas hormonas, especialmente la progesterona y el estrógeno, se elevan abruptamente y se mantienen altos a través del embarazo. Luego, durante las 72 horas que siguen al parto, los niveles de esas hormonas caen de aproximadamente 150 nanogramos (mil millonésima parte de un gramo) por milímetro a menos de 7 ng/ml, y la cantidad de estrógenos caen de alrededor de 2.000 mg/ml a 20 ng/ml. Más tarde, la cantidad de progesterona baja a cero y el nivel de estrógeno se estabiliza en alrededor de 10 ng por ml.

Cuando caen los niveles de estrógeno y progesterona, el cuerpo tiene dificultades para adaptarse. Esto puede ejercer un efecto muy marcado sobre las emociones y procesos mentales y, junto con otros factores tales como problemas personales, puede llevar a la tristeza posparto o aun a la depresión posparto.

El cansancio severo, otro posible problema posparto, puede agravarse por la falta de potasio en el cuerpo. Los bajos niveles de potasio se corrigen fácilmente comiendo mucha comida rica en potasio, tal como bananas y tomates.

Sus emociones cambiantes

Durante los días y semanas que siguen al parto, usted estará en un estado emocional vulnerable debido al abrupto descenso de las hormonas del embarazo (ver columna de la izquierda). Además, como se trata de un acontecimiento muy importante en la vida, el hecho de dar a luz suele acentuar cualquier problema personal o emocional que usted puediese tener, y puede sacar a la luz cualquier cuestión que estuviese sin resolverse. Sin embargo, es muy difícil predecir cómo va a reaccionar usted frente al nacimiento de su hijo: a veces a un embarazo dichoso y sin problemas le sigue un período de posparto problemático.

Cuando existen problemas emocionales posparto, estos pueden variar mucho de una mujer a otra y de un parto a otro en cuanto a su naturaleza, severidad y duración. Una mujer puede atravesar sin problemas el período que sigue al nacimiento de un hijo y luego pasar un período difícil después del nacimiento de otro hijo.

Tristezas posparto

Como la causa más importante de problemas emocionales posparto es la abrupta caída de los niveles de hormonas, usted no debe sorprenderse si, como la mayor parte de las mujeres después de dar a luz, se ve afectada por algún grado de tristeza. Esto les sucede al 80 por ciento de las madres, de modo que se trata de la regla y no de la excepción, y las mujeres que escapan a este fenómeno son una afortunada minoría. Durante los nueve meses del embarazo usted ha tenido en su organismo altos niveles de hormonas, y de pronto estos niveles descienden al comparativamente bajo nivel habitual. Este cambio drástico pero normal hace que la mayor parte de las mujeres estén llorosas, sean propensas a cambios súbitos en el estado de ánimo, estén irritables, indecisas y ansiosas.

La tristeza suele aparecer entre tres y cinco días después del parto y dura entre una semana y diez días. La aparición de este estado a menudo coincide con el comienzo de la producción de leche (que también está gobernada por sus cambiantes hormonas) y por esta razón en el siglo diecinueve se conocía este estado como "fiebre de la leche".

Ser madre Si usted experimenta la tristeza posparto, seguramente sentirá que la realidad de ser madre es difícil de afrontar luego de que se ha desvanecido la euforia inicial. Además de los síntomas arriba mencionados, usted puede sentirse confundida, ansiosa respecto de su capacidad para cuidar al bebé y frustrada por sentir que aprender a ser madre le toma demasiado tiempo. Sea comprensiva con usted misma. Ninguna mujer es una madre experimentada instantáneamente. Esta habilidad sólo se adquiere con la experiencia, y eso toma tiempo.

Quizás también comience a sentir algo diferente por su pareja. Esto no significa que lo quiera menos. Simplemente está sintiendo algo diferente lo que no quiere decir que su relación se esté deteriorando. Es más probable que su relación madure y se torne más rica después de esta experiencia. Es importante que converse acerca de estas cosas sinceramente con su pareja, ya que esa es la mejor manera de mantener en su lugar los problemas de la maternidad y de evitar que se transformen en perturbaciones emocionales severas.

También es importante no sobreexigirse. El cansancio es inevitable en los primeros días, pero debe tenerlo en cuenta. Si se siente cansada, deje de hacer lo que está haciendo si no se trata de algo esencial y descanse con los pies levantados un poco por sobre el nivel de su cabeza. No es necesario que duerma para mantener la fuerza. A veces basta con un buen descanso.

DEPRESION POSPARTO

Aproximadamente el 10 por ciento de las madres sufren una depresión posparto. Esta es, en muchos aspectos, diferente de la tristeza. La depresión posparto es más duradera, más seria y requiere de rápida atención médica. Se trata de un trastorno psiquiátrico que puede escaparse de las manos si no se lo trata y es absolutamente necesario recibir ayuda médica rápidamente. Con tratamiento, normalmente se resuelve en pocas semanas. Cuanto más tiempo se deje sin tratar una depresión posparto, más tiempo demandará para su recuperación.

Síntomas Existen muchos síntomas asociados con una depresión posparto y distintas mujeres los experimentan en combinaciones diferentes. Además de los síntomas depresivos —desesperanza y desaliento— pueden experimentar decaimiento, ansiedad, tensiones, pánico, problemas con el sueño, falta de interés por el sexo, pensamientos obsesivos, falta de auto-estima y fallas en la concentración.

Tratamiento Las drogas la ayudarán, pero es fundamental el apoyo de familiares y amigos. También hay algunas cosas que usted puede hacer por usted misma (ver columna de la derecha). Normalmente el médico le indicará drogas antidepresivas. Estas le proporcionarán una mejoría gradual y suave, de modo que es importante tomar regularmente la medicación, aunque haya comenzado a sentirse mejor. Algunas de estas drogas pueden tener efectos colaterales, tales como la sequedad de boca, somnolencia y pensamientos confusos. Si estos efectos colaterales interfieren con su vida diaria, consulte con su médico para ver la posibilidad de un cambio en la medicación, pero no baje la dosis por su cuenta. Si la depresión empeora antes de la menstruación, hágaselo saber al médico. El podrá indicarle una medicación para evitar esta forma severa de la tensión premenstrual. Su médico puede recomendarle una consulta con un psicólogo.

PSICOSIS PUERPERAL

En esta rara forma psicótica de la depresión posparto, que afecta solamente a una de cada 1.000 madres, la mujer pierde contacto con la realidad, puede tener delusiones o alucinaciones y tendrá que ser hospitalizada. Se le ofrecerá un tratamiento intensivo con drogas, psicoterapia y/o tratamiento electroconvulsivo.

AUTOAYUDA PARA LA DEPRESION

Si se siente deprimida, hay una cantidad de cosas que puede hacer para ayudarse usted misma. Lo más importante es convencerse de que se sentirá mejor, no importa cuánto tiempo le tome.

Descanse lo más que pueda *El cansancio empeora la depresión y torna más difícil sobrellevarla. Haga siestas durante el día y, de ser posible, consiga ayuda para dar de comer al bebé en las noches.*

Tenga una alimentación saludable *Coma frutas y verduras crudas. No se abalance sobre los chocolates, dulces y bizcochos. Coma poco y a menudo. No haga una dieta estricta.*

Haga ejercicio suave *Descanse de estar siempre adentro y cuidando al bebé. Caminar al aire libre puede levantarle el ánimo.*

Evite los grandes esfuerzos *No cambie las cosas de lugar ni redecore la casa.*

Trate de no preocuparse sin razón *Es frecuente experimentar dolores después del parto. Trate de tomarlos con calma. Se disiparán en cuanto usted se relaje.*

Sea amable con usted misma *No se esfuerce en hacer cosas que no desea hacer o que pueden resultarle molestas. No se preocupe por mantener la casa impecable ni se aflija si se retrasan algunas tareas. Ocúpese más bien de tareas más pequeñas y menos demandantes y prémiese cuando las acabe.*

Hable acerca de sus sentimientos *No se guarde sus preocupaciones. El hacerlo puede empeorar las cosas. Converse con otras personas, especialmente con su pareja.*

UNA MADRE DEPRIMIDA

NOMBRE	*Christine Rance*
EDAD	*33 años*
ANTECEDENTES MEDICOS	*Nada anormal*
ANTECEDENTES OBSTETRICOS	*3 hijos, un varón de 4 años, una niña de dos y medio y un bebé nacido hace 4 meses. Todos los embarazos y partos fueron normales*

Christine pasó bien todos los embarazos, pero decayó luego de cada parto. Después del nacimiento de su primer hijo, Thomas, Christine atravesó un corto período de "tristeza posparto", pero se recuperó en pocos días. Luego del nacimiento de Laure, su segunda hija, se sintió cansada y abatida durante aproximadamente dos semanas. Además, en cada embarazo aumentó de peso y nunca pudo recuperar la silueta de su juventud. Después del nacimiento de Oliver, su tercer hijo, nuevamente estaba llorosa y abatida. La situación fue empeorando hasta que, a las 3 semanas del nacimiento, se le diagnosticó una depresión posparto.

Si bien los sentimientos de depresión son frecuentes durante algunos días luego del parto, los sentimientos de depresión que son más profundos y duran más de dos semanas pueden estar indicando una enfermedad más seria, que requiere de un tratamiento médico. En estos casos, las mujeres con depresión posparto se debilitan y se aislan cada vez más y no pueden mantener el contacto con sus bebés.

ALGUNOS FACTORES PREDISPONENTES

Christine nunca fue muy buena para manejar los cambios en su vida. Prefiere las situaciones estables y permanentes. Siempre se sintió un poco inferior e insegura, no tiene sentimientos muy claros respecto de su identidad y tiene baja autoestima. La obesidad es uno de sus problemas, especialmente debido a que, cuando está deprimida come en exceso. En cada embarazo ha aumentado de peso y cada vez le resulta más difícil perderlo. Después del primer embarazo quedó con 7 Kg de sobrepeso y le costó un año perderlo. Luego quedó embarazada de su segunda hija, Laure, y otra vez aumentó de peso. Después del nacimiento de Laure no solo no logró perder el exceso de peso, sino que aumentó aun más kilos durante los primeros meses de vida de la niña que los que había aumentado durante el embarazo.

Stephen, su esposo, se queja a menudo de que ella ya no tiene el aspecto de la mujer con la cual se casó y Christine ha hecho innumerables dietas para tratar de estar en forma nuevamente, todas sin éxito. Tiene demasiada conciencia de su tamaño y tiende a usar ropas sin forma para disimularlo. A veces siente que no es muy buena madre y a menudo le parece que no tiene un buen instinto maternal.

¿UNA PROFECIA QUE SATISFACE?

Christine está acostumbrada a la tristeza posparto y la esperaba después de su tercer hijo. Cuando se instaló la depresión fue como si se tratase de una profecía que la satisfacía. Al tercer día después del parto estaba extremadamente llorosa —el más pequeño obstáculo le parecía imposible de superar y una pequeña loma le parecía una montaña. Comenzó a actuar con desolación y se rehusaba a salir de la cama.

La madre de Stephen se fue a vivir con ellos para cuidar de Thomas y Laure, y para hacerse cargo de las tareas domésticas. Aunque trataba de ayudar, Christine respondía criticándola. El ambiente se tornó muy tenso y la suegra prefería dejarla sola antes que molestarla.

Christine y Stephen comenzaron a tener discusiones. Christine sentía que él no podía comprender su situación. Ella quería que él dejase de trabajar una parte del tiempo para consolarla y alentarla. Stephen, que no comprendía del todo lo que estaba sucediendo, comenzó a deprimirse él también, y el trabajo comenzó a resentirse.

Christine se sentía miserable —se sentía exhausta, desesperanzada y culpable, teniendo tres hijos para cuidar (los dos mayores habían comenzado a portarse mal), una casa para organizar y en vista de las relaciones tirantes con Stephen y su suegra, no podía pensar en ninguna otra cosa. Dejó de comunicarse con su familia y sólo hablaba con el bebé.

Después de una semana en este estado, comenzó a no poder relacionarse tampoco con el bebé, que parecía haberse transformado en un extraño. Era consciente de su falta de instinto maternal lo que la hacía sentirse peor que nunca. Comenzó a pensar en las cosas horribles que haría para que el bebé dejase de llorar. No se preocupaba por alimentarlo. Lo dejaba llorar hasta que la abuela venía a consolarlo.

OFRECIMIENTO DE AYUDA

Después de dos semanas de este tipo de comportamiento, durante las cuales había sido visitada por la partera, quien la había tranquilizado diciéndole que todo mejoraría pronto y que tenía que tener paciencia, recibió la visita de una trabajadora social, quien se dio cuenta del tipo de trato que ella tenía para con su bebé y de que su estado emocional estaba lejos de ser normal. Informó al médico de Christine acerca de la situación y él la visitó cuando habían pasado tres semanas del parto. El médico diagnosticó depresión posparto temprana e hizo llamar a un psicólogo. El psicólogo fue a ver a Christine a su casa.

Dos semanas después de la visita del psicólogo, Christine comenzó a mejorar, principalmente debido a los consejos que había recibido de él. En primer término le aconsejó que olvidase lo que estaba sucediendo en el resto de la casa. Debía centrarse solamente en ella misma y en el bebé y dejar de lado todo lo demás. En segundo término le explicó que dormir era esencial. Debía conseguir que otra persona se hiciese cargo del bebé durante las noches para poder dormir sin interrupciones. En tercer término le aconsejó concurrir a las charlas de un grupo de madres, dos veces por semana, donde simplemente se sentaría a conversar con mujeres que estaban atravesando experiencias semejantes.

Además de los consejos arriba mencionados, el médico le recetó un antidepresivo suave y somníferos suaves sólo para afrontar el problema en las primeras semanas difíciles. Le explicó que luego iría disminuyendo la dosis de antidepresivos, una vez que Christine pudiese hacerse cargo de sí misma y de su vida.

LAS COSAS COMIENZAN A MEJORAR

Después de seis semanas, Christine comenzó a dormir mucho mejor y le indicaron que dejase los somníferos, cosa que hizo con facilidad. Actualmente continúa con la medicación antidepresiva y está decidida a bajar la dosis a la mitad durante las próximas cuatro semanas y a dejarla en otras seis semanas. Stephen se siente mucho mejor ahora que ella ha vuelto casi a la normalidad y los niños también están más tranquilos.

LOS HIJOS DE CHRISTINE

La capacidad de Christine para vincularse con su nuevo bebé no sufrió un daño permanente y, una vez que se sintió mejor, ella pudo reconstruir también su relación con sus hijos mayores.

Sin embargo, durante el tiempo que ella estuvo deprimida y no podía prestar mucha atención a sus hijos, los niños se tornaron ansiosos, difíciles y caprichosos. Se rebelaban contra su abuela y pedían más atención y afecto por parte de sus padres.

En los casos de depresión posparto, también los hijos necesitan apoyo, sea antes o después de la recuperación de su madre. En los Estados Unidos existen grupos para ayudar a los miembros de la familia respecto de las enfermedades posparto.

LOQUIOS

Mientras su útero se contrae y regresa a su tamaño y condición normales después del parto, usted experimentará una pérdida vaginal conocida como loquios.

Los loquios son la pérdida vaginal normal que se produce mientras el útero se recupera. La duración de estas pérdidas varía de una a otra mujer, y su duración promedio es de aproximadamente 21 días, aunque puede durar tan solo 14 días o continuar durante 6 semanas. El amamantamiento ayuda a reducir la duración, porque la oxitocina que dispara el reflejo de descenso de la leche (ver pág. 304) también provoca contracciones uterinas y esto ayuda al útero a regresar a su tamaño normal y evita el sangrado.

Dure cuanto dure, la secreción de los loquios atraviesa tres etapas mientras el útero se va recuperando. Durante los primeros 3 ó 4 días, los loquios son de un color rojo brillante. Luego disminuye en cantidad y va tomando una coloración rosada o marrón, cuando el revestimeinto del útero se desprende, para finalmente tornarse amarillentos o incoloros.

Debe tener un olor suave, a sangre. Si toma un olor penetrante debe comentar a su médico, porque esto indica la presencia de una infección. También debe comunicárselo al médico si repentinamente se torna de nuevo de color rojo brillante. Esto habitualmente significa que el sitio de implantación de la placenta no está cicatrizando, posiblemente porque usted está haciendo demasiado ejercicio. Probablemente en este caso su médico le recomendará hacer reposo por un par de días y tomar las cosas con tranquilidad.

Debido al riesgo de infección, debe evitar el uso de tampones hasta aproximadamente seis semanas después del parto, de modo que deberá utilizar apósitos hasta que cesen los loquios.

LA SALUD DESPUES DEL PARTO

Después del nacimiento de su bebé, su cuerpo comienza a revertir los cambios que sufrió durante el embarazo y el parto. La desaparición de las enormes cantidades de hormonas del embarazo que estaban circulando por su cuerpo es como la desaparición de una gran fuerza vital y el período que sigue al parto –conocido como puerperio o período posparto– puede resultarle agotador. Trate de descansar y relajarse todo lo que pueda y asegúrese de que su alimentación sea saludable y de que incluya suficiente cantidad de líquidos (por lo menos medio litro de leche y dos litros de otros líquidos tales como agua o jugos de frutas). Si está amamantando deberá además cuidar adecuadamente sus pechos y sus pezones.

LA ZONA PELVIANA

Después del parto, su útero, su cérvix, su vagina y su abdomen comienzan a regresar aproximadamente a su tamaño anterior al embarazo y al parto. La contracción de su útero va acompañada por un sangrado vaginal conocido como loquios (ver columna de la izquierda) y por contracciones o espasmos conocidos como entuertos.

Entuertos Todas las mujeres experimentan contracciones uterinas durante su vida fértil. Durante la menstruación se las conoce como dolores menstruales, durante el embarazo, como contracciones de Braxton Hicks y después del parto como entuertos. Después del parto, las contracciones uterinas son más fuertes y dolorosas que habitualmente porque constituyen el medio a través del cual el útero se contrae hasta volver al tamaño que tenía antes del parto. Cuanto más rápido y más se contraiga, menos probable es que se produzca un sangrado posparto. Los dolores posparto son más notables cuando ya se ha tenido antes otro hijo, porque los músculos del útero se han estirado en los embarazos anteriores y deben trabajar más para volver al estado anterior al parto. Quizá también sienta estos espasmos musculares cuando esté amamantando, porque la oxitocina, que participa en el reflejo de descenso de la leche, también provoca contracciones uterinas (ver pág. 304). Estas desaparecen después de 3 ó 4 días.

Los intestinos y la vejiga Tan pronto como pueda, después del parto, es bueno que usted se levante para ir al toilet. Sin embargo, como a menudo se evacuaron los intestinos antes del parto, es probable que usted no desee ir de cuerpo durante las siguientes 24 horas, y esto es normal. Cuando mueva los intestinos, es posible que sienta la necesidad de hacer fuerza. Cualquier presión en la región perineal estirará los tejidos y le provocará dolor si es que le han practicado una episiotomía (ver columna de la derecha). Para evitar el estiramiento, sostenga un apósito limpio firmemente contra la sutura y presione hacia arriba mientras hace fuerza. Haga todo lo que pueda para evitar la constipación y la necesidad de hacer fuerza. Coma muchas fibras, verduras y frutas, especialmente ciruelas secas e higos y beba mucha agua (ver pág. 335).

Beber mucha agua, como así también levantarse y caminar la ayudará a hacer que sus intestinos y su vejiga trabajen normalmente. Puede haber alguna demora para que la orina comience a fluir la primera vez. No hay porqué preocuparse. Esto suele ser la consecuencia de la hinchazón del perineo y de los tejiidos que rodean a la vejiga y la abertura uretral. Una buena manera de comenzar a orinar consiste en sentarse sobre el agua (un baño de asiento estará bien si su médico le aconseja que no tome baños de inmersión). Pruebe también con los ejercicios de Kegel o ejercicios para el piso de la pelvis (ver pág. 130) para orinar dentro del agua. Si se higieniza después, esto no es tan antihigiénico como usted puede pensar, ya que la orina es estéril. Muchas veces la micción se ve estimulada por el ruido del agua corriendo.

El cérvix y la vagina Se habrán estirado de manera considerable durante el parto, y estarán flojos y distendidos durante un tiempo. El estrechamiento y el retorno a la firmeza del cérvix suele tomar aproximadamente una semana, y esto sucede espontáneamente. En cambio, usted puede ayudar a la recuperación de su vagina contrayendo y distendiendo sus músculos (ejercicios para el piso de la pelvis). Puede comenzar con estos ejercicios aproximadamente 24 horas después del parto, comenzando con 5 contracciones tres veces al día y aumentando gradualmente hasta llegar a cinco contracciones diez veces al día. También puede valerse de ejercicios para tonificar los músculos abdominales (ver pág. 336), pero no comience con esto hasta que los loquios hayan dejado de fluir.

Herida de cesárea Si le han practicado una cesárea, debe evitar los ejercicios abdominales hasta que la herida haya cicatrizado completamente. Evite también levantar pesos, trate de no subir escaleras más de una vez al día y sea cuidadosa cuando se levante de una posición de sentada o acostada. Procure en general no esforzar demasiado los músculos abdominales.

Hemorroides Son muy comunes luego de un parto. Se originan en el esfuerzo a que son sometidas las venas del piso de la pelvis durante el trabajo de parto y el parto. Aparecen como una hinchazón dentro del ano y con cuidados adecuados (consulte al médico o a la partera) suelen desaparecer.

MENSTRUACION Y OVULACION

La dramática caída de los niveles de hormonas después del parto produce la eventual desaparición de la menstruación y la ovulación y provoca también a veces accesos de frío y calor (a veces ambas cosas a un tiempo, lo cual suele ser desconcertante). La menstruación suele reaparecer entre ocho y dieciséis semanas después del parto, aunque se puede demorar, como así también puede hacerlo la ovulación, considerablemente, en caso de que esté amamantando. Sin embargo, si desea retomar la vida sexual (ver pág. 338) antes de que sus períodos se hayan restablecido, debe hacer uso del control de la natalidad, ya que la ovulación precederá a la menstruación.

LA EPISIOTOMIA

El dolor que provoca la herida de une episiotomía aumenta a medida que esta va cicatrizando. La herida está ubicada de una manera tal que puede acumularse líquido en los bordes del corte. La piel entonces se hincha y la consecuencia es que los puntos de la sutura se estiran y muerden la delicada piel que rodea la herida.

Si usted está molesta y la sutura es realmente dolorosa, sentarse sobre un anillo de goma inflable puede ayudarla. Trate de tener uno con usted en todo momento. Una buena higiene es fundamental mientras la herida está cicatrizando. Asegúrese de mantenerla limpia. La mayor parte de los puntos se disolverá a los 5 ó 6 días.

Tanto los baños de asiento, como las duchas y los apósitos perineales especiales que se colocan entre su apósito y la herida pueden calmarla y ayudar al proceso de cicatrización. También los ejercicios para el piso de la pelvis pueden contribuir. Quizá la aplicación de hielo o el uso de cremas anestésicas puedan serle útiles. Su médico o su partera la aconsejarán respecto del uso de las mismas.

No utilice antisépticos, ya que pueden provocarle irritaciones. Después de la ducha, seque la zona cuidadosamente con un secador para el cabello. Evite el uso de toallas, ya que le causarán dolor.

Si usa el toilet sentada, la orina, que es un ácido fuerte, correrá sobre la herida de la episiotomía y le provocará ardor. Probablemente la favorezca orinar de pie. También puede probar echándose agua tibia mientras orina, para diluir el ácido y disminuir así el ardor.

FATIGA

Descansar y dormir lo suficiente es fundamental si debe combatir la inevitable fatiga de las primeras semanas de cuidar al bebé.

Trate de descansar siempre que pueda, especialmente durante la primera semana, ya que todavía se estará recuperando del agotamiento del parto. Evite subir escaleras y levantar objetos pesados siempre que sea posible, y haga que su pareja o alguna otra persona la ayude con el bebé y con el trabajo doméstico. Aproveche las siestas que haga su bebé durante el día –descanse o duerma usted también– y trate de no desperdiciar estas valiosas oportunidades de descanso utilizándolas para ponerse al día con el trabajo doméstico.

Asegúrese de dormir lo suficiente. Por las noches, acuéstese una media hora antes de la hora en que planea dormirse y beba algo tibio, lácteo en lo posible, mientras escucha radio, mira televisión o lee algo para relajarse física y mentalmente antes de dormir. Si está amamantando, guarde leche en biberones (ver pag. 306), para que su pareja pueda compartir las tareas de alimentación durante la noche, tal como lo haría si el niño fuese alimentado a biberón.

Una alimentación sana es fundamental para combatir la fatiga, pero no coma muy tarde a la noche, porque la digestión puede alterar su sueño.

LOS PECHOS Y LOS PEZONES

Debido al aumento de tamaño y de peso de los pechos, será conveniente y cómodo utilizar un corpiño de algodón, con buen calce y de buena calidad. Cambie todos los días por un corpiño limpio y, si utiliza apósitos para los pechos para evitar las filtraciones de leche, evite los que están forrados en plástico. Cambie los apósitos cada vez que amamante y cada vez que se mojen.

Limpieza y lavado Limpie todos los días los pechos y los pezones con algodón embebido en agua o loción para bebés, pero evite el uso de jabón, porque éste elimina la grasitud natural de la piel, que protege los pechos de resecarse y agrietarse, y puede aumentar las irritaciones y las grietas de los pezones. Trate siempre a sus pechos con cuidado— por ejemplo, no los frote para secarlos; más bien golpetéelos suavemente.

No hay necesidad de que lave sus pezones antes y después de amamantar, pero antes de volver a colocarse o sujetarse el corpiño, deje que sus pezones se sequen al aire y, para evitar infecciones, lávese siempre las manos antes de tocarse los pechos.

Taponamiento Aproximadamente tres días después de dar a luz, sus pechos se llenarán de leche. Se tornarán más grandes y más pesados y serán más sensibles y calientes al tacto. Si se llenan demasiado, pueden taponarse. El taponamiento habitualmente sólo dura un par de días, pero resulta incómodo y puede volver a producirse.

Para aliviar los pechos taponados, extraiga leche, o bien manualmente o bien alimentando al bebé (aunque es posible que deba primero extraer un poco de leche manualmente para que el bebé pueda prenderse. Ver también págs. 304 y 306). Además, quizás le resulte útil bañarlos en agua tibia o cubrirlos con toallas limpias, u oprimirlos suave pero firmemente hacia el pezón.

El taponamiento puede producirse en cualquier momento durante el período de amamantamiento, particularmente si sus pechos nunca se vacían del todo o su bebé saltea alguna comida.

Conductos tapados Algún conducto puede taparse en las primeras semanas de amamantamiento. Esto puede ser consecuencia del taponamiento, de un corpiño demasiado ajustado o de que secreciones secas en el pezón cierren la abertura. Si se produce un bloqueo, el pecho se mostrará sensible, hinchado y la piel puede enrojecerse.

Para liberar un conducto tapado, comience a amamantar con el pecho afectado y, mientras lo hace, masajéelo suavemente sobre la zona irritada para facilitar el pasaje de la leche hacia el pezón. Si el bloqueo no desaparece, no amamante al bebé y consulte al médico inmediatamente, ya que puede producirse una infección que puede terminar en un abceso; si bien no es una catástrofe, resulta muy doloroso.

Pezones irritados Cuando usted comienza a amamantar, quizás los pezones se muestren un poco sensibles durante el primer minuto de succión. Esta sensibilidad es normal y habitualmente desaparece después de los primeros días. Los pezones irritados, sin embargo, son un problema frecuente en las primeras semanas y pueden hacer un tormento de aquello que debería ser un placer. Las principales causas de irritación son que el bebé se prenda de manera incorrecta o que usted no sea suficientemente cuidadosa al retirarlo del pecho (ver pág. 304).

Los cuidados al iniciar y terminar cada mamada pueden prevenir la aparición de este problema y resultan esenciales si los pezones ya se irritaron o agrietaron.

Los pezones irritados se curan rápidamente si están expuestos al aire, así es que, en lo posible, deje el pecho desnudo o sin corpiño cuando pueda, especialmente cuando descansa, para permitir la circulación de aire.

Pezones agrietados Si un pezón irritado se agrieta, posiblemente será necesario no dar ese pecho al bebé al menos durante 72 horas y extraer la leche para evitar el atascamiento. Los pezones agrietados son muy dolorosos y pueden llevar a una infección. Para ayudar a evitar el agrietamiento de los pezones, coloque una gota de loción para bebés en los apósitos para los pechos.

Mastitis Los primeros signos de mastitis (infección en los pechos) son hinchazón, sensibilidad y enrojecimiento de la zona afectada, que suelen ir acompañados de síntomas semejantes a los de una gripe, tales como fiebre, escalofríos, dolores, jaquecas y tal vez náuseas y vómitos. Si usted sospecha haber contraído una infección, póngase en contacto con su médico. Si se trata rápidamente con antibióticos, la mastitis habitualmente desaparece en un día o dos. La infección no puede contagiarse al bebé ya que sólo afecta a los tejidos del pecho, pero no a la leche.

PROTEGER LOS PEZONES

Su bebé se acostumbrará rápidamente a la consistencia y el sabor del protector

Uso de protector para los pechos
Si sus pezones están irritados, utilice un protector para los pechos cuando amamanta. El protector se acomoda sobre el pezón y el bebé succiona a través de él. Para colocar el pezón dentro del protector, ponga su mano entre el pecho y las costillas y empuje ligeramente hacia arriba. Esto también puede resultar útil cuando no se usa un protector, ya que ayuda a que el bebé se introduzca el pezón completamente dentro de la boca lo que evita que los pezones se irriten.

CONSTIPACION

Muchas mujeres sufren de constipación después de dar a luz. Si usted la padece, haga ejercicios, una dieta sensata y beba mucho.

Después del parto, el pasaje de las heces a través del intestino suele enlentecerse y esto puede llevar a la constipación. El enlentecimiento se produce principalmente porque los músculos abdominales están estirados y entonces la presión que ejercen sobre el abdomen es inferior a la normal. La relajación de los mismos músculos de los intestinos, debida a los altos niveles de progesterona existentes durante el embarazo, puede hacer también que los movimientos peristálticos sean más lentos. Si se le ha practicado una episiotomía, es posible que usted, consciente o inconscientemente retenga las heces por miedo al dolor.

La medicación, consistente en laxantes, productos para ablandar las heces o supositorios, puede ayudar al movimiento intestinal, pero si usted está amamantando, es mejor que evite cualquier medicación oral, porque puede pasársela a su bebé a través de la leche y además provocarle a usted dolores abdominales y heces aguachentas.

El mejor remedio para la constipación (y el mejor modo de evitarla) es comer ciruelas o higos secos. También ayuda la ingestión de mucho líquido. Coma abundantes fibras. Evite la inactividad, levantándose y caminando y, después que hayan desaparecido los loquios, ejercite los músculos del abdomen para volverlos a su tono adecuado (ver pag. 336). Practicando los ejercicios de Kegel usted devolverá el tono al músculo y al esfínter anal.

PRIMEROS DIAS

Usted puede practicar unos pocos ejercios efectivos a los pocos días de haber dado a luz. Sea que esté en la cama o sentada en una silla, trate de adquirir el hábito de hacer algo para tonificar los músculos.

Recuerde la importancia de los músculos del piso de la pelvis (ver pág. 130). Fortalecerlos la ayudará a prevenir la incontinencia.

Tonifique los músculos abdominales contrayéndolos mientras espira. Luego sostenga durante algunos segundos, afloje y repita lo más a menudo que pueda.

La hinchazón de tobillos y pies se puede prevenir simplemente moviendo los pies hacia arriba y hacia abajo, como si estuviese pedaleando.

TENGA CUIDADO

Si le han practicado una cesárea, espere entre 4 y 6 semanas antes de comenzar con los ejercicios y, antes de hacerlo, consulte con su médico. Si ha padecido un desgarramiento o le han practicado una episiotomía, no comience con los ejercicios hasta que no haya cicatrizado.

EJERCICIOS POSPARTO

A las pocas semanas de dar a luz, trate de adoptar una rutina diaria de ejercicios. Esto puede no parecerle una prioridad importante en el momento en que tiene que enfrentar las nuevas demandas que implica ser madre. Sin embargo, el ejercicio la ayudará a tonificar los músculos que se estiraron durante el embarazo y el parto y aumentará su energía. Haga ejercicios dos o varias veces por día en lugar de hacerlo una sola vez durante un período más largo. También será bueno para su estado de ánimo.

Debe sentir el estiramiento en el costado

Inclinaciones laterales
Póngase de pie, con los pies a unos 60 centímetros de distancia uno de otro. Coloque la mano izquierda sobre el muslo e inclínese suavemente hacia la izquierda. Deslice la mano izquierda hacia abajo, por sobre la pierna, lo más abajo que pueda sin esforzarse. Levante la mano derecha por sobre la cabeza y respire profundamente. Sostenga la respiración unos instantes y enderécese mientras exhala. Repita el ejercicio, inclinándose esta vez hacia la derecha.

Deslice suavemente la mano por el muslo hasta que sienta que es momento de detenerse.

Trate de mantener el nivel de la pelvis. Esto mejorará el estiramiento.

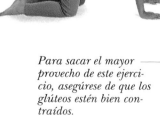

Para sacar el mayor provecho de este ejercicio, asegúrese de que los glúteos estén bien contraídos.

Ejercicios para la pelvis
Es posible que usted haya practicado este ejercicio antes de dar a luz, ya que ayuda a corregir la inclinación de la pelvis. Póngase en cuatro patas con las rodillas a un pie de distancia. Contraiga los glúteos, llevando la pelvis hacia adentro y arqueando la espalda hacia arriba, formando un arco. Sostenga unos segundos y afloje. No permita que su espalda se hunda hacia adentro. Repita varias veces.

Estire el cuello y lleve el mentón hacia adelante.

Arco del gato
Póngase en cuatro patas con la espalda derecha. Mientras inspira. flexione una pierna hacia adentro y lleve la frente hacia la rodilla. Sostenga durante un segundo. Mientras espira, estírese, levantando la pierna hacia atrás y levantando la cabeza. Sostenga durante unos segundos y cambie de pierna.

Los músculos de los muslos se contraerán y estirarán en un ritmo constante.

Mantenga las piernas flexionadas y los pies apoyados sobre el piso.

Levante los brazos sólo si le resulta cómodo

Ejercicios abdominales
Acuéstese boca arriba en el piso, con las piernas flexionadas y los brazos a los lados. Respire profundamente. Cuando espire, levante la cabeza y los brazos, con las palmas hacia arriba. Sostenga durante un par de segundos y afloje. Repita 10 veces. A medida que practique regularmente, podrá levantar más alto la cabeza.

Inspire mientras contrae los múscu los del estómago

Flexiones
Coloque los pies a un pie de distancia uno del otro, manteniéndolos paralelos y tómese las manos con flojedad detrás de la espalda. Mantenga la espalda derecha e inclínese hacia adelante. Levante entonces las manos hasta que estén lo más por encima de la cabeza que pueda. Respire profundamente varias veces. Levántese lentamente y repita.

Concéntrese en mantener la espalda derecha. Esto hará el ejercio mucho más efectivo

337

Control de la natalidad

Cuando retome la actividad sexual, deberá considerar alguna forma de control de la natalidad, ya que la ovulación puede producirse en cualquier momento.

Si comienza a tener relaciones sexuales antes de que los períodos menstruales se hayan restablecido, no crea que la ausencia de menstruación le asegura no quedar embarazada. Usted ovulará dos semanas antes de su primer período, así es que, si espera hasta entonces, para comenzar con el control de la natalidad, será demasiado tarde. Aun cuando esté amamantando a su bebé y no tenga menstruación mientras lo alimente, es posible que ovule, de modo que las relaciones sexuales sin anticonceptivos pueden tener como consecuencia un nuevo embarazo.

Anticoncepción Las píldoras que contienen estrógenos no son adecuadas para las mujeres que están amamantando, porque el estrógeno reduce la producción de leche. Se pueden recetar mini-píldoras que contienen solamente progesterona. Estas no inhiben la producción de leche, pero aun no se conocen sus efectos a largo plazo sobre los bebés. Además, empeoran cualquier depresión posparto ya que inhiben la producción natural de progesterona.

Debido a esto, si usted está amamantando, puede preferir el uso de otros métodos anticonceptivos, tales como los preservativos combinados con un gel o crema anticonceptiva. Si desea usar un diafragma o un DIU deberá esperar hasta el primer control para poder utilizarlos. Si antes usaba un diafragma, necesitará que le tomen la medida para uno nuevo, porque su cérvix será más grande y su antiguo diafragma ya no le quedará bien. Hasta que tenga su nuevo diafragma, use preservativos y crema espermicida.

RETOMAR EL SEXO

Probablemente usted no tenga deseos de hacer el amor durante los primeros días, o aun durante las primeras semanas después de haber dado a luz, ya que el agotamiento físico se combina con el drástico cambio hormonal y ambos inhiben los deseos sexuales. Una falta inicial de interés en el sexo es normal y deseable, dado que su cuerpo necesita tiempo para recuperarse de los cambios y tensiones del embarazo y el parto y usted necesita tiempo para adaptarse al bebé. Hable con su pareja: seguramente él será completamente comprensivo.

Su pareja

La llegada del bebé también puede ejercer un efecto de disminución de la libido sobre su pareja. No es raro que un padre sienta falta de deseos sexuales o que inclusive sea incapaz de mantener una erección y le puede resultar difícil adaptarse a los papeles diferentes y a veces contradictorios de amantes y de padres que ahora les tocan a ambos.

Ambos deben estar preparados para esos problemas y no deben tomarlos en forma personal. Si tienen una filosofía abierta respecto de sus problemas y los conversan amorosamente y con comprensión, podrán evitar dificultades a largo plazo.

Cuando retomar

El momento del regreso del deseo sexual varía mucho de una pareja a otra y aun de un embarazo a otro. Por ejemplo, una mujer puede haber experimentado deseos sexuales tres semanas después de un parto y puede no tener interés en el sexo tres meses después del siguiente.

También cabe preguntarse cuándo es seguro retomar las relaciones sexuales desde el punto de vista físico. En una época se aconsejaba a las parejas abstenerse del sexo desde seis semanas antes de la fecha estimada de parto y seguir absteniéndose hasta seis semanas después de que la mujer hubiese dado a luz (hasta después del primer control) Actualmente se piensa que este consejo es demasiado cauteloso y en general se cree que el sexo con penetración puede mantenerse durante el embarazo hasta el momento en que se desee —si no hay razones médicas que lo impidan (ver pág. 214)— y que se puede retomar en cuanto se desee. También puede recomenzar con el sexo sin penetración en cuanto lo desee. Si usted o su pareja no están seguros de que hacer el amor sea algo seguro en algún momento, deben conversarlo con el médico.

Si ambos se sienten felices y no existen razones médicas que lo impidan, pueden retomar la actividad sexual tan pronto como sientan deseos. Además, hacer el amor puede ejercer efectos benéficos por diversas razones. Por ejemplo, puede ser una manera de reafirmar el afecto y el deseo que siente cada uno por el otro y, además, las hormonas que se liberan durante la actividad sexual causan contracciones en el útero, que lo ayudan a regresar a su estado anterior al embarazo.

FALTA DE DESEOS

No se preocupe por la falta de libido. Es natural. Sin embargo, hay razones que pueden conspirar contra sus deseos y su capacidad de disfrutar del sexo después del parto. Además de la incomodidad que pueden sentir, es frecuente que las mujeres, al comienzo, no se sientan atractivas y esto quizá las haga apartarse del sexo o tener sentimientos negativos al respecto. Su abdomen aun prominente puede hacer que no se sienta deseable, por eso es importante comenzar con los ejercicios posparto para volver a estar en buena forma (ver pág. 336) y elevar su autoestima. Por otra parte, los ejercicios de Kegel o para el piso de la pelvis la ayudarán a superar el aflojamiento de su vagina.

Las ansiedades y las distracciones pueden disminuir su deseo o su goce sexual. Quizá tenga cierto temor de quedar nuevamente embarazada, y retomar el control de la natalidad puede resultarle preocupante o molesto. Hasta su bebé es capaz de ejercer una influencia considerable sobre su capacidad de disfrutar del sexo, porque resulta difícil adaptarse a una nueva presencia en la casa. Quizás no se sienta tan libre como antes para entregarse y tal vez no logre relajarse y disfrutar de hacer el amor, porque supone que el bebé puede llorar en cualquier momento reclamando su atención.

Es posible que usted se sienta tan absorbida por el bebé que no sienta la necesidad de otros contactos emocionales o físicos, y que hasta excluya a su pareja. Tal vez hasta sus respuestas sexuales estén centradas en su bebé. Esto ocurre porque la oxitocina, hormona que se libera cuando se amamanta, es sexualmente estimulante y a veces una mujer puede llegar a un nivel de estimulación que incluso la lleve hasta el orgasmo.

DISFRUTAR MAS DE LAS RELACIONES SEXUALES

Quizás les tome bastante tiepo a ambos volver al nivel de interés sexual que tenían antes. Pueden necesitar más besos, caricias y juegos eróticos para excitarse. Las primeras veces que hagan el amor deben evitar la penetración y dedicarse al sexo oral o manual suave. A veces una episiotomía puede resultar muy dolorosa durante las relaciones sexuales y en ocasiones pasan meses hasta liberarse completamente de este dolor. Por eso es importante que usted sea sincera con su pareja, y si el sexo le causa dolor e incomodidad, debe decírselo. Tocar la cicatriz puede ayudarlo a ser comprensivo. Además, un baño tibio antes de hacer el amor y el uso de un lubricante vaginal o de saliva pueden ser de gran ayuda.

Le hayan practicado o no una episiotomía, habitualmente es necesaria una lubricación extra, ya que hasta que las hormonas no vuelven a su nivel adecuado, la vagina no suele lubricarse espontáneamente tanto como antes del parto, no importa cuantos juegos previos se practiquen. Evite los lubricantes que no sean solubles en agua porque pueden impedir que el aire llegue al revestimiento de su vagina y esto puede estimular la aparición de bacterias dañinas.

Cuando retome las relaciones sexuales, quizá le resulten incómodas las posiciones con el hombre arriba. Pruebe con otras posiciones (ver pág. 214). Las posiciones de lado son especialmente buenas si usted padece una irritación en el lugar de la episiotomía. Practique la posición que practique, sea paciente, no haga demasiado al comienzo y vaya retomando gradualmente los niveles de actividad sexual.

CONTROLES POSPARTO

A las 4-6 semanas después del parto, usted realizará su última visita al obstetra. Allí la controlarán cuidadosamente.

Su control *Durante esta visita, la pesarán, controlarán su presión arterial, y examinarán sus mamas para detectar posibles nódulos. (Si está amamantando, es posible que no lo hagan porque resulta difícil distinguir los nódulos de las glándulas mamarias) Examinarán también su pelvis, entre otras cosas para ver si su episiotomía ha cicatrizado bien, si su cérvix está cerrado y si su útero ha regresado al tamaño normal. Habitualmente el médico le preguntará acerca de su estado emocional. También conversará con usted acerca del futuro método de anticoncepción a utilizar, aunque es posible que usted ya lo tuviese decidido antes del parto.*

El primer control de su bebé *El pediatra controlará sus oídos, ojos, miembros y tono muscular. Escuchará sus latidos cardíacos, observará el control de los movimientos de la cabeza, medirá el contorno cefálico, verá si hay algún desplazamiento de la cadera y lo pesará. Registrará el peso en una tarjeta cada vez que lo vea. Esa tarjeta será un importante registro de la evolución de su bebé.*

TIEMPO PARA USTEDES

Encuentre un tiempo en su rutina diaria para pasarlo con su pareja. Esta es una forma de mantener la relación viva y bien.

En casa *Continúe con los pequeños rituales que forman parte de su vida diaria en pareja. Si siempre tomaron un trago juntos al atardecer, al final de la jornada de trabajo, compartieron un baño en las noches, hicieron un crucigrama juntos, o leyeron juntos libros y artículos mientras los conversaban, síganlo haciendo. No sólo es algo precioso tener un tiempo compartido, también mantendrá la normalidad de sus vidas cotidianas.*

Salidas *Su nuevo bebé será sorprendentemente fácil de trasladar durante las primeros meses de vida, pero ustedes también necesitarán salir solos. Consiga alguien de confianza para cuidar al bebé. Si lo está amamantando, extraiga su leche para que puedan alimentarlo con ella cuando usted no esté. Puede parecer engorroso, pero debe ser perseverante. Es importante que tengan un tiempo para ustedes sin el bebé.*

En pareja *Si desean aprender un nuevo deporte o actividad o retomar alguno de antes ¿por qué no planificar hacerlo juntos ahora? Reserven 2 ó 3 horas semanales para hacer algo en pareja. Esto les asegurará tener un tiempo juntos como personas y no sólo como padres.*

LOS CAMBIOS EN SU VIDA

Muchas personas subestiman lo que implica el cuidado de un nuevo bebé. En realidad es una tarea demandante y agotadora que puede alterar sus vidas. Quizás se pregunte si usted y su pareja llegarán alguna vez a tener nuevamente un tiempo para ustedes. Satisfacer todas las demandas de tiempo y energía puede resultar difícil, pero si abordan la situación con sensatez y la conversan juntos antes del parto, podrán minimizar las interrupciones y encontrar algún tiempo para estar solos. Esto requiere de una planificación, pero es posible.

MANEJAR LAS SITUACIONES

Posiblemente el cuidado del recién nacido le resultará mucho más difícil de lo que usted pensaba. En primer lugar, el parto es agotador desde el punto de vista físico y desde el emocional. En segundo lugar, usted verá cómo durante todo el día una tarea sucede a la otra sin solución de continuidad.

Descansar lo suficiente es muy importante —es raro que un recién nacido le permita dormir más de cuatro horas seguidas durante la noche, así es que usted deberá aprender a dormir pequeñas siestas. Su alimentación también es muy importante, especialmente si está amamantando. Siga comiendo tan bien como lo hacía durante el embarazo y beba mucho líquido.

Tomarse algunos respiros, por ejemplo comprando comida preparada, al menos durante los primeros meses, la ayudará a sobrellevar el ritmo. Tener el descanso suficiente es, por ejemplo, mucho más importante que limpiar la casa y su pareja siempre puede, por ejemplo, barrer o pasar la aspiradora cuando llega a casa, o quizás lo puedan hacer juntos durante los fines de semana.

Evite la culpa Parecería que la culpa es un sentimiento común a la mayor parte de las nuevas madres y a muchas madres experimentadas. Recuerde que sólo puede hacer lo posible y que usted misma y su salud son una prioridad muy importante. Tenga en cuenta que al cuerpo le lleva casi un año volver al estado anterior al embarazo. Por eso debe lograr que su familia no le pida demasiado al comienzo -y que usted tampoco se exija demasiado— ya que después del parto tendrá menos energías y se cansará rápidamente.

Establezca una rutina Esto no significa que usted deba entrenar a su bebé para que coma, duerma y juegue en un horario preestablecido por usted, sino más bien que usted debe acomodarse a sus necesidades y subordinar el resto de las actividades a la rutina diaria del bebé. Esto no quiere decir necesariamente que ustedes deban dejar de lado todo para acomodarse a él. Una gran parte de su rutina diaria continuará como antes.

VALORAR LOS NUEVOS ROLES

Al comienzo puede resultarles difícil adoptar los nuevos papeles de padres. Quizá lamente la pérdida de sus ingresos y de la satisfacción de cumplir bien con un trabajo exigente, y es posible que envidie a su pareja porque él sigue teniendo una vida relativamente libre e independiente.

A su pareja, por su parte, puede resultarle difícil tolerar la tensión y la demanda de ser el único sostén económico y puede sentirse excluido de la íntima relación que usted tiene con su bebé. Quizá también sienta envidia de su vida hogareña, especialmente si no se da cuenta de lo demandante que puede ser un bebé.

Todas estas experiencias pueden llegar a hacer que usted se pregunte dónde se han ido su intimidad y su cercanía y si alguna vez volverán a tener el entendimiento que tenían antes del embarazo. Lo tendrán, pero deben conversarlo, comunicarse estos sentimientos y tratar de que los malos entendidos no los aparten.

HACERSE UN TIEMPO PARA USTEDES

Una de las cuestiones más difíciles de manejar es la falta de tiempo. La mayor parte de sus horas del día y de la noche estarán dedicadas al cuidado del bebé. Esto puede resultar frustrante y puede hacerlos sentir resentimientos. Mantener los contactos con el mundo exterior, continuar con el estilo de vida habitual y seguir teniendo una comunicación abierta con la pareja puede ayudarlos a superar las conflictivas demandas de tiempo y energía.

Compartir Ahora que tienen un bebé, es importante que hagan cosas juntos. Los bebés pequeños son muy fáciles de trasladar, así es que no dude en incluir al suyo en sus planes. El puede ir con ustedes cuando visiten amigos y es posible que le resulte sorprendente el poco efecto que puede ejercer un bebé sobre sus vidas sociales durante los primeros meses.

Sin embargo, ustedes también necesitan un tiempo para estar solos y, aunque le resulte extraño establecer una cita formal para pasar algún tiempo con su pareja, hacerlo puede ayudar mucho a mantener la relación. Uno de los problemas con que deberán enfrentarse después del nacimiento del primer hijo, es que la libertad y la espontaneidad que tenían como pareja casi se habrá perdido. Por eso es muy importante que planifiquen un tiempo para estar juntos. No es necesario que se trate de algo muy elaborado —puede ser algo tan pequeño como el ritual de tomar un trago juntos al final del día, o ir dos horas a nadar juntos los domingos mientras una amiga cuida al bebé.

Un tiempo para usted sola Todos necesitamos de un tiempo y un espacio para recargar las baterías. Cuando se tiene un bebé es tan fácil quedar atrapado en las interminables tareas, que muchas veces se pierde de vista esta necesidad.

Es muy importante que usted se las ingenie para tener aunque sea unas pocas horas semanales, sólo para disfrutarlas, ya sea para hacer una salida, visitar una amiga o dedicarse a algún interés personal. Haga arreglos para que alguien en quien usted confíe cuide del bebé durante este tiempo —puede ser su pareja, una amiga o un familiar. No será la única beneficiada. Su bebé también recibirá el beneficio del contacto social.

COMPARTIR EL CUIDADO DEL BEBE

Seguramente recibirá muchos ofrecimientos de familiares y amigos para hacerse cargo del cuidado del bebé. Aproveche la voluntad de esas personas que desean compartir el cuidado de su bebé.

El padre En lo que respecta al bebé, el padre es la segunda persona en importancia después de usted. Papá puede hacer cualquiera de las cosas que hace mamá –él puede hasta darle leche materna en un biberón. Aliente pues a su pareja para que asuma responsabilidades similares respecto del cuidado del bebé.

Los abuelos Tal vez estén deseosos de ayudar y tienen experiencia en criar niños. Por eso pueden ser las personas ideales para ayudar en el cuidado del bebé. Ella y él disfrutarán del contacto con el nieto y esto los ayudará a crear fuertes vínculos de afecto desde el comienzo.

Familiares y amigos Su familia probablemente disfrutará ayudándola a cuidar del nuevo integrante. Los amigos también pueden entusiasmarse con el cuidado del bebé –y los que ya tienen niños quizá sean una ayuda invalorable. Asegúrese siempre de que los que no tienen niños o son muy jóvenes sepan cómo manejar al bebé adecuadamente, pero no los vigile tanto y de una manera tan ansiosa que los haga sentir incómodos. Los bebés pequeños son más resistentes de lo que parecen.

PADRES PRIMERIZOS

NOMBRES *John y Sue Benton*

EDADES *25 y 24 años respectivamente*

ANTECEDENTES MEDICOS *Nada anormal*

ANTECEDENTES OBSTETRICOS *Sue recientemente dio a luz a una niña que pesaba 3 Kg y 400 g.*

John trabaja en el departamento de marketing de una empresa de ingeniería. Sue es secretaria en una gran compañía farmacéutica. John y Sue han estado esperando al momento adecuado para tener un bebé —hasta que se dieron cuenta de que probablemente el momento ideal no existía. Luego de su reciente mudanza a una casa más grande, Sue investigó cuáles eran los beneficios por maternidad en esa empresa y descubrió que son especialmente flexibles y extensos. Sue entonces dejó de fumar, de beber alcohol y de tomar la píldora. Quedó embarazada algunos meses después.

Durante el embarazo de Sue, tanto John como ella decidieron averiguar todo lo que pudiesen acerca del embarazo, el parto y la paternidad. Leyeron libros, asistieron a clases prenatales, adquirieron alguna esperiencia práctica con los hijos de sus amigos e hicieron muchos planes. Sin embargo, pronto se dieron cuenta de que nada puede preparar a alguien totalmente para la paternidad y de que siempre hay que estar dispuesto a adaptarse y a ser flexible.

HACER PLANES

John y Sue estuvieron de acuerdo desde el comienzo en que la paternidad debe ser una responsabilidad compartida. Sue estaba decidida a no permanecer en casa jugando el papel de una madre tradicional y, como la compañía en que trabajaba ofrecía facilidades horarias, decidió que retomaría el trabajo tres meses después del parto.

John estaba preocupado por los cambios que sufriría la vida de ambos, pero Sue lo tranquilizaba diciéndole que los bebés son muy fáciles de trasladar, de modo que a todas partes adonde fuesen, el bebé podría ir también. Luego de haber discutido diferentes cuestiones y de haber pensado cómo las manejarían, ambos se sintieron seguros para afrontar la paternidad.

LA EXPERIENCIA DEL PARTO

Les había aconsejado que se informaran sobre las cuestiones básicas del parto y los tipos de parto de que podían disponer en la zona en que vivían, para que pudiesen hacer un plan y discutir las opciones que habían elegido. Visitaron el hospital local, hablaron con el equipo médico, leyeron e hicieron un plan de parto hospitalario, con la indicación de que no utilizasen drogas y no practicasen episiotomía si era posible.

Cuando Sue comenzó con el trabajo de parto, se dio cuenta de que le resultaba muy difícil soportar los dolores. John también sufría, aunque se las ingeniaba para mantenerse tranquilo y alentarla. Hacia el fin de la primera etapa, cuando las contracciones se hicieron muy cercanas, Sue se puso tensa y molesta y pidió calmantes. John la alentaba, la elogiaba y la ayudaba a cambiar de posición. Sin embargo, a ella le resultaba difícil seguir soportando las contracciones, por lo cual la partera le administró una pequeña dosis de calmante, que hizo su efecto enseguida. Esto ayudó a Sue a relajarse y mantenerse en calma.

Aproximadamente una hora más tarde, observaron que Sue estaba completamente dilatada, y comenzó a pujar. La cabeza del bebé no tardó en coronar. En ese momento, la partera la instó a dejar de pujar, de modo que el perineo tuviese tiempo para dilatarse completamente. Sue dejó que las contracciones expulsaran al bebé, y a los pocos instantes nació Emma.

Sentimientos posparto Sue y John se enamoraron de Emma ni bien ella nació. John no podía creer lo diminuta y perfecta que era. Los sentimientos maternales de Sue fueron muy fuertes desde el comienzo. Sin embargo, Sue se sentía un poco culpable por no haber podido dar a luz a Emma sin calmantes, aunque era sensata y trataba de que estos sentimientos no se apoderaran de ella y le impidieran disfrutar del placer y el orgullo que sentía. Expliqué a Sue que era imposible conocer de antemano el umbral de tolerancia al dolor de cada persona y que no debía sentirse culpable por haber pedido calmantes que eran necesarios. Sue y John tienen una beba normal y sana y Sue tiene buenas razones para estar orgullosa de sí misma y de todo lo que ha logrado.

SER PADRES PRIMERIZOS

Cuando Sue y John tuvieron que enfrentarse con las tareas cotidianas que les implicaba un bebé recién nacido, se sintieron shockeados por la gran demanda que estaba depositada sobre ellos. Durante los diez primeros días, John permaneció en su casa, pero aún estando los dos, la maratón de alimentar y cambiar, disfrutando tan sólo de breves períodos de sueño, les pareció interminable.

Sue se preguntaba cómo haría para manejarse sola, y deseaba que John se quedase en casa mientras ella salía a trabajar. Me contó que el primer día que se quedó sola se sintió aislada, como un niño nuevo en el vecindario. Sin embargo, lo afrontó —pese a que sintió que nunca había estado tan agotada en su vida— y, como Emma comenzó a responderle y a sonreirle, confesó que se sintió sorprendida al verse a sí misma disfrutando del cuidado del bebé. Se hizo amiga de otras flamantes madres que vivían en la zona, lo que le dio la posibilidad de comparar sus vivencias con las de otras mujeres que comprendían exactamente lo que ella estaba viviendo.

Sue y John se las ingeniaron para hacer vida social con sus amigos mucho más intensamente de lo que habían previsto porque, tal como había dicho Sue, Emma era muy fácil de trasladar. Hasta pudieron llevarla con ellos a pasar unas breves vacaciones.

El trabajo le parecía a Sue algo muy lejano del pasado y no deseaba regresar a él tan rápido como había planeado. John, en cambio, disfrutaba nuevamente de su trabajo, pese a que las noches con interrupciones lo cansaban un poco. Deseaba regresar a su casa en las noches, ver a Emma y tomarla en sus brazos y conversar con Sue acerca de lo que había sucedido durante el día. Estaba contento de que Sue deseara permanecer en casa, pero pronto se dio cuenta de que no podrían afrontar los pagos de la hipoteca si ella no retomaba el trabajo.

En consecuencia, Sue volvió a trabajar tal como había arreglado con sus jefes y la madre de Sue se encargaba de cuidar a Emma hasta que ella regresaba a las 4.30 PM.

Aunque las cosas eran exactamente como Sue las había planeado antes del parto, ella no volvió a sentir que la maternidad era algo tan restrictivo. Confesaba que si John hubiese ganado lo suficiente, ella hubiese cambiado de opinión y no se hubiese reintegrado tan rápidamente al trabajo. Hubiese preferido ser una madre de tiempo completo al menos hasta que Emma comenzara el pre-escolar.

DIRECCIONES UTILES

Argentina

Instituto Nacional de Genética Médica
Av. Las Heras 2670
Buenos Aires
tel. 802-0011/4428

HOSPITALES DE NIÑOS

Hospital Nacional de Pediatría SAMIC Prof. Dr. Juan Pedro Garrahan
Combate de los Pozos 1881
Buenos Aires
tel. 941-6012

Hospital General de niños Ricardo Gutiérrez
Gallo 1330
Buenos Aires
tel. 962-9280

Hospital de Niños Pedro de Elizalde
Av. Montes de Oca 40
Buenos Aires
tel. 28-0056

Liga de la Leche
Migueletes 687
Buenos Aires
tel. 772-6351

Informa a las mujeres sobre todos los temas relacionados con el embarazo, la lactancia y sus dificultades hasta el destete

PROVINCIA DE BUENOS AIRES

Hospital Cirujano Mayor Diego Paroissien
Ruta 3, km. 21
San Justo
tel. 669-3640

Hospital Materno Infantil Dr. José Equiza
Larre y Cuyo
González Catán
tel. 0202-22298

Hospital Municipal de Niños de San isidro
D. Palma 505
San Isidro
tel. 743-7777

Hospital Subzonal Especializado Materno Infantil
Av. 844 Nº 2100
San Francisco Solano. Quilmes
tel. 250-2976

Centro Materno Infantil Nº 2
G. Ezeiza 1050
Partido de Tres de Febrero
tel. 769-0932

PROVINCIA DE CORDOBA

Hospital de Niños
Corrientes 643
Córdoba
tel. 23-0596/23-6352

Hospital Pediátrico del Niño Jesús
Castrobarros 650
Córdoba
tel. 73-1892

PROVINCIA DE MENDOZA

Hospital Pediátrico Dr. Humberto Notti
Bandela de los Andes 2600
Guaymallén
tel. 061-262872/263436

PROVINCIA DE SANTA FE

Hospital de Niños Dr. Ricardo Gutiérrez
Boulevard Galvez 1563
Santa Fe
tel. 042-40051

Hospital de Niños Victor J. Villela
Virasoro 1855
Rosario
tel. 041-816611

GIMNASIA

Brigida Morgenroth y equipo
Guido 1879
Buenos Aires
tel. 804-9522

Sus cursos consisten en: Gimnasia especial durante el embarazo. Psicoprofilaxis para parto, maternidad y paternidad. Grupos de apoyo en el puerperio. Gimnasia de recuperación posparto

CEMIC
Talcahuano 1234
Buenos Aires
tel. 42-9621

Se da psicoprofilaxis obstétrica con especial atención en tres áreas: obstétrica, terapia física y vínculo con el bebé

Hospital Municipal Materno Infantil Ramón Sardá
Esteban de Luca 2151
Buenos Aires

Curso de psicoprofilaxis obstétrica

Maternidad Peralta Ramos. Servicio de Obstetricia
Hospital Nacional Bernardino Rivadavia
Avenida Las Heras 2670
Buenos Aires

Colombia

HOSPITALES

Hospital Universitario Lorenciata Villegas de Santos
Avenida 68. Carrera 40
Bogotá
tel. 2-509900

Instituto colombiano de bienestar familiar (I.C.B.F.)
Avenida 68. #64-01
Bogotá
tel. 2-506600

Es una organización nacional encargada del manejo de la nutrición infantil

Liga de la leche
Organización mundial de la salud
Calle 95 #9-80
Bogotá
tel. 6-160177

G I M N A S I A

Instituto Materno Infantil
la Carrera 10 #1-66 Sur
Bogotá

Chile

H O S P I T A L E S

Hospital Luis Calvo Mackenna
Av. Antonio Varas 360
Providencia

Hospital Roberto del Río
Profesor Zanartu 1085
Santiago

G I M N A S I A

Alicia Francke
Los Militares 6010
Fono 2460562

Gimnasio Training Center
Av. Apoquindo 4241
Fono 2286359 - 2080947

México

H O S P I T A L E S

Hospital Infantil
Dr. Lázaro Benavidez
Viaducto Rio Becerra Nº 97
Col. Nápoles
tel. 669-04-04

Instituto Nacional de Pediatría
Dr. Héctor Fernández Varela
Insurgentes Sur 3700-C
Col. Insurgentes Cuicuilco
tel. 606-75-98

Liga de la leche
Dra. Paulina Smith
Ures 76 Esq. Bajio
Cc. Roma Sur
tel. 564-01-81

G I M N A S I A

Hospital de México
Agrarismo 208
Col. Escandon
tel. 516-99-00
Hospital de Perinatología
Dr. Velv Shor Pinskir
Montes Urales Nº 800
Col. Lomas Virreyes
tel. 259-17-17

Uruguay

H O S P I T A L E S

Hospital Pereira Rossell
Materno Infantil
Blvr. General Artigas 1550
tel. 78 77 41/78 18 02

Sanatorio Canzani
Materno Infantil
Avda. General San Martín 2217
tel. 28 01 21 al 23

Hospital Italiano Umberto I
Blvr. General Artigas 1632
tel. 47 07 17

Venezuela

H O S P I T A L E S

Hospital de niños
"J. M. de los Ríos"
Avenida Wollmer,
San Bernardino
Caracas
tel. (07) 676.0100 / 0000

G I M N A S I A

PLAFAM
Calle Simon Planas, Quinta
Mary, Santa Monica
Caracas
tel. (02) 672.1702 / 2702 / 3702

Este es un instituto privado que asesora sobre la planificación familiar y da cursos de gimnasia para embarazadas

Maternidad
Concepción Palacios
Avda. San Martín
Caracas
tel. Cursos (02) 462.0244
Central telef. (02) 451.2543 / 1487 / 4624855

Hospital Universitario de Caracas
Ciudad Universitaria,
Los Chaguaramos
Caracas
tel. Cursos (02) 606.7103
Central telef. (02) 662.8274 / 8040 / 8233

ÍNDICE

Relajación
masaje para 134-5
posparto 326-7
técnicas 133, 238-9
Reposo
después del parto 326-7
durante el embarazo 63-80
Reproductor, aparato
femenino 26
masculino 29
Respiración
del feto 74, 76
durante el parto 87, 266, 274
del recién nacido 290, 299
durante el embarazo 62-72
Respiratorio, síndrome de insuficiencia 180
Retención de agua 194-5
Rhesus, factor 159
incompatibilidad 166, 182, 184
madres RH negativo 184-5
Rhogam, inyecciones de 184, 185
Ropa
para el bebé 63, 226-7
durante el embarazo 59, 144-5
Rubeola 19, 152

S

Saco amniótico 64, 78
Salmonella, infección por 123
Salud y buena forma
condiciones a largo plazo 18, 19
antes de la concepción 17
Sangrado
y aborto espontáneo 200-1
posparto 289,332
durante el embarazo 200-1
ver también **Hemorragia**
Sangre
provisión al feto 68
volumen durante el embarazo 66
análisis prenatales 159-60
análisis en el embarazo 51
transfusiones fetales 182-3
Saunas 151
Seguridad, precauciones para la 223-225
Semen (líquido seminal) 28, 29, 38
para la inseminación artificial 45
Sexo del bebé 29, 31
Sexual, enfermedades de transmisión 19
Sexuales, relaciones
después del parto 338-9
ver también **Relaciones sexuales**
Sexualidad durante el embarazo 210-11
SIDA 17, 19
Sillas de paseo 224, 225
Sillón de parto 89
Sindrome de Edwards 180
Síndrome de Down 20, 21, 180
edad de la madre y 165
pruebas para 159, 164, 165, 166

Síndrome de Klinefleter 21, 36
Síndrome de Patau 180
Síndrome de Turner 21
Síndrome del túnel carpiano 188-9
Soledad 139
Solteras, madres 104-5
Sueño durante el embarazo 50, 76, 80, 192-3
en las últimas etapas 238
Sueños 137-8
Supersticiones 138
Supositorios
en la inducción del parto 252

T

Talasemia 21
Tapón mucoso, pérdida del 251
Tay-Sachs, enfermedad de 21, 24
Telemetría 263
Televisión, radiación de la 151
Temblores después del parto 289
Temperatura corporal basal 42
Temperatura corporal
en los bebés 319
y ovulación 42
Testículos 28, 37
trastornos e infertilidad 36, 37
Testosterona 28
Toxoplasmosis 123, 151
Trabajadoras, madres
alimentación durante el embarazo 114
aviso del embarazo al empleador 51, 55
ropa de embarazada 144
y embarazo 146-7
vuelta al trabajo después del parto 147-8
derechos y beneficios 54, 146
madres solteras 104-5
riesgos del trabajo 147, 151-2
Trabajo de parto *ver* **parto/trabajo de parto**
Transcutánea, estimulación eléctrica nerviosa 267
Transferencia peritoneal de óvulos y espermatozoides (POST) 47
Transporte 142
Trimestres 58-63
primero 58-9, 64-9
segundo 60-1, 70-7
tercero 62-3, 78-81
Triple test de Bart 166
Trisomías 21, 180
ver también **Síndrome de Down**
Tristeza posparto 328-9
Trompas de Falopio 26
bloqueo/daño 41
embarazo ectópico en 204-5
pruebas para 42-3
Tubaria, Transferencia de embriones (TEST) 47

U

Ultrasonido *ver* **Ecografías**
Umbilical, hernia 178, 297
Unidades de cuidados especiales para bebés 320-1
Uñas 143
Utero 26
bicorne 201
cambios del durante el embarazo 58, 64
anillo de contracción 258
daños / anormalidades 41
fundus, altura del 68
revestimiento *ver* **Endometrio**
posparto 332
subseptado 201
y rayos X 43

V

Vacunación *ver* **Inmunización**
Vagina
sangrado de la 200
posparto 333
durante el embarazo 66
Varicela 152
Varicocele 37
Veganismo 121
Vegetarianismo 115, 120-1
Vejiga, en el embarazo 50, 76
Vellosidades coriónicas, estudio de las 164-5
Vena umbilical, muestra de 165-6
Venas Varicosas 194-5
Vernix caseosa 72, 73, 78, 80, 296
ver también **Parto/ Trabajo de parto**
Viajes en avión 153
Viajes
con bebés 224-5
durante el embarazo 153
hacia el hospital 243
Vida, adaptación al nuevo bebé 340-3
Vientres, alquiler de 46
Vínculos 291, 302-3
con los padres 217, 247, 291, 303
con un bebé prematuro 323
Visualización durante el trabajo de parto 267
Vitamina B 12 121
Vitamina C 118, 119
Vitamina D 117
Vitaminas 116
fuentes de 116-7, 119
Vitelino, saco 64, 68
Vómitos en los bebés 318

Y

Yoga 109, 127

Z

Zinc 117
fuentes de 119

AGRADECIMIENTOS

Carroll and Brown Limited desea agradecer a:

Fotografía:
Ranald Mackechnie

Ilustración:
Annabel Milne: 23, 26, 27, 29, 31, 37, 41, 43, 83, 91, 164, 185, 201-204, 215, 251, 253, 255, 256, 263, 265, 306
Howard Pemberton: 43, 48, 65, 67, 69, 71, 73, 75, 77, 79, 81, 158-162, 167, 214, 215, 276, 277, 285

Consultores médicos:
Gwen Atwood; Leonora Branski; Dr. Nigel Brown; Dra. Felicity Challoner; Prof. Geoffrey Chamberlain; The Hallan Medical Center; Dr. Kypros Nicolaides; Prof. Cheryl Tickle; Dr. Robert Whittle

Agradecemos especialmente a nuestro asesor médico en los Estados Unidos, Dr. James H. Weir

Procesamiento del film:
Disc to Print (UK) Ltd

Tipografía:
Roweena Feeney; Debora Rhodes

Colaboración editorial:
Julee Binder; Laaren Brown; Lorna Damms; Jemima Dunne; Claire Hooper; Susan Palmer Jones; Jennifer Rylaarsdam; Lara Tankel; Madeline Weston; Saba Zafar

Colaboración en el diseño:
Lyndel Donaldson; Gail Jones; Alan Watt

Modelos:
Deanne Barnes, Joe y Jack; Sharon Caines; Nagihan Tunali Caykara, y Nyazi; Charlotte Chance; Lyndel Donaldson; Hilary y David Goodman, y Alexander; Jashu Halat; Amy Lewis; Susan Lipman, y Stephanie; David Todd

Equipamiento:
Elementos y ropa para futura mamá y para bebés y juguetes

Fotografías adicionales:
Dave King; David Murray; Ray Moller; Stephen Oliver; Susanna Price; Jules Selmes

Indice:
Anne Mc Carthy

Préstamos de fotografías:
Colecciones/Anthea Sieveking: 109, 265, 281; Lupe Cunha: 263; Neil Bromhall/Genesis: 57, a la derecha, 73, 75 a la izquierda, 173; Sally y Richard Greenhill: 84, 85, 88, 97, 99, 103, 272, 273, 274, 276, 2777, 288, 297; Howard Sochurek/Hilleslon: 57 ccntro, 67 arriba, 69 abajo, 75 a la derecha, 77 abajo, 79 y 81 a la izquierda, 155 a la izquierda, 163; Nancy Durrell Mc Kenna/Hutchison: 291, 296, 297 abajo, a la izquierda y a la derecha; National Medical Slide Bank 48; "Nurture"–Universisy of Nottingham: 38; Science Photo Library: 37, 43 arriba/Biophoto Associates, 284, 285 a la derecha/

CNRI, 15 a la izquierda y a la derecha, 23, 28 arriba a la izquierda, 71 arriba, 77 arriba, 81 a la derecha/Stevie Grand, 321/ Manfred Kage, 41 arriba a la derecha/David Leah, 285 a la izquierda/ Moredun Animal Health Limited, 111 a la derecha, 123/ Hank Morgan, 48 abajo, 49 insertada, 325, 327/Petit Format/CSI, 15 centro, 30 arriba a la izquierda, centro izquierda, abajo a la izquierda, 49 abajo/ Petit Format/Nestlé, 27, 31 arriba, 41 abajo a la derecha, 43 abajo, 56, 57 a la izquierda, 65 arriba, abajo, 67 abajo, 69 arriba, 71 abajo, 111 a la izquierda, 120, 155 a la derecha, 166, 175, 181/ Secchi, Lecque, Roussel, UCLAF, CNRI, 28 abajo a la derecha/ James Stevenson 315/ Andy Walker/Midland Fertility Services 30 arriba a la derecha, centro a la derecha, abajo a la derecha/Hattie Young 20; Tony Stone Worldwide:subtítulo, título, 31 abajo, 49 arriba, 234, 235, 290; Dr. I.D. Sullivan: 178; Dr. John Yovich/Parthenon Publishing Group: 39; Zefa/Howard Sochurek: 82

Búsqueda de ilustraciones:
Sandra Schneider